U0578887

权威·前沿·原创

皮书系列为

"十二五""十三五""十四五"时期国家重点出版物出版专项规划项目

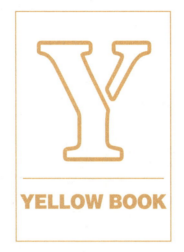

YELLOW BOOK

智 库 成 果 出 版 与 传 播 平 台

中国社会科学院创新工程学术出版资助项目

世界经济黄皮书
YELLOW BOOK OF WORLD ECONOMY

2023年世界经济形势分析与预测
WORLD ECONOMY ANALYSIS AND FORECAST (2023)

中国社会科学院世界经济与政治研究所
主　编 / 张宇燕
副主编 / 孙　杰　姚枝仲

社会科学文献出版社
SOCIAL SCIENCES ACADEMIC PRESS (CHINA)

图书在版编目(CIP)数据

2023年世界经济形势分析与预测 / 张宇燕主编. --
北京：社会科学文献出版社，2022.12
（世界经济黄皮书）
ISBN 978-7-5228-1276-2

Ⅰ.①2… Ⅱ.①张… Ⅲ.①世界经济形势－经济分
析－2023②世界经济形势－经济预测－2023 Ⅳ.
①F113.4

中国版本图书馆CIP数据核字（2022）第242094号

世界经济黄皮书
2023年世界经济形势分析与预测

主　　编 / 张宇燕
副 主 编 / 孙　杰　姚枝仲

出 版 人 / 王利民
组稿编辑 / 邓泳红
责任编辑 / 吴　敏
责任印制 / 王京美

出　　版 / 社会科学文献出版社·皮书出版分社（010）59367127
　　　　　地址：北京市北三环中路甲29号院华龙大厦　邮编：100029
　　　　　网址：www.ssap.com.cn
发　　行 / 社会科学文献出版社（010）59367028
印　　装 / 三河市东方印刷有限公司

规　　格 / 开　本：787mm×1092mm　1/16
　　　　　印　张：28　字　数：418千字
版　　次 / 2022年12月第1版　2022年12月第1次印刷
书　　号 / ISBN 978-7-5228-1276-2
定　　价 / 128.00元

读者服务电话：4008918866

▲ 版权所有　翻印必究

世界经济黄皮书编委会

主　编　张宇燕

副主编　孙　杰　姚枝仲

编审组　张宇燕　孙　杰　姚枝仲　张　斌　冯维江

　　　　徐奇渊　高海红　王永中　东　艳　高凌云

　　　　肖立晟　郗艳菊

主要编撰者简介

张宇燕　中国社会科学院世界经济与政治研究所所长、研究员，中国社会科学院学部委员，中国社会科学院国家全球战略智库理事长、首席专家，中国社会科学院大学国际政治经济学院院长、博士生导师，中国世界经济学会会长。主要研究领域包括国际政治经济学、制度经济学等。著有《经济发展与制度选择》（1992）、《国际经济政治学》（2008）、《美国行为的根源》（2015）、《中国和平发展道路》（2017）等。

孙　杰　中国社会科学院世界经济与政治研究所研究员，中国社会科学院大学国际政治经济学院特聘教授，中国世界经济学会常务理事。主要研究领域包括国际金融、公司融资和货币经济学。著有《汇率与国际收支》（1999）、《资本结构、治理结构和代理成本：理论、经验和启示》（2006）、《合作与不对称合作：理解国际经济与国际关系》（2016）、《宏观经济政策国际协调导论：理论发展与现实挑战》（2021）等。

姚枝仲　中国社会科学院世界经济与政治研究所党委书记、研究员，中国社会科学院国家全球战略智库副理事长，中国社会科学院大学国际政治经济学院博士生导师，新兴经济体研究会会长，中国世界经济学会副会长。主要研究领域为宏观经济学和国际经济学。

摘　要

　　在经历较为强劲复苏后，世界经济增长动力明显不足。受疫情形势延宕反复、地缘政治冲突升级、宏观政策环境趋紧、重大气候灾害频发等短期因素的冲击，2022年世界经济增速显著下降，同时伴随着严峻的通胀压力、高企的债务水平、动荡加剧的金融市场以及初级产品价格。当前，世界经济运行中的各种短期问题和长期矛盾交织叠加，一些不稳定、不确定、不安全的短期因素不断涌现，一些深层次矛盾和结构性问题也日益凸显。展望未来，抑制通胀与实现"软着陆"、美欧宏观政策转向的溢出效应、大规模国际制裁及其影响、部分国家债务可持续性、粮食与能源供求变化、全球产业链供应链的大国博弈等方面的态势和趋势值得关注。鉴于目前世界经济发展呈现的种种迹象并考虑到各种因素可能带来的影响，本报告认为，2023年世界经济复苏将面临更大压力，经济增速进一步下滑的可能性较大。

关键词： 世界经济　国际贸易　国际投资　国际金融

目 录 ⟆

I 总 论

II 国别与地区

Ⅲ　专题篇

Ⅳ　热点篇

V 世界经济统计与预测

皮书数据库阅读**使用指南**

总 论

General Report

Y.1
2022~2023 年世界经济形势分析与展望

张宇燕　徐秀军 *

摘　要： 在宏观政策收紧、疫情形势延宕反复、地缘政治冲突升级、重大气候灾害频发等短期因素的冲击下，发达国家 CPI 持续大幅上涨、大国地缘政治经济博弈加剧、金融市场动荡加剧、美元指数急速攀升和大宗商品价格巨涨落等相互交织，2022 年世界经济增速明显下滑。当前，世界经济运行中的各种短期问题和长期矛盾交织叠加，一些不稳定、不确定、不安全的短期因素不断涌现的同时，一些深层次矛盾和结构性问题也日益凸显。展望未来，抑制通胀

---

* 张宇燕，中国社会科学院学部委员、世界经济与政治研究所研究员，中国社会科学院大学国际政治经济学院教授，主要研究方向世界经济、国际政治经济学；徐秀军，中国社会科学院世界经济与政治研究所研究员，主要研究方向国际政治经济学。

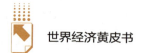

与实现"软着陆"、美欧宏观政策转向的溢出效应、大规模国际制裁及其影响、区域经贸科技机制政治化、全球粮食危机等方面的态势和趋势值得关注。鉴于目前世界经济发展呈现的种种迹象并考虑到各种因素可能带来的影响,本报告认为,2023 年世界经济复苏将面临更大压力,经济增速进一步降至 2.5% 的可能性较大。

关键词: 世界经济　货币政策　滞胀风险　地缘政治经济

一　引言

2022 年世界经济在经历 2021 年深度衰退的基础上大幅反弹后,增长动力明显不足,增速大幅下降,同时伴随着巨大的通胀压力、高企的债务水平和金融市场的动荡加剧。从国际上看,保护主义依然盛行,国际制裁升级,国际贸易投资增长面临更大的制约。

在 2022 年度世界经济黄皮书中,我们预计 2022 年世界经济增长率可能达到 4.5%。尽管比 2021 年 10 月国际货币基金组织(IMF)对 2022 年世界经济增长率的预测值低 0.4 个百分点,但就实际情况看,这一判断还是过于乐观,所担忧的小概率事件还是发生了。2022 年 10 月 IMF 估计 2022 年世界经济增长率为 3.2%,一年内下调了 1.7 个百分点。[①]2022 年世界经济的实际运行水平远低于我们的预期,除了上年度报告中谈及的通胀趋势、货币政策转向、供应链受损、极端气候灾害、大国关系与地缘政治博弈等因素外,乌克兰危机以及疫情反复对世界经济造成的负面冲击在我们预料之外。从 2022 年第四季度的趋势来看,2022 年世界经济增长率的最终核算值可能还低于目前一些国际机构的估计值。

---

① IMF, "World Economic Outlook: Recovery During a Pandemic," October 12, 2021; IMF, "World Economic Outlook: Countering the Cost-of-Living Crisis," October 11, 2022.

二 2022 年世界经济形势回顾

一般来说，反映世界经济运行的主要指标包括增长、就业、物价、债务、资本市场、利率、汇率、贸易、投资和大宗商品等十个方面。

（一）经济增长：下行压力持续加大

2021 年下半年，世界经济复苏开始呈现动力不足的迹象；进入 2022 年后，受疫情形势延宕反复和地缘政治冲突升级等超预期因素影响，世界经济下行压力逐步加大，国际机构频频下调增长预期。2022 年 10 月，IMF 估计，2022 年世界经济将增长 3.2%，较 2021 年下降 2.8 个百分点。[①] 世界银行、经合组织等国际机构也在过去一年中多次下调 2022 年世界经济增速的预测值。根据 IMF 估计，2022 年发达经济体的经济增速为 2.4%，较 2021 年下降 2.8 个百分点。其中，美国、欧元区和英国的经济增速分别为 1.6%、3.1% 和 3.6%，较 2021 年分别下降 4.1 个、2.1 个和 3.8 个百分点；日本的经济增速为 1.7%，与上年持平。值得注意的是，2022 年第一季度和第二季度美国经济环比均为负增长，已显现经济疲软迹象。IMF 预计，2022 年新兴市场与发展中经济体的经济增速为 3.7%，较 2021 年下降 2.9 个百分点。其中，中国、印度、巴西、俄罗斯和南非的经济增速分别为 3.2%、6.8%、2.8%、−3.4% 和 2.1%，较 2021 年分别下降 4.9 个、1.9 个、1.8 个、8.1 个和 2.8 个百分点。我们预计，2022 年世界经济增速的最终核算值可能会低于 3.2%，甚至不排除进一步下调至 3% 以下的可能性。

（二）就业：总体有所改善

2022 年全球就业市场保持向好复苏态势，失业率进一步下降，但青年失业率仍处高位。2022 年 1 月，国际劳工组织（ILO）的报告指出，2022 年全

---

① IMF, "World Economic Outlook: Countering the Cost-of-Living Crisis," October 11, 2022.

球就业市场持续复苏，但仍充满不确定性，预计 2022 年全球失业率为 5.9%，较 2021 年下降 0.3 个百分点，但仍较疫情前的 2019 年高 0.5 个百分点。[①] 高收入国家就业基本恢复到疫情前水平，预计 2022 年失业率为 4.9%，较 2021 年下降 0.7 个百分点，较 2019 年高 0.1 个百分点。美国劳工部数据显示，2022 年 9 月美国经季调后的失业率为 3.5%，为 50 多年来的低位水平。欧盟统计局（Eurostat）数据显示，2022 年 7 月欧元区失业率为 6.6%，为该机构自 1998 年 4 月开始发布这一指标以来的最低水平。在发达经济体的劳动力短缺达到了历史最高水平的同时，低收入国家的就业形势依然严峻，预计 2022 年失业率为 6.0%，较 2021 年高 0.1 个百分点，较 2019 年高 1.1 个百分点。少数发展中国家的失业率依然保持较高水平，例如，南非统计局季度劳动力调查报告（QLFS）显示，2022 年第二季度南非失业率为 33.9%，青年失业问题尤为突出。2022 年 8 月，国际劳工组织（ILO）的报告预计，2022 年全球青年（15~24 岁）失业率为 14.9%，尽管较 2021 年下降 0.7 个百分点，但较 2019 年高 1.4 个百分点，其中，中低收入国家和中高收入国家的青年失业率分别为 17.0% 和 16.1%。[②]

（三）物价：屡创新高

受到新冠肺炎疫情与乌克兰危机等因素的冲击，全球通胀水平持续攀升。根据 IMF 估计，2022 年全球全年平均通胀率为 8.8%，较 2021 年上涨 4.0 个百分点；年末通胀率为 9.1%，较 2021 年上涨 2.7 个百分点；两者均创 1996 年以来最高水平。[③]IMF 估计 2022 年发达经济体的通胀率为 7.2%，较 2021 年上涨 4.1 个百分点，创 1983 年以来最高水平。美国劳工部数据显示，2022 年 9 月美国消费者价格指数（CPI）同比上涨 8.2%，环比上涨 0.4%；剔除食品和能源的核心 CPI 同比上涨 6.6%，创 1982 年 8 月以来最高水平。欧盟统

---

① ILO, "World Employment and Social Outlook: Trends 2022," January 17, 2022, p. 23.

② ILO, "Global Employment Trends for Youth 2022: Investing in Transforming Futures for Young People," August 2022, p. 42.

③ IMF, "World Economic Outlook: Countering the Cost-of-Living Crisis," October 11, 2022.

计局数据显示，2022 年 9 月欧元区调和 CPI 同比上涨 9.9%，为该指标发布以来的最高水平，相比 2021 年同期增加了 6.5 个百分点。日本总务省数据显示，2022 年 10 月剔除生鲜食品的核心 CPI 同比上涨 3.6%，为连续 14 个月同比上升，涨幅创 1982 年 2 月以来最高水平。IMF 估计 2022 年新兴市场与发展中经济体的通胀率为 9.9%，较 2021 年上涨 4.0 个百分点，创 2000 年以来最高水平。根据相关国家统计局数据，2022 年 9 月中国、巴西、印度、俄罗斯和南非的 CPI 同比分别上涨 2.8%、7.2%、7.4%、13.7% 和 7.5%。

（四）债务：仍处高位

当前，全球债务水平总体处于历史高位。国际金融协会（IIF）数据显示，2021 年全球债务总额为 303 万亿美元，创历史最高水平；2022 年第一季度，全球债务总额升至 305 万亿美元，占全球 GDP 的比例达 348%，第二季度全球债务总额较上季度减少 5.5 万亿美元，但这主要是由以不断升值的美元计算导致的，实际上，第二季度全球债务总额占全球 GDP 的比例比第一季度还高，升至 350%。[①]IMF 数据显示，在全球纳入统计的 193 个经济体中，2021 年财政赤字运行的经济体占比 85.5%，财政赤字占 GDP 的比例超过 3% 的经济体占比六成以上，超过 6% 的经济体占比为 32.1%。2021 年发达经济体财政赤字占 GDP 的比例为 7.3%，较 2020 年下降 3.2 个百分点；新兴市场与发展中经济体财政赤字占 GDP 的比例为 5.3%，较 2020 年下降 3.3 个百分点。进入 2022 年，发达经济体同新兴市场与发展中经济体的财政状况出现了分化。IMF 估算数据显示，2022 年发达经济体财政赤字占 GDP 的比例进一步下降至 3.6%，而新兴市场与发展中经济体财政赤字占 GDP 的比例则上升 0.8 个百分点至 6.1%。两者的公共债务水平变化也因此出现分化。IMF 估计，2022 年发达经济体政府总债务占 GDP 的比例为 112.4%，较 2021 年下降 5.5 个百分点，其中，美国和欧元区的政府总债务占 GDP 的比例分别为 122.1% 和 93.0%，分别较 2021 年下降 6.0 个和 2.3 个百分点；日本政府总债务占 GDP 的比例为

---

① IIF, "Global Debt Monitor: Growing Risks for Emerging Markets," September 14, 2022.

263.9%，较 2021 年上升 1.4 个百分点。同期，新兴市场与发展中经济体政府总债务占 GDP 的比例为 64.5%，较 2021 年上升 0.8 个百分点，其中，中国上升 5.4 个百分点至 76.9%，巴西下降 4.8 个百分点至 88.2%，印度下降 0.8 个百分点至 83.4%。[①]

（五）资本市场：大幅波动

受全球日趋严峻的政治和经济形势影响，近两年全球资本市场动荡有所加剧。2021 年，纳斯达克股票指数涨幅为 21.4%，并在 11 月 26 日涨至历史最高点 16212.23 点，最低值为 12397.05 点；欧元区斯托克 50 股票指数涨幅为 21.0%，年中最高值为 4415.23 点，创历史最高水平；日经 225 股票指数涨幅为 5.9%，年中最高值为 30795.78 点，创过去 20 年来最高水平；上证股票指数涨幅为 4.8%，年中最高值为 3731.69 点。2022 年，全球股市大幅下调。截至 2022 年 10 月底，纳斯达克股票指数报收 11102.45 点，较年初下跌 29.0%，最低值为 10088.83 点；欧元区斯托克 50 股票指数报收 3613.02 点，较年初下跌 15.9%，最低值为 3249.57 点；日经 225 股票指数报收 27105.20 点，较年初下跌 5.9%，最低值为 24681.74 点；上证股票指数报收 2915.93 点，年内下跌 19.9%，最低值为 2863.65 点。[②]2022 年 9 月，全球股票市值较 3 月底的 110 万亿美元减少 24 万亿美元，大于 2008 年 10 月至 2009 年 3 月的降幅；全球债券市场余额较 3 月底减少 20 万亿美元至 125 万亿美元，为 1946 年以来首个熊市；两者累计至少缩水 44 万亿美元，约占全球 GDP 的一半。同期美国和欧洲低信用评级（垃圾级）企业债券的平均收益率分别为 9.5% 和 8%，为一年前的 2~3 倍。[③]

---

① IMF, WEO Database, October 2022.
② 数据来自 Wind 数据库，2022 年 10 月 30 日。
③ 《全球债市股市半年缩水 44 万亿美元 市场担忧引发系统性金融风险》，参考消息网，2022 年 10 月 3 日。

（六）利率：总体步入上行通道

由于通胀水平节节攀升，美联储多次上调基准利率。2022 年，美联储 7 次上调联邦基金利率目标区间，累计上调 425 个基点至 4.25%~4.50%，创美联储 40 多年来最快加息纪录。美联储的激进加息还引发了全球"加息潮"，多数主要经济体的利率均有所上调。前三季度，全球加息达到 3 次的主要央行有 25 家，阿根廷等三国央行甚至已 9 次上调基准利率。2022 年 10 月，欧洲央行宣布自 11 月 2 日起将主要再融资利率、边际借贷利率和存款机制利率再次上调 75 个基点，经过年内 3 次累计上调利率 200 个基点后，三大关键利率分别升至 2.00%、2.25% 和 1.50%。从短期利率来看，2021 年 3 个月期美元伦敦银行间同业拆借利率（LIBOR）为 0.16%，欧元银行间同业拆借利率（EURIBOR）为 -0.08%，日元 LIBOR 为 -0.55%，上海银行间同业拆借利率（SHIBOR）为 2.52%；截至 2022 年 10 月底，3 个月期美元 LIBOR 为 4.41%，欧元 EURIBOR 为 1.58%，日元 LIBOR 为 -0.03%，英镑 LIBOR 为 3.32%，SHIBOR 为 1.74%。从长期利率来看，2021 年美国、德国、日本和中国的 10 年期国债收益率分别为 1.447%、-0.311%、0.068% 和 3.029%；截至 2022 年 10 月，美国、欧元区、日本、中国和印度的 10 年期国债收益率分别为 4.02%、2.16%、0.27%、2.67% 和 7.42%。2022 年 9 月，美国住房抵押贷款利率接近 7%，创 16 年来最高水平；2022 年 7 月，全球负利率债券存量为 2.4 万亿美元，较 2020 年 12 月减少约 16 万亿美元。

（七）汇率：美元指数持续走高

在美元指数构成中，欧洲货币的权重为 77.3%，其中欧元权重为 57.6%。2022 年以来，乌克兰危机等因素导致欧洲经济低迷并且前景更不容乐观，欧元等货币走弱，同时受美联储持续紧缩货币支撑，美元指数持续上行。2021 年 1 月美元指数为 90.242，12 月上升至 96.208；2022 年 11 月 2 日进一步上升至 112.06。2022 年初至 11 月底，美元对日元升值超过 20% 至 1 : 138.8，美元对欧元升值约 8.7%，美元对人民币升值约 12.5%。根据国际清算银行

（BIS）编制的实际有效汇率指数[①]，2022年10月美元实际有效汇率指数为134.27，较上年同期上涨13.7%；欧元、日元和英镑实际有效汇率指数分别为94.27、56.81、104.72，分别较上年同期下降2.1%、17.2%和4.5%。由于日元大幅贬值，日本银行在时隔24年后再次对日元汇率进行干预，自2022年9月开始从市场上买入日元。2022年10月，俄罗斯卢布、巴西雷亚尔和印度卢比的实际有效汇率指数分别为112.44、66.17和103.96，较上年同期分别上涨40.6%、14.3%和2.0%；南非兰特和人民币的实际有效汇率指数分别为72.56和124.06，较上年同期分别下降6.5%和4.4%。

（八）国际贸易：增速下降

全球实际需求低迷，2022年国际贸易在经历2021年的强劲反弹后增速大幅放缓。世界贸易组织（WTO）统计显示，2021年国际货物贸易量较上年增长9.1%；货物贸易额较上年增长26%至22.4万亿美元，服务贸易额较上年增长15%至5.7万亿美元。2022年10月WTO预计，2022年国际货物贸易量增长3.5%。[②]2022年10月美国纽联储发布的全球供应链压力指数（GSCPI）显示，9月该指数为1.05，与2020年11月和12月水平相当，约为2021年12月最高值的1/4。这是该指数连续5个月下降，表明全球供应链中断的情况有所缓解，交货期逐步缩短。全球海运集装箱运费相对2021年9月的峰值也出现了大幅下降。2021年9月，德鲁里世界集装箱运价指数（Drewry's Composite World Container Index）达10377美元/40英尺高箱货柜（FEU），一年内上涨了5倍；2022年10月，该指数已降至3145美元/FEU，相对2021年高点下降了约70%，但仍远高于疫情前的2019年均值1420美元/FEU。[③] 德国基尔研究所公布的基尔贸易指数（Kiel Trade Indicator）显示，2022年10月经价格和季节调整后的国际贸易增长0.3%，其中美国、欧盟、中国和俄罗

[①] 该指数以2010年1月为基期，基期值=100。

[②] WTO, "Trade Growth to Slow Sharply in 2023 as Global Economy Faces Strong Headwinds," October 5, 2022.

[③] https://www.drewry.co.uk/supply-chain-advisors/supply-chain-expertise/world-container-index-assessed-by-drewry.

斯出口增长分别为 1.0%、-0.3%、2.4% 和 0.3%。[①] 这表明国际贸易增长动力仍然严重不足。

（九）跨境投资：增长乏力

全球并购规模创历史新高，2021 年全球外商直接投资（FDI）流量总额达 1.58 万亿美元，较上年增长 64%。在投资政策方面，2021 年全球通过的投资政策措施为 109 项，较 2020 年下降 28%，其中对投资不利的措施所占比例为 42%，创历史新高。发达国家大多引入或加强了基于国家安全标准的投资筛选制度，增加了全球跨境投资的障碍。发展中国家则大多采取了放宽、促进或便利投资的政策。进入 2022 年，多重因素导致投资者投资意愿下降，全球 FDI 流量增长不仅未能延续上年度强劲势头，还逐步呈现下行趋势。2022 年 10 月联合国贸发会议（UNCTAD）的报告显示，2022 年第二季度 FDI 流量总额为 3570 亿美元，较第一季度下降 31%，较 2021 年季度平均值下降 7%。根据 UNCTAD 估计，第二季度流向发达经济体的 FDI 总额为 1370 亿美元，较 2021 年季度平均值下降 22%，其中流向欧洲（除欧盟成员）以及北美洲地区的 FDI 总额较 2021 年季度平均值分别下降 80% 和 22%，流向欧盟的 FDI 总额则增长了 7%；流向发展中经济体的 FDI 总额为 2200 亿美元，较 2021 年季度平均值增长 6%，其主要是由包括中国等在内的几个大型新兴经济体的持续增长驱动。2022 年前三季度，全球新建项目数量同比减少了 10%，国际项目融资交易数量与上年同期持平。[②] 预计 2022 年全球 FDI 流量总额将出现下降，最多与上年持平。另据 OECD 测算，2022 年上半年全球 FDI 流量总额同比上升 20%，但第二季度同比下降 22%。[③] 目前，全球 FDI 运行情况表明增长动能持续减弱。

[①] 基尔贸易指数以实时船舶运动数据为基础，覆盖全球 500 个港口和 100 个海区的船舶运行情况，根据吃水信息得出集装箱船舶的有效利用情况。Kiel Trade Indicator, https://www.ifw-kiel.de/topics/international-trade/kiel-trade-indicator/, October 24, 2022。

[②] UNCTAD, "Global Investment Trends Monitor," No. 42, October 22, 2022.

[③] OECD, "FDI in Figures," October 2022.

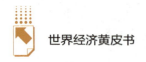

（十）大宗商品：能源价格巨涨落

2022年全球大宗商品市场动荡加剧，大宗商品价格总体延续了2021年增长态势。IMF数据显示，2021年全球大宗商品价格指数为161.3，较2020年上涨52.3%，其中，食品价格指数为127.4，较2020年上涨26.1%；原油价格[1]为69.4美元/桶，比2020年增长65.9%。根据IMF估计，2022年全球大宗商品价格指数为227.2，较2021年上涨40.9%，其中，食品价格指数为145.6，较2021年上涨14.2%；原油价格为98.2美元/桶，比2021年增长41.4%。[2]从短期来看，大宗商品价格波动更加剧烈。UNCTAD数据显示，2022年8月全球大宗商品价格指数同比上涨58.0%，相比2020年12月涨幅更是高达109%。全球大宗商品价格主要由燃料价格暴涨推动。同期，燃料价格同比上涨98.1%；而非燃料价格同比下降3.8%，其中食品价格同比上涨6.2%，农业原材料价格同比下降4.4%，矿产品和金属价格同比下降8.5%。[3]相比2021年初，2022年欧洲天然气期货价格最大涨幅甚至高达10多倍，10月又出现了下跌，现货市场天然气价格甚至出现了负值。从中长期来看，大宗商品价格波动则相对平缓。

三　当前及未来世界经济值得关注的问题

影响世界经济运行和走势的因素众多，新问题也不断涌现。如果从当前和可预见未来的角度看，以下五个问题特别值得关注。

（一）抑制通胀与实现"软着陆"

目前，如此高企的物价水平使得主要发达经济体决策者除了将抑制通胀作为优先目标之外别无选择。在多次大幅提升利率后，美国和欧洲等主要发

---

①　原油价格为布伦特原油、西德克萨斯中质原油和迪拜法特原油现货价格的简单平均值。
②　IMF, WEO Database, October 2022.
③　UNCTAD Commodity Prices Database, October 2022.

达经济体仍处在加息通道，中短期内大概率还将继续加息。在加息的同时，美联储还缩小了资产负债表规模，即所谓"缩表"。自 2022 年 6 月开始，已连续 3 个月每月"被动"减持 475 亿美元，此后每月减持 950 亿美元，预计今后几年将减持 3 万亿美元资产。欧洲央行行长拉加德表示，欧洲央行的使命是确保物价稳定。在同一背景下，欧洲央行势必将动用缩表手段以抑制通胀。与此同时，美欧业已开始压缩财政赤字，美国联邦政府财政赤字占 GDP 比例在 2022 年中期已降至 4%~5% 的水平，欧洲的财政政策更是回归了审慎轨道。目前，货币与财政紧缩政策双管齐下至少在美国已初见效果，通胀进一步升级的势头受到阻滞。然而，美欧政策转向的风险也随之大幅上升。这不仅因为脆弱的经济对政策调整的时机、力度和连续性高度敏感，也因为各种政策遵循着不同的逻辑以至于相互掣肘或矛盾对立。紧缩宏观政策的直接后果是资本市场动荡和融资成本上升，进而压减投资，而投资尤其是有助于提升劳动生产率的投资往往是通胀问题长期解决方案中的重要组成部分。加息导致的美元升值有助于降低进口商品与服务的成本、稀释美国的国际债务，但威胁到美国公司的海外盈利，从而降低其国际竞争力。鉴于面临的主要挑战各异，各主要经济体奉行的政策也存在明显差异。截至目前，日本仍维持超低利率不变，中国则在加大政策宽松力度。历史经验显示，强力加息抑制通胀的副作用甚大。1980 年，面对涨幅高达 13.6% 的 CPI，美联储大幅升息导致美国经济"硬着陆"，经济增速从 1978 年的 5.5% 降至 1982 年的 -1.8%。2022 年 10 月彭博首席经济学家预测，未来一年内美国经济出现衰退的概率为 100%。[1] 尽管当下美国和欧洲的就业市场表现甚佳，从而为进一步实施紧缩政策提供了可观的空间，高通胀客观上也为美联储和欧洲央行货币政策回归常态创造了条件，但美欧实体经济与金融市场中短期内仍将面临更趋严峻的政策环境，同时实现抑制通胀和经济"软着陆"双重目标，对美欧决策者而言绝非易事。

---

[1] Anna Wong, Eliza Winger, "Forecast for US Recession Within Year Hits 100% in Blow to Biden," https://www.bloomberg.com/news/articles/2022-10-17/forecast-for-us-recession-within-year-hits-100-in-blow-to-biden, October 17, 2022.

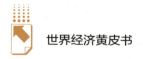

（二）美欧宏观政策转向的溢出效应

20世纪80年代初，美联储强力加息不仅导致美国经济"硬着陆"，而且还导致了40多个国家出现债务危机，其后10年间众多发展中国家经济几乎没有增长。究其原因就在于发达经济体紧缩政策一定会通过国际贸易、跨境资本流动等渠道波及他国。这一机理在今天仍然没有改变。美元加息的直接后果之一是资金从他国流向美国。为了防止资本外流，许多国家不得不升息以对冲利差的扩大，而这反过来又会加大促进其经济增长的难度。美元加息的另外两个直接后果：一是提高其他国家的国际融资成本，二是加重美元负债国还本付息负担。值得一提的是，伴随美联储加息而来的美元升值对上述三个后果均起到了叠加放大的效果。那些高负债、开放度与国情不匹配且国内市场脆弱的国家，必将饱尝货币错配带来的恶果，而那些严重依赖进口的国家又不得不忍受随进口成本上升而来的通胀。发达经济体经济增速放缓甚至出现衰退，自然会降低其海外需求并殃及对外投资。如果以上某些负面情形越过特定阈值，国际机构或主要经济体无法成功协作防患于未然和有效应对，就有可能出现国家和企业债务违约，进而导致货币危机、银行危机和金融危机乃至国际金融大动荡。极而言之，人类最终不得不再一次经历大衰退。2022年春夏之交，斯里兰卡宣布国家破产是不是债务违约的第一块多米诺骨牌？被认为临近违约悬崖的国家有阿根廷、萨尔瓦多、加纳、埃及、肯尼亚、突尼斯、巴基斯坦等。韩国、印尼、巴西等国家的企业因在过去10年借了巨额美元债务而被有些人视为出现企业违约的风险之地。或许更可能出现的情景是，从今天到2025年全球利息支出占GDP的比例上升至1.5%~3.0%。正如2022年9月世界银行研究报告所提供的，如果将全球通胀率降至5%的目标水平，各国央行需再加息2个百分点，其结果可能使2023年世界经济增速降至0.5%。[①] 这意味着世界经济将陷入技术性衰退。

---

① Justin D. Guénette, et al., "Is a Global Recession Imminent?" Equitable Growth, Finance, and Institutions Policy Notes, World Bank, September 2022.

（三）大规模国际制裁及其影响

乌克兰危机爆发至 2022 年 9 月，西方国家已对俄罗斯实施的制裁约 1.1 万项，目前仍不断推出新的制裁举措。美欧制裁不仅给俄罗斯及其关联国家经济带来直接和间接冲击，而且对世界的负面影响也十分明显。IMF 最新预计，2022 年俄罗斯经济增长 -3.4%。这是比多数悲观预期要好的短期表现，其主要原因有三：一是尽管欧洲大幅度减少了进口，但油价大幅度上涨还是为俄罗斯带来了丰厚的收入；二是俄罗斯国有部门产出占总产出的 60% 以上，而得到国家支持的企业抵御制裁的能力相对强一些；三是经历了多年制裁的俄罗斯对新增制裁措施具有了一定的承受力。相比而言，对俄罗斯制裁的中长期影响更值得关注。俄罗斯逐渐被发达国家限制甚至逐出其能源需求市场，不仅会改变油气供求的地缘政治经济结构，比如提升欧佩克尤其是其主要成员的石油话语权，也会加快全球特别是欧洲国家的能源转型进程，可能还会将全球实现碳中和目标的时间推迟几十年。欧洲一些国家恢复煤电厂运营便是一例。[①] 美欧对俄罗斯的金融制裁措施形形色色，既包括冻结海外资产乃至外汇储备，也包括将众多俄罗斯金融机构逐出环球同业银行金融电信协会（SWIFT）报文系统。制裁的次级影响更是随处可见。俄罗斯参与的多边开发银行，比如新开发银行（NDB）和亚洲基础设施投资银行（AIIB），其美元和欧元融资方面均遇到严重阻碍，融资成本亦因评级下调而显著上升。次级隐性影响同样巨大且主要表现之一是众多与俄罗斯有密切往来的企业因担心美国的连带制裁而不得不终止与俄罗斯的贸易投资活动。货币金融联系的政治化或武器化，在扰乱国际正常报价结算储备运行程序的同时，也影响了人们对未来的信心。如果这种现象持续下去，世界经济必被殃及，全球货币金融体系的根基最终将被进一步撼动。

---

① 2022 年 9 月 20 日国际能源署和国际可再生能源署发布的《突破性议程报告》指出，在当下全球能源危机大背景下，零排放过渡时间可能推迟数十年。

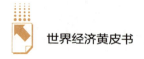

（四）区域经贸科技机制政治化

多边谈判的一个亮点是 WTO 第 12 届部长级会议（MC12）2022 年 6 月成功召开，164 个成员最终就粮食安全、渔业补贴、应对新冠肺炎疫情等议题达成共识。在《MC12 成果文件》中各方重申了强化以 WTO 为核心的多边贸易体制，推进必要的改革。同时，也要看到，WTO 仍处于危机之中，各成员方对 WTO 的改革方向、改革原则、改革框架、改革内容等存在分歧，MC12 没有解决诸如争端解决机制修复和规则滞后与缺失等重大问题。尽管中美两国之间的有效协调在 MC12 成功举办过程中扮演了举足轻重的角色，但在区域经贸科技领域我们看到的却是另一番景象。2022 年 5 月，美国正式启动将中国排除在外的印太经济框架（IPEF）。该框架包括 14 个成员国，覆盖 25 亿人口，GDP 约占全球的 40%，主要内容涉及互联互通的经济（贸易）、有韧性的经济（供应链）、清洁的经济（清洁能源）和公平的经济（反腐败）规则或标准设立（模块化）。与人们熟悉的区域经贸合作不同：IPEF 是一个政府间或行政规则框架，不需要经过各成员立法机构的批准；IPEF 是一个模块化的分拆机制，各成员可以按选项参加。它的这两个特点规避了烦琐的立法程序、简化了漫长的谈判进程、便利了成员间的务实合作，同时也带有先天的稳定性和完整性缺陷。针对中国构建排他性"小院高墙"的另一事例是 2021 年 9 月美国与欧盟创立的贸易和技术委员会（TTC）。2022 年 5 月，TTC 召开了第二次会议并在声明中强调美国欧洲伙伴关系是其共同的力量、繁荣和致力于自由、民主和尊重人权的基石。暗流涌动的"友岸外包"，即西方各国政府敦促跨国公司将更多业务转向所谓"友好国家"，可以说充分地体现了"TTC 精神"。2022 年 8 月，拜登签署《2022 年芯片与科学法案》（The CHIPS[①] and Science Act of 2022），包含限制中美正常科技合作条款，如授权政府在未来 5 年拨款 1500 亿美元促进研发培训以提升相对于中国的竞争力。紧随其后，美国便加强了对中国芯片出口的限制。世界主要经济体之间的上述博弈，无

---

① Creating Helpful Incentives to Produce Semiconductors（CHIPS）意为"为半导体生产创造有益的激励措施"，文中使用的是其缩写词。

疑会对全球贸易投资和产业链供应链产生重大的负面影响，并最终波及人类福祉。

（五）全球粮食危机

据联合国粮农组织（FAO）等机构发布的《2022 年世界粮食安全和营养状况》，2021 年世界有多达 8.28 亿人面临饥饿，比一年前增加 4600 万人，自 2019 年增加了 1.5 亿人，有 31.9% 的妇女处于中度或重度粮食不安全状态，而男性这一比例为 27.6%，生命或生计处于危险之中的人口增加到 3.45 亿人。[①]2022 年粮食安全问题成为令人焦虑的主要议题之一，短期直接原因有以下三点：一是地缘政治冲突。俄罗斯和乌克兰都是小麦出口大国，乌克兰危机自然对全球粮食市场形成了强大的冲击。为了防止粮食短缺和粮价大幅上涨，2022 年有 8 个国家实行了停止粮食出口政策。二是极端气候灾害导致主要产粮地区产量不稳定，同时新冠肺炎疫情引发的农业劳动力供给受限也在其中扮演了某种角色。三是大型跨国企业对全球粮食交易的垄断。世界四大粮油集团（即 ABCD）[②]共同控制着全球 70% 的谷物市场，2021 年销售额达 3300 亿美元，它们对全球粮食供应出现结构性矛盾负有至少是推波助澜的责任。一些长期存在的问题主要是食物浪费和全球粮食配置失衡。据联合国粮农组织数据，全球每年浪费的食物高达 16 亿吨，价值 2.5 万亿美元，其中可食用部分为 13 亿吨。食物浪费造成的温室气体排放占总排放量的 10%。[③]半个多世纪以来，全球粮食生产增长率一直超过人口增长率，2021 年的粮食产量再次创历史纪录。然而，越来越多的粮食没有用来满足个人消费。过去 50 年，工业用掉世界粮食产量增长的 30%。2022 年 7 月，FAO、IMF、WTO、

---

① FAO, IFAD, UNICEF, WFP and WHO, "The State of Food Security and Nutrition in the World 2022: Repurposing Food and Agricultural Policies to Make Healthy Diets More Affordable," Rome: FAO, 2022.

② 分别为 ADM（Archer-Daniels-Midland）、美国邦吉（Bunge）、美国嘉吉（Cargill）和法国路易达孚（Louis Dreyfus）。

③ FAO, IFAD, UNICEF, WFP and WHO, "The State of Food Security and Nutrition in the World 2019: Safeguarding Against Economic Slowdowns and Downturns, " Rome: FAO, 2019.

世界粮食计划署（WFP）和世界银行五大国际机构负责人发表联合声明，呼吁采取紧急行动应对全球粮食安全危机：立即向弱势群体提供支持、促进贸易和国际粮食供应、扩大生产以及投资于适应气候变化的农业。[①]2022年9月，这五大机构负责人发表第二次联合声明，呼吁支持高效的生产和贸易、提高透明度、加速创新和联合规划以及投资于粮食系统的转型。[②]总体而言，在全球领导人的共同关注下，[③]随着粮价的逐步回落和供应企稳，除非出现环境气候变化与地缘政治等重大危机，2023年全球粮食市场保持总体稳定属于大概率事件。

四　2023年世界经济形势展望

整体来看，世界已经从低通胀期进入高通胀期。鉴于允许通胀的长期成本远高于短期内控制物价的成本，故治理通胀势在必行，但这或将抑制经济增速、助推滞胀。世界是否最终出现一波滞胀性衰退主要取决于以下三个因素：一是通胀是否根深蒂固，二是货币政策紧缩能否使实际利率下跌，三是物价与工资螺旋式上涨态势。好消息是本轮通胀为货币政策常态化创造了条件，就业市场的宽松也为货币政策紧缩提供了空间。为防范下行风险和负面溢出效应，发达国家已承诺适当调整货币政策收紧节奏。[④]即便美国出现滞胀，

---

① Joint Statement by the Heads of the Food and Agriculture Organization, International Monetary Fund, World Bank Group, World Food Programme, and World Trade Organization on the Global Food Security Crisis. https://www.fao.org/newsroom/detail/joint-statement-by-the-heads-of-the-food-and-agriculture-organization-international-monetary-fund-world-bank-group-world-food-programme-and-world-trade-organization-on-the-global-food-security-crisis/, July 15, 2022.

② Second Joint Statement by the Heads of FAO, IMF, WBG, WFP, and WTO on the Global Food Security and Nutrition Crisis. https://www.fao.org/newsroom/detail/second-joint-statement-by-the-heads-of-fao-imf-wbg-wfp-and-wto-on-the-global-food-security-and-nutrition-crisis/en, September 21, 2022.

③ 二十国集团领导人巴厘岛峰会宣言强调，要建设可持续、有韧性的粮农系统和全球供应链，采取协同行动解决全球特别是发展中国家粮食安全问题，避免对粮食和化肥采取不符合 WTO 规则的出口禁止或限制措施，并要求联合国粮农组织和世界银行提供关于粮食安全应对措施的系统分析。

④ 《二十国集团领导人巴厘岛峰会宣言（摘要）》，《经济日报》2022年11月17日。

那可能也是充分就业下的滞胀。这种奇特组合需要经济学家做出解释，因而也是理论创新的新机遇。

当前，世界经济运行中的各种短期问题和长期因素交织叠加，带有不确定性的短期因素不断涌现的同时，一些深层次矛盾和结构性问题也日益凸显，全球经济增长面临的不利因素相对以往增多。世界经济仍将处于下行通道。IMF 预计，2023 年占全球 GDP 1/3 的国家将面临经济衰退。展望未来，世界经济增速还将进一步降低。2022 年 6 月世界银行预计，2023 年世界经济增长率为 3.0%，其中发达经济体和新兴市场与发展中经济体的经济增长率分别为 2.2% 和 4.2%。[1]9 月，OECD 预测数据显示，2023 年世界经济增长率为 2.2%，较该机构 6 月预测值低 0.6 个百分点。[2]10 月，IMF 预测数据显示，2023 年世界经济增长率为 2.7%，较 2022 年低 0.5 个百分点，其中，发达经济体经济增长率为 1.1%，美国为 1.0%，欧元区为 0.5%，日本为 1.6%；新兴市场与发展中经济体经济增长为 3.7%，中国为 4.4%，印度为 6.1%，巴西为 1.0%，俄罗斯为 -2.3%，南非为 1.1%。[3]

鉴于目前世界经济发展呈现的种种迹象并考虑到各种因素可能带来的影响，本报告认为，2022 年按 PPP 计算世界经济增长率为 2.9%；2023 年世界经济复苏将面临更大压力，低于 IMF 和世界银行预期的可能性较大，世界经济增长率为 2.5%，同时不排除出现世界经济增速大幅下滑的可能性，部分主要经济体甚至会出现经济收缩。从中长期来看，世界经济将行进在中低速增长轨道。未来 3~5 年，世界经济增长率将维持在 3% 左右，发达经济体与发展中经济体的双速增长格局仍将持续，并且不同国家和地区之间的经济增长分化态势依然显著。

---

① World Bank, "Global Economic Prospects," June 2022.
② OECD, "OECD Economic Outlook: Paying the Price of War," September 2022.
③ IMF, "World Economic Outlook: Countering the Cost-of-Living Crisis," October 11, 2022.

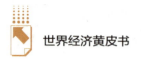

参考文献

FAO, IFAD, UNICEF, WFP and WHO, " The State of Food Security and Nutrition in the World 2019: Safeguarding Against Economic Slowdowns and Downturns," Rome: FAO,2019.

FAO, IFAD, UNICEF, WFP and WHO, "The State of Food Security and Nutrition in the World 2022: Repurposing Food and Agricultural Policies to Make Healthy Diets More Affordable," Rome: FAO,2022.

IIF, "Global Debt Monitor: Growing Risks for Emerging Markets," September 14,2022.

ILO, "Global Employment Trends for Youth 2022: Investing in Transforming Futures for Young People," August,2022.

ILO, "World Employment and Social Outlook: Trends 2022," January 17,2022.

IMF, "World Economic Outlook: Recovery During a Pandemic," October 12,2021.

IMF, "World Economic Outlook: Countering the Cost-of-Living Crisis," October 11,2022.

Justin D. Guénette, et al., "Is a Global Recession Imminent?" Equitable Growth, Finance, and Institutions Policy Notes, World Bank, September 2022.

OECD, "FDI in Figures," October 2022.

OECD, "OECD Economic Outlook: Paying the Price of War," September 2022.

UNCTAD, "Global Investment Trends Monitor," No. 42, October 22,2022.

World Bank, "Commodity Markets Outlook," October 2022.

World Bank, "Global Economic Prospects," June 2022.

WTO, "Trade Growth to Slow Sharply in 2023 as Global Economy Faces Strong Headwinds," October 5,2022.

国别与地区

Country / Region Study

Y.2
美国经济：从繁荣走向衰退

杨子荣[*]

摘　要： 在经历了短暂的扩张后，2022 年上半年美国经济连续两个季度呈负增长，陷入"技术性"衰退。受益于强劲的劳动力市场，NBER认定的实质性经济衰退尚未发生，但消费后劲不足和投资迎来向下拐点，表明增长动能趋于衰减。由于纾困政策退出，美国财政赤字大幅缩减，但加息导致付息成本逐年增加，长期债务负担恐难维持。近期美国政府出台《通胀削减法案》，有利于促进美国能源转型和气候应对，但对治理通胀的作用几乎可以忽略不计。由于通胀持续"高烧不退"，且引发通胀的因素逐渐从供给侧向需求侧转移，迫使美联储持续大幅度加息。在加息的作用下，美元指

* 杨子荣，博士，中国社会科学院世界经济与政治研究所副研究员，主要研究方向：国际金融。

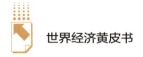

数进入相对强势周期，美股经历显著回调，美债收益率曲线出现倒挂。高通胀、极度紧张的劳动力市场以及负的实际利率，使得美联储实现经济"软着陆"的空间十分狭窄。

关键词： 美国经济　通货膨胀　经济衰退

2021 年按照不变价计算的美国 GDP 为 19.43 万亿美元，超过疫情前水平，年度实际经济增长率为 5.7%，处于我们在 2022 年度世界经济黄皮书中给出的预测区间。然而，美国经济在经历了 6 个季度的扩张后，于 2022 年上半年连续两个季度再现负增长。关于美国经济是否会实质性衰退的讨论越来越激烈。伴随着美联储持续加息和财政刺激政策退坡，叠加高通胀对消费与投资的蚕食，美国经济增长动能趋于衰减。当前形势下美联储实现经济"软着陆"的空间十分狭窄，与 2021 年相比，2022 年美国经济增速将显著下滑，预计 2022 年美国经济增速将降至 2.1% 左右。

一　高通胀下的经济增速下行

2021 年第三季度至 2022 年第二季度，美国季度年化同比实际经济增长率分别为 4.9%、5.5%、3.5% 和 1.6%，经过季节调整后的季度年化环比实际增长率分别为 2.3%、6.9%、−1.6% 和 −0.9%。2021 年下半年美国经济维持了较快速度的正增长，而在 2022 年上半年美国 GDP 环比折年率连续两个季度为负，这意味着美国经济陷入"技术性"衰退。尽管当前强劲的就业市场支撑美国经济尚未陷入 NBER 认定的实质性衰退，但高通胀使得实质性衰退的风险不断积聚。2021 年下半年至今，美国经济增长动能明显减弱，并表现出高通胀背景下经济趋于下行的特征。

2021 年下半年美国经济继续扩张，失业率进一步下降，年底降至 3.9%；通胀开始明显回升，CPI 同比增速从年初的 1.4% 攀升至年底的 7%；美联储坚称高通胀只是暂时的，迟至 11 月才开启 Taper。

2021 年第三季度，美国经济增速下滑主要源于消费大幅减少。第三季度，美国 GDP 环比折年率较上一季度大幅回落 4.4 个百分点至 2.3%，其中，消费对 GDP 环比拉动率较上季度下降 6.5 个百分点至 1.4%。消费动能减弱主要源于新冠肺炎疫情再度大暴发和政府补贴政策逐步退出。一方面，2021 年年中新冠肺炎疫情开始在美国流行，造成大面积感染，使得社交距离重新被拉大。2021 年第三季度美国新冠肺炎累计新增感染者高达 989.6 万人，高出第二季度 660.4 万人。另一方面，随着拜登政府 1.9 万亿美元纾困政策的逐渐退出，美国居民获得的政府转移支付收入开始减少，消费能力趋于下降。① 第三季度美国个人储蓄存款占可支配收入比例下降至 9.5%，而 3 月该比例曾高达 26.6%。

2021 年第四季度，美国经济增速反弹主要受益于投资强劲上行。第四季度，美国 GDP 环比折年率回升至 6.9%，其中，私人投资对 GDP 环比增速贡献了 5.8 个百分点。首先，随着供应链约束趋于缓解，在美国家庭强劲的购房需求推动下，美国新屋开工数快速反弹。2021 年第四季度美国已开工的新建私人住宅季调后的折年数为 167.9 万套，较上季度环比增长 7%。其次，由于需求持续向好，而供给修复迟缓导致美国企业库存水平降至低位，从 2020 年第四季度开始美国企业开启补库存周期。2021 年第四季度美国私人存货增加 1931.8 亿美元。

2022 年第一季度，净出口逆差规模创纪录扩大拖累美国经济陷入负增长，但美国经济仍然保持了正向的增长动能。第一季度，美国 GDP 环比折年率降至 -1.6%，为 2020 年第三季度以来首次陷入负增长，其中，消费和投资分别拉动 GDP 环比增长率 1.2 个和 0.9 个百分点，净出口拖累 GDP 环比增长

---

① 2021 年 3 月 11 日签署的美国救援计划将与冠状病毒（COVID-19）大流行相关的联邦失业救济金计划延长至 2021 年 9 月 6 日，包括联邦政府每周向州失业救济金追加 300 美元。然而，部分州认为每周 300 美元的额外失业救济补助阻碍了劳动力回归就业市场，因此，6 月开始部分州提前停止发放联邦失业救济福利。资料来源：https://ballotpedia.org/State_government_plans_to_end_federal_unemployment_benefits_related_to_the_coronavirus_(COVID-19)_pandemic,_2021。

率 -3.2 个百分点，成为经济负增长的主要拖累项。2021 年底新冠肺炎奥密克戎毒株开始在美国流行，2022 年第一季度感染人数超过 2594 万例，国内供应链受到显著限制，但其需求依然相对旺盛，这使得美国更加依赖通过进口来满足国内需求，即美国出口增速下滑的同时进口需求大幅增加。2022 年第一季度，美国出口增速较上个季度下滑 3.1 个百分点至 17.8%，进口增速较上个季度上升 3.9 个百分点至 24.2%，贸易逆差也创下 2837.7 亿美元的历史纪录。第一季度美国 GDP 萎缩，但内需依然强劲，主要受与疫情相关的供应链限制影响，净出口逆差扩大导致经济陷入负增长，而消费与投资依然支撑经济正增长。

2022 年第二季度，投资快速下行拖累美国经济再次录得负增长，美国经济增长动能开始衰减。第二季度，美国 GDP 环比折年率再次录得负数，为 -0.9%，其中，消费拉动 GDP 环比增长率 0.7 个百分点，投资拖累 GDP 环比增长率 -2.7 个百分点。与第一季度不同的是，投资大幅下降意味着第二季度美国经济增长的内生动能开始减弱。利率回升和房价上涨，影响了美国家庭进一步的购房需求。2022 年第二季度，美国 30 年期抵押贷款固定利率上升至 5.3%，已超过 2019 年的均值 3.9%；美国新建住房销售的中位数价格较 2019 年第二季度同比上涨 35.3%；与此同时，美国新建住房季调后的折年数回落至 61.2 万套，较上季度环比下降 21.1%。同时，由于通胀持续处于高位，企业员工的薪资增速持续跑输通胀，高通胀已显著蚕食美国家庭的购买力与消费者信心，这使得企业投资信心不足和补库存速度放缓，并对经济造成下行压力。2022 年第二季度，美国商务圆桌协会公布的 CEO 经济展望分项指数的资本支出分项跌至 86.4，而第一季度为 106.3；美国私人存货仅增加 815.6 亿美元，而第一季度增加了 1884.8 亿美元。

2022 年第三季度，贸易逆差收窄是美国 GDP 环比折年率反弹的主要原因，消费对美国经济增长的支持作用减弱，投资持续拖累美国经济增长。第三季度，美国 GDP 环比折年率反弹至 2.6%，其中，净出口拉动 GDP 环比增长率 2.8 个百分点，消费拉动 GDP 环比增长率 1 个百分点，投资拖累 GDP 环比增长率 1.6 个百分点。乌克兰危机推高全球石油价格，且限制俄罗斯石油及相关产品的出口导致美国石油及相关产品出口大幅增加，该项贡献了美国第三季度出口额的约 1/10，同时美国进口快速下降，导致美国贸易逆差大幅收窄。由于失业率依然处于低位和薪资持续上涨，美国家庭的消费动能依然强劲。2022 年 7 月美国失业率下降至 3.5%；8 月小幅回升至 3.7%，8 月失业率的回升反映的主要是劳动供给增加而非就业需求减少；9 月失业率再次下降至 3.5%。然而，薪资增速放缓且继续跑输通胀，美国家庭部门的消费支出增速放缓。与消费不同，企业投资更早对美联储加息做出反应，第三季度美国新建住房销售量和新屋开工数"双降"，企业也从补库存转向去库存，投资延续下行趋势。

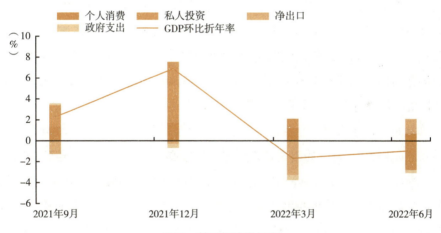

图 1　美国经济增长率

注：经季节调整的年化环比季度数据。

资料来源：美国经济分析局。

二　美国内部经济动能解析

高通胀正在蚕食家庭的消费能力与信心，企业投资或已迎来向下拐点，表明美国经济内生动能趋于减弱。美元指数步入相对强势周期，美股显著回调，美债收益率曲线发生倒挂，未来美国金融市场可能震荡加剧。

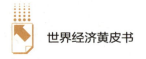

（一）消费后劲不足

私人消费在美国经济中占据重要地位，约占美国 GDP 的七成。新冠肺炎疫情以来，在巨额纾困政策对美国家庭的补贴下，消费一直是支撑美国经济复苏的重要因素。2021 年第三季度至 2022 年第二季度，消费对美国 GDP 环比拉动率的季度均值达到 1.3 个百分点。不过，从趋势上看，消费对美国 GDP 的拉动作用正在减弱，2022 年第二季度消费对美国 GDP 环比拉动率已下降至 0.7 个百分点。

从结构上看，美国家庭消费正逐渐从商品向服务转移，服务业仍具有较大的修复空间。在新冠肺炎疫情大流行之前，服务在美国家庭消费支出中的占比约为 64%。受疫情冲击，服务在美国家庭消费支出中的占比迅速下降，并在 2021 年第二季度跌至 59.1% 后开始反弹，截至 2022 年第二季度已回升至 60.9%，但较疫情前水平仍具有明显的距离。此外，2022 年第二季度，耐用品在美国家庭消费支出中的比重仍高达 15.5%，虽然较疫情期间的峰值有所回落，但仍对消费形成重要支撑。

从量价关系来看，伴随着供需矛盾恶化引发通胀高企，美国消费的量价关系加剧偏离，"价"的因素越来越占主导地位。2021 年第三季度至 2022 年第二季度，美国家庭实际消费支出的同比增速为 4.9%，而名义消费支出的同比增速高达 11%。趋势变化显示，美国消费在"量"的层面持续回落，当前旺盛的消费形势主要依赖"价"的支撑。2022 年第二季度，美国名义消费支出的同比增速仍高达 8.4%，而实际消费支出的同比增速已跌至 1.4%。

从影响因素来看，高通胀、加息、美股回调以及财政政策退坡对消费形成明显抑制，而强劲的劳动力市场成为消费的主要支撑因素。第一，截至 2022 年 8 月，美国企业员工的薪资增速已连续 17 个月跑输通胀，高通胀使得居民实际购买力显著下降。第二，美联储加息，推高居民信贷成本，进而冲击汽车贷款和信用卡消费。第三，2022 年前 8 个月，美国标准普尔 500 指数已回调 17%。2022 年以来的前 150 个交易日中，美国标准普尔 500 指数单日跌幅超过 4% 的有两个交易日，单日跌幅超过 3% 的有 6 个交易日，单日跌幅超过 2% 的有 14 个交易日，美股在回调过程中明显震荡加剧。若美股再次大幅回调，将进一步使得美国家庭财富缩水，进而抑制消费。第四，美国与新冠肺炎疫情相关的纾困政策已逐步到期，政府转移支付对居民收入的支撑力大幅减弱。2022 年第一季度，美国居民获得的政府转移支付同比减少 9.7%。第五，美国劳动力市场依然处于供不应求的状态，这对美国家庭的收入和消费形成了重要支撑。2022 年 6 月，美国职位空缺率为 6.6%，尽管仍高于疫情前水平，但较疫情期间 7.3% 的峰值已有所回落。未来伴随着美国职位空缺率回落和失业率上升，就业对于美国家庭消费的支撑力也将减弱。

（二）投资迎来向下拐点

尽管企业投资约占美国 GDP 的 18%，远不及消费体量，但企业投资对经济形势变化更为敏感，通常波动更大，是推动美国经济周期变化的主要因素之一。2021 年第三季度至 2022 年第二季度，投资对美国 GDP 环比拉动率的季度均值达到 1.5 个百分点。不过，在美联储持续加息与经济下行风险的阴影下，美国企业对扩大投资越来越谨慎，投资对美国 GDP 的拉动作用持续减弱。2022 年第二季度投资对美国 GDP 环比拉动率已跌至 -2.7%，美国企业投资或迎来向下拐点。

在新冠肺炎疫情期间，房地产保持较高景气成为支撑美国经济增长的重要动能。首先，超低利率、保持社交距离等疫情防控措施、政府高额的疫情补贴政策以及股票市场大涨引发的财富效应等因素曾持续抬升美国家庭的购房需求。2022 年第一季度美国新屋开工的折年数达到 171.97 万套，创下 2007 年以来的最高值。然而，伴随着美国 30 年期抵押贷款固定利率逐渐回升至超过疫情前水平、房价持续上涨抑制了新的购买需求，以及股市回调引发财富缩水等，美国新屋销售量开始下滑，新屋开工数也相应减少。2022 年第二季度，美国新屋销售的折年数为 61.1 万套，较上季度环比下降 21.2%；新屋开工的折年数为 165.5 万套，较上季度环比下降 3.7%。美国本轮房地产市场的繁荣顶点或已过去。

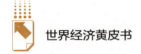

疫情对供应链造成了全方位、长时间的冲击，而纾困政策大幅提升了美国家庭的收入水平和消费需求，因此，美国企业从 2020 年第四季度开启了长达 7 个季度的补库存周期。2021 年第三季度至 2022 年第二季度，美国库存总额的同比增速达到 11.7%，远高于疫情前水平。值得注意的是，2022 年 2 月美国企业的库存销售比已有所抬头，这意味着美国企业可能开始面临库存积压的风险。未来伴随着消费需求的进一步下降，美国企业可能转向去库存周期。

（三）金融市场加剧震荡

美元指数进入相对强势周期。2022 年 3 月以来，美元指数快速升值，截至 2022 年 6 月 30 日，累计升值幅度近 10%。美元指数走势主要取决于美国与主要发达经济体之间货币政策与经济基本面之间的相对变化。2022 年 3 月以来，美元指数进入强势周期，主要有两大原因：第一，美联储领先于其他主要发达经济体持续大幅度加息。美联储分别于 2022 年 3 月、5 月和 6 月连续三次加息，累计加息幅度高达 150 个基点，而欧洲央行迟至 2022 年 7 月才首次加息 50 个基点，日本央行更是坚持维持宽松货币政策立场不变。第二，乌克兰危机对欧洲经济的破坏力显著强于对美国经济的冲击，进一步支撑了强势美元。欧洲地区处于战争的最前沿且对俄罗斯能源高度依赖，乌克兰危机不仅直接冲击了欧洲地区的供应链，更是大幅推高其通胀水平。相对而言，美国受战争的直接影响偏小。

2022 年 8 月底美联储主席鲍威尔在杰克逊霍尔会议上表示，美联储将坚定不移地抗击通胀，尽管加息可能会冲击美国的家庭和企业利益，但高通胀将意味着更大的痛苦，因此，未来美联储可能在更长的时间里维持较高的政策利率，以确保通胀回到 2% 的目标水平。9 月 21 日，美联储再次大幅加息 75 个基点，并预期年内联邦基金利率可能达到 4.25%~4.50%。受鲍威尔鹰派言论和美联储大幅加息的刺激，美元指数再次快速上涨，截至 9 月 27 日升至 114.16 的高点，较年初升值幅度高达 18.95%。

美股经历较大幅度的回调。2022 年初以来，受美联储加息预期影响，美股开始回调，截至 9 月底美国标准普尔 500 指数累计回调幅度约 24.8%，纳斯达克指数累计回调幅度约 28.6%。在此期间，美股对通胀前景与加息预期高度敏感，波动剧烈。如果通胀长期处于高位，并对企业经营状况产生实质性冲击，叠加美联储更大幅度的加息，美股存在二次探底的可能。

美债收益率曲线出现倒挂。美债收益率曲线倒挂通常被作为经济衰退的重要前瞻性指标。然而，基于不同原因的美债收益率曲线倒挂对于经济衰退的指示意义存在本质上的差异。如果在加息的初期阶段，短期国债收益率上行速度超过长期国债收益率，并由此导致美债收益率曲线倒挂，这通常并不意味着经济将走向衰退。相反，如果美债收益率曲线倒挂是源于长期国债收益率快速下行，这反映市场对经济增长前景较为悲观，此时，美债收益率曲线倒挂就是经济衰退的前瞻性指标。2022 年 4 月初，美债收益率曲线曾出现短暂倒挂，是由短期国债收益率上行幅度超过长期国债收益率引发，因此，这并非经济衰退的信号。然而，2022 年 7 月初，长期国债收益率曲线快速下行，并导致美债收益率曲线再次出现倒挂，警示着美国经济可能将出现衰退。

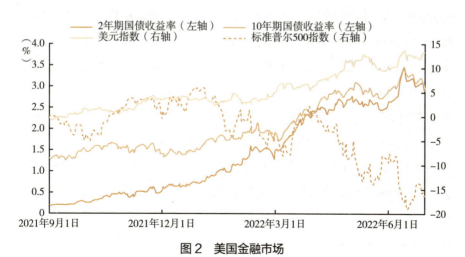

图 2　美国金融市场

注：美元指数和标准普尔 500 指数皆为以 2021 年 8 月 31 日为基准的定基百分比变化。

资料来源：美联储、标准普尔公司。

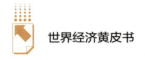

三 美国外部经济部门分析

由于国内需求旺盛，但供给能力不足，美国贸易逆差规模创纪录地扩大。同时，海外投资者持有的美债①余额明显减少，但这主要源于美债利率上升引发的资产价格重估效应，实际上海外投资者仍在持续增持美债。

（一）贸易逆差进一步扩大

美国贸易逆差规模创下新纪录。2020 年第三季度至 2021 年第二季度，美国贸易逆差为 7696.1 亿美元；2021 年第三季度至 2022 年第二季度，美国贸易逆差进一步扩大至 9791.2 亿美元，其中，商品贸易逆差创下 12115.7 亿美元的新纪录，服务贸易顺差小幅收窄至 2324.6 亿美元。美国商品贸易逆差扩大，主要源于国内需求强劲但供给受限，进而通过扩大进口来满足国内的过剩需求；服务贸易顺差收窄，则主要源于服务的出口增速低于进口增速。

从出口目的地来看，2021 年第三季度至 2022 年第二季度，加拿大、墨西哥、中国大陆、日本和德国分别是美国前五大出口地，占美国总出口的 33.4%。美国对加拿大、墨西哥和日本的出口增速较快，分别为 17.2%、22.7% 和 15.6%；美国对中国大陆出口增速大幅下降，降至 3.4%。②从进口来源地看，2021 年第三季度至 2022 年第二季度，中国大陆、墨西哥、加拿大、日本和德国分别是美国前五大进口来源地，占美国总进口的 43.9%。中国大陆、墨西哥和加拿大对美国出口增速较快，分别为 13.8%、15.2% 和 31.7%。此外，越南对美国出口增速快速提升，已成为美国第六大进口国。从贸易逆差来源地看，2021 年第三季度至 2022 年第二季度，中国大陆、墨西哥、越南、加拿大和德国分别是美国前五大逆差来源地，占美国贸易逆差总额的 78.4%。

---

① 本文的"美债"皆指美国"国债"。
② 本部分的增速特指 2021 年第三季度至 2022 年第二季度期间的加总数据比 2020 年第三季度至 2021 年第二季度的加总数据，下同。

（二）海外投资者持有美债余额减少

2021 年第三季度至 2022 年第二季度，日本是持有美债余额最高的经济体，中国大陆位居全球第二，英国、爱尔兰和卢森堡分别居第三、第四、第五，这五大投资者持有的美债余额占海外投资者持有美债余额的 46.7%。

从存量来看，海外投资者持有的美债余额明显减少。2022 年上半年，海外投资者持有的美债余额减少 3168.5 亿美元，其中，官方投资者持有的美债余额减少 2578.8 亿美元。前五大海外投资者，除了开曼群岛外，其持有的美债余额皆明显减少。中国大陆持有的美债余额减少 1009.7 亿美元，居首位；日本持有的美债余额也大幅减少 677.5 亿美元，英国和卢森堡持有的美债余额分别减少 320.3 亿美元和 187.3 亿美元，开曼群岛持有的美债余额则增加 384.6 亿美元。

从流量来看，海外投资者持续增持美债。美国财政部公布的海外投资者持有美债数据分为存量和流量两种口径。其中，持有美债余额为存量口径，这不仅反映了由交易引起的变化，还反映了由资产价格重估和统计调整等非交易因素引起的变化。美债收益率上升会对海外投资者持有的美债余额产生两种截然相反的效应：一是美债收益率上升会吸引海外投资者增持美债；二是美债收益率上升意味着美债价格下跌，意味着海外投资者持有的存量美债的重估价值缩水。根据美国财政部的资本流动报告，2022 年上半年，海外投资者实际上增持了 2664.1 亿美元的美债，但美债价格下跌，反而导致外国投资者持有的美债余额减少了 3168.5 亿美元。不过，海外官方和私人投资者对于增持美债的态度截然相反，其中，2022 年上半年，海外私人投资者增持了 3614.7 亿美元美债，而海外官方投资者减持了 950.6 亿美元美债，尤其是减持了 857.6 亿美元的中长期美债。美国的国际资本流动数据也得出了类似的结论，2022 年上半年，美国净流入资本规模高达 7611.3 亿美元，其中，私人投资者的资金流入美国 8010.9 亿美元，官方投资者的资金流出美国 399.6 亿美元。在美债利率持续上升的背景下，美元指数也存在升值预期，叠加全球金融市场动荡风险加剧，海外私人投资者出于收益与安全的考虑而增持美债。

与之相反，海外官方投资者却在小幅减持美债，或反映了部分经济体因资本外流而陷入外汇储备下降的困境。

表1　美国前十大经贸与金融伙伴关系排序

单位：亿美元

出口排序		进口排序		贸易差额排序		持有美债余额排序	
经济体	出口额	经济体	进口额	经济体	贸易差额	经济体	持有美债余额
加拿大	3351.9	中国大陆	5482.1	中国大陆	-3966.2	日本	12835.6
墨西哥	3033.3	墨西哥	4222.5	墨西哥	-1189.2	中国大陆	10403.7
中国大陆	1515.5	加拿大	4119.2	越南	-1065.9	英国	6048.3
日本	778.8	日本	1414.2	加拿大	-767.3	爱尔兰	3139.0
德国	688.0	德国	1376.5	德国	-688.6	卢森堡	3076.5
韩国	675.4	越南	1179.5	爱尔兰	-638.1	瑞士	2888.3
英国	674.4	韩国	1065.9	日本	-635.4	开曼群岛	2762.7
荷兰	619.9	中国台湾	871.2	中国台湾	-468.4	比利时	2462.5
巴西	531.2	印度	838.1	意大利	-404.5	巴西	2418.3
印度	447.3	爱尔兰	802.6	马来西亚	-393.6	中国台湾	2407.7

注：表中数据为2021年第三季度至2022年第二季度的加总数据。经贸伙伴关系选取的是与美国双边货物贸易数据；金融伙伴关系选取的是外国投资者持有的美债数据。

资料来源：美国商务部、财政部。

四　美联储货币政策由宽松转向紧缩

2021年美国通胀开始持续上行，但美联储误判高通胀只是暂时的，并错过最佳加息时点。2022年3月开始，美联储持续大幅加息以试图追赶通胀。然而，美国通胀基础越来越牢固，劳动力市场的短缺程度也远超预期，在当前的情况下，美联储实现经济"软着陆"的空间十分狭窄。

（一）美联储开启强势加息周期

就业与通胀是美联储执行货币政策的两大关键指标。2020年8月美联储修改了货币政策框架文件《长期目标和货币政策策略声明》，一是将就业目标的表述由最大就业的双向"偏离"改为单向"缺口"，表明就业的重要性提升；二是采用平均通胀目标制，对短期通胀的容忍度上升。2021年美国就业市场尚未实质性复苏，且复苏前景具有高度的不确定性，与此同时，美联储误判高通胀是暂时的，认为随着供应链约束的缓解，高通胀将很快回归正常水平，因此，在这期间美联储更关注就业而非通胀，并迟迟不肯加息。2022年以来，就业市场进一步复苏，而高通胀持续超预期上行，且通胀基础愈发牢固，迫使美联储转向更关注通胀而非就业，并实施追赶通胀式加息策略。

2021年11月美联储宣布启动Taper。美联储11月FOMC会议宣布将于11月和12月分别减少购买100亿美元国债和50亿美元MBS，并预计后续的Taper大概率会以类似节奏进行，将于2023年6月前结束购债。然而，美联储12月FOMC会议宣布加速Taper，从2022年1月开始，每月减少资产购买的金额由150亿美元提高至300亿美元，并于2022年3月提前完成Taper。

由于通胀持续超预期上行，美联储在3月结束Taper后立即开始加息，并且持续加息以追赶通胀，在3月、5月、6月和7月分别加息25个、50个、75个和75个基点，累计加息225个基点，为20世纪80年代初以来最大幅度的集中加息。

美联储缩表速度远滞后于原定计划。根据美联储此前公布的缩表计划，2022年6~8月的过渡期内，美联储的资产负债表每月将至多缩减475亿美元，包含300亿美元的国债和175亿美元的MBS；9月开始，美联储的缩表速度可能翻倍，达到每月950亿美元，包含600亿美元的国债和350亿美元的MBS，月度缩减规模的上限值约为当前资产负债表规模的近1%。从实际缩表速度来看，2022年6~8月，美联储持有的美债仅减少了757.8亿美元，为原定缩表计划上限的53.2%；美联储持有的MBS不仅没有减少，反而增加了18.4亿美元。与加息相比，缩表对于实体经济的冲击更具有不确定性。

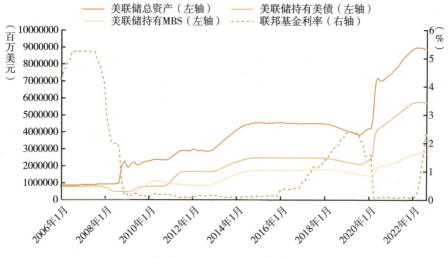

图3　美联储资产负债表与联邦基金利率

资料来源：美联储。

（二）美联储从误判高通胀到"追赶通胀式"加息

2021年美联储误判高通胀只是暂时的。尽管美国CPI同比在2021年5月跃升至5%后持续上行，但美联储始终坚称高通胀只是暂时的，美联储主席鲍威尔在8月底的杰克逊霍尔全球央行年会上给出了五个方面的解释：第一，引发高通胀的主要因素是"暂时性"的，如耐用品和能源价格难以持续飙升。第二，供给短缺问题出现边际改善现象，如二手车价格上涨速度放缓。第三，长期通胀预期仍保持相对稳定，通胀预期尚未脱锚。第四，"工资—价格"螺旋式上升现象尚未发生，通胀基础并不牢固。第五，支撑过去25年间全球低通胀的力量仍在发挥作用。

2021年11月以来美联储对通胀的态度逐渐转变。与2021年9月FOMC会议声明相比，美联储对通胀的描述从"暂时性的"改为"预计是暂时性的"，且考虑到9月新增非农数据远不及预期，11月提早开启Taper略显鹰派，显示美联储逐渐感受到通胀压力。[①]美联储在12月FOMC会议声明中删除了

---

① 美联储仅宣布了未来2个月的缩减购债规模，Taper节奏具有很强的灵活性，表明美联储为通胀意外再度上行预留了政策空间。

通胀是"暂时性"的表述，且宣布加速 Taper，表明美联储开始不得不正视高通胀问题。美联储对于通胀态度的转变是一个持续的过程。越来越多的证据显示通胀不再是"暂时性"的，促成美联储态度转变。首先，高通胀已持续两个季度，且仍在上行，继续声称高通胀是"暂时性"的难有说服力。其次，价格上涨的范围越来越广，通胀基础越来越稳固。最后，高通胀持续时间越久，通胀失控风险越高。

美国通胀创下四十年来新高，且"滞胀"风险上升。由于新冠肺炎疫情的反复冲击、乌克兰危机进一步推高能源价格，叠加极度宽松的货币政策和巨额的纾困政策，2022 年上半年美国 CPI 同比均值高达 8.3%，且引发通胀的因素从供给侧向需求侧转移，使得通胀的基础越来越牢固。Shapiro 研究发现，在近一年来推动通胀上行的动能中，供给因素占了 2/3，需求因素占了 1/3。[①] 如果 2022 年下半年疫情反复且引起更多的防疫封锁措施、地缘政治动荡加剧和全球能源供给减少，以及美国劳动力市场比预期的更为紧张或通胀预期脱锚，美联储压低通胀的难度将超出预期，美国经济陷入"滞胀"的风险也大增。

2021 年美联储低估了劳动力市场的紧张程度。尽管美国失业率从 2021年初的 6.4% 下降至年末的 3.9%，但美联储认为劳动力市场距充分就业仍有一定的距离，且考虑到疫情反复冲击背景下就业复苏具有较大的不确定性，因此迟迟不愿加息。与 2015 年的货币政策紧缩周期相比，本轮美联储选择加息时点明显过于谨慎。2015 年 12 月美联储在金融危机后首次加息，当月美国核心 PCE 同比为 1.2%，失业率为 5%；2022 年 3 月美联储在疫情后首次加息，当月美国核心 PCE 同比已高达 5.2%，失业率低至 3.6%。[②] 美联储错过了最适

① Shapiro A.H., "How Much Do Supply and Demand Drive Inflation?" FRBSF Economic Letter, 2022.
② 2020 年 8 月美联储发布《长期目标和货币政策策略声明》，对货币政策框架进行了调整：一是美联储将通胀目标转变为"平均通胀目标制"，二是就业目标由双向"偏离"改为单向"缺口"，这为美联储持续容忍高通胀、过度追求就业复苏提供了政策依据。本轮美联储加息决策以及与市场之间的沟通更多的是依靠前瞻性指引，基本放弃了此前的泰勒规则。

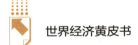

宜的加息时点，这不仅推高了后续的通胀压力，也使得治理通胀的代价更为沉重。

美国劳动力市场处于过度紧张状态。2022 年上半年美国新增非农就业的月度均值为 44.4 万人，而 2019 年全年的均值仅为 16.4 万人，表明美国劳动力市场仍保持较快的复苏节奏。2022 年 8 月，美国非农就业总人数上升至 1.53 亿人，超过疫情前水平；失业率小幅回升至 3.7%，但仍处于历史的相对低位。与此同时，2022 年上半年，美国职位空缺率的均值为 7.0%，显著高于 2019 年的均值 4.5%。高职位空缺率和低失业率表明美国劳动力市场供不应求，持续高度紧张状态实际暗示着美联储也应该更早进入加息周期。

美国劳动力参与率难以修复至疫情前水平。2020 年 4 月美国劳动参与率跌至 60.2% 的低点。在疫情初期，疫情引发的健康担忧和照料家庭责任、高额的失业救济金、疫情对行业产生冲击且加剧摩擦性失业，以及部分人提前退休等因素，导致劳动参与率快速下降。随着新冠肺炎病毒变异后致死率大幅降低和防疫政策的放松，以及高额失业救济金的退出，美国劳动参与率逐渐反弹。然而，近半年以来美国劳动参与率的修复进展几乎停滞，2022 年 1 月美国劳动参与率为 62.2%，8 月仅小幅回升至 62.4%，与疫情前相比仍相差约 1.0 个百分点。这主要是因为部分因疫情退出的劳动力不愿重新回归劳动力市场，尤其是提前退休人群，这意味着在未来的数年内美国劳动参与率也再难修复至疫情前水平。这将进一步加剧劳动力市场的紧张状况，同时也使得实际失业数据被高估，加息应该更早开启才对。

（三）美联储难以实现经济"软着陆"

历史经验显示，美联储加息实现经济"软着陆"的概率不大。1965 年以来，美联储共经历了 11 次加息周期，其中，美联储仅在 1965 年、1984 年和 1994 年的三次加息周期中没有引发经济衰退，美联储实现经济"软着陆"的概率不到三成。[①] 在这几次相对成功的着陆过程中，美国经济存在明显的共同

---

① 2020 年美国经济衰退是由新冠肺炎疫情引致，因此，美联储本也有可能在 2015 年的加息周期中实现经济"软着陆"，但这并不影响本文的整体论断。

点：其一，通胀压力较小；其二，劳动力市场相对松弛；其三，实际利率大于零。

当前美国经济不具备实现"软着陆"的有利条件。与历史上美国经济实现三次"软着陆"相比，此次美国经济形势更为严峻。首先，美国通胀创下四十年来新高，且通胀基础越来越牢固。1965 年、1984 年和 1994 年美国 CPI 同比分别为 1.6%、4.3% 和 2.6%，而 2022 年上半年美国 CPI 同比高达 8.3%。其次，美国劳动力市场过度紧张。1965 年、1984 年和 1994 年美国失业率分别为 4.5%、7.5% 和 6.1%，而 2022 年上半年美国失业率低至 3.7%。最后，美国利率远低于通胀水平，表明美联储加息时点已过晚。1965 年、1984 年和 1994 年美国联邦基金利率减去 CPI 同比增速的值分别为 2.5%、5.9% 和 1.6%，而 2022 年上半年美国实际利率为 -7.9%。当前美国通胀压力高企，而极度紧张的劳动力市场从需求端推高通胀，使得美联储不得不将利率提升至限制性水平，并提高失业率，才有可能降低过剩需求和压低通胀，这也意味着美联储很难不以衰退为代价来控制住通胀。Domash 和 Summers 的研究发现，1955 年以来在所有通胀率高于 4%、失业率低于 5% 的时期里，美国经济在接下来两年内都陷入了衰退。[1]

"滞胀"困境进一步加大了美国经济衰退风险。20 世纪 70、80 年代，美联储为了治理"滞胀"进行了四次加息，四次皆引发了经济衰退。[2] 即便是沃尔克担任美联储主席期间，美联储最终成功治理了通胀，但美国经济也为此付出了惨重代价，失业率最高攀升至 10.8%，实际 GDP 环比折年率季度数据最低跌至 -8%。如果 2022 年下半年疫情不再导致大范围的封锁措施、乌克兰危机意外缓和并促使全球大宗商品价格快速下跌，这些综合因素从供给侧大幅缓解美国通胀压力，那么美联储或许无须加息至限制性利率水平，美国经济也可能避免陷入衰退。

---

[1] Domash, A. and L.H. Summers, "A Labor Market View on the Risks of a U.S. Hard Landing," NBER Working Paper, 2022.

[2] 四次衰退时间分别是：1969 年 12 月至 1970 年 11 月；1973 年 11 月至 1975 年 3 月；1980 年 1 月至 1980 年 7 月；1981 年 7 月至 1982 年 11 月。

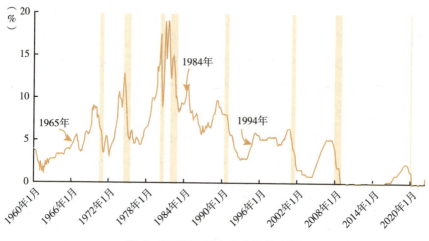

图 4　美联储历次加息与经济衰退

注：图中阴影部分为美国国家经济研究局（NBER）认定的美国经济衰退时间，线性部分为联邦基金利率水平。

资料来源：美联储。

五　财政刺激政策退坡

随着纾困政策的退出，2022财年美国财政支出减少，财政赤字占GDP比重大幅下降。由于美国政府债务规模庞大，利息成本将逐渐上升，并使得美国政府债务长期难以持续。另外，2022年9月，美国《通胀削减法案》（Inflation Reduction Act of 2022）正式立法，有望在未来十年使联邦财政赤字削减约3000亿美元，且有利于促进能源转型和气候应对，但对治理通胀的作用微乎其微。

（一）美国财政赤字减少

2022财年美国财政支出大幅减少。受新冠肺炎疫情冲击，2020财年美国经济出现深度衰退，由此导致美国财政收入大幅下滑和财政支出大幅增加，美国财政赤字规模创下1960年以来的新纪录。2020财年美国财政收入同比增速下滑至-1.2%，财政支出同比增速上升至47.4%，财政赤字占GDP比重上升至 14.95%。2021 财年美国继续推出巨额的纾困政策，美国财政支出同比增速仍达到 4.1%，与此同时，美国经济快速扩张，财政收入同比增速飙升至 18.3%，由此导致财政赤字占 GDP 比重回落至 12.4%。根据 CBO 估计，2022 财年美国联邦财政赤字将缩减至 1.0 万亿美元（大致相当于疫情前的基准水平），较上一个财年减少 1.8 万亿美元，财政赤字占 GDP 比重也大幅下滑至 3.9%，且 2023 财年将进一步下滑至 3.7%，也大体回到疫情前的正常水平。

但是，美国财政赤字长期可虑。按照 CBO 的估计，随着利息成本上升和为老年人提供福利的计划支出增加，美国财政赤字状况将在 2023 财年后快速恶化，预计至 2032 年财政赤字占 GDP 比重高达 6.1%，其中，利息支出占 GDP 比重高达 3.3%。[①] 此外，公众持有的联邦债务预计将在未来两年内下降，到 2023 年降至 GDP 的 96%，此后开始上升，到 2032 年达到 GDP 的 109.6%，到 2052 年达到 GDP 的 185%。这意味着给定未来美国潜在经济增速和利率水平，美国政府债务长期将不可持续。根据美国白宫的测算，到 2032 年美国财政赤字占 GDP 比重将达到 4.8%，公众持有债券占 GDP 比重达到 106.7%，其测算的债务压力略低于 CBO 的估计结果，但方向上两者都指向美国未来债务压力将显著上升。

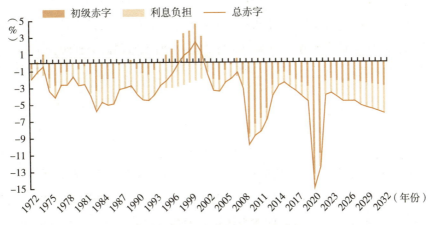

图 5　美国赤字规模占 GDP 比重

资料来源：CBO。

———————

① 这一估计依赖于 CBO 对联邦基准利率的假设，即 2022 年为 1.6%，2023 年后基本处于 2.5% 左右。

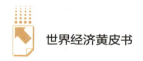

（二）《通胀削减法案》正式立法

2022 年 8 月美国总统拜登签署《通胀削减法案》，涉及金额约 7400 亿美元，收入端主要来源于对企业征收 15% 的最低税（3130 亿美元）、处方药定价改革（2880 亿美元）、国家税务局增强执法（1240 亿美元）、消除附带权益"漏洞"（140 亿美元），支出端主要用于能源安全与气候变化（3690 亿美元）、延长平价医疗法案（640 亿美元），另外产生约 3000 亿美元财政赤字削减。该法案旨在降低美国家庭生活成本和对抗通胀，促进能源转型和气候应对。9 月，该法案正式立法。

《通胀削减法案》脱胎于《重建美好未来法案》，两者的重要区别在于《通胀削减法案》不会产生大规模的前期投入，因而不会加剧财政负担。根据 CBO 的估计，该法案在未来十年有望使得联邦财政赤字累计减少 3050 亿美元。宾夕法尼亚沃顿商学院的预算模型显示，该法案在未来十年有望使联邦财政赤字累计减少 2480 亿美元。CBO 与宾夕法尼亚沃顿商学院的估计差异不到联邦财政总收入的 0.1%，这主要是由企业最低税收规定的区别造成的。

尽管《通胀削减法案》冠以削减通胀之名，但从财政赤字的角度来看，其对治理通胀的效果几乎可以忽略不计。[①] 根据 CBO 的估计，该法案在 2022~2026 年累计削减赤字仅为 210 亿美元，对通胀的影响在统计上的结果与零没有区别。

六　结论和展望

美国经济在 2021 年继续扩张，但在 2022 年上半年陷入"技术性"衰退，2023 年进入实质性衰退的风险上升。当前美国劳动力市场表现出较强的韧性，但高通胀开始蚕食家庭的消费能力和企业的投资信心，经济增长动能明显衰减。由于货币政策传导存在时滞，美联储加息对实体经济的冲击尚未完全显

---

① 《通胀削减法案》的出台是为民主党中期选举铺路。

现。如果通胀持续"高烧不退"，美联储被迫在更长的时期内将政策利率保持在限制性水平之上，美国经济将存在更大下行压力和衰退风险。此外，伴随着利率水平上升，美国政府的付息成本显著增加，未来将成为美国政府的沉重负担，并威胁美国政府债务的可持续性。未来美国经济是否会陷入衰退成为当前关注的焦点。

根据国际常用定义，如果一国 GDP 连续两个季度负增长，则可以认为该国陷入"技术性"衰退。美国 GDP 在 2022 年第一季度和第二季度连续两个季度录得负增长，这表明美国经济已陷入"技术性"衰退。① 不过，美国官方认定的经济衰退是由 NBER 来负责判断经济扩张和衰退的转折点。②NBER 将衰退定义为"多数经济领域内的经济活动连续几个月出现下滑"，该定义强调经济衰退涉及经济活动的显著下降，且这种下降会蔓延到整个经济体并持续数月以上。③ 由于衰退必须对经济产生广泛影响，NBER 会衡量广泛的经济数据，包括实际个人收入减去转移支付、非农就业、家庭调查衡量的就业、实际个人消费支出、根据价格变化调整的批发零售额和工业生产等，以此来判断经济是否陷入衰退。④

关于判定衰退的过程，NBER 声称并没有固定的规则，但最重视的两项指标是实际个人收入减去转移支付和非农就业，从这两大指标来看，美国经济尚未陷入实质性衰退，但衰退风险正在积聚。首先，疫情以来，政府转移支付对提升美国居民收入起到了重要的支撑作用。然而，扣除政府转移后的实际个人收入，更能体现居民持续获得收入的能力。2022 年 5 月，美国扣除转移支付后的实际个人收入同比增速降至 -0.3%，为 2021 年 3 月以

---

① 美联储主席鲍威尔与美国财政部长耶伦皆宣称当前美国就业增长势头强劲，这与传统的衰退表现不一致，不认同美国经济已陷入衰退的观点，但承认美国经济增速存在大幅放缓的风险。

② 值得注意的是，1960 年以来，美国共出现了 7 次"技术性"衰退，每次"技术性"衰退皆伴随发生了 NBER 认定的经济衰退。

③ 在该定义中，衰退涉及三个标准——深度、扩散和持续时间。这三大标准通常需要同时满足，但一个标准出现极端情况可能会部分抵消另一个标准的较弱迹象。例如，2020 年 2~4 月，美国经济经历了史上最短的衰退，尽管持续时间短，但由于经济活动下降幅度巨大且在整个经济中广泛扩散，NBER 认为也应将其认定为衰退。

④ 美国国家经济研究局官网，https://www.nber.org/research/business-cycle-dating。

来首次录得负数，表明居民从薪资、经营收入以及财产性收入等市场化渠道获得的收入增速难以跑赢通胀，这反映美国经济内生动能趋于衰减。其次，2022 年 8 月，美国新增非农就业 31.5 万人，失业率小幅回升至 3.7%，但仍处于历史性低位，表明美国劳动力市场依然强劲，经济增长仍具正向的动能。

美联储实现"软着陆"的空间正在变得越来越狭窄。美国通胀来源正由供给侧向需求侧转移，价格上涨的基础越来越广泛，通胀的基础愈加稳固。当前美国经济表现出一定的韧性，尤其是劳动力市场紧绷，这主要源于需求旺盛。然而，强劲的需求已成为推动通胀上行的重要力量，美联储要抑制通胀，就不得不减少过剩需求，使得供需重新实现平衡。这意味着美联储很难不以衰退为代价来抑制通胀。

由于货币政策的传导通常需要半年至一年的时滞，当前紧缩性货币政策尚未对实体经济产生严重的冲击。2022 年 3 月以来，美联储已连续 5 次加息，累计加息幅度高达 300 个基点。但 2022 年 8 月芝加哥联储调整后的全国金融状况指数[①] 为 -0.17，表明当前金融状况仍比历史均值更为宽松。未来伴随着金融条件进一步收紧，企业开始大幅缩减投资和去库存，劳动力市场需求将趋于减少，失业率转向上升。作为衰退的重要观测指标，如果美国失业率回升至 4% 及以上，则可能意味着美国经济已陷入衰退。[②]

各大机构纷纷警告美国经济下行风险加大，经济前景更加黯淡。世界银行在 2022 年 6 月发布的《全球经济展望》中称，由于全球能源和食品价格激增、乌克兰危机引发全球供应中断以及全球主要央行普遍提高利率水平，未来数年全球经济增长率将低于历史平均水平，并将 2022 年美国经济增长预期

---

① 全国金融状况指数是衡量美联储货币政策整体松紧程度的重要指标。芝加哥联储的全国金融状况指数提供了关于美国货币市场、债券市场、股票市场、银行系统以及"影子"银行系统的金融状况的全面更新数据，在此基础上分离出与经济状况不相关的金融状况部分，以提供与当前经济状况相对应的金融状况，即芝加哥联储调整后的全国金融状况指数。该值为正，则表示当前的金融状况比历史均值更偏紧；该值为负，则表示当前的金融状况比历史均值更偏宽松。

② 根据萨姆法则，如果三个月移动平均失业率比前 12 个月的低点高出 50 个基点以上，则经济衰退已经开始。1960 年以来，美国经历了 9 次经济衰退，该指标皆得到了很好的验证。

下调至 2.5%。国际货币基金组织在 2022 年 7 月的《世界经济展望》中也指出全球经济前景的不确定性上升，并表示美国家庭购买力下降和货币政策收紧，叠加乌克兰危机和地缘分裂，以及疫情可能反复和引致更多的防疫封锁措施，由此将 2022 年和 2023 年美国经济增长预期分别下调至 2.3% 和 1.0%。美联储在 2022 年 9 月发布的经济预测（SEP）中，大幅下调 2022 年美国经济增长预期至 0.2%，同时下调 2023 年经济增长预期至 1.2%；与此同时，进一步上调 2022 年和 2023 年美国 PCE 同比增速预期分别至 5.4% 和 2.8%，上调 2022 年和 2023 年美国失业率预期分别至 3.8% 和 4.4%，表明美联储认为未来两年美国经济增速会显著下行。本文预计 2022 年美国经济增速将降至 2.1% 左右，2023 年经济出现实质性衰退的可能性较大。

参考文献

孙杰：《美国经济：疫情后的反弹》，载张宇燕主编《2022 年世界经济形势分析与预测》，社会科学文献出版社，2022。

杨子荣：《美国经济衰退的逻辑与观测指标》，《中国外汇》2022 年第 15 期。

杨子荣、徐奇渊：《美国经济距离衰退有多远？》，《财经》2022 年第 7 期。

Board of Governors of the Federal Reserve System, " Monetary Policy Report," June 22,2022.

Board of Governors of the Federal Reserve System, "Summary of Economic Projections," June 15, 2022.

Board of Governors of the Federal Reserve System, "Minutes of the Federal Open Market Committee," June 15, 2022.

Congressional Budget Office, " The Budget and Economic Outlook: 2022 to 2032," May 25, 2022.

Congressional Budget Office, " The 2022 Long-term Budget Outlook," July 27, 2022.

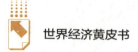

Domash, A. and L.H. Summers, "A Labor Market View on the Risks of a U.S. Hard Landing," NBER Working Paper,2022.

Shapiro A.H., "How Much Do Supply and Demand Drive Inflation?" FRBSF Economic Letter, 2022.

Y.3
欧洲经济：增长前景黯淡

陆 婷 东 艳[*]

摘　要： 2021 年下半年至 2022 年初，新冠肺炎疫情仍不时袭扰欧洲经济，导致其复苏步伐自 2021 年第四季度起有所放缓。2022 年 2 月底乌克兰危机爆发后，地缘政治开始取代疫情成为左右欧洲经济的核心因素。能源供给短缺和供应链瓶颈使得欧洲通货膨胀水平居高不下，经济景气指数和消费者信心双双暴跌，企业投资支出和居民消费支出下滑。不仅如此，能源价格走高也使得欧洲贸易条件恶化，贸易逆差持续扩大。面对不断攀升的通胀，欧洲央行加速收紧货币政策，连续大幅加息，进一步给经济带来下行压力。在地缘政治冲突持续的背景下，欧洲经济高通胀、低增长、紧货币的局面短期内难以得到改变，预计未来欧盟和欧元区经济增长将继续放缓，2022 年经济增长率为 3.0%~3.5%，2023 年放缓至 0.3%~0.6%。

关键词： 欧洲经济　乌克兰危机　能源危机　经济增长

　　2021 年第三季度至 2022 年第二季度，欧洲经济整体呈弱增长态势，经济复苏步伐屡屡受新冠肺炎疫情、地缘政治以及异常天气等外部冲击的拖累而放缓。2022 年 2 月下旬爆发的乌克兰危机严重影响了欧洲经济发展格局，

---

　　* 陆婷，博士，中国社会科学院世界经济与政治研究所副研究员，主要研究方向为国际金融；东艳，博士，中国社会科学院世界经济与政治研究所研究员，主要研究方向为国际贸易。

并使欧洲经济在 2022 年下半年偏离复苏轨道，再度面临衰退风险。受这一不可预知的地缘政治因素影响，欧洲经济未能如我们在 2022 年度世界经济黄皮书报告中所判断的那样，于 2022 年上半年恢复至疫情前水平，通胀压力也未得到缓解，但及至乌克兰危机爆发前，欧洲经济都保持着缓慢复苏势头，与我们的预期基本一致。

一　宏观经济增长趋势

（一）经济复苏缓慢，下行风险加大

2021 年第三季度至 2022 年第二季度，欧盟（不含英国，下同）和欧元区各季度实际 GDP 同比增长率分别为 4.0%、4.8%、5.5%、4.2%（欧盟）和 3.7%、4.6%、5.4%、4.1%（欧元区），表明就整体而言欧盟与欧元区经济活动已从 2020 年第二季度受新冠肺炎疫情正面冲击时的低谷中走出。同期，从 GDP 环比增速来看，除 2021 年第三季度外，欧盟和欧元区 GDP 环比增速连续三个季度都在 0.5% ~ 0.8% 区间内浮动，说明在病毒变种、地缘政治危机等多重因素的作用下，欧洲经济复苏步伐自 2021 年第四季度起就大幅放缓。英国较早受到德尔塔变异病毒的袭扰，其复苏步伐放缓得更早，2021 年第三季度 GDP 环比增速就已从 2021 年第二季度的 5.6% 下降至 0.9%，此后便始终保持在低位。2022 年第二季度，在天然气价格暴涨和利率上升的双重压力下，英国经济更出现了 2021 年初以来的首次萎缩，GDP 环比下降 0.1%。

从支出法分解来看，2021 年第三季度至 2022 年第二季度，欧盟和欧元区的家庭消费显示出较强波动性。2021 年第三季度，欧盟和欧元区家庭与为家庭服务的非营利性机构（NPISH）消费对 GDP 环比增速的贡献度分别达到 2.14 个和 2.21 个百分点，而第四季度则分别跌至 -0.03 个百分点和 -0.02 个百分点，直到 2022 年第二季度才勉强分别恢复到 0.62 个百分点和 0.65 个百分点，这意味着家庭消费对疫情和由乌克兰危机引发的能源危机均较为敏感。总资本形成对欧盟和欧元区 GDP 环比增长的贡献度在 2021 年第四季度达到最高，分别为 1.13 个百分点和 1.23 个百分点，表明尽管存在奥密克戎变异病毒对经

济的扰动，欧洲当地企业在 2021 年末仍对未来经济抱有较高信心。然而，随着乌克兰危机的爆发以及生产成本的增加，总资本形成对 GDP 的贡献度在 2022 年上半年重新回落。净出口对欧盟和欧元区 GDP 环比增长贡献度在疫情导致管控措施升级期（2021 年第四季度）和乌克兰危机爆发后（2022 年第二季度）均显著为负，不同的是，2021 年第四季度欧盟和欧元区出口和进口增速双双走高，表明欧洲制造业出口受疫情扰乱程度不深，而乌克兰危机爆发后，欧盟和欧元区出口和进口增速都有所放缓，说明欧洲整体经济动能减弱。以欧元区为例，2021 年第四季度，其出口环比增速为 2.4%，进口环比增速为 4.7%，而在 2022 年第二季度，欧元区出口环比增速为 1.3%，进口环比增速为 1.8%。

表 1　欧盟和欧元区实际 GDP 增长率及各组成部分的贡献

单位：%，个百分点

指标	2021 年				2022 年	
	第一季度	第二季度	第三季度	第四季度	第一季度	第二季度
欧盟（27 国，不含英国）						
同比增长率	−0.8	13.9	4.0	4.8	5.5	4.2
环比增长率	0.1	2.0	2.0	0.7	0.8	0.7
最终消费	−0.86	2.24	2.13	0.15	0.03	0.75
家庭与 NPISH 消费	−0.83	1.81	2.14	−0.03	0.01	0.62
政府消费	−0.03	0.42	−0.01	0.18	0.02	0.13
总资本形成	0.32	−0.05	−0.18	1.13	0.33	0.15
固定资本形成	−0.33	0.31	−0.10	0.69	−0.01	0.15
存货变动	0.65	−0.36	−0.08	0.44	0.34	0.00
净出口	0.62	−0.22	0.09	−0.64	0.42	−0.21
出口	0.36	1.00	0.97	1.28	0.56	0.71
进口	0.27	−1.22	−0.87	−1.92	−0.15	−0.92
欧元区（19 国）						
同比增长率	−0.8	14.4	3.7	4.6	5.4	4.1
环比增长率	−0.1	2.0	2.2	0.5	0.7	0.8
最终消费	−1.10	2.27	2.23	0.12	0.03	0.78
家庭与 NPISH 消费	−1.07	1.84	2.21	−0.02	−0.02	0.65
政府消费	−0.03	0.44	0.02	0.14	0.05	0.14

续表

指标	2021 年				2022 年	
	第一季度	第二季度	第三季度	第四季度	第一季度	第二季度
总资本形成	0.28	-0.21	-0.28	1.23	-0.02	0.16
固定资本形成	-0.45	0.36	-0.13	0.78	-0.18	0.20
存货变动	0.73	-0.57	-0.14	0.45	0.17	-0.03
净出口	0.72	-0.08	0.21	-0.87	0.65	-0.17
出口	0.25	1.19	1.09	1.15	0.63	0.67
进口	0.47	-1.26	-0.88	-2.02	0.02	-0.84

注：表中数据均基于以不变价格计算的实际值，环比增长率为经季节与工作日调整后的值。GDP 同 / 环比增长率的单位为"%"，其他各单项为对 GDP 增长的环比贡献，单位为"个百分点"。NPISH（Non-Profit Institutions Serving Households）为家庭服务的非营利性机构。存货变动中含有价品的收购减处置。

资料来源：Eurostat, 2022 年 9 月 12 日。

分季度来看，2021 年第三季度欧洲经济表现平稳，基本延续了 2021 年第二季度快速上扬的势头，欧盟和欧元区季调后的 GDP 实际环比增长率分别达到 2.0% 和 2.2%。由此可见，德尔塔变异病毒对欧洲经济活动的负面影响有限，居民消费支出和净出口整体表现较为稳定，尤其是居民消费，欧盟和欧元区环比分别增长 4.2% 和 4.4%，成为该季度经济增长最主要的支撑力量。不过，疫情所带来的不确定性依旧困扰着当地企业部门，工业信心指数小幅震荡，欧盟和欧元区资本形成总额环比分别下降 0.82% 和 1.25%，对该季度经济增长的贡献度为负。

2021 年第四季度，奥密克戎变异病毒席卷欧洲，为对抗疫情，各国再度收紧管制措施，经济复苏小幅受挫，欧盟和欧元区实际 GDP 环比增速显著放缓。总资本形成成为该季度经济增长的主要推动因素。内外需求的快速修复以及对供应链瓶颈缓解的预期使企业部门在该季度的资本支出水平较高，欧盟和欧元区季调后的固定资本投资分别环比增长 3.3% 和 3.7%，创下年内最高季度环比增速。政府最终消费支出也对 GDP 环比增长做出了正向贡献，季调后政府最终消费支出分别环比增长 0.80%（欧盟）和 0.66%（欧元区）。在旺盛的外部需求和制造业活动逐渐恢复的双重作用下，欧盟和欧元区在这一季度出口表现良好，环比增速分别达到 2.6% 和 2.4%，受欧洲企业投资需求扩大的影响，欧盟和欧元区当季进口规模增长更快，环比增速分别达到 4.3% 和 4.7%，从而导致净出口对经济增长贡献度为负数。

2022 年第一季度，欧洲疫情管控措施放松，给当地经济注入了活力，但随着 2 月下旬乌克兰危机的爆发，疫情管控放松所带来的正面影响几乎完全被抵消。3 月欧元区制造业和服务业的未来产出预期指数就已分别跌至 2020 年 5 月和 2020 年 11 月以来的最低水平，表明企业开始为疲软的经济增长做准备。乌克兰危机爆发后，欧元区消费者信心暴跌，恶化程度远超预期，信心指数单月下滑 12.1 个点，仅次于 2020 年疫情创下的最高单月跌幅纪录（12.4 个点）。从不变价来看，商品和服务贸易净出口为该季度欧盟和欧元区的实际 GDP 增长提供了正向支撑，但若将能源进口成本走高的影响考虑在内，季调后欧盟和欧元区的商品贸易账户则始终保持逆差状态，对当地经济动能恢复造成了负面影响。

2022 年第二季度，乌克兰危机和异常天气导致欧洲能源危机愈演愈烈，通胀水平居高不下，经济复苏逐渐失速，服务业和制造业发展前景恶化，企业在外部需求停滞和成本飙升的双重压力下开始削减产能。采购经理人指数（PMI）中衡量产出的分项在 6 月跌破 50 荣枯线，创 24 个月以来的新低。商品和服务贸易方面，欧盟和欧元区季调后的进口环比增速显著高于出口环比增速，导致净出口对实际 GDP 环比增长贡献度分别为 -0.21 个百分点和 -0.17 个百分点。居民消费支出在该季度表现强于预期，部分抵消了贸易方面的拖累，欧盟和欧元区季调后居民消费支出环比分别增长了 1.2% 和 1.3%。因此，就整体而言，2022 年第二季度欧盟和欧元区经济维持住了 0.7%~0.8% 的环比增长率，超出此前市场预期的 0.2%。

（二）失业率震荡下行

2021 年 7 月至 2022 年 7 月，欧盟与欧元区就业市场表现良好，失业率稳步下行。从图 1 所显示的月度失业率数据来看，欧盟和欧元区的失业率分别从 2021 年 7 月的 6.9% 和 7.7% 下降到 2022 年 7 月的 6.0% 和 6.6%；欧盟和欧元区的青年（25 岁以下）失业率也呈现出震荡下行态势，分别从 2021 年 7 月的

16.1% 和 16.3% 下降到 2022 年 7 月的 14.0% 和 14.2%。目前欧盟和欧元区的失业率已较疫情前更低。2020 年 3 月，欧盟和欧元区失业率分别为 6.3% 和 7.1%，青年失业率分别为 15.2% 和 15.8%。不过，自 2022 年 1 月起，欧盟和欧元区失业率下降速度明显放缓，7 个月均仅下降了约 0.3 个百分点。

分国别看，2022 年 7 月，捷克（2.3%）和波兰（2.6%）失业率为欧盟成员国内最低，西班牙（12.6%）、希腊（11.4%）、塞浦路斯（8.0%）的失业率则处于较高水平；与 2021 年同期相比，大部分欧盟成员国的失业率都出现了下降，其中下降幅度最大的是希腊，从 14.3% 下降至 11.4%，下降了 2.9 个百分点；其次是西班牙，从 15.1% 下降至 12.6%，下降了 2.5 个百分点。塞浦路斯是报告期内唯一失业率上行的欧盟成员国，从 2021 年 7 月的 6.8% 上升了 1.2 个百分点至 8.0%。2022 年 7 月英国失业率为 3.6%，较 2021 年同期下降了 1 个百分点，创 1974 年以来的最低纪录。然而，英国快速下行的失业率主要是由退出劳动力市场的人员数量增加所导致，用以衡量未找工作和未工作人数比例的经济不活跃率 2022 年第二季度达到 21.7%，较前一季度上升了 0.4 个百分点。英国统计局表示，这主要是由于长期病患增加以及离开就业市场的学生增多。

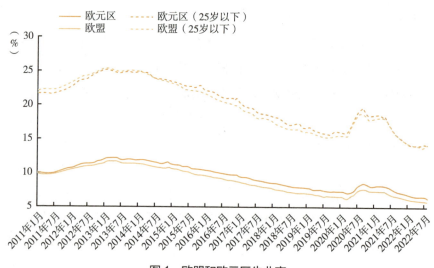

图 1　欧盟和欧元区失业率

资料来源：Eurostat。

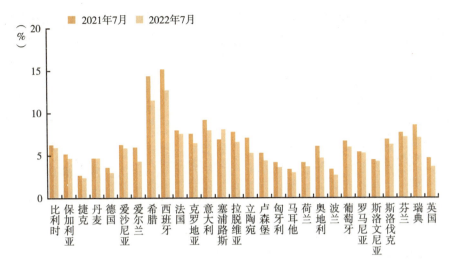

图 2　2021 年 7 月和 2022 年 7 月欧洲主要国家失业率

资料来源：Eurostat, Office for National Statistics。

（三）物价飙升

2021 年 8 月至 2022 年 7 月，受能源价格持续飙升和能源危机的影响，欧盟的消费价格调和指数（HICP）一路走高，从 3.2% 上涨至 9.8%，同期，欧元区 HICP 同比增长率也从 3.0% 上升至 8.9%，双双创下该指标创立以来的最高纪录。能源价格是推动欧盟和欧元区 HICP 上扬的主要驱动力，从欧盟 HICP 能源价格分项来看，2021 年 8 月，其同比增长率为 14.8%，而到 2022 年 7 月，随着能源危机的加剧，其同比增长率已达到 38.2%。食品（含烟草酒精）价格分项在 2021 年下半年还保持了较为平稳的增速，8~12 月平均同比增长率为 2.7%。在乌克兰危机爆发后，农产品价格快速上升，食品（含烟草酒精）价格分项由 1 月的 4.3% 暴涨至 7 月的 11.0%。相比之下，服务价格上升速度较为平稳，2022 年 1~7 月，欧盟服务价格平均同比增长率为 3.8%，高出 2021 年下半年的平均值 2.2% 约 1.6 个百分点。

剔除能源和非加工食品后，欧盟和欧元区的核心 HICP 在 2022 年 1~7 月的平均水平分别为 4.0% 和 3.3%，较上年同期分别上涨了 2.7 个百分点和 2.3

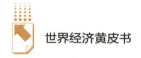

个百分点。核心 HICP 的走高表明欧洲通胀压力正逐渐从能源和食品蔓延至更广泛的领域，进而对欧洲经济增长形成更加深刻和持久的影响。

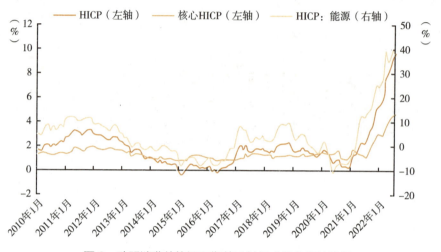

图 3　欧盟消费价格调和指数及其组成部分相关数据

注：数据为当月同比增长率。

资料来源：Eurostat。

（四）欧洲主要国家经济走势

2021 年第三季度至 2022 年第二季度，德国经济表现相对较为低迷，经季节与工作日调整后实际 GDP 环比增长率分别为 0.8%、0%、0.6% 和 0.5%，难以扛起欧洲经济火车头的重任。疫情后德国经济表现不佳，主要是因为其经济以制造业为主，机械、汽车、化工等是优势行业，而这些行业供应链较长，受供应链瓶颈和原材料短缺的负面影响最大，短时间内也难以快速修复。与此同时，德国也是能源进口大国，对俄罗斯能源依赖程度高，乌克兰危机带来的能源危机使德国天然气和电力价格大幅上涨，居民生活和企业生产成本急剧上升，经济面临严重的下行压力。

法国经济同样面临着能源短缺、通胀高企的困扰。然而，由于对俄罗斯能源依赖程度相对较低，且政府积极实施了电力和天然气价格保护机制以及燃油折扣措施，法国的通胀水平比其他欧元区国家显得更为温和。8月法国通胀率为5.9%，比德国7.9%的通胀率足足低了2个百分点。约占法国国内生产总值8%的旅游业，在疫情逐渐得到控制后快速恢复，2022年夏季法国国内和国际游客整体到访量已恢复到2019年的水平，为法国经济维持正向增长提供了一定支撑。

英国受疫情持续、刺激措施退出的共同影响，2021年第三季度经济开始失速，但由于坚持放松疫情管控，服务业和医疗行业为该季度经济增长提供了支撑。进入2021年第四季度，疫情相关的社会工作如疫苗接种、病毒检测和追踪等促使季度实际经济环比增长1.3%，超过预期的1.0%，但通货膨胀的上升给经济造成巨大压力，致使央行在2021年12月进行了三年以来的首次利率上调。2022年，能源价格走高和连续加息的双重压力导致英国经济增速进一步下滑，8月，英国制造业PMI已跌破50荣枯线至47.3，服务业PMI则勉强跨过了荣枯线，为50.9，表明年内英国经济增速继续放缓几乎已成定局。

表2 欧洲部分国家实际GDP季度环比增长率

单位：%

区域	2021年				2022年	
	第一季度	第二季度	第三季度	第四季度	第一季度	第二季度
德国	-1.5	1.9	0.8	0	0.6	0.5
法国	0	1.0	3.4	0.5	-0.2	0.5
意大利	0.2	2.6	2.7	0.7	0.1	1.1
西班牙	-0.5	1.1	2.6	2.2	0.2	1.1
荷兰	0.1	3.8	1.5	0.7	0.5	2.6
比利时	1.3	1.7	2.1	0.4	0.5	0.2
奥地利	-0.8	4.4	3.7	-0.9	1.9	1.5
爱尔兰	9.0	1.9	4.4	-1.9	6.2	1.8
芬兰	-0.2	1.6	0.9	0.7	0.5	0.9
希腊	3.2	1.5	2.4	0.9	2.9	1.2

续表

区域	2021年				2022年	
	第一季度	第二季度	第三季度	第四季度	第一季度	第二季度
葡萄牙	-2.9	4.4	2.7	1.7	2.5	0
卢森堡	2.0	0.6	-0.3	1.7	0.7	-0.5
斯洛文尼亚	1.6	2.0	1.3	5.2	0.7	0.9
立陶宛	1.7	1.2	0.7	1.3	1.2	-0.5
拉脱维亚	-0.1	2.3	0.6	0	3.4	-1.0
塞浦路斯	1.5	0.5	2.6	1.4	1.3	0.6
爱沙尼亚	2.6	2.8	0.8	0.8	0	-1.3
马耳他	4.4	0	3.7	3.1	1.0	0.8
斯洛伐克	-1.4	1.8	0.4	0.4	0.4	0.5
欧元区 19 国	-0.1	2.0	2.2	0.5	0.7	0.8
波兰	1.4	2.0	2.6	1.8	2.5	-2.1
瑞典	1.7	0.9	1.6	1.3	0.2	0.9
丹麦	0.3	2.4	1.3	2.5	-1.1	0.9
捷克	-0.5	1.4	1.7	0.8	0.6	0.5
罗马尼亚	1.1	3.2	-2.9	1.0	5.1	2.1
匈牙利	1.3	2.5	1.0	2.2	2.1	1.0
克罗地亚	5.9	1.0	1.8	1.1	2.8	2.0
保加利亚	1.7	1.0	1.0	1.2	0.9	0.8
欧盟 27 国	0.1	2.0	2.0	0.7	0.8	0.7
英国	-1.2	5.6	0.9	1.3	0.8	-0.1
瑞士	-0.1	1.91	1.8	0.3	0.5	0.3
塞尔维亚	2.4	1.5	1.5	1.6	-0.6	1.2
土耳其	2.6	2.0	2.7	1.6	0.7	2.1
挪威	0	0.6	4.0	0.1	-0.9	0.7

资料来源: Eurostat, Office for National Statistics。

北欧国家也不能幸免于疫情管控和高通胀带来的冲击。进入 2022 年后丹麦、瑞典等的经济增速都有所放缓，陷入家庭消费支出减少、出口需求减弱、住房和建筑投资下滑等境况，其中瑞典更因经济疲弱而失业率在 3 月、4 月连续出现上升。自身拥有天然气和石油资源的挪威虽也受到食品和电力价格上涨的影响，但由于能源价格走高，能源出口额激增，进而推动居民家庭消费支出实现了 11.4% 的高增长。因此，在疫情管控导致 2022 年第一季度经济活动放缓后，挪威第二季度实际经济增速环比上涨 0.7%，同比提升 3.9%，经济增长相对平稳。

相比之下，高通胀对南欧国家经济的影响更大。除经济增速放缓外，南欧国家还需要面对高债务所带来的主权债务风险。高通胀下的低增长，以及欧洲央行加息带来的实际利率走高，使得这些资产负债表脆弱的南欧国家的债务违约风险不断上升。在这些国家中，意大利的境况尤为危险，动荡的国内政治局势让意大利政府的经济复苏计划推行困难，其经济下行风险较其他南欧国家更高。不仅如此，意大利债务绝对规模庞大，占意大利、西班牙、葡萄牙、希腊四国债务总量的 60%，2023 年到期债务高达 4000 亿美元，偿债压力较其他南欧国家更大。可以说，南欧国家主权债务风险是未来欧洲经济增长中的一个不确定性因素。

二　货币与金融状况

（一）货币政策快速收紧

2021 年下半年，欧洲通胀逐渐走高。为此，欧洲央行于 9 月宣布将放缓第四季度的紧急抗疫购债计划（PEPP）购债速度。但当时欧洲央行认为，推动欧元区通胀上升的很多因素如能源价格上涨、供应链中断等都是暂时性的，随着这些暂时性因素的消退，通胀问题将逐渐缓解。同时，由于疫情还存在较大不确定性，不适宜过快收紧货币政策。因此，在结束时间和总体规模上欧央行并未对 PEPP 进行调整。

进入 2022 年，欧洲经济受通胀威胁的程度加剧，欧洲央行于 3 月加快

了缩减资产购买计划（APP）的速度，决定提前从 2022 年第二季度开始削减
APP 净购买量。到 2022 年 6 月，乌克兰危机导致的能源危机在欧洲持续发酵，
通胀水平居高不下，欧洲央行正式宣布开启欧元区货币政策正常化进程，并
于 7 月 1 日提前结束了 APP。7 月，欧洲央行进行了 11 年以来的首次加息，
且加息幅度超出早前宣布的 25 个基点达到 50 个基点。此后，欧洲央行进一
步加快了加息步伐，9 月再次大幅加息 75 个基点，幅度之大属 1999 年欧元
创立以来的首次。同时欧洲央行行长拉加德表示，未来还将继续加息 2~5 次，
加息进程将持续到 2023 年初。快速收紧的货币政策表明稳定价格仍是欧洲央
行的主要目标，即便要以牺牲经济增长为代价。

（二）货币供给扩张速度放缓

受欧洲央行逐步收紧货币政策的驱动，欧元区货币供应量（M3）在 2021
年第三季度到 2022 年第二季度期间增速逐步放缓，各季度增速分别为 7.6%、
6.9%、6.2% 和 5.7%。从各分支项目看，2022 年上半年，可交易有价证券增
长率出现显著下滑，季度平均增速为 0.9%，较 2021 年下半年 6.8% 的季度平
均增速下降了 5.9 个百分点。2022 年第二季度 2 年期以下定期存款增长迅猛，
增速由第一季度的 -6.0% 转正为 2.5%，流通中现金、隔夜存款、通知期在 3
个月以下的可赎回存款增速均出现小幅下降，表明在不确定性和通胀压力的
共同作用下，欧元区货币供给构成出现了一定调整。

2022 年上半年，由于纾困政策的逐渐退出，欧元区政府部门信贷增速小
幅放缓，2022 年第二季度，政府部门信贷余额的同比增长率为 8.5%，较 2021
年末的 11.3% 下滑了 2.8 个百分点。私人部门信贷规模则快速扩张，信贷余额
同比增速从 2021 年第三季度的 3.4% 上升至 2022 年第二季度的 5.2%。驱动
这一变化的主要因素是非金融企业信贷，2021 年第三季度非金融企业信贷余
额同比增长率仅为 1.7%，而 2022 年第二季度末同比增长率则达到 5.9%。相
比之下，家庭信贷余额增速则始终较为平稳。

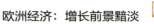

指标	2021 年			2022 年	
	全年	第三季度	第四季度	第一季度	第二季度
欧元区货币供给总量					
M1	9.8	11.1	9.8	8.8	7.2
其中：流通中现金	7.7	8.5	7.7	9.6	7.9
隔夜存款	10.1	11.5	10.1	8.7	7.1
M2−M1（其他短期存款）	−1.5	−2.5	−1.5	−0.3	2.0
其中：2 年期以下定期存款	−11.4	−15.5	−11.4	−6.0	2.5
通知期在 3 个月以下的可赎回存款	2.7	3.2	2.7	2.0	1.8
M2	7.0	7.6	7.0	6.6	5.9
M3−M2（可交易有价证券）	6.1	7.5	6.1	−0.2	2.0
M3	6.9	7.6	6.9	6.2	5.7
欧元区信贷规模					
对政府部门信贷	11.3	11.0	11.3	10.1	8.5
对私人部门信贷	3.9	3.4	3.9	4.2	5.2
其中：对非金融企业信贷	3.8	1.7	3.8	3.5	5.9
对家庭信贷	4.3	4.3	4.3	4.4	4.6

表 3 欧元区货币与信贷的同比增长率

单位：%

注：2021 年全年的货币供给总量与信贷规模数据取年末值，因此也是 2021 年第四季度的数据。

资料来源：European Central Bank, Economic Bulletin, Issue 6/2022。

（三）欧元币值震荡下行

2021 年 7 月至 2022 年 8 月，欧元汇率整体震荡下行。欧元对 42 个最主要贸易伙伴货币的名义有效汇率（EER-42）指数在 2022 年 8 月达到 144.1，为 2020 年 3 月以来的最低值，较 2021 年 7 月下跌了 5.5%。乌克兰危机爆发之后，受能源危机、美联储加息等因素的影响，欧元汇率下跌速度明显加快，5 个月内下跌了 3.6%。CPI 平减后的实际有效汇率走势也大致相同，2021 年 7 月至 2022 年 8 月欧元对 42 个最主要贸易伙伴货币的实际有效汇率指数下跌了 5.8%。

从双边汇率来看，2021 年 7 月至 2022 年 8 月，欧元兑美元从 1.19 跌至 1.00，累计下跌 16%。同期，欧元兑英镑经历了两次先跌后升，8 月底欧元兑英镑为 0.86，与 2021 年 7 月持平。就亚洲主要货币而言，2021 年 7 月至 2022 年 8 月，欧元兑人民币累计贬值 10.1%，兑日元累计升值 4.8%。

　　未来一段时间，欧元汇率的走势将主要取决于经济放缓的速度、通胀水平的变化和欧洲央行加息节奏。

图 4　欧元名义与实际有效汇率（EER-42）

注：月度平均数据，1999 年第一季度为 100。

资料来源：ECB。

三　财政状况

（一）财政赤字率快速下降

　　随着疫情纾困措施的逐步退出，欧盟和欧元区国家财政状况在 2021 年显著改善，财政赤字率快速下降。2021 年欧盟和欧元区的财政赤字率分别为 4.7% 和 5.1%，较上年分别下降了 2.1 个和 2.0 个百分点。就欧盟主要国家而言，2021 年一般政府财政赤字率最高的是马耳他，赤字率为 8.0%；其次是希腊，赤字率为 7.4%；拉脱维亚和意大利紧随其后，赤字率分别为 7.3% 和 7.2%。德国和卢森堡在 2021 年均摆脱了财政赤字，实现了财政盈余，财政盈余占 GDP 比重分别为 2.3% 和 0.9%。英国一般政府财政赤字 2021 年末为

GDP 的 5.1%，也较 2020 年末的 11.2% 削减了约一半。

　　广义政府债务负担占 GDP 比重方面，欧盟和欧元区政府债务负担在 2021 年小幅下降，政府部门杠杆率分别由 2020 年的 90.0% 和 97.2% 下降至 2021 年的 88.1% 和 95.6%。其中，希腊政府部门杠杆率下降幅度最大，从 2020 年的 206.3% 下降了 13 个百分点至 2021 年的 193.3%，其次是塞浦路斯，下降了 11.4 个百分点，由 2020 年的 115.0% 降至 2021 年的 103.6%。意大利、葡萄牙等国政府部门杠杆率都出现了不同幅度的下降，但从整体水平上来看依旧处于高位，2021 年政府部门杠杆率分别为 150.8%、127.4%。德国和英国政府部门杠杆率在 2021 年均出现了小幅上升，分别上升了 0.6 个和 0.3 个百分点至 69.3% 和 102.8%。政府部门杠杆率在 2021 年继续上升的国家中，捷克、斯洛伐克和马耳他的上升幅度最大，分别上升了 4.4 个、3.4 个和 3.0 个百分点。

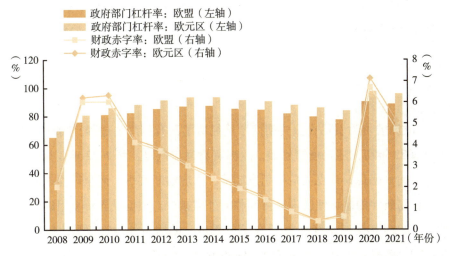

图 5　2008~2021 年欧盟及欧元区财政赤字率与政府杠杆率情况

资料来源：根据 Eurostat 相关数据整理。

（二）主权债务风险短期可控

　　2022 年 6 月欧洲央行宣布即将启动加息进程，市场对意大利、希腊、葡萄牙、爱尔兰和西班牙等欧洲传统债务风险国的主权债务违约风险保持高度警惕。一方面，经历疫情之后，这些国家的主权债务占 GDP 比重都处于较高水平，偿债压力沉重；另一方面，由于乌克兰危机的持续，欧洲经济高通胀、低增长的局面短期内难以改变，欧洲央行快速收紧货币政策更将加剧金融市场的流动性收缩，从而增加传统债务风险国的融资成本。

不过，从短期来看，欧洲再次爆发主权债务危机的可能性较低，理由有四：一是与 2011 年的债务危机相比，目前意大利等国的融资成本相对还处于较低水平，信用违约互换（CDS）走势也较为平稳；二是欧洲央行对金融分化风险十分重视，对欧元区内国家利差走阔反应及时，积极与市场沟通之余也推出了相应的政策工具，有利于快速平复市场波动；三是政策工具较为充足，欧洲稳定机制的额度足以覆盖意大利、希腊等国近两年的债务偿还规模；四是欧洲银行体系自欧债危机以来经过一系列监管改革后健康程度有所提升，阻断了违约风险从主权债务向金融体系传导的链条。因此，短期内，尽管欧洲经济面临着增速进一步下滑的前景，但主权债务风险也还处于可控范围。

四　对外贸易状况

欧洲的货物贸易在报告期内增速经历了从升到降的过程。2021 年下半年至 2022 年初，随着疫情趋缓，欧洲贸易逐步恢复。而 2022 年 3 月后，欧洲贸易前景恶化，乌克兰危机引发制裁、供应链断裂等，而全球需求的减弱以及贸易条件的恶化使欧洲经济面临的外需减少。根据世界贸易组织的相关数据，2021 年第三季度至 2022 年第二季度，欧盟对外货物贸易出口总额为26152.11 亿美元，进口总额为 27338.49 亿美元，同比增速分别为 14.71% 和30.33%。① 从季度同比增速看，欧盟在经历了 2021 年第二季度对外货物贸易出口的较高水平的增长后，增速趋缓。进口增速则保持较高水平，进口商品价格上涨是促进进口额增长的重要因素。

---

① 根据 https://data.wto.org/ 相关数据计算得出。

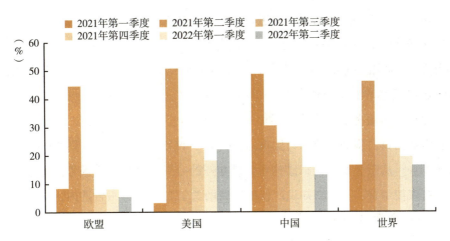

图6　欧盟及世界主要经济体货物贸易出口额的季度同比增速

注：欧盟的数据为欧盟对外货物贸易出口额增速，不包括欧盟内贸易部分。

资料来源：根据 WTO 相关数据整理。

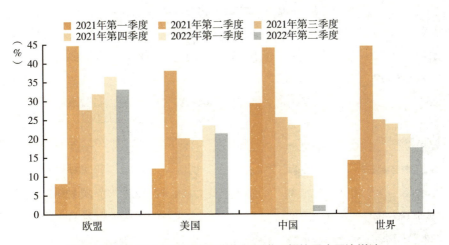

图7　欧盟及世界主要经济体货物贸易进口额的季度同比增速

注：欧盟的数据为欧盟对外货物贸易进口额增速，不包括欧盟内贸易部分。

资料来源：根据 WTO 相关数据整理。

随着疫情对人员流动的影响减弱，欧洲服务贸易恢复较快。2021 年第三季度至 2022 年第二季度，欧盟对外服务贸易出口总额为 11716.7 亿欧元

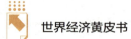
（11429.70 亿美元），服务贸易进口总额为 10009.5 亿欧元（9764.22 亿美元），同比增速分别为 27.15% 和 21.1%；从各行业的表现来看，旅行业和运输业强力反弹，运输业出口和进口同比增长率分别为 55.09% 和 48.04%，旅行业出口和进口同比增长率分别为 155.33% 和 115.24%；从服务贸易出口结构看，旅行业出口占服务业总出口比重由 17.78% 提升至 21.69%，电信、计算机和信息服务出口占服务业总出口比重为 19.88%，该行业出口在报告期内同比增长 20.11%；从服务贸易进口结构看，排前三的分别为其他商业服务、运输、知识产权使用费，其中，知识产权使用费增长了 22.63%。报告期内，服务贸易盈余同比增长 79.80%。

表4　欧盟服务贸易出口

单位：十亿欧元

项目	2021年				2022年	
	第一季度	第二季度	第三季度	第四季度	第一季度	第二季度
服务	218.56	242.81	272.69	303.63	280.37	314.98
加工服务	6.56	6.88	6.91	8.50	8.98	8.52
维护和维修服务	4.17	4.52	4.32	5.25	4.78	5.59
运输	40.77	47.76	56.12	61.26	62.19	74.52
旅行	6.65	10.25	26.34	21.11	19.80	37.94
建设	2.11	2.46	2.27	3.20	2.27	2.24
保险和养老金服务	6.94	6.39	6.43	6.44	7.37	6.26
金融服务	20.49	21.04	20.99	22.20	20.73	21.72
知识产权使用费	19.58	22.18	23.35	26.10	22.99	20.69
电信、计算机和信息服务	46.72	50.47	53.12	64.00	55.94	59.83
其他商业服务	57.33	63.00	64.77	75.64	67.32	68.78
个人、文化和娱乐服务	3.03	3.19	3.60	3.84	3.39	3.94
政府服务	1.52	1.52	1.50	1.57	1.58	1.45
其他	2.69	3.16	2.98	4.50	3.02	3.52

注：表中数据未经季节和工作日调整。

资料来源：根据 Eurostat 相关数据整理。

表5　欧盟服务贸易进口

单位：十亿欧元

项目	2021年				2022年	
	第一季度	第二季度	第三季度	第四季度	第一季度	第二季度
服务	193.86	206.08	228.17	274.36	242.03	256.39
加工服务	4.37	4.06	4.09	5.37	4.93	5.03
维护和维修服务	3.29	3.33	3.42	3.82	3.74	4.15
运输	33.30	37.32	42.94	48.70	49.99	54.36
旅行	6.81	8.65	15.51	13.82	15.07	20.90
建设	1.25	1.48	1.48	1.85	1.45	2.00
保险和养老金服务	7.01	5.90	6.28	6.42	8.04	7.03
金融服务	18.25	19.45	20.97	20.47	18.82	18.70
知识产权使用费	34.43	36.06	39.47	47.06	43.00	42.06
电信、计算机和信息服务	19.12	19.86	21.03	23.41	22.61	22.73
其他商业服务	63.52	67.49	70.21	100.39	71.52	76.34
个人、文化和娱乐服务	1.92	2.03	2.26	2.39	2.19	2.19
政府服务	0.76	0.66	0.66	0.91	0.72	0.88
其他	−0.18	−0.22	−0.16	−0.25	−0.04	0.01

注：表中数据未经季节和工作日调整。

资料来源：根据 Eurostat 相关数据整理。

　　为了应对乌克兰危机，欧盟对俄罗斯采取了出口和进口禁令的贸易限制性措施，包括对能源部门的进出口限制，如禁止向俄罗斯出口特定的炼油技术、禁止所有形式的来自俄罗斯的煤炭进口。全面禁止所有俄罗斯海运原油和石油产品的进口等。对运输部门的限制，如禁止向俄罗斯出口、销售、供应或转让所有飞机、飞机零部件和设备。禁止向俄罗斯提供所有相关的维修、保养或金融服务等。加强对军民两用产品和先进技术的出口控制，并针对俄罗斯军事工业综合体的敏感部门，限制俄罗斯获得关键的先进技术。欧盟还禁止向俄罗斯出口奢侈品。由于欧盟对俄罗斯能源出口的严重依赖，乌克兰危机引发的供应短缺及制裁效应使欧盟经济增速下滑。

与此同时，欧盟继续推进贸易发展，认为贸易是欧洲繁荣和保持自身世界地位的重要指标。一方面，欧盟通过自由贸易协定方式加强与贸易伙伴国的经济联系，发展广泛的贸易协定网络，以便在经济不稳定的时期保证欧盟出口享有进入关键市场的特权，同时，通过多样化和有弹性的供应链获得关键的投入和原材料。根据 2022 年 10 月欧盟委员会发布的《欧盟贸易协定实施和执行情况第二次年度报告》，2021 年 44% 的欧盟贸易是在优惠贸易协定框架下进行的，随着正在通过或批准的协定陆续生效，这一比例预计将上升到 47.4%。另一方面，欧盟加强在绿色贸易、数字贸易规则等领域的规则制定。例如，2022 年 6 月，欧洲议会通过了碳边境调节机制提案（CBAM)，计划在 2023~2026 年碳过渡期后正式全面实施碳边境调节机制。2022 年 10 月，启动数字贸易规则被纳入欧日伙伴关系协议谈判议程。

五 2023 年欧洲经济展望

2022 年 3 月后，影响欧洲经济的核心因素已从疫情转变为乌克兰危机。受冲突持续的影响，欧洲遭受了严重的能源短缺，输入性高通胀逐渐从能源和食品蔓延至其他经济领域，各国经济活动开始出现偏离复苏轨道的迹象，企业投资下滑，消费者信心低落，贸易条件恶化。包括国际货币基金组织（IMF）在内的各大国际机构数次下调了欧洲 2022 年和 2023 年的经济增长预期，其经济前景趋于黯淡已成为市场共识。

就目前情况而言，在 2022 年下半年至 2023 年上半年这段时间里，欧洲经济大概率会陷入增长停滞，甚至有可能会在 2022 年底或 2023 年初连续出现季度负增长，进入技术性衰退。我们做出这样判断的依据主要有：一是虽然受库存水平升高、接收终端设施不足、需求下降以及气温偏高等多重因素影响，欧洲天然气现价在短期内出现小幅下降，但欧洲的能源危机尚未结束，长期的天然气期货价格变化幅度较小，整体仍处于历史高位。能源价格依旧为欧盟和欧元区 HICP 提供了支撑。高企的通胀水平和欧洲央行不得不采取的加息措施将使欧洲经济下行压力加大，企业生产和融资成本大幅上升，利润遭到侵蚀，居民实际收入下滑，消费需求减弱。与此同时，天然气的短缺也使一些重度依赖俄罗斯能源进口的国家（如德国）在冬季削减生产活动，进一步阻挠了欧洲经济动能的恢复。二是全球经济在这段时间内同样面临着较大的下行风险，各国央行为应对通胀而采取的加息政策对经济的负面冲击将逐步显现，新兴市场债务风险上升加剧了全球经济与金融的不稳定性，疫情也有可能再度抑制主要经济体的经济增长。疲弱的外部需求以及因高通胀而恶化的贸易条件将严重削弱对外贸易对欧洲经济增长的支撑作用，甚至成为欧洲经济增长的拖累。

预计在能源短缺压力持续加大的背景下，欧盟和欧元区经济增长步伐将继续放缓，2022 年经济增长率为 3.0%~3.5%，而 2023 年则下滑至 0.3%~0.6%。同时，欧盟和欧元区所面临的通胀压力短期内也难以消退，不仅 2022 年下半年通胀水平会继续走高，2023 年通胀率也大概率会维持在 5% 左右。

参考文献

陆婷、东艳:《欧洲经济：复苏进程加快》，载张宇燕主编《2022 年世界经济形势分析与预测》，社会科学文献出版社，2022。

European Central Bank, "Economic Bulletin," Issue 6/2022.

European Commission, "European Economic Forecast," Spring 2022, Luxembourg: May, 2022.

European Commission, "European Economic Forecast," Summer 2022, Luxembourg: July, 2022.

IMF, "World Economic Outlook," Update, Washington: July 2022.

OECD, "Economic Outlook: Paying the Price of War, Interim Report," September 2022.

World Bank, "Global Economic Prospects," Washington, June 2022.

Y.4
日本经济：外部风险增加之下的缓慢复苏

周学智[*]

摘　要： 东京奥运会之后，日本防疫政策逐渐放松，2022 年日本各级政府再未发布"紧急事态宣言"，日本经济呈现稳定而缓慢的增长态势。不过，随着乌克兰危机的爆发、美联储货币政策收紧等，日本经济的外部环境风险再度增加，日本金融市场尤其是债市和汇市面临极大压力。2021 年，日本经济实际增速为 1.7%，国内生产总值仍未回到疫情前水平。2022 年上半年，日本经济实际增速为 1.1%，仍处于缓慢恢复状态。相较于实体经济的平稳恢复，日本的汇市和债市则经历了大幅波动。日元兑美元汇率在 2022 年上半年大贬 17.9%，日本 10 年期国债收益率多次上探 0.25% 的上限。2022 年下半年，日元仍将面临贬值压力；预计 2023 年会有所缓解，甚至不排除升值的可能，不过即使升值，其幅度与此轮贬值幅度相比也会较有限。在不发生系统性金融风险的前提下，日本经济大概率仍将保持缓慢增长状态，但势头可能会减弱，2023 年经济增速预计会低于 2022 年。

关键词： 消费　投资　进出口　汇率　通货膨胀

---

* 周学智，中国社会科学院世界经济与政治研究所助理研究员，主要研究方向为国际投资、日本经济、国际宏观经济等。

2021 年下半年，日本经济继续呈现缓慢增长状态。受疫情影响，延期举办的东京奥运会并没有给日本经济带来转机。总体而言，2021 年受到新冠肺炎疫情的影响，日本经济增长缓慢。2021 年，日本国内生产总值（GDP）较 2020 年增长 1.7%，GDP 仍未回到疫情前的水平。我们在 2022 年度世界经济黄皮书中预计，2021 年日本实际经济增速为 2.4%，高于实际的 1.7%，其原因在于此前对岸田文雄上台后的经济政策预期较高。

进入 2022 年，日本新冠肺炎感染人数不断创出新高，但日本并未重启"紧急事态宣言"，新冠肺炎疫情对日本经济的影响也越来越小。2022 年上半年日本实际 GDP 较 2021 年增加 1.09%，呈现下降态势。2021 年 10 月 4 日，岸田文雄任日本首相，经济政策依旧延续此前的扩张思路。一方面，日本经济虽有恢复，但力度有限，更弱于美国；另一方面，在相对疲弱的经济面前，以日本银行为代表的官方部门不愿跟随美国进行政策紧缩，日元在 2022 年出现了大幅度贬值，并引发全球投资者担忧。

2022 年下半年到 2023 年，日本经济面临的不确定性因素可能主要体现在：第一，以日本央行为代表的官方部门是否会调整货币和财政政策，由宽松转向偏紧或边际偏紧？第二，在全球经济下行的背景下，预计日本经济难以独善其身，经济恢复面临更大压力。第三，美联储货币政策走向对日元汇率以及日本国债产生的冲击。

综合判断，我们预计日本实际 GDP 增速 2022 年为 0.5%~1%，2023 年极有可能低于 0.5%。

一　2021 年至 2022 年上半年日本经济增长整体偏弱

2021 年，日本经济依旧受到新冠肺炎疫情的困扰。2021 年前两个季度，受新冠肺炎疫情和基期因素影响，日本实际经济增长率分别为 -1.74% 和 7.26%；进入下半年，日本经济增速逐渐恢复至疫情前水平，第三季度和第四季度分别为 1.20% 和 0.52%。受疫情影响，延迟举办的东京奥运会并没有给日本经济带来新的转机。进入 2022 年，日本新冠肺炎疫情态势依旧严峻，但是日本政府并未再发布"紧急事态宣言"。2022 年前两个季度，日本实际经济增速分别为 0.65% 和 1.55%，尽管如此，日本 GDP 依然没有恢复到疫情前的水平，分别相当于 2019 年同期的 96.8% 和 97.7%。

　　具体来看，私人部门消费是经济增长中的亮点之一。从 2021 年下半年开始，私人部门消费同比增速逐渐上扬，成为提振日本经济的重要动力。不过，私人部门投资恢复力度则相对较弱。政府消费的同比增速依旧保持在相对较高水平，可以看出日本政府通过消费支出来提振经济的动作。不过，公共投资的同比增速则出现明显下滑。2020 年，日本政府通过刺激公共投资托底经济。随着疫情影响逐步减弱以及基期因素影响，公共投资同比增速明显下滑。这表明日本政府有意退出通过公共投资刺激经济的政策。

表 1　日本经济实际增长率分解

单位：%，个百分点

指标	2021 年				2022 年	
	第一季度	第二季度	第三季度	第四季度	第一季度	第二季度
GDP	−1.74	7.26	1.20	0.52	0.65	1.55
私人部门消费	−3.00（−1.6）	6.80（3.8）	0.37（0.2）	1.52（0.8）	2.02（1.0）	3.13（1.6）
私人住宅投资	−4.11（−0.1）	−2.73（−0.1）	0.00（0.0）	−0.85（0.0）	−2.98（−0.1）	−6.18（−0.2）
私人企业投资	−5.91（−1.1）	3.20（0.5）	0.96（0.1）	−0.25（0.0）	−0.97（−0.2）	0.27（0.0）
私人部门库存变动	—（−0.2）	—（−0.6）	—（0.1）	—（0.0）	—（0.9）	—（0.3）
政府消费	2.58（0.5）	2.97（0.7）	1.96（0.4）	0.93（0.2）	2.09（0.4）	1.86（0.4）
公共投资	5.11（0.3）	−1.51（−0.1）	−4.50（−0.3）	−9.21（−0.6）	−12.61（−0.8）	−8.89（−0.4）
出口	1.86（0.3）	27.3（4.0）	15.59（2.3）	5.87（1.0）	4.55（0.8）	2.66（0.5）
进口	−0.56（0.1）	5.05（−0.9）	11.43（−1.7）	5.24（−0.8）	7.34（−1.4）	3.17（−0.6）

　　注：括号外数据为实际同比增长率；括号内数据为贡献度，单位为"个百分点"；"私人部门库存变动"为变动数字，没有同比意义。

　　资料来源：日本内阁府。

从 PMI 角度看，日本制造业处于明显的复苏态势。2021 年到 2022 年上半年，日本制造业 PMI 整体仍处于扩张区间，并在 2022 年 1 月达到最高点的 55.4。此后，跟随全球经济下行走势，制造业 PMI 也呈现出明显走弱，但始终高于荣枯线。相较于制造业的稳定扩张，日本服务业恢复比较曲折，服务业 PMI 则经常处于荣枯线之下。服务业 PMI 处于较低位置的月份，也是日本新冠肺炎疫情形势较为严重的月份。这表明，新冠肺炎疫情对日本经济的影响有所减弱，但对服务业的影响依然明显。

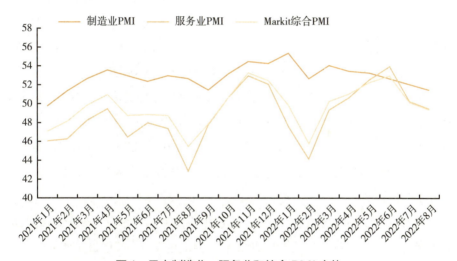

图 1　日本制造业、服务业和综合 PMI 走势

资料来源：Wind 数据库。

综上所述，日本经济在 2021 年至 2022 年上半年依然保持恢复状态，经济增速逐步回归常态。其中，制造业恢复状况相对较好，但服务业依然受到新冠肺炎疫情的明显影响。日本政府部门对经济的托举动作逐渐退出，也表明日本官方认为疫情对经济的影响明显减弱。不过，相较于美国而言，日本经济恢复力度明显偏弱，这也是后续日本在货币政策方面与美国不同步从而日元大贬的重要原因。

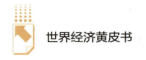

二　金融状况：货币政策整体不变，债市汇市引发市场担忧

（一）货币政策整体扩张，有收紧迹象但不改大局

2021年至2022年上半年，广义货币（M2）余额同比增速持续下降，但依然高于疫情前水平。2021年1月，日本广义货币余额同比增加9.4%，此后逐步下降，2022年5月下降至3.1%，6月为3.3%。不过，3%以上的增速依然高于疫情前2019年的平均水平。

日本央行依旧保持较为宽松的货币政策，但已经有退出动作，主要退出的内容包括：2022年3月末，停止此前对大企业和部分民间债务进行担保的相关行为；对商业票据和公司债的买入力度逐步回归到疫情前的水平。但是，截至2022年6月末，日本银行政策中最为重要的宽松项目没有改变。一是依然保持-0.1%的政策利率；二是努力将10年期国债收益率维持在0，购买国债金额不设上限；三是交易型开放指数基金（ETF）和不动产信托（J-REIT）的年增持上限依旧分别维持在12万亿日元和1800亿日元。可见，日本央行有逐步退出非常规货币政策的意愿，但鉴于日本经济恢复呈疲弱态势，其决心并不坚定。

总体而言，日本银行在2021年全年和2022年前4个月仍处于扩表时期。日本银行的资产（负债）总额从2021年3月底的714.6万亿日元增加到2022年4月底的738.7万亿日元。从具体项目看，长期国债和贷款是增加幅度较大的项目，分别增加了22.5万亿日元和20.1万亿日元；其余项目虽有增减，但总体金额不大。2022年4月之后，日本央行开始"缩表"。2022年8月末日本央行资产总额降至709.3万亿日元，较4月减少29.4万亿日元。其中，减少幅度较大的是贷款项，8月末较4月末减少43.5万亿日元，其次是短期国债，减少4.5万亿日元。

不过，2021年3月至2022年8月日本央行保有的10年期国债总额一直在增加（除2022年3月）。日本央行持有的长期国债金额在2022年8月末为536.6万亿日元，较2022年7月增加4.8万亿日元，较更早时候的3月和4月分别增加 25.4 万亿日元和 18.3 万亿日元。

所以，日本央行的"缩表"是结构性的，资产负债表金额在 2022 年 4 月后确实减少，但是作为日本央行重要的政策目标——持有的"长期国债"增加。这也表明，后文将提到的日元贬值原因，准确来说并非是由日本银行实行扩张货币政策所致。换言之，日本银行在处理长期国债和其他资产时"有进有退"，这也为控制 10 年期国债收益率曲线积累了一定操作空间。

表 2　日本银行资产负债表

单位：万亿日元

时间		国债			商业票据	公司债	ETF	J-REIT	贷款	总计
		长期	短期	总计						
2021 年	3 月	495.8	36.4	532.2	2.9	7.5	35.6	0.7	125.8	714.6
	6 月	499.3	30.7	530.0	2.8	7.8	36.1	0.7	130.1	716.9
	9 月	503.5	24.5	528.0	3.1	7.9	36.2	0.7	138.4	724.1
	12 月	507.8	13.3	521.1	3.0	8.3	36.4	0.7	144.9	723.8
2022 年	1 月	512.1	11.1	523.2	3.2	8.4	36.4	0.7	143.8	725.1
	2 月	516.3	11.3	527.6	3.1	8.5	36.6	0.7	144.6	730.6
	3 月	511.2	14.9	526.2	2.5	8.6	36.6	0.7	151.5	736.3
	4 月	518.3	15.5	533.9	3.0	8.6	36.7	0.7	145.9	738.7
	5 月	524.0	14.2	538.2	3.0	8.6	36.7	0.7	139.3	736.5
	6 月	528.2	14.2	542.5	2.7	8.5	36.8	0.7	131.2	732.7
	7 月	531.8	13.4	545.3	2.81	8.42	36.9	0.7	120.9	725.4
	8 月	536.6	11.0	547.6	2.84	8.39	36.9	0.7	102.4	709.3

资料来源：日本银行。

（二）债市汇市引发担忧，股市与外围同步下跌

保持 10 年期国债收益率在 0.25% 以下是日本央行的重要政策目标。进入

2022 年，日本 10 年期国债收益率跟随美国 10 年期国债收益率不断走高，并于 2 月之后不断冲击 0.25% 的上限。国债收益率上升意味着国债价格的下跌。日本央行为了维持 10 年期国债收益率在 0.25% 之下，不断买进以 10 年期国债为代表的各期限国债。其结果是日本 10 年期国债收益率与美国 10 年期国债收益率的利差不断扩大。

由于日本央行对 10 年期国债收益率曲线的控制，日美利差不断增大，日元兑美元也呈现出贬值态势。截至 2022 年 6 月末，日元兑美元汇率从年初的 115 日元可兑换 1 美元，贬值到 6 月 30 日的 135 日元可兑换 1 美元，贬值幅度约为 17%。日元兑美元急贬引发市场忧虑，但日本央行依旧坚持无限度购买国债，以期将 10 年期国债收益率维持在 0.25% 之下。

预计未来日本央行会迫于贬值压力，容忍 10 年期国债利率小幅突破上限，不过也无法从根本上改变日元贬势。日元兑美元汇率仍有下跌空间。在日元兑美元汇率的决定方面，日本较为被动，美联储货币政策走向将是影响日元兑美元汇率的重要因素，预计在 2023 年会出现一定转机。

图 2　美元 / 日元、美国和日本 10 年期国债收益率走势

资料来源：Wind 数据库。

股市方面，日经 225 指数 2021 年呈现震荡格局，而 2022 年出现下跌态势。2021 年，日经 225 指数从 27598.0 点上涨至最高 30795.8 点，最终收于 28791.7 点，上涨 4.33%。进入 2022 年，随着全球股市下跌，日本股市也从年初的 29069.0 点跌至 6 月 30 日的 26393.0 点，跌幅为 9.2%。但是与欧美主要股指相比，这一跌幅相对较小，日本股市表现相对稳定。

　　未来日本央行是否坚守 10 年期国债收益率曲线，是影响日本金融市场乃至经济的重要变量，预计可能发生三种情况：一是放弃坚守，最终日本 10 年期国债价格暴跌，收益率陡升；二是低调放弃坚守，日本 10 年期国债收益率缓升，且幅度有限；三是继续坚守。无论哪种情况发生，预计都难以改变日元贬值态势。情况一之下，显示出日本货币当局政策的失败，利率上升将导致日本经济基本面进一步疲软甚至恶化，不利于汇率稳定，因此可能性较小。情况二之下，日本国债收益率虽上行，但幅度之小不足以明显缩窄美日利差，难以从根本上改变日元贬值态势。情况三之下，日元贬值逻辑与此前一致。所以，未来一段时期，尤其是在美联储货币政策出现转向信号之前，日元兑美元汇率仍有贬值空间。

三　财政状况：逐渐回归疫情前常态

（一）2022财年预算趋于疫情前常态

　　相较于 2021 年度，2022 年度预算金额小幅提升，总金额达到 107.6 万亿日元。在预算收入方面，税收收入大幅增加，降低对公债的依赖程度，前者计划增加 13.6%，后者则预计减少 15.3%。在支出方面，日本政府在 2022 年继续增加社会保障相关费用，增幅为 1.2%，无论是增加值还是增幅都居支出项前列。国债费增幅也较大，反映出随着日本国债金额的不断累积，日本政府对国债利息的支出也逐年增加。这对日本财政而言是不小的压力。总体而言，日本的财政状况基本回归到了疫情前的水平。

表 3　日本财政收入、支出预算金额及变动

单位：万亿日元，%

指标	2021 年	2022 年	2022 年较 2021 年增幅
税收	57.4	65.2	13.6
其他收入	5.6	5.4	−2.3
公债	43.5	36.9	−15.3
以上收入合计	106.6	107.6	0.9
社会保障相关费用	35.8	36.3	1.2
文教及科学振兴	5.4	5.4	0.0
国债费	23.8	24.3	2.4
恩赐费用	0.1	0.1	−15.7
地方转移支付	15.9	15.9	−0.4
防卫相关费用	5.3	5.4	1.0
公共事业相关费	6.1	6.1	0
经济合作费	0.5	0.5	−0.1
中小企业对策费	0.2	0.2	−0.8
能源对策费	0.9	0.9	−1.5
食品供给费	1.3	1.3	−0.2
其他费用	5.8	5.8	0.3
预备费用	0.1	0.1	0.0
新冠肺炎疫情对策费	5.0	5.0	0.0
以上支出合计	106.6	107.6	0.9

注："国债费"指的是国债利息及偿还费用；"恩赐费用"指的是公务员退休金；"经济合作费"指的是对发展中国家的经济援助费用。由于小数点后只保留一位，最后一列的增减幅数值存在一定误差。

资料来源：日本财务省《令和 4 年度一般会计岁入岁出概算》。

（二）政府债务存量续创新高，但与名义GDP之比有望下降

相较于 2021 年，日本政府部门债务余额继续保持增长，预计从 1004 万亿日元上升到 1026 万亿日元，增幅为 2.2%。但是，由于日本 CPI 在 2022 年预计将高于 2%，日本名义 GDP 增速预计将高于 2.2%。基于此，日本政府部门债务与名义 GDP 之比将可能在 2022 年有所下降。

表 4　日本债务状况

单位：万亿日元，%

指标	2020 年度末	2021 年度末	2022 年度预计
普通国债余额	947	1004	1026
与 GDP 之比	177	184	182
中央和地方长期债务余额	1165	1222	1243
与 GDP 之比	218	224	220

资料来源：日本财务省主计局《我が国の财政事情》。

在 2022 年的财政预算中，日本政府也提出在一些关键领域扩大财政投入。例如岸田文雄政府提出的"新资本主义"纲领中，"成长战略"和"分配战略"是重要内容。前者主要由"科学技术立国"、"数字化田园都市国家构想"和"经济安全保障"构成，因此，日本财政将加大对数字化、绿色能源、量子技术、人工智能技术、宇宙科学、下一代半导体等领域的支持力度，以对地方自治体的数字化改造升级予以支持；在"分配战略"方面，日本财政将进一步向看护人员、保育人员和幼儿教育从业人员进行资源倾斜。①

四　私人部门消费继续恢复，投资偏软

（一）私人部门消费的实际需求未恢复到疫前水平

受新冠肺炎疫情影响，日本消费在 2021 年依旧低迷。两人以上家庭的实际消费金额，除 3 月、4 月、5 月受基期因素影响而同比增速较高之外，多数月份依然保持同比下滑。进入 2022 年，日本消费呈现出一定的复苏态势，但受到物价上涨影响，剔除物价因素后的实际消费金额也未达到疫情前的水平。从月度数据看，2022 年 3~5 月实际消费金额同比增速依然为负，到 6 月有所好转，而 1 月和 6 月较高的同比增速，也是 2022 年上半年日本消费状况相对较好的重要原因。

---

①　日本财务省：《令和 4 年度予算のポイント》。

若仅从 2022 年 6 月单月数据看，日本实际消费水平依然没有恢复到 2020 年 6 月的水平。① 其中，食品、光热水电、家具、衣帽鞋、其他消费的恢复较弱，实际金额均低于 2020 年 6 月的水平，但是居住、保健医疗、交通通信、教育、教养娱乐等方面的消费支出则恢复到了 2020 年 6 月的水平。

表5　日本实际消费金额同比增速

单位：%

指标	2021年		2022年					
	1月	6月	1月	2月	3月	4月	5月	6月
消费总额	-6.0	-4.3	6.9	1.1	-2.3	-1.7	-0.5	3.5
食品	-2.1	-1.5	0.2	-3.6	-2.5	-2.1	-0.5	-1.0
居住	-5.5	1.0	13.4	-5.3	-19.9	-10.6	-7.5	13.2
光热水电	5.8	-6.1	-3.4	1.9	-3.2	2.5	0.5	-2.9
家具	18.2	-21.7	2.8	-5.0	-5.2	-2.2	-2.3	-5.5
衣帽鞋	-28.6	-15.3	5.9	-11.0	0.1	8.7	12.0	0.2
保健医疗	-5.5	3.0	8.8	-0.9	-1.3	0.6	-1.2	4.0
交通通信	-3.6	-2.2	32.2	11.4	8.8	-8.1	-2.3	11.5
教育	4.0	12.2	-3.9	-14.4	-8.2	6.3	-10.2	-4.7
教养娱乐	-20.4	0.3	4.8	5.6	-1.4	5.4	9.2	13.3
其他消费	-10.8	-10.7	4.6	4.8	-3.8	-4.7	-2.0	2.4

资料来源：日本统计局。

（二）投资端增长较差，CPI存在上涨压力

2021 年，日本民间住宅投资实际增速为 -1.92%，民间企业设备投资实

---

① 日本统计局暂无实际消费金额的季度和半年数据。

际增速为 -0.88%，公共固定资产投资实际增速为 -2.61%。日本投资整体表现
乏力。具体来看，公共部门固定资产投资的同比增速下滑显著，同比增速从
2021 年第一季度的 5.11% 下降为第二季度的 -1.51%、第三季度的 -4.5%、第
四季度的 -9.2%。以上数据表明，日本公共部门在 2020 年通过投资来托举经
济的行为开始在 2021 年明显退出。

进入 2022 年，日本投资增速依旧不理想。2022 年上半年，民间住宅投
资实际同比增速为 -4.6%，民间企业设备投资实际增速为 -0.41%，公共部门
固定资产投资实际增速为 -11.1%。除民间企业设备投资增速下滑幅度有所收
窄外，其余投资项目趋于恶化。

对于日本制造业企业而言，2021 年以能源为代表的大宗商品价格上涨给
企业成本端带来巨大压力，具体表现为生产者价格指数（PPI）同比增速高
涨。同时，无论是日本国内还是全球范围，CPI 的同比涨幅都不及 PPI 涨幅。
进入 2022 年，日本 PPI 与 CPI 的剪刀差有所收窄，从 2021 年 11 月的约 8.95
个百分点降至 2022 年 6 月的 6.40 个百分点。剪刀差的收窄在一定程度上有助
于制造业利润增加。但同时也应注意，剪刀差依然较大。

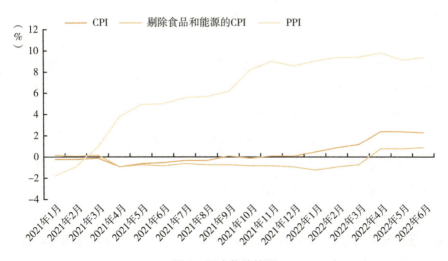

图 3 日本物价状况

资料来源：Wind 数据库。

进入 2022 年，受此前全球货币宽松以及乌克兰危机等因素影响，日本通货膨胀率明显上升，由 2022 年 1 月的 0.5% 上升到 6 月的 2.4%。其中涨幅较大的项目是"光热水电"和"生鲜食品"，前者主要受全球能源价格上涨影响，后者则受日本国内外粮食和食品价格上涨影响。

此外，"交通通信"项目中的"手机通信费"在 2021~2022 年对日 CPI 的影响较大。2021 年 4 月，日本各大手机运营商先后调降手机资费，从而拉低了日本 CPI 的同比增速，2021 年 10 月，价格趋于稳定，但价格指数只相当于 2020 年同期的 47%。"手机通信费"在 CPI 中的权重为 2.27%，下跌 53%，相当于拉低 CPI 1.2 个百分点，这也是 2021 年日本 CPI 同比增速较低的原因。进入 2022 年，"手机通信费"下降的影响逐步消除。4 月，"手机通信费"相当于 2020 年同期的 47.4%，但相当于 2021 年同期的 77.5%，从而减弱了其此前对 CPI 同比增速的下拉效果。这也是日本 CPI 同比增速在 4 月大幅上升的重要原因之一。由于"手机通信费"在 2021 年 10 月仍有下降，CPI 同比增速仍有上升压力。预计 2022 年第四季度日本 CPI 同比增速将可能稳定在 3%。

五 对外经济部门：2022 年贸易赤字问题凸显

2021 年，日本进口和出口金额呈现上升态势。一是疫情阶段性缓解后，全球经济在 2021 年明显复苏，日本经济复苏力度虽然相对较弱，但也整体强于 2020 年。二是 2021 年全球通胀明显走高，日本进出口的名义值均有所上升。2021 年上半年，日本对外贸易顺差时间多于逆差，但是到了下半年，随着全球经济景气度逐渐转弱，外需开始减弱，日本对外出口也出现疲软态势。日本对外贸易逐步从顺差转为逆差。

进入 2022 年，日本对外贸易逆差逐渐扩大。尤其是日元经历大幅贬值后，进口商品价格进一步升高，而日本对外出口商品价格的涨幅相对有限，日元贬值反而使日本在对外贸易方面处于不利位置。

图 4　日本进出口金额

资料来源：日本财务省。

2022 年 5 月，日本贸易逆差达到 -23906 亿日元，创 2020 年 1 月以来的月度新低。从日本的进出口物价水平可以看出，进入 2022 年，日本出口物价环比增速明显低于进口物价环比增速。日元贬值放大了全球 PPI 与 CPI 剪刀差的效果，同时也反映出日本企业在议价能力方面的短板，是日本产品竞争力下降的体现。

表6　2022 年 1~6 月日本进出口物价指数和美元 / 日元汇率变动					
时间	出口物价指数（月环比，%）		进口物价指数（月环比，%）		美元 / 日元
	日元计价	契约货币计价	日元计价	契约货币计价	
1 月	0.8	0.2	-0.2	-0.8	0.9
2 月	1.1	0.8	2.5	2.3	0.3
3 月	2.9	1.1	3.5	1.3	2.9
4 月	5.4	1.4	1.3	5.1	6.3
5 月	1.4	0.3	3.9	2.2	2.2
6 月	2.6	0.0	5.1	1.9	4.0

资料来源：日本银行。

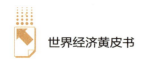

六　日本经济形势展望

　　预计 2022 年和 2023 年影响日本经济的因素主要来自外部。一是美联储货币政策走向；二是全球经济下行的节奏和力度。整体而言，2022 年下半年日本经济以及日元汇率仍将面临下行压力。预计岸田文雄政府和日本银行不会根本改变当前的宽松政策。预计 2022 年第四季度或 2023 年上半年，随着美联储货币政策可能边际转向，日元贬值压力将会减小，甚至会中期触底。不过，全球经济在 2023 年将依然可能面临困难，日本经济下行压力依然较大。

表 7　国际和日本机构对日本实际经济增长率的预测

单位：%

机构	发布时间	报告或文献	2022 年	2023 年
国际货币基金组织	2022 年 7 月	世界经济展望	1.7	1.7
世界银行	2022 年 6 月	全球经济展望	1.7	1.3
日本银行	2022 年 7 月	经济物价情势展望	2.2~2.5	1.7~2.1
日本综合研究所	2022 年 6 月 8 日	2022~2023 年度展望修订版	2.6	1.4
大和总研	2022 年 9 月 8 日	第 214 回日本经济预测	2.6	1.8
日本生命保险基础研究所	2022 年 9 月	2022~2023 年度经济预测	1.8	1.6
三菱 UFJ 研究咨询	2022 年 9 月 12 日	2021~2022 年度短期经济展望	2.0	1.8
三菱总合研究所	2022 年 8 月 16 日	新冠肺炎下世界·日本经济展望	1.4	1.7

　　注：国际机构 IMF 的预测值为年预测值；世界银行和表中日本机构的预测值为财年预测值。

　　资料来源：IMF，"World Economic Outlook," Update；World Bank，"Global Economic Prospects"；日本银行：《经济·物价情势的展望》，2022 年 7 月；日本総研：《2022~2023 年度改订见通し——当面は高めの成长が实现も、景気下振れリスク大—》；大和総研：《第 214 回日本经济予测》；ニッセイ基础研究所：《2022·2023 年度经济见通し-22 年 4~6 月期 GDP2 次速报後改定》；三菱 UFJ リサーチ＆コンサルティング：《2021~2022 年度短期经济见通し》；株式会社三菱総合研究所：《ウィズコロナ下での世界·日本经济の展望》。

　　我们判断，日本 2022 年经济实际增长率为 1.0%。这一预测值在表 7 中属于偏低，其原因在于，2022 年上半年日本实际经济增速仅 1.1%，下半年大概率面临下降压力。并且，表 7 中的预测多为年中或年中之前的预测，结果偏乐观。预计 2023 年日本经济仍有下滑的可能，最终经济增速在 0.5%~1%。

参考文献

周学智:《日本经济：疫情持续干扰之下曲折恢复》，载张宇燕主编《2022 年世界经济形势分析与预测》，社会科学文献出版社，2022。

日本财务省:《我が国の財政事情》，2021 年 12 月。

日本银行:《金融市場調節方針に関する公表文》，2021 年、2022 年上半年相关月份。

大和総研:《第 214 回日本経済予測》，2022 年 9 月 8 日。

日本银行:《経済・物価情勢の展望》，2022 年 7 月。

日本総研:《2022~2023 年度改訂見通し—当面は高めの成長が実現も、景気下振れリスク大—》，2022 年 6 月 8 日。

ニッセイ基礎研究所:《2022・2023 年度経済見通し-22 年 4 ～ 6 月期 GDP2 次速報後改定》，2022 年 9 月 8 日。

三菱 UFJ リサーチ＆コンサルティング:《2022~2023 年度短期経済見通し》，2022 年 9 月 12 日。

株式会社三菱総合研究所:《ウィズコロナ下での世界・日本経済の展望》，2022 年 8 月 16 日。

IMF，"World Economic Outlook，"Update，2022 年 7 月。

World Bank，"Global Economic Prospects，"2022 年 6 月。

Y.5
亚太经济：复苏面临多重挑战

杨盼盼 *

摘　要： 受到乌克兰危机、发达经济体货币政策收紧和供应链冲击等多重
叠加挑战，亚太经济 2022 年的复苏进程不顺利，增长形势不及
上年。2022 年，亚太地区 17 个国家的加权平均经济增速预计为
3.9%，比 2021 年降低 2.5 个百分点，但高于全球经济平均增速。
2022 年，亚太地区通胀压力上升，不过总体通胀水平相对全球平
均水平仍较温和。受美元强势走高影响，亚太地区各经济体货币
对美元全部贬值。受大宗商品价格影响各国经常账户分化，大宗
商品出口国经常账户改善，能源进口依赖国经常账户恶化。随着
宽松政策退出，政府债务开始调整。区内主要经济体 2022 年上半
年经济走势良好，但 2022 年下半年经济增速开始放缓。展望 2023
年，亚太经济增速面临进一步放缓压力，但是如果中国经济进一
步复苏，亚太区域价值链得以持续调整和巩固，数字经济继续蓬
勃发展，则亚太经济将在全球经济复苏进程中扮演更为积极的
角色。

关键词： 亚太地区　经济复苏　通货膨胀　外部冲击

---

* 杨盼盼，中国社会科学院世界经济与政治研究所副研究员、国际金融研究室副主任，研究
方向：国际金融、亚太经济。感谢王永中研究员、孙杰研究员的审定。

2021 年，亚太经济触底反弹，经济复苏在疫情反复之中曲折前进。在 2022 年度世界经济黄皮书中，我们预计亚太地区主要经济体①2021 年的加权实际经济增速为 6.2%，与 2021 年亚太经济体最终实现的 6.4% 较为一致。在上一年的展望中，我们认为 2022 年亚太地区的经济复苏有望更为稳固，疫情对亚太经济的负面影响将进一步递减，美联储紧缩货币政策将使亚太经济面临风险，亚太地区作为全球经济增长引擎的作用有望再度加强。但是在 2022 年，亚太经济受到乌克兰危机、全球通胀高涨和经济大幅放缓等多重冲击，复苏进程面临不利影响。不过，亚太经济总体通胀水平较全球平均水平更为缓和，复苏韧性仍强于全球其他地区。

一　亚太经济形势回顾

2021~2022 年，亚太经济先是在疫情反复之下曲折前进，后面临多重叠加挑战，复苏进程有所放缓。2021 年，亚太经济在疫情冲击之下触底反弹，进入复苏轨道，但 2022 年的复苏进程并不顺利。受到乌克兰危机、发达经济体货币政策收紧和供应链冲击等多重叠加挑战，亚太经济在 2022 年的总体增长态势不及上年。2022 年，亚太地区 17 个国家的加权平均经济增速预计为 3.9%（见表 1），比 2021 年降低 2.5 个百分点。

（一）经济增长面临多重挑战

2022 年亚太经济复苏面临多重挑战，但其增速仍高于全球经济增速。根据国际货币基金组织（IMF）2022 年 10 月发布的预测，2022 年全球经济增速预计为 3.2%，亚太经济比全球经济增速高 0.7 个百分点。从这个视角出发，亚太经济仍然是驱动全球经济增长的关键引擎。除中国外的亚太经济体 2022 年经济增速预计为 4.5%，也显著高于全球经济增速。按发展阶段分组，区域

---

①　本文的亚太经济体包含 17 个国家，其中，发达经济体包括日本、韩国、新加坡、澳大利亚、新西兰、加拿大，新兴和发展中经济体包括中国、文莱、柬埔寨、印度尼西亚、老挝、马来西亚、缅甸、菲律宾、泰国、越南、印度。

内的发达经济体在 2022 年的加权平均经济增速预计为 2.1%，较上一年下降 1.3 个百分点，比全部发达经济体的加权平均经济增速低 0.3 个百分点；区域内的新兴和发展中经济体在 2022 年的加权平均经济增速为 4.4%，与上年相比降低了 2.8 个百分点，比全部新兴和发展中经济体的平均经济增速高出 0.7 个百分点。除中国外的亚太新兴和发展中经济体在 2022 年的加权平均经济增速为 6.0%，与上年持平，比全部新兴和发展中经济体的平均经济增速高 2.3 个百分点。值得注意的是，在过去的大多数时间内，中国经济增速高于亚太其他经济体，但是 2022 年除中国之外的亚太新兴和发展中经济体的平均经济增速更快，反映 2022 年中国经济下行压力相较于区内其他经济体更大。

亚太地区的经济复苏在 2022 年受到预期之外因素的冲击，从而使得经济恢复偏离此前预期轨道。比较 2020~2022 年与 2017~2019 年两个时间段的年平均增速，并将前者减后者的差值作为疫情引致的增长缺口就会发现，所有国家的增长缺口仍然均为负值，显示区域各国的增长缺口仍然没有弥合。亚太经济作为整体的缺口为 2.1 个百分点，除中国之外的亚太经济体整体缺口为 2.3 个百分点。在亚太地区，发达经济体增长缺口为 1.2 个百分点，新兴和发展中经济体增长缺口为 2.5 个百分点，除中国外的亚太新兴和发展中经济体增长缺口为 3.3 个百分点。这意味着，尽管中国在 2022 年增长遭遇逆风，但若以增长潜力恢复的情况来衡量，中国在疫情冲击后的总体复苏情况仍然好于亚太其他地区，有继续引领本区经济持续复苏的基础。

表 1　亚太主要国家国别和加总经济增长率

单位：%，个百分点

区域	2018 年	2019 年	2020 年	2021 年	2022 年	2023 年	2017~2019 年	2020~2022 年	缺口
亚太 17 国									
中国	6.8	6.0	2.2	8.1	3.2	4.3	6.5	4.5	-2.0
日本	0.6	-0.4	-4.6	1.7	1.0	0.8	0.7	-0.7	-1.4
韩国	2.9	2.2	-0.7	4.1	2.6	2.0	2.8	2.0	-0.8
文莱	0.1	3.9	1.1	-1.6	1.2	3.3	1.8	0.3	-1.5
柬埔寨	7.5	7.1	-3.1	3.0	5.1	6.2	7.2	1.7	-5.5

续表

区域	2018 年	2019 年	2020 年	2021 年	2022 年	2023	2017~2019 年	2020~2022 年	缺口
印度尼西亚	5.2	5.0	−2.1	3.7	5.3	5.0	5.1	2.3	−2.8
老挝	6.3	4.7	−0.4	2.1	2.2	3.1	5.9	1.3	−4.6
马来西亚	4.8	4.4	−5.5	3.1	5.4	4.4	5.0	1.0	−4.0
缅甸	6.4	6.8	3.2	−17.9	2.0	3.3	6.3	−4.3	−10.6
菲律宾	6.3	6.1	−9.5	5.7	6.5	5.0	6.5	0.9	−5.6
新加坡	3.7	1.1	−4.1	7.6	3.0	2.3	3.1	2.2	−0.9
泰国	4.2	2.2	−6.2	1.5	2.8	3.7	3.5	−0.6	−4.1
越南	7.2	7.2	2.9	2.6	7.0	6.2	7.1	4.2	−2.9
印度	6.5	3.7	−6.6	8.7	6.7	6.3	5.8	2.9	−2.9
澳大利亚	2.8	2.0	−2.1	4.9	3.5	1.9	2.4	2.1	−0.3
新西兰	3.4	2.9	−2.1	5.6	2.3	1.9	3.1	1.9	−1.2
加拿大	2.8	1.9	−5.2	4.5	3.3	1.5	2.4	0.9	−1.5
区域及全球加总									
世界	3.6	2.8	−3.0	6.0	3.2	2.7	3.4	2.1	−1.3
亚太经济体	5.4	4.3	−1.4	6.4	3.9	4.1	5.1	3.0	−2.1
除中国外的亚太经济体	4.3	2.9	−4.4	4.9	4.5	4.0	4.0	1.7	−2.3
发达经济体	2.3	1.7	−4.4	5.2	2.4	1.1	2.1	1.1	−1.0
亚太发达经济体	1.9	0.9	−3.6	3.4	2.1	1.4	1.8	0.6	−1.2
新兴和发展中经济体	4.6	3.6	−1.9	6.6	3.7	3.7	4.3	2.8	−1.5
亚太新兴和发展中经济体	6.4	5.2	−0.7	7.2	4.4	4.9	6.1	3.6	−2.5
除中国外的亚太新兴和发展中经济体	6.0	4.3	−5.0	6.0	6.0	5.6	5.6	2.3	−3.3

注：区域及全球加总增速均采用基于购买力平价（PPP）的各国 GDP 权重测算加权平均增速。增速为保留 1 位小数四舍五入，这一做法会轻微影响文中差值比较。

资料来源：国际货币基金组织（IMF）《世界经济展望》数据库（2022 年 10 月），2022 年和 2023 年部分国家增速为笔者预测，部分加总指标由笔者测算。

图 1 中横坐标对应的是 2021 年亚太地区 17 个国家的实际 GDP 增速,纵坐标对应的是 2022 年各国实际 GDP 增速预测值。2021 年各国在低基数水平上经济复苏的速度较快,2022 年仍有 9 个国家的经济增速较 2021 年回升(实心点标注)。从图 1 中各国的相对位置可以看出:① 2021 年,亚太地区的经济复苏由中国、印度和新加坡引领,这三国的增速超过亚太地区的平均水平;②预计 2022 年超过区域平均增长水平的国家包括印度、越南、菲律宾、马来西亚、印度尼西亚和柬埔寨,主要东盟国家和印度的经济增速较快;③区内较多发达经济体 2022 年的经济增速有所放缓,包括新加坡、澳大利亚、新西兰、加拿大和韩国。

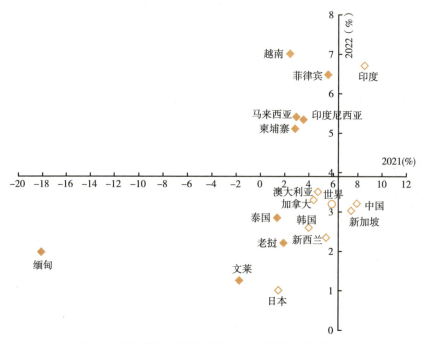

图 1　2021 年和 2022 年的亚太主要国家经济增长

注:横轴和纵轴分别代表了对应国家在 2021 年和 2022 年经济增长的情况,交叉点对应横轴的数值为 2021 年 17 国实际 GDP 增速的加权平均值(6.4%),交叉点对应纵轴的数值为 2022 年 17 国实际 GDP 增速的加权平均预测值(3.9%)。因此,第一象限(右上)的国家是 2021 年和 2022 年 GDP 增速均快于均值的国家,第三象限(左下)的国家是 2021 年和 2022 年 GDP 增速均慢于均值的国家,第二象限(左上)的国家是 2021 年 GDP 增速慢于均值但 2022 年 GDP 增速快于均值的国家,第四象限(右下)的国家是 2021 年 GDP 增速快于均值但 2022 年 GDP 增速慢于均值的国家。按常例,2022 年增速较上年提升的国家将用实心点标注,增速下降或持平的将用空心点标注。

资料来源:国际货币基金组织(IMF)《世界经济展望》数据库(2022 年 10 月),2022 年和 2023 年部分国家增速为笔者预测,部分加总指标由笔者测算。

2022 年亚太地区的 17 个主要经济体中有 9 个经济增长预计较 2021 年上升，为除新加坡外的九个东盟国家。东盟主要经济体的经济增长状况得以改善的原因包括：①疫情的影响在东盟国家已基本消退，各国逐步开放，这有助于工业产出稳定和服务业复苏。②全球大宗商品价格的高涨促进了区内大宗商品出口国的经济复苏，如棕榈油、煤炭和天然气价格上涨使印尼经济景气程度较高。③东盟产能恢复和出口上升拉动区内主要出口国经济增长，这对于区内重要的价值链国家如越南、泰国等尤为重要。④区内主要经济体的通货膨胀虽然有所上升，但是仍然可控，经济基本面总体良好，这使得各国的货币政策相对自主，受到发达经济体紧缩周期的负面影响相对较小，有助于支撑经济增长。

2022 年亚太地区有 7 个经济体的经济增速较上年放缓，放缓的主要原因包括：① 2022 年疫情对于国内需求的抑制仍然存在，例如印度 2022 年上半年仍然受到奥密克戎变异毒株的影响而导致经济增速放缓，中国疫情反复对国内重点城市的生产、消费和企业信心产生影响，使得经济增速放缓。②国内私人部门需求将持续受到通货膨胀因素的影响，一方面，高企的消费品价格将抑制消费，另一方面，应对通胀的紧缩举措将抬高债务偿还成本，压缩可支配收入，住宅市场出现降温。区内受到通胀冲击影响较大的经济体包括韩国、新加坡、印度、新西兰、加拿大。③能源价格的上升和外部需求——尤其是美欧等发达经济体的经济增速放缓对中国、韩国等国的出口产生不利影响。此外，较为依赖中国市场的新西兰经济增速出现放缓，较多依赖美国市场的加拿大经济增速也放缓。澳大利亚经济在过去依赖于向中国出口大宗商品，但是由于两国的贸易摩擦，出口受到影响，出口市场多样化进展相对缓慢，对其出口产生影响。日本经济下半年以来经济复苏陷入疲态，主要也受全球经济增速放缓影响，同时能源价格上涨也使得日本的贸易条件恶化。④乌克兰危机对供应链带来的持续扰乱，对区内各国的工业生产产生影响，对于韩国、印度、中国的影响尤为显著。

（二）通货膨胀压力上升

2022 年，全球通货膨胀高企，亚太地区通胀压力也不可避免地上升，但是总体通胀水平相对温和。亚太地区主要国家 2022 年消费者价格指数（CPI）多低于世界平均水平（8.8%），仅老挝和缅甸比世界平均水平更高，分别达到 15.0% 和 16.2%。区内发达经济体的通胀水平上升加快，如新加坡、澳大利亚、加拿大的通胀是区内上行较快的。预计未来一段时期亚太地区仍将面临较大的通胀压力。

2022 年，亚太地区所有国家的通货膨胀水平均较上年有不同程度的上升（见图 2），除乌克兰危机带来的大宗商品价格冲击的共性因素外，区内发达经济体通胀的主因是"富贵病"，主要是前期超宽松政策带来的需求旺盛，而区内新兴经济体和发展中经济体的较高通胀则是由供给瓶颈、汇率贬值带来的输入性通胀、食品价格上涨等因素造成的，经济基本面仍然面临需求不足问题，通胀的负面影响显然更大，未来经济复苏将更加艰难。

具体情况如下：①前期为应对疫情实施的创纪录超宽松政策，拉动了居民对房屋抵押贷款的需求，住房价格上升，经济重新开放之后，国内强劲的需求带来消费品、房租和旅游服务等价格的大幅上升。这主要是推动区内发达经济体通货膨胀上升的主要因素。对于新加坡来说，租金的上行不仅仅与国内需求和经济的重新开放相关，还与其金融中心地位的提升相关。②全球大宗商品价格的上升是各国面临通货膨胀的共同原因，对于那些能源依赖度较高的经济体，影响更为显著，例如韩国能源进口占能源消耗的 90% 以上。大宗商品价格上升对于区内的燃料成本和运输成本的上升有着直接的助推作用，例如澳大利亚虽然是大宗商品出口国，但是对于运输燃料进口依赖程度较高，因而通货膨胀水平上行。燃料成本上升对于柬埔寨、菲律宾通货膨胀水平上升也有较为显著的影响。③全球供应链的紊乱也是造成区内通货膨胀的重要原因，这促使供给与高涨的需求不匹配，从而推动可贸易品价格和运费上涨。④由于亚洲地区的主粮以大米为主，亚洲区域生产和消费的大米约占全球的 90%，而相较于乌克兰危机带来的小麦、玉米等粮食价格飙升，大米受到的影响较小，这是区内通胀水平相较于其他区域较低的一个原因。但在未来，大米以及其他食品价格有进一步上涨的可能，其主要原因包括上游化肥成本上升、潜在极端气候等。食品价格上升对区内经济体的通胀已经产生影响，特别是老挝、菲律宾由于夏季严重洪灾，潜在粮食短缺已经导致食品价格上涨。印度的食品价格上升也是推升通胀的一个重要原因。⑤本币的大幅贬值带来输入性通货膨胀，缅币、老挝基普、菲律宾比索、韩元是区内表现较差的货币，这些国家的通胀也受到本币贬值带来的输入性通胀影响。⑥国内持续的政局不稳推高通胀，这使得缅甸成为区内通胀水平最高的经济体。

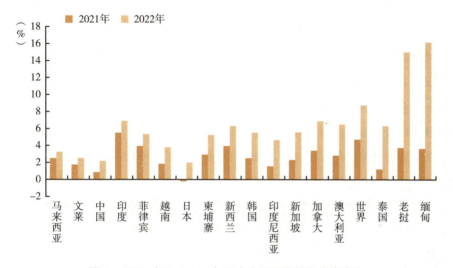

图2　2021年和2022年亚太主要国家的通货膨胀率

注：通货膨胀率为年平均消费者价格指数（CPI）的变动率，国家按2022年与2021年的通胀水平之差由低到高排序。

资料来源：国际货币基金组织（IMF）《世界经济展望》数据库，2022年10月。

（三）亚太地区的货币相对美元全部贬值

2022年以来，亚太地区各经济体货币对美元全部贬值（见图3），以2022年9月相对于2022年1月的汇率走势看，亚太地区各国货币对美元的平均贬值幅度高达9.7%。区内贬值幅度超过10%的经济体有7个，其中，老挝（贬29.2%）和缅甸（贬15.3%）是新兴和发展中经济体中贬值幅度最大的，日本（贬19.9%）和韩国（贬14.3%）是发达经济体中贬值幅度最大的。区内经济体货币普遍贬值的共同原因是美联储紧缩货币政策带来美元的强势上行，美元指数创下近20年新高。老挝基普是区内表现最差的货币，这与老挝经济

的基本面不佳有关。由于燃料和食品价格上涨，老挝的经常账户恶化。老挝
政府面临很大的债务偿付压力，政府多次重申并采取措施保障其债务清偿能
力，但投资者担忧未减。在美联储加息背景之下，老挝基普承受的贬值压力
更大，这又加剧其以外币计价的外债负担。老挝成为亚洲国家中继斯里兰卡①
之后又一个承受较大金融压力的国家。缅币的贬值与国内政局不稳密切相关，
政府已经加强了对资本流动的管制，并使用官方宣布的汇率比价进行结算。
受到官方汇兑的价格限制，缅币官方和黑市两个市场的情形又再度出现。日
元是区内发达经济体中贬值幅度最大的货币，韩元也贬值较多，导致两种货币
承压的共同因素在于全球能源价格高企对于依赖能源进口的日本和韩国影响较
大，经常账户受到显著的负面冲击。不同之处在于，日本央行秉持的超宽松货
币政策以及日本经济增速较缓慢是日元贬值的重要原因，韩元贬值则与其国内
金融脆弱性有关，央行在权衡紧缩经济和稳定增长之间存在两难。

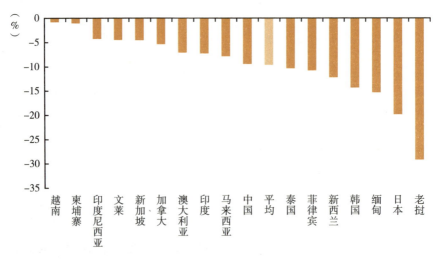

图3　2022年亚太主要国家汇率走势

注：①所有国家汇率走势均为2022年9月相对于2022年1月的变动。②正数表示本币相对于美元升
值，负数表示本币相对于美元贬值，2022年没有对美元升值货币，图中按照贬值幅度由低到高排列。

资料来源：CEIC。

───────────

①　斯里兰卡未包含在亚太经济部分的国家样本中，其于2022年出现主权债务违约。

（四）经常账户受大宗商品价格影响分化

2022 年亚太地区的顺差国预计为 10 个，逆差国为 7 个。同上年相比，顺差国和逆差国的数量与国别未发生变化，11 个国家的经常账户余额较上年出现了下降，6 个国家的经常账户余额出现上升。区内能源进口国的经常账户普遍恶化，而大宗商品出口国的经常账户则好转。新加坡的经常账户余额占比下降了 5.3 个百分点至 12.8%，韩国和日本的经常账户余额占比也下降了 1.5 个百分点左右，上述经济体经常账户顺差的收窄主要原因在于进口端大宗商品价格高企带来的金额上升，以及出口端外需放缓带来的金额下降。新西兰出现大规模逆差，其经常账户余额占比达 -7.7%，主要受到外需放缓和旅游业尚未完全复苏的影响。澳大利亚经常账户自 2019 年以来出现了持续的顺差，逆转过去长期逆差的格局，主要受大宗商品出口持续强劲的影响，不过其 2022 年的经常账户顺差较 2021 年有所收窄。在经常账户改善国中，加拿大、印度尼西亚和文莱顺差改善主要得益于全球大宗商品价格的上升带动出口上行，越南和泰国从 2021 年的疫情冲击中逐步走出，产品出口上升带来 2022 年经常账户有所改善。

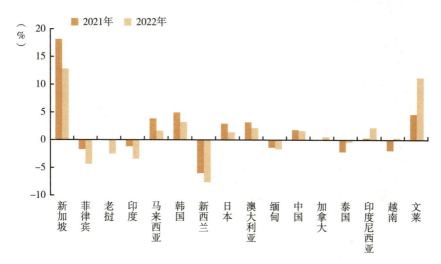

图 4　2021 年和 2022 年亚太主要国家经常账户余额占 GDP 之比

注：国家按 2022 年与 2021 年的经常账户占比之差由低到高排序。柬埔寨经常账户逆差占比较高，未在图中显示，其 2021 年和 2022 年经常账户占比分别为 -47.9% 和 -31.3%。

资料来源：国际货币基金组织（IMF）《世界经济展望》数据库，2022 年 10 月。

（五）政府债务开始调整

在后疫情时期，政府部门的债务开始出现调整。相较于 2021 年，有 6 个国家的债务规模在 2022 年有所下降，有 7 个国家的债务规模占 GDP 的比重增加不超过 3 个百分点。为应对疫情，新加坡和加拿大的政府债务规模在 2020 年出现了较大幅度的上升，2022 年这两国的政府债务占 GDP 比重均有显著下降（分别下降 18.8 个和 10.7 个百分点），反映应对疫情的刺激政策逐渐淡出。不过，新加坡和加拿大政府债务规模占比仍是区内较高的，分别为 141.1% 和 102.2%。新加坡出台了小型的刺激消费的财政计划以应对价格上涨压力的影响，但是其规模不大，预计不会对政府债务产生显著影响。加拿大政府债务规模的削减还得益于大宗商品价格上涨带来的政府收入增加。日本仍然是区内政府债务水平最高的经济体，其 2022 年的政府债务规模占 GDP 比重较上年小幅上升 1.4 个百分点至 263.9%。老挝的政府债务规模是区内上升最快的，为抑制国内燃料价格上涨的影响，政府削减燃料消费税，从而带来政府收入下降，夏季洪灾带来的基础设施维修开支上升，进一步增加了政府支出，老挝也需要为存量债务支付相当规模的利息。

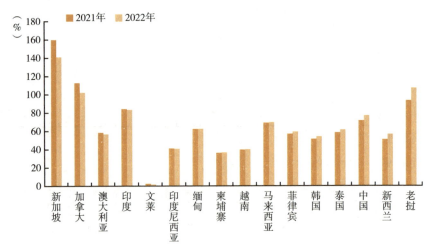

图 5　2021 年和 2022 年亚太主要国家政府债务占 GDP 比重的走势

注：国家按 2022 年与 2021 年的政府总债务（Gross Debt）占比之差由低到高排序。日本由于政府债务占比过高，未在图中体现，其 2021 年和 2022 年政府债务占比分别为 262.5% 和 263.9%。

资料来源：国际货币基金组织（IMF）《世界经济展望》数据库，2021 年 10 月。

二　亚太主要国家经济形势回顾与展望

本部分主要回顾韩国、印度尼西亚、澳大利亚和加拿大 2022 年经济走势，并对 2023 年的经济增长前景进行展望。①

（一）韩国

韩国经济是全球经济的"金丝雀"，其经济走势往往领先于全球。2022年下半年以来经济增长展现出疲态。韩国经济在 2022 年上半年走势良好，第一季度和第二季度的实际 GDP 同比增速均达到 3%。但韩国经济在 2022 年第三季度遭遇逆风。从制造业 PMI 水平来看，7 月 PMI 跌落荣枯线至 49.8，8月和 9 月进一步分别下跌至 47.6 和 47.3，是 2020 年 7 月以来的最低点。预计韩国 2022 年的实际 GDP 增速为 2.6%，低于 2021 年的 4.1%。韩国经济增速放缓的核心原因是外需不景气，欧美等发达国家和中国的需求下降，全球消费电子产品开始进入下行周期，这影响了韩国核心出口——半导体和面板。此外，汽车、石化产品等的出口也受外需不振影响。韩国出口在 8 月和9 月持续走弱，同比增速分别为 6.6% 和 2.8%，较此前的双位数增长迅速下滑。韩国经济增速放缓也受到能源成本居高不下的影响。为应对联储加息和通胀高企，韩国加息政策也对国内家庭和企业支出产生抑制效应。前期，韩国私人部门的杠杆率已经较高，金融脆弱性在近期上升。韩元贬值也进一步推高通胀，削弱内需。韩国食品和能源价格高涨，其中韩国能源进口占能源消耗的 90% 以上。韩国央行 7 月实施了 50 个基点的加息，并于 8 月将政策利率上调 25 个基点，10 月再次加息 50 个基点，这反映出对于通货膨胀和韩元贬值的担忧使得韩国仍需采取大幅加息的措施来应对。尽管韩国央行行长强调仅靠加息无法解决汇率问题，但这表明韩国在一定程度上陷入了权衡稳货币和稳增长的两难困境。由于韩国经济仍然对外需有较高的依赖度，在

---

① 本地区主要经济体的选取参考的是亚太地区 G20 国家，其中中国、日本和印度的经济形势请参见本黄皮书其他报告。

全球半导体产业走向周期性低谷、发达经济体经济增速放缓的背景下，韩国2023 年出口面临较大挑战。同时，私人部门消费将受到高通胀的抑制，高通胀和加息带来的偿债压力将使得投资疲软。因此，预计韩国经济增速在2023 年将进一步放缓至 2.0%。作为全球经济的"金丝雀"，韩国经济的不景气值得关注。全球需求放缓也是亚太经济体在未来一段时间内都要面临的压力。

（二）印度尼西亚

印度尼西亚是大宗商品出口国，其经济总体从 2022 年高涨的能源价格中获益。2022 年 1 月以来，印尼的制造业 PMI 始终处于荣枯线之上，9 月达到53.7。印尼经济景气程度上升主要得益于棕榈油、煤炭和天然气价格上涨。印尼 8 月和 9 月商品出口同比增速均录得双位数增长，分别达 29.9% 和 20.4%，贸易顺差在 8 月和 9 月分别达到 58 亿美元和 50 亿美元。尽管全球需求总体放缓，但是对于印尼大宗商品尤其是煤炭的需求在持续提振印尼的出口部门。事实上，煤炭已经成为印尼最大的单一出口商品类别。此前，印尼就是世界上最大的动力煤出口国，但是其出口目的国主要是亚洲国家，最近的大幅上升主要是向欧洲国家出口煤炭的数量迅速上升，这使得印尼煤炭 9 月出口同比增速达到 63.5%。印尼 2022 年第一季度和第二季度的同比增速分别为5.0% 和 5.4%，这一增速已经高于疫情前的水平。受经常账户持续改善的影响，印尼卢比是亚太地区贬值幅度较小的货币。在本轮全球央行的紧缩周期中，印尼央行较晚实施加息行动，8 月将七天逆回购利率上调 25 个基点至3.75%，完成 2018 年 11 月以来的首次加息，9 月和 10 月连续两次将政策利率超预期上调 50 个基点至 4.75%。上述举措反映了在经济增长较为稳定的前提下央行有进一步控制通胀和稳定印尼卢比的考虑。展望 2023 年，印尼经济可能在 2022 年约 5.3% 的增速基础上有所放缓，预计为 5.0% 左右，这一增速是印尼经济增长的长期平均水平，也较疫情前的水平更高，增速放缓主要来自通货膨胀对于居民消费的抑制，但是预计大宗商品出口仍能对经济提供支撑。

（三）澳大利亚

澳大利亚也为区内重要的大宗商品出口国，2022年上半年经济增长保持在高景气状态，1~7月PMI保持在55以上，8月和9月的PMI下滑至55以下，分别为53.8和53.5，反映经济景气程度有所下滑。从季度GDP同比增速情况来看，第一季度和第二季度分别增长了3.3%和3.6%，环比呈现加速态势，分别增长0.7%和0.9%。经济增长的主要动力来自私人部门消费，第二季度家庭消费开支增长2.2%。在高通胀水平之下居民消费仍具韧性，反映被疫情限制措施压抑的餐饮和旅游需求进一步释放。政府开支的作用相较于疫情期间迅速下降，政府在2021/2022财年的预算赤字为320亿澳元，约占GDP的1.4%，采矿业利润上升带来政府收入上升，同时澳大利亚失业率处于低位（8月失业率为3.5%），这使得政府的保障性开支下降。受大宗商品价格处于高位的影响，出口部门保持了持续的强劲，澳大利亚延续了近几年出现的经常账户顺差格局。除了大宗商品出口，国际学生返回澳大利亚读书也带来了旅游出口的强劲复苏。正如PMI数据显示的那样，澳大利亚经济增速从2022年第三季度起开始放缓，持续的高通货膨胀以及央行的加息政策将抑制居民部门的消费，增加企业和居民部门的借贷成本。在10月的货币政策会议上，澳大利亚储备银行（澳洲央行）将基准利率官方现金利率提高25个基点至2.6%，这是本轮紧缩周期以来澳洲央行首次选择加息25个基点而非50个基点，显示其紧缩步伐谨慎。澳洲央行更加关注加息对国内经济的影响，以及全球需求放缓对澳大利亚出口部门的影响。预计澳大利亚2022年经济增速为3.5%，2023年将放缓至1.9%。

（四）加拿大

加拿大也是区内重要的大宗商品出口国，出口石油、天然气、小麦和钾肥。由于2022年大宗商品和粮食价格处于高位，能源、食品、化肥出口保持在高位，成为带动经济增长的重要动力。加拿大2022年上半年经济处于较高景气区间，1~5月制造业PMI保持在56以上，第一季度和第二季度GDP同比增速分别为 2.9% 和 4.6%。之后经济景气程度出现下滑，8 月和 9 月 PMI 降至荣枯线以下，分别为 48.7 和 49.8。预计加拿大经济增速在 2022 年下半年出现放缓，主要受到高通胀的影响，目前央行仍在持续进行货币紧缩，9 月 7 日，加拿大央行将隔夜利率上调 75 个基点至 3.25%，自 3 月以来加息五次，借贷和融资成本的上升以及高企的燃料和食品价格使得私人部门消费增速放缓。联邦政府于 6 月底结束了应对疫情大流行的支持计划，这也会带来更多的消费和企业投资调整。同时，此前火热的房地产市场也有所降温，第二季度住房投资环比下降 7.8%。目前，劳动力市场仍然强劲，9 月失业率为 5.2%，劳动力缺口仍然存在，工资持续上涨。2023 年，加拿大经济将面临更大的下行压力，为降低通胀预期，加拿大央行预计仍将继续实施紧缩政策，从而使居民部门消费支出和企业投资进一步放缓，外需也将面临一定的问题，尤其是其最重要贸易伙伴——美国经济陷入衰退的可能性上升，这将使得其经济增速在 2023 年出现放缓，预计加拿大 2022 年经济增速为 3.3%，2023 年放缓至 1.5%。

三　2023 年亚太经济展望

从上述分析不难看出，亚太各经济体在 2022 年下半年步入了经济放缓期。2023 年，亚太经济有较大可能延续这一放缓态势。从 PMI 的数值来看，2022 年 6 月亚太地区的 PMI 达到年内高点 52.4，随后开始下行，9 月为 50.6，接近荣枯线。预计亚太多数经济体在 2023 年的经济增速将有所放缓。

2023 年，导致亚太经济增速可能进一步放缓的因素包括：第一，加息带来的融资环境收紧尚未过去，亚太经济体仍面临资本外流压力和货币贬值压力，同时本国货币政策趋紧也将抑制国内需求；第二，主要发达经济体在 2023 年有较大概率步入衰退，外需将进一步放缓，这将对区内以外部需求为主的经济体产生较大影响；第三，大宗商品市场面临调整可能性，区域内大宗商品出口国能否继续依靠出口保持较高增速存疑；第四，通货膨胀可能将

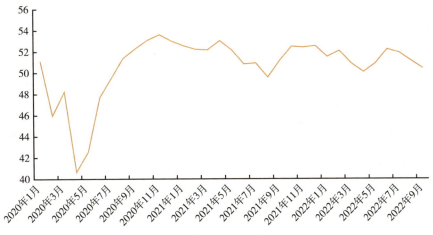

图 6　亚太地区加权月度 PMI

注：所有 PMI 均为 Markit 制造业 PMI，东盟使用的是整体 PMI，权重同表 1，为 2021 年固定值。

资料来源：CEIC。

持续一段时间，外部价格上涨将持续向本区传导，这将提升本区的生活成本，并对低收入经济体的民生产生影响；第五，区内债务水平较高的经济体存在债务危机可能性，即便未触发危机，债务的积累也会侵蚀未来的增长潜力。

　　尽管如此，亚太经济体仍将是世界范围内最有活力的经济体，持续带动全球经济复苏：其一，中国经济在 2023 年如能进一步复苏，则其自身增长和对于区域经济的正向溢出都将促进亚太经济以更快的速度增长。若疫情影响逐步减弱，则将更有助于区内经济复苏，特别是跨境旅游、消费等领域的复苏；其二，在经历了疫情冲击和乌克兰危机之后，亚太地区的价值链将进一步调整和巩固，推动全球供应链的稳定，继而从供给侧降低全球通胀压力；其三，数字经济的发展和互联互通将进一步加深，在疫情期间亚太地区数字经济发展有了较大的飞跃，得益于数字基础设施和人口优势，这一发展有望在经济复苏期间得以延续，从而推动经济增长。鉴于此，在基准情形下我们预测 2023 年亚太经济增速约为 4.1%。

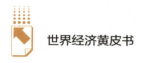
参考文献

张宇燕主编《2022年世界经济形势分析与预测》，社会科学文献出版社，2022。

中国社会科学院世界经济与政治研究所世界经济预测与政策模拟实验室：《CEEM全球宏观经济季度报告》，2021年第三季度至2022年第三季度。

Asian Development Bank (ADB), "Asian Development Outlook (ADO) 2022: Mobilizing Taxes for Development," April 2022.

Asian Development Bank (ADB), "Asian Development Outlook (ADO) 2022 Update: Entrepreneurship in the Digital Age," September 2022.

ASEAN+3 Macroeconomic Research Office (AMRO), "ASEAN+3 Regional Economic Outlook 2022," April 2022.

ASEAN+3 Macroeconomic Research Office (AMRO), "Update of the ASEAN+3 Regional Economic Outlook 2022," October 2022.

Economist Intelligence Unit (EIU), Country Reports, 17 Countries: Australia, Brunei Darussalam, Cambodia, Canada, China, India, Indonesia, Japan, Korea, Lao P.D.R., Malaysia, Myanmar, New Zealand, Philippines, Singapore, Thailand, Vietnam, October 2022.

International Monetary Fund (IMF), "World Economic Outlook: War Sets Back the Global Recovery," April 2022.

International Monetary Fund (IMF), "World Economic Outlook: Countering the Cost-of-Living Crisis," October 2022.

International Monetary Fund (IMF), "World Economic Outlook Database," October 2022.

Y.6
印度经济：减速复苏

冯维江[*]

摘　要： 2021~2022财年印度经济仍然处于内生因素驱动下的复苏进程中，其GDP将在2022年首次超过英国，取代英国成为世界第五大经济体。2022年前三个季度印度通货膨胀显著高于上年同期，1~9月消费价格指数（CPI）同比增长率均值为6.9%，明显高于2021年同期均值5.2%。印度股市在疫情冲击下大跌之后的趋势性上涨行情未能在2022年延续，而是在该年呈现上半年下跌、下半年回升且高位震荡的特征。失业率相对比较平稳。财政预算支出上升，赤字及债务压力增加。货币政策转向紧缩，以抑制通胀、资本外流和货币贬值风险。供给面和需求面对未来一年印度经济增长均具有较好支撑，但乌克兰危机长期化，美联储急剧加息对汇率、资本流动、大宗商品价格及金融市场的冲击，疫情走向的不确定性，芯片等重要产品的供应链稳定性等因素，仍然是未来一年影响印度经济增长的潜在挑战。综合考虑各方面因素，预计印度2022/2023财年实际经济增长率6.7%左右，2023/2024财年预计为6.3%左右。

关键词： 乌克兰危机　经济复苏　紧缩性货币政策

---

　　* 冯维江，中国社会科学院世界经济与政治研究所研究员，研究方向为世界经济、国际政治经济学。

一 经济处于复苏区间

印度2021/2022财年（2021年4月1日至2022年3月31日）实际经济增长率8.9%，比本报告上一年度的预测值9.2%略低，主要是因为2021年第四季度特别是2022年第一季度经济增长不及预期。尽管如此，2021/2022财年印度经济仍然处于内生因素驱动下的复苏进程中。2021年第二季度，印度实际GDP同比增长率20.1%，其中固定资本形成贡献了15.1个百分点，私人消费贡献了8.2个百分点，净出口贡献了-3.8个百分点。第二季度经济的两位数增长是建立在上年同期两位数负增长（-23.8%）的基期效应基础上的。第三季度没有这样强的基期效应影响，实际GDP同比增长率大幅回落至8.4%，其中固定资本形成贡献了4.6个百分点，私人消费贡献了5.8个百分点，净出口依然是负贡献，为-4.4个百分点。第四季度实际GDP同比增长率进一步下行至5.4%，支撑增长的主要是私人消费，贡献了4.4个百分点，固定资本形成只有0.7个百分点的微弱贡献，净出口的贡献是-3.0个百分点。在全球经济增长整体疲弱的大背景下，印度出口对增长的贡献较小，而大宗商品价格上涨等因素造成进口对增长的负贡献较大，导致2020年第四季度以来净出口对经济增长的贡献持续为负值。

进入2022年后，印度经济增长在第一季度触底，第二季度反弹。第一季度实际GDP同比增长率延续此前下行势头至4.1%，私人消费和固定资本形成各贡献了1个和1.7个百分点，库存贡献了1.4个百分点，政府消费贡献了0.5个百分点，贵重物品[1]和净出口分别贡献-1.3个和-1个百分点。第二季度，印度实际GDP同比增长率达到13.5%，这比印度储备银行货币政策委员会预

---

[1] 贵重物品是指以高价值产品形态持有但并非主要用于生产或消费的资产，包括黄金饰品和宝石等。贵重物品在印度GDP中所占比例非常高，主要是因为印度对黄金的巨大需求造成其拥有世界上最大的黄金市场。"净购置贵重物品"支出数据，在印度被列为资本形成总额下的单独类别。见Rakesh Kumar, "Treatment of Valuables as Capital Formation in India: Some Issues and Perspectives," RBI Working Paper Series No. 09. Aug 4, 2011. https://www.rbi.org.in/Scripts/PublicationsView.aspx?id=13552。

期的 16.2% 要低，但相对于第一季度仍然表现出了强劲的反弹。这主要得益于私人消费的回暖，其凭借 25.9% 的同比增长为实际 GDP 增长贡献了 14 个百分点。固定资本形成对实际 GDP 增长率也贡献了 6.6 个百分点，但这一贡献基本被净出口的负贡献（-6.2 个百分点）所抵消了。

图 1　印度实际 GDP 季度同比增长率及其分项贡献

资料来源：根据 Wind 数据库数据计算整理。

2022 年下半年印度经济仍维持增长态势但力度较第二季度有所削弱。工业生产指数由 6 月的 138.4 下降至 7 月的 134.4、8 月的 131.3。2022 年第三季度综合采购经理人指数（PMI）为 56.6，较上季度 58.0 有所下降，10 月为 55.5，较上月的 55.1 有小幅回升；第三季度服务业 PMI 为 55.7，较上季度的 58.7 有明显下降，10 月为 55.1，较上月的 54.3 有所回升；第三季度制造业 PMI 为 55.9，较上季度的 54.4 有所上升，10 月为 55.3，较上月的 55.1 有所回升。整体来看，印度 PMI 均在扩张区间，制造业 PMI 下半年呈继续平稳上升态势，但服务业 PMI 则有所回落。制造业产值在印度 GDP 中的占比为 16% 左右，而服务业则占一半以上，更能影响印度经济增长走势。

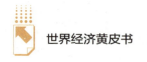
二 通胀压力攀升，失业率相对稳定

2022 年前三季度，印度通货膨胀显著高于上年同期，1~9 月消费价格指数（CPI）同比增长率均值为 6.9%，明显高于 2021 年 1~9 月的均值 5.2%。从走势看，2022 年印度通胀呈波折中上行趋势，CPI 同比增长率由 1 月的 6% 攀升至 4 月的 7.8%，再回落至 7 月的 6.7%，继而反弹至 9 月的 7.4%，均明显高于印度央行 4% 的通胀目标，也超过了央行设立的 6% 的中期目标，反映出在疫情、乌克兰危机、美联储加息等外部冲击下印度面临较大的通胀压力。

2022 年印度农村通胀压力大于城市，这与上年情况正好相反。2021 年城市 CPI 同比增长率仅 5 月低于农村，平均来看城市 CPI 同比增长率比农村高 0.8 个百分点；2022 年城市 CPI 同比增长率除 5 月略高于农村之外，其他月份均低于农村，平均来看农村 CPI 同比增长率比城市高 0.5 个百分点。农村经济脆弱性比城市大，更高的通胀压力对农村冲击较大。从走势看，城市和农村 CPI 在 2022 年也都经历了上升、回落再反弹的过程。

批发价格指数（WPI）同比增长率呈冲高回落走势。2022 年，WPI 同比增长率先由 1 月的 13.7% 上升至 5 月 16.6% 的高点，9 月较大幅度回落至 10.7%。与 2020 年及之前的个位数增长乃至负增长相比，2022 年 WPI 同比增长率仍然处于历史高位，但第三季度明显回落，可能有宏观经济开始走弱的迹象，价格由生产端向消费端传导的上涨压力有所缓释。

印度 2022 年的失业率相对比较平稳，无论是农村还是城市，都没有像 2021 年那样出现两位数的失业率。从 1~10 月情况看，整体失业率除 2 月和 8 月突破 8% 之外，其他都在 8% 以内。其中以 9 月最低，只有 6.4%，最高的 8 月也仅为 8.3%，1~10 月平均值为 7.4%。2022 年印度城市失业压力大于农村。1~10 月，印度城市失业率均值为 8.1%，农村失业率均值为 7.1%。不过从趋势看，1~10 月，城市失业率有所下降，1 月为 8.1%，10 月下降至 7.2%；农村则相反，1~10 月失业率有所上升，1 月为 5.8%，10 月上升至 8.0%。

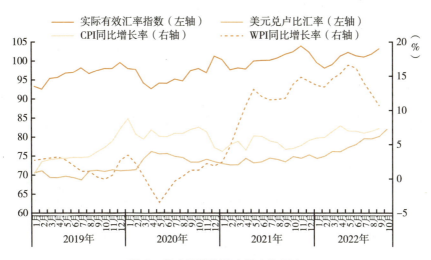

图 2　印度通货膨胀率及卢比汇率

资料来源：Wind 数据库。

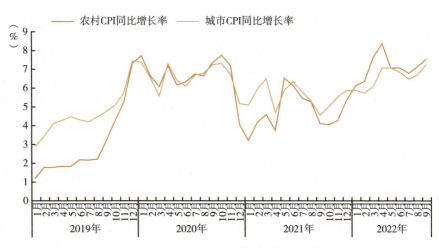

图 3　印度农村和城市 CPI 同比增长率

资料来源：Wind 数据库。

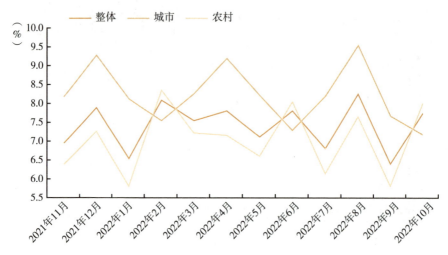

图4 印度农村、城市及整体失业率月均值

资料来源：印度经济监测中心（CMIE）。

三 汇率整体升值，股市高位震荡

2022年前三个季度印度卢比汇率整体有所升值，反映了增长势头相对较强的经济基本面。1月实际有效汇率为99.6，9月则升至103.3。但由于美元汇率升值幅度更大，印度卢比对美元出现较大幅度的贬值。2022年1月1美元可兑换74.4印度卢比，到了10月1美元可兑换82.4印度卢比，印度卢比贬值了9.7%。这与美联储连续大幅升息有关。

印度股市在2022年结束了2020年4月疫情冲击造成的大跌之后呈现出趋势性上涨，并表现为上半年下跌、下半年回升且高位震荡的特征。孟买敏感30指数（Sensex 30）2022年1月18日达到61474点的高点，3月7日跌至53204点，相对于前述高点跌幅达13.5%。4月4日回到6万点以上（为60845点），5月19日又回跌至53356点，小幅反弹后到6月17日更是跌至年内低点51653点，8月中旬一度回升至6万点上方，其后在57166点（9月29日）至61290点（11月1日）之间震荡。换言之，Sensex 30在2022年11月初回到接近于2022年初的水平之上。整体来看，2022年上半年印度股市的下行与乌克兰危机对全球经济环境的冲击有关，并且与全球其他主要股市比较而言，印度股指收缩的幅度相对较小。MSCI 全球指数从年初 1 月 4 日 886 的高点到 6 月 16 日 703 点，跌去了 20.7%，同期 MSCI 发达市场指数下跌了 21.4%，而 Sensex 30 仅下跌了 16.0%。下半年印度股市的回升表现与全球整体继续下行相比，甚至可以算得上逆势而行了。与孟买敏感 30 指数下半年回升至年初水平不同，MSCI 全球指数 2022 年 10 月一度跌至 680 以下，与 6 月的低点相比又进一步下跌了 3.4% 左右。支撑印度股市的力量，一是印度 IT、金融、汽车等企业经营业绩相对较好，二是对印度央行放缓加息的预期，三是国内外资金涌入印度股市的积极性仍然较高。2022 年上半年，国外资本流入印度 322 亿美元，与上年同期相比增加了 25.3%。截至 2022 年 9 月 30 日，印度中央存管服务公司（CDSL）投资者账户数量为 7335.42 万户，国家证券存管公司（NSDL）投资者账户数量为 2925.54 万户，可交易印度证券的 Demat 账户 ① 总数达到 1 亿户以上，是 2020 年 3 月疫情前的近 3 倍。

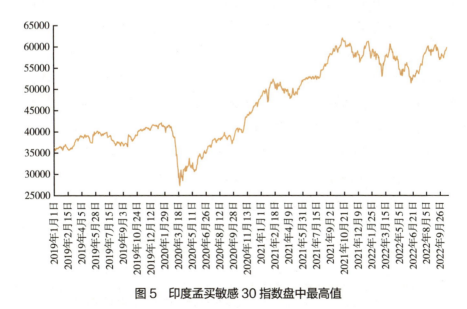

图 5　印度孟买敏感 30 指数盘中最高值

资料来源：Wind 数据库。

———————————

①　在印度投资者必须开设 Demat 账户才能从事股票、债券或共同基金等证券的交易。

四　财政继续发力，债务压力较大

2022/2023 财年印度的财政支出维持较大力度。其财政预算致力于提高政府支出的质量，重点是国防、能源、电信、运输和基础设施方面的大量资本性支出。而降低燃料税、增加化肥补贴，以及将面向穷人的免费粮食计划延长至 2022 年 9 月等举措，也都将导致支出增加。2022/2023 财年 39.45 万亿卢比（5273.6 亿美元）的预算支出中，中央政府资助经费占比 9%，中央各部门经费占比 15%，利息支付占比 20%，国防开支占比 8%，补贴占比 8%，印度财政委员会及其他转移支付占比 10%，各邦税收和关税份额占比 17%，养老金占比 4%，其他支出占比 9%。2022 年 2 月，印度财政部长西塔拉曼（Nirmala Sitharaman）发表 2022/2023 财年印度财政预算讲话时，围绕"总理大基建计划"（PM Gati Shakti）[①]，包容性发展，生产力及投资促进、能源转型和气候行动，为投资而融资等四个方面的优先事项及有关政策，介绍了该年度财政预算开支的重点举措。[②]

第一，"总理大基建计划"。该计划旨在通过重点领域的变革举措来促进经济增长和可持续发展，具体由七个"引擎"驱动，即公路、铁路、机场、港口、公交、水路和物流基础设施。以这七个方面的基建为重点开展投资，将形成拉动经济发展的合力。除了上述七个领域外，能源传输、IT 通信、生活用水和污水处理以及社会基础设施方面也将发挥支持性的补充作用。印度还希望通过中央政府、各州政府和私营部门的共同努力来推进"总理大基建计划"，最终为所有人特别是年轻人带来巨大的就业和创业机会。具体来看，2022/2023 财年，公路方面，印度计划扩建国家高速公路网 2.5 万公里，项目预算 2000 亿卢比（26.7 亿美元）。物流方面，将在四个地方采用公私合

[①] 在 2021 年 8 月 15 日印度独立日纪念活动的演讲中，印度总理莫迪提出了 100 万亿卢比（当时约合 9 万亿元人民币）的超级基础设施建设计划作为国家主要规划，并命名为"PM Gati Shakti"。

[②] 印度 2022~2023 财年预算概要详见 https://www.ibef.org/economy/union-budget-2022-23，本报告对财政政策表述即参考了该概要，详见 https://www.indiabudget.gov.in/budgetglance.php。

营（PPP）方式建设多式联运物流园区。铁路方面，提出"一个车站、一种特产"（One Station One Product）概念，帮助当地企业和供应链销售产品；加快部署自主研发的卡拉奇（Kavach）火车防撞系统(TCAS)，并计划将本土 2000公里的铁路网纳入该系统，以提高铁路安全能力；在未来三年中，建造 400辆范德·巴拉特"准高铁"快车（Vande Bharat Express），建设 100 个用于多式联运物流的"总理大基建计划"货运站。以公私合营（PPP）方式推进帕瓦特马拉（Parvatmala）国家索道发展计划（National Ropeways Development Program），^① 签约修建 8 条 60 公里长的索道项目。

第二，包容性发展。农业方面，直接向 1630 万名农民支付 2.37 万亿卢比（316.7 亿美元），用于采购其小麦和稻谷；鼓励农村开展不使用化工产品的自然耕作，首先在甘加河沿岸 5 公里宽的范围内实施；印度国家农业和农村发展银行（NABARD）推动组建混合资本基金，资助农业和农村企业的初创公司；使用无人机检查农作物、喷洒杀虫剂和营养剂情况并将土地记录数字化；投入 140 亿卢比（1.872 亿美元）兴建可灌溉 90.8 万公顷农地的 Ken-Betwa 河流连接项目。中小微企业方面，实现 Udyam、e-shram、NCS 和 ASEEM 门户网站^② 信息的互联互通；将为 1300 万家中小微企业提供额外信贷的紧急融资联动担保计划（ECLGS）延期至 2023 年 3 月；小微企业贷款担保信托基金（CGTMSE）将为小微企业提供 2 万亿卢比（267.3 亿美元）的额外信贷；为加速小微企业绩效计划（RAMP）的实施提供了 600 亿卢比（8.021 亿美元）的预算支持。教育方面，将 PM e-Vidya^③ 计划的"一个班级、一个频道"项目的覆盖面扩大至 200 个频道，建立虚拟实验室和技能电子实验室，提供模拟

---

① 索道是印度在交通条件不利的山区及部分拥挤的城市推行的对传统公路网的替代性交通方式，目的是改善连接性、方便通勤者，同时促进旅游业发展。

② Udyam 是印度政府向中小微企业提供的 12 位唯一标识号。e-shram 是印度非正规就业者注册登记的网站，旨在建设一个全面的全国无组织工人数据库（NDUW）。NCS 即印度国家职业服务网（National Career Service），是印度劳动和就业部支持的旨在为工作提供方、求职者特别是青年人提供工作岗位信息的网站。ASEEM 即熟练技工与雇主自助匹配系统（Aatmanirbhar Skilled Employee Employer Mapping），其目的是提供一个平台，使技术劳动力的供应与市场需求相匹配。

③ PM e-Vidya 是印度政府启动的旨在通过数字平台对学生进行教育的计划。

学习环境以提高学习者的批判性思维能力；引入数字教师，创作高质量的电子内容并进行传播；建立一所数字大学，提供世界级的普及性教育，并提供因材施教的学习体验。国防方面，2022/2023财年，国内产业获得的资本采购预算将由上一财年的58%提升至68%；将留出25%的国防研发预算用于吸引行业、企业和大学的参与；建立一个满足测试和认证标准的独立的关键防务机构。

第三，生产力及投资促进、能源转型和气候行动。能源转型与气候行动方面，制定1950亿卢比（26.06亿美元）的生产挂钩激励计划，用于开发高效太阳能组件，以实现2030年光伏系统装机容量达到2800亿瓦特的目标；热电厂部分能实现生物质颗粒的联合燃烧，由此每年可减少3800万公吨的二氧化碳排放，并为农民提供额外的资金和就业机会，同时减少由农田燃烧引发的火灾；建设4个实验性的煤制气及煤化工项目；向愿意从事农林业的表列种姓（Scheduled Castes）①、表列部落（Scheduled Tribes）②农民提供财政援助。公共投资方面，2022/2023财年公共投资将继续拉动私人投资和需求，联邦预算中的资本支出将较上一财年实现35.4%的增长，达到7.5万亿卢比（1002.6亿美元），占GDP的2.9%；中央政府的"有效资本支出"预计为10.68万亿卢比（1427.7亿美元），或约占GDP的4.1%。资源调度方面，数据中心和储能系统将被指定为基础设施；将在上年风险投资和私募股权投资超过5.5万亿卢比（735.2亿美元）的基础上，进一步采取措施扩大投资，推出混合基金支持朝阳产业发展；发行绿色主权债券，资助绿色基础设施项目。健康对劳动力质量及劳动生产率有着显著影响，为此，将推出国家数字健康生态系统开放平台与"国家远程心理健康计划"，以提供高质量的心理健康咨询和护理服务；国家心理健康和神经科学研究所（NIMHANS）将成为节点中心，由班加罗尔国际信息技术研究所（IIITB）提供技术援助。推出技能和生计的数字生态系统（DESH-Stack电子门户），使公民能够通过在线培训掌

---

① 又称贱民。
② 印度的某些世袭部落少数民族群体，一般远离其他民族和现代社会，也被称为野蛮部落、原始部落或山民。

据技能、重新学习或提高技能。通过"总理整体营养计划 2.0"（Poshan 2.0）、"女神力量行动"（Mission Shakti）、安甘瓦迪托儿所（Saksham Anganwadi）项目等增进妇女和儿童的福利，2022/2023 财年计划将安甘瓦迪托儿所数量增加到 20 万个。投入 6000 亿卢比（80.2 亿美元）用于安全用水项目，在 2022/2023 财年让 3800 万户家庭用上卫生的自来水。拨款 4800 亿卢比（64.1 亿美元）用于建设 800 万套住宅。通过"充满活力的村庄计划"，开发北部边境上人口稀少、连通性差、基础设施落后的边境社区。启动支持东北地区基础设施建设和社会发展项目的新举措，并拨款 150 亿卢比（2.005 亿美元）。允许外国大学和国际知名机构在一些城市运营，建立一个国际仲裁中心。印度央行将在 2022/2023 财年推出数字卢比。此外，人工智能、地理空间系统和无人机、半导体及其生态系统、太空经济、基因组学和制药、绿色能源和清洁移动系统等领域都将获得政府的研发资金。

第四，为投资而融资，主要是中央政府为各邦提供更大的财政空间。"向各邦提供资本投资的财政援助计划"的支出从预算的 1000 亿卢比（13.3 亿美元）增加到本财政年度修订后的 1500 亿卢比（20 亿美元）。在 2022/2023 财年，除标准借款外，还将拨款 1 万亿卢比（133.6 亿美元），帮助各邦通过 50 年无息贷款来提振投资。允许各邦财政赤字达到国内生产总值的 4%，其中 0.5% 用于推进电力部门的改革。

由疫情及防控措施造成的经济困难逐步得到缓解，印度经济增长有所恢复，尽管财政政策仍然持续发力，以致开支高企，但 2022/2023 财政赤字占 GDP 比重较上一个财年或有所下降，这得益于其相对较快的经济增长。具体来说，2022/2023 财年预算财政支出 39.45 万亿卢比（5273.6 亿美元），较上一财年预算财政支出 34.83 万亿卢比（4656 亿美元）及修正后财政支出 37.70 万亿卢比（5039.7 亿美元）有所提升。2022/2023 财年预计财政赤字占国内生产总值的 6.4%，比上一个财年财政赤字占 GDP 的比重 6.9%（预算估计为 6.8%）更低。

印度面临的债务压力较大。IMF 估算数据显示，2022 年印度一般政府债务占 GDP 比重为 83.4%，显著高于同期新兴和发展中国家 64.5% 的平均水平。印度中央政府债务总额 2022 年持续攀升，其财政可持续性方面的压力不断增加。截至 2022 年第二季度，印度中央政府债务达到 141 万亿卢比，较上年同期增长了 16.6%。印度的外债水平也处于历史高位，2022 年第一季度达到创纪录的 6195.8 亿美元，第二季度略有下降，但仍处在 6171 亿美元的高位。2022 年 9 月，国际信用等级评级机构穆迪将印度的主权信用评级维持在Baa3，前景稳定。Baa3 评级是穆迪信用评级中最低的投资级别。穆迪认为印度仍然存在债务负担重、人均收入低、债务承受能力弱和政府效力有限等风险，但也认为印度经济仍在复苏，积极的经济环境可能在未来几年逐步减少政府财政赤字，避免主权信用状况进一步恶化。①

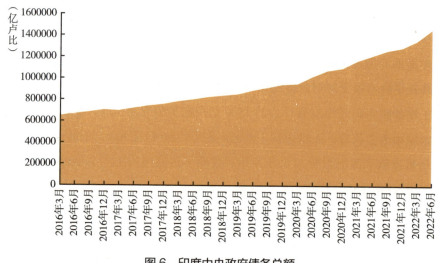

图 6　印度中央政府债务总额

资料来源：Wind 数据库。

五　货币政策转向紧缩

货币政策方面，印度 2022 年采取了紧缩的货币政策。为了应对通货膨胀

---

① "Moody's Retains India's Sovereign Rating at 'Baa3'," https://bombaychamber.com/internal-news/moodys-retains-indias-sovereign-rating-at-baa3/, September 6, 2022.

以及因乌克兰危机引发的地缘政治压力、发达国家的货币紧缩等导致的货币贬值，印度央行在 2022 年 5~9 月将政策利率（回购利率，repo rate）累计上调了 190 个基点至 5.9%。印度货币政策委员会在 9 月会议中表示，在旷日持久的乌克兰危机与世界各地积极的货币政策行动和立场的影响下，全球经济活动正在减弱。随着金融条件收紧，全球金融市场正经历着剧烈的波动，部分股票和债券市场出现了抛售迹象，美元走强，达到了 20 年来的高点。新兴经济体除了面临全球通货膨胀的冲击外，还面临着组合投资流量缩减、货币贬值、储备损失和金融稳定风险等方面的压力。随着外部需求的恶化，新兴经济体的宏观经济前景变得越来越不利。印度货币政策委员会认为国内需求有所恢复，超过了疫情大流行前的水平。供给方面也有所改善，最明显的是服务业。截至 9 月 29 日，西南季风的降雨量比长期平均水平（LPA）高出 7%，其空间分布也扩散到一些缺水地区，因此到 9 月 23 日，种植面积比正常播种面积高出 1.7%。工业和服务业的活动仍然处于扩张状态，特别是后者，这也反映在采购经理人指数（PMI）和其他高频指标上。在需求方面，城市消费市场正在被迪瓦利节[①]前的支出所提振，农村需求也在逐步改善。投资需求也在获得牵引力，这反映为钢铁和水泥的进口增加和国内生产的加快。整体流动性仍然过剩，截至 2022 年 9 月 9 日，货币供应量（M3）同比增长 8.9%，商业银行的存款总额增长 9.5%，银行信贷增长 16.2%。[②]

正是基于这些对国内外经济形势的研判，印度货币政策委员会在 9 月会议时决定将政策利率上调 50 个基点，以应对美联储加息、美元升值等带来的风险。地缘政治冲突长期走向的不确定性对通货膨胀的前景产生了很大的影响。进口通胀压力上升仍然是未来通胀轨迹的一个上行风险，美元的持续升值放大了这种风险。预计印度央行可能在 12 月将政策利率再提高 50 个基点，到 2022 年底将达到 6.4%。如果美联储在 2022 年底再度加息，印度在 2023 年

---

① 迪瓦利节，又称排灯节、光明节，是广为人知的印度教徒的重要宗教节日，系印度历每年最后一天（公历 11 月前后）。

② Reserve Bank of India, Minutes of the Monetary Policy Committee Meeting, 2022. https://rbi.org.in/SCRIPTS/BS_PressReleaseDisplay.aspx?prid=54465, September 28-30.

第一季度可能进一步将政策利率提高 25 个基点，以应对资本外逃和货币贬值等风险。不过在此之后，印度央行的货币紧缩周期或将结束，此轮政策利率上升最终可能将在达到 6.65% 后而停止。以历史标准来看，这并不太高，对经济的紧缩效应不至于过大。

六　预测与展望

主要国际机构和印度央行对印度 2022/2023 财年的实际 GDP 增长率预测值在 2022 年都经历了调低的过程。国际货币基金组织（IMF）2022 年 1 月发布的《世界经济展望》中预计印度 2022/2023 财年实际 GDP 增长率为 9.0%，[①] 4 月 IMF 把这一预测值下调至 8.2%，[②] 7 月进一步下调至 7.4%，[③] 10 月继续下调至 6.8%。[④] 评级机构穆迪在 2022 年 5 月把印度 2022 年实际 GDP 增长率由此前预测的 9.1% 下调至 8.8%，[⑤] 9 月进一步将预测值下调至 7.7%。[⑥] 英国经济学人智库（EIU）2022 年 1 月对印度 2022/2023 财年实际 GDP 增长率的预测值为 7.0%，3 月上调至 7.2%，7 月回调至 6.9%，其后维持这一预测值。[⑦] 世界银行 2022 年 10 月发布的秋季号《南亚经济聚焦》把对印度 2022/2023 财年实际 GDP 增长率的预测值由 4 月发布的 8.0%、6 月发布的 7.5%

---

① IMF, "World Economic Outlook," https://www.imf.org/en/Publications/WEO/Issues/2022/01/25/world-economic-outlook-update-january-2022, January 2022.

② IMF, "World Economic Outlook Update," https://www.imf.org/en/Publications/WEO/Issues/2022/04/19/world-economic-outlook-april-2022, April 2022.

③ IMF, "World Economic Outlook Update," https://www.imf.org/en/Publications/WEO/Issues/2022/07/26/world-economic-outlook-update-july-2022, July 2022.

④ IMF, "World Economic Outlook," https://www.imf.org/en/Publications/WEO/Issues/2022/10/11/world-economic-outlook-october-2022, October 2022.

⑤ "India's GDP Expected to Go Down to 8.8% for 2022 Due to Prevailing High Inflation, Says Moody's," https://www.india.com/business/indias-gdp-expected-to-go-down-to-8-8-for-2022-due-to-prevailing-high-inflation-says-moodys-5415292/.

⑥ "8.8% to 7.7%— Moody's Once Again Cuts India's GDP Growth Forecast for 2022," https://www.india.com/business/8-8-to-7-7-moodys-once-again-cuts-indias-gdp-growth-forecast-for-2022~5605637/.

⑦ http://www.eiu.com/.

下调至 6.5%。[①]2022 年 2 月，印度央行对 2022~2023 财年实际 GDP 增长率的预测值为 7.8%，[②]9 月下调至 7.0%。[③] 各机构调低对印度实际 GDP 增长率的预测值，主要是基于对乌克兰危机及其后续影响的判断而进行的调整。

尽管印度 2022~2023 年实际 GDP 增长率预期值被各主要机构调低，但与包括欧洲主要国家在内的其他国家相比，印度仍然维持了相对较高的增长。IMF 预计，印度的 GDP 将在 2022 年首次超过英国，印度将取代英国成为世界第五大经济体。展望未来一年，印度仍然具备维持相对较高增速的政策空间，尤其是在其政策利率连续上调、通货膨胀情况也好于欧美国家的背景之下。2022 年 9 月制造业评估指数为 106.74，而制造业展望指数则高达 137.48，[④] 反映了供给面相关行业进一步扩张的预期。从消费者信心指数来看，2022 年 9 月的现况指数为 80.6，而对未来一年的预期指数则为 113，也反映出需求面预期向好的特征。不过，乌克兰危机的长期化，美联储急剧加息对汇率、资本流动、大宗商品价格及金融市场的冲击，疫情走向的不确定性，芯片等重要产品的供应链稳定性等因素，仍然是未来一年影响印度经济增长的潜在挑战。综合考虑各方面因素，本报告预计印度 2022/2023 财年实际 GDP 增长率为 6.7% 左右，2023/2024 财年预计为 6.3% 左右。

参考文献

张宇燕主编《2022 年世界经济形势分析与预测》，社会科学文献出版社，2022。

[①] World Bank, "Coping with Shocks:Migration and the Road to Resilience, South Asia Economic Focus," Washington, DC: World Bank, Fall 2022.

[②] "RBI Projects 7.8 Pc GDP Growth for 2022-23," https://www.inventiva.co.in/trends/rbi-projects-7-8-pc-gdp-growth-for-2022-23/.

[③] Reserve Bank of India, "Monetary Policy Report," September 2022.

[④] 制造业评估指数（BAI）和制造业展望指数（BEI）都是综合性指标，分别采用 9 个业务参数的净响应值的简单平均值计算得来，权重为所属行业组在总增加值（GVA）中的份额。上述提及的 9 个参数分别是：总体经营情况、生产、订单、原材料库存、成品库存、利润率、就业、出口、产能利用率。BAI 和 BEI 提供了每个季度的业务前景快照，取值范围为 0~200，100 是区分扩张和收缩的阈值。

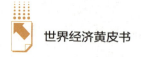

World Bank, "Coping with Shocks:Migration and the Road to Resilience, South Asia Economic Focus," Washington, DC: World Bank, Fall 2022.

Reserve Bank of India, "Monetary Policy Report," September 2022.

International Monetary Fund, "World Economic Outlook: Countering the Cost-of-Living Crisis," Washington, DC. October 2022.

International Monetary Fund, "World Economic Outlook Update: Gloomy and More Uncertain," Washington, DC. July 2022.

International Monetary Fund, "World Economic Outlook: War Sets Back the Global Recovery," Washington, DC, April 2022.

俄罗斯经济：制裁与应对

林 屾 王永中 *

摘 要： 乌克兰危机逆转了俄罗斯强劲的经济复苏势头，经济增长率由 2021 年的 4.6% 大幅降至 2022 年上半年的 -1.1% 左右。乌克兰危机爆发以来，美西方国家对俄罗斯实行全面制裁，涉及实体、金融、投资、能源、国防、科技、运输等领域。凭借自然资源丰富优势、借助国际大宗商品价格高企的时机，俄罗斯政府推出了稳定金融市场、平行进口、财税刺激、对出口外资特殊管制等一系列政策措施，力求稳住国内实体经济。得益于能源出口转向弹性较大，俄罗斯经济在 2022 年上半年虽大幅下滑，但表现明显强于预期。但是美西方的技术、金融和市场封锁，欧洲石油产品进口禁令的逐步生效，将会严重损伤俄罗斯经济的长期增长动能。预计俄罗斯经济在 2022 年增速将下降 4% 左右，在 2023 年可能继续萎缩至 3% 左右。

关键词： 俄罗斯 经济制裁 能源出口

一 俄罗斯经济形势回顾

乌克兰危机是俄罗斯经济走向的转折点，经济增速由 2021 年的强劲复苏

---

* 林屾，中国社会科学院世界经济与政治研究所助理研究员；王永中，中国社会科学院世界经济与政治研究所研究员。

逆转为冲突后的明显衰退。受益于能源、粮食等大宗商品价格高涨，2021 年俄罗斯对外能源资源出口大幅增长，经济实现强劲复苏，卢布汇率保持平稳，财政继续维持盈余。不过，国际大宗商品价格的居高不下和新冠肺炎疫情造成的供应链不畅，也推高了俄罗斯的通货膨胀。2022 年 2 月 24 日乌克兰危机爆发以来，美西方国家对俄罗斯实施全面的经济制裁，导致俄罗斯经济显著衰退，卢布汇率和金融市场深幅波动。在俄罗斯采取一系列稳定经济金融的应对措施后，其经济有所企稳。

（一）经济由强劲复苏走向大幅衰退

近一年来，高涨的大宗商品价格先导致俄罗斯经济强劲复苏，而后乌克兰危机致使俄罗斯经济在 2022 年第二季度开始滑落入负增长区间。据俄罗斯经济发展部数据，2021 年，俄罗斯经济增长 4.6%，与我们上年度世界经济黄皮书中关于俄罗斯经济增速的预测值非常接近，仅相差 0.1 个百分点，主要原因是我们正确预期到大宗商品价格高涨和出口繁荣对俄罗斯经济的正向拉动作用。分行业看，2021 年俄罗斯工业生产增长 5.3%，其中加工工业规模已超出疫情前水平；零售贸易同比增长 7.3%；有偿公共服务（如医疗）增长 17.6%，餐饮业增长 23.5%；受农作物收成下降、畜产品生产放缓等因素影响，农业产值下降 0.9%。乌克兰危机对俄罗斯经济的负面冲击在 2022 年第一季度表现不明显，在第二季度开始充分显现出来。2022 年第一季度，国际能源和粮食价格的飙涨驱动着俄罗斯的出口增长与经济上行，其固定资产投资同比增长 11.1%，最终消费同比扩大 3.3%，从而 GDP 同比增长 3.6%。在第二季度，俄罗斯经济受到美西方全面制裁的沉重打击，经济金融秩序一度陷入混乱状态，不过，俄罗斯政府一系列应对措施取得了一定成效，加之俄罗斯对外油气出口受损不大，俄罗斯经济同比增速虽跌至 -4.1%，但其下降幅度远低于 IMF、世界银行等国际机构的预测。2022 年上半年，俄罗斯的经济增速略低于上年同期水平。①

---

① 乌克兰危机爆发后，俄罗斯经济统计数据的公布成为服务国家战略的一个重要组成部分，其数据值有可能在一定程度上偏乐观。为缓解可能的数据偏误问题，本文尽量采用多种渠道的数据。

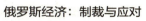

表 1 俄罗斯的 GDP 及组成部分的变动

单位：十亿卢布，%

指标		2021 年				2022 年	
		第一季度	第二季度	第三季度	第四季度	第一季度	第二季度
GDP	数值	20625	22404	23936	26426	21357	21480
	同比增长	-0.3	10.5	4.0	5.0	3.6	-4.1
最终消费	数值	16384	16936	17685	18246	16917	16247
	同比增长	-1.2	19.2	7.2	5.5	3.3	-4.0
居民消费	数值	11999	12474	13266	13796	12543	11789
	同比增长	-2.2	27	9.5	7.2	4.5	-5.5
政府消费	数值	4294	4394	4341	4370	4294	4377
	同比增长	1.2	2.6	1.3	1.1	0	-0.4
投资	数值	3364	4519	4905	7511	3737	4663
	同比增长	-1.8	12.2	8.2	5.3	11.1	3.2
净出口	数值	1209	497	514	-314	—	—
	同比增长	-3	-74	-45	-211	—	—

注：按支出法 2016 年不变价计算。"-" 为数据缺失。

资料来源：俄罗斯联邦统计局。

（二）出口规模由强劲增长转为小幅下降

受美西方制裁的影响，俄罗斯对外出口特别是能源出口出现转折，由冲突前的高速增长转为小幅下降。[①] 据俄罗斯海关总署统计，2021 年，俄罗斯对外货物贸易总额 7894 亿美元，增长 37.9%，其中，出口 4933 亿美元，增长 45.7%，进口 2961 亿美元，增长 26.5%，贸易顺差 1972 亿美元，增长 88.4%。2021 年，俄罗斯前五大贸易伙伴国为中国（贸易额 1407 亿美元）、德国（570

---

① 乌克兰危机爆发后，俄罗斯停止公布对外贸易数据。本文主要从俄罗斯的主要进口国的进口数据来间接获取其对外出口数据。

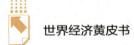

亿美元）、荷兰（464 亿美元）、美国（344 亿美元）、土耳其（330 亿美元）。
俄罗斯最大贸易伙伴为欧盟（2820 亿美元）。2021 年，俄罗斯与新兴和发展
中经济体的进出口总额均超过发达经济体（见表 2）。2022 年第一季度，乌克
兰危机对俄罗斯出口商品数量的影响尚不大，出口数量下降幅度较小，加之
国际大宗商品价格高涨，导致俄罗斯出口价值额大幅攀升，其进出口总额也
随之大幅上涨。2022 年第二季度，随着制裁措施的持续发酵和大宗商品价格
的回落，俄罗斯的出口规模有一定幅度的下降。

表 2　俄罗斯对外贸易规模

单位：亿美元

项目	2021 年				2022 年
	第一季度	第二季度	第三季度	第四季度	第一季度
贸易总额	1561	1893	2070	2334	2615
出口额	937	1150	1319	1515	1936
发达经济体	454	586	647	742	935
欧盟	350	435	495	602	746
新兴和发展中经济体	482	563	670	771	1000
中国	146	158	181	199	230
进口额	624	742	751	819	679
发达经济体	300	360	351	369	302
欧盟	199	248	241	250	203
新兴和发展中经济体	323	382	399	449	376
中国	146	169	191	221	189

资料来源：俄罗斯联邦统计局。

俄罗斯石油出口价值额经历了从快速增长到小幅下跌的过程。2021 年，
受制于 OPEC+ 的配额影响，俄罗斯原油出口量下降，但高涨的油价使其原油

出口收入大幅上升；俄罗斯成品油的出口也呈现量降额升的状况。2021 年，俄罗斯原油出口量 2.3 亿吨，同比减少 3.8%；出口额 1101.2 亿美元，同比增长 51.8%。2021 年，俄罗斯石油制品出口量 1.4 亿吨，同比增长 17.6%，出口额 699.6 亿美元，同比增长 50%；其中，汽油出口量 440.3 万吨，同比减少 24.5%，出口额 25.5 亿美元，同比增加 15.8%；柴油出口量 4924.1 万吨，同比减少 7.6%，出口额 261.6 亿美元，同比增加 34.5%。

乌克兰危机爆发以来，俄罗斯石油出口显现出较强的弹性。俄罗斯出口的海运原油量在 2022 年 3 月降至 1000 万吨后，稳定升至 7~9 月 1400 万吨左右的高位。从进口来看，虽然七国集团和欧盟的石油进口量明显下降，但发展中国家的进口石油量快速增加弥补了前者的需求下降，导致俄罗斯的海运原油出口量略有增长（见图 1）。另外，德国、法国、英国、意大利和西班牙等五个主要欧洲国家 2022 年 1~7 月进口俄罗斯石油产品价值达 138 亿美元，月均进口额高于上年同期水平，不过其 7 月的石油进口大量下降。随着欧盟的原油进口禁令在 12 月开始生效，预计其进口俄罗斯石油量将会呈断崖式下降。

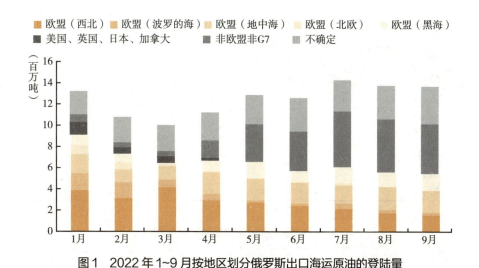

图 1 2022 年 1~9 月按地区划分俄罗斯出口海运原油的登陆量

资料来源：Bruegel, Russian Crude Oil Tracker, October 2022。

　　天然气是欧盟与俄罗斯能源冲突的中心领域，俄罗斯的天然气出口在2022年由快速增长转为断崖式下跌。2021年，受益于天然气价格飙升（如俄罗斯全年、12月的天然气出口均价分别为272.8美元/千方、517.8美元/千方），俄罗斯天然气出口收入大幅增加。2021年，俄罗斯天然气工业公司天然气出口量2035亿方，同比增长0.5%；出口额555.1亿美元，同比增长120%。2021年，萨哈林能源公司和亚马尔LNG项目液化天然气出口额73.2亿美元，同比增长8.5%。如图2所示，2022年欧盟从俄罗斯进口天然气始终低于2021年同期，且从第11周开始大幅下降。欧盟从俄罗斯的天然气进口量由2022年第10至第11周的26.2亿立方米大幅降至第43周的5.4亿立方米，降幅达79.4%。根据欧盟委员会的数据，欧盟对俄罗斯的天然气依赖度由危机前的约40%降至2022年9月的7.5%。另外，欧洲五大国2022年1~7月从俄罗斯进口天然气价值额115亿美元，月均进口量高于上年，但7月天然气进口量呈断崖式地降至3亿美元，比上月下降80%（见表3）。

图2　欧盟周度进口俄罗斯天然气规模

资料来源：Entsog, https://transparency.entsog.eu/#/map。

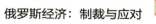

表 3　俄罗斯对欧洲主要国家的能源、矿产、粮食和木材的出口

单位：百万美元

指标	2021 年	2022 年							
		1~7 月	1 月	2 月	3 月	4 月	5 月	6 月	7 月
煤炭	3800	4480	560	600	630	640	820	750	480
石油	16900	13800	2500	2300	1900	2200	1700	2200	1000
天然气	13300	11500	1600	2000	2500	1900	1700	1500	300
基本金属矿	800	203	60	30	30	3	20	30	30
谷物	1.9	1.4	0.1	0.1	0.2	0.3	0.2	0.3	0.2
木材	100	43.6	20	7	3.8	3	0.6	8.4	0.8

注：欧洲主要国家选取英国、德国、法国、意大利、西班牙 5 国。贸易数据依据 HS4 位编码，煤炭编码为 2701，石油编码为 2709，天然气编码为 2711；基本金属矿大类为铜、铁、铝、镍四种矿产加总，铜矿编码为 2603，铁矿编码为 2601，铝矿编码为 2606，镍矿编码为 2604；谷物编码为 1104；木材编码为 4401。

资料来源：UN Comtrade。

俄罗斯农产品出口由快速增长转向不确定。在乌克兰危机爆发前，食品价格上涨推动了俄罗斯农业出口收入增长。据俄罗斯农业部统计，2021 年俄罗斯农产品出口额达 360 亿美元[①]，增长 22%。其中，出口谷物 110.9 亿美元，增长 10%；出口油脂产品 70.7 亿美元，增长 48%；出口鱼类和海产品 70.6 亿美元，增长 34%。从出口国别结构看，俄罗斯对欧盟、土耳其、中国、哈萨克斯坦、埃及、白俄罗斯、乌克兰和乌兹别克斯坦的农产品出口占其农产品出口总额的比例分别为 13%、12%、9.8%、5.9%、5.1%、3.9%、2.4% 和 2.2%。乌克兰危机对俄罗斯农产品出口的影响不确定呈现两个方向相反的作用力：一是粮价大幅上涨有助于粮食出口收入增长；二是港口、船舶和金融等被制裁限制了其农产品出口能力。

（三）汇率由较为稳定转为大幅波动

近一年来，卢布汇率经历了一个较为稳定、大幅贬值和急剧升值的过程。在乌克兰危机爆发前，大宗商品价格的高涨和俄罗斯经济的强劲反弹显

---

① 不含对欧亚经济联盟国家出口数据。

然有利于卢布汇率稳定。2021年卢布汇率先扬后抑，第四季度开始小幅贬值。2021年前三季度，油气价格的高涨和俄罗斯央行收紧货币政策促进了卢布升值；第四季度，美联储紧缩性货币政策推动了卢布的小幅贬值。在乌克兰危机爆发后，美西方的金融经济制裁导致卢布汇率大幅跳水，由2月23日的80.4卢布/美元跌至3月11日的120.4卢布/美元，在半个月时间内跌幅达33%。在俄罗斯央行采取一系列稳定汇率措施后，如上调基准利率、限制资本跨境流动、要求出口商出售大部分外汇收入、强制要求用卢布结算天然气贸易等，卢布汇率强劲反弹至60卢布/美元的高位，比乌克兰危机前升值了33%（见图3）。值得提出的是，卢布的强劲升值时期也是美元相对全球主要货币大幅升值时期。这意味着，卢布对欧元、英镑等货币的升值幅度更大。

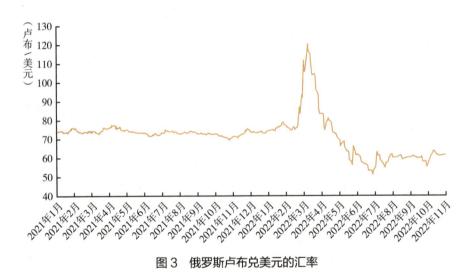

图3　俄罗斯卢布兑美元的汇率

资料来源：CEIC数据库。

（四）通货膨胀问题进一步恶化

乌克兰危机推动国际能源和食品价格上涨，进一步加大了俄罗斯的通货膨胀压力。2021年，国际大宗商品价格上涨和经济复苏从供需两侧推动俄罗斯通货膨胀率上升，其中食品涨价幅度最大。据俄罗斯统计局数据，2021年俄罗斯通胀率为 8.4%，创 2015 年以来新高，其中食品通胀率高达 10.6%。糖、鸡蛋、葵花籽油、鸡肉、果蔬、牛奶和乳制品的价格涨幅分别为 33.3%、23.6%、22.4%、20.3%、12.7% 和 5%。乌克兰危机导致长期困扰俄罗斯的高通货膨胀率进一步恶化。俄罗斯的 CPI、食品价格的上涨率分别由 2022 年 2 月的 9.7%、11.5% 升至 4 月的 17.8%、20.5%，随后虽有所回落，但远高于危机前的水平（见图 4）。

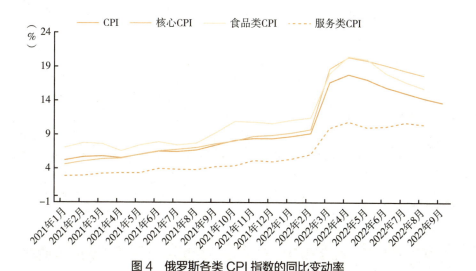

图 4　俄罗斯各类 CPI 指数的同比变动率

资料来源：Wind 数据库。

（五）财政收支持续盈余但规模收窄

乌克兰危机显著加大了俄罗斯政府的军事、产业补贴和社保支出负担，其长期的财政盈余预计将难以持续。从财政总体收支来看，2021 年俄罗斯财政实现盈余。据俄罗斯财政部统计，2021 年，俄罗斯预算收入 25.3 万亿卢布（约合 3308.9 亿美元），支出 24.8 万亿卢布（约合 3243.6 亿美元），盈余 5240 亿卢布（约合 65.3 亿美元），财政盈余占 GDP 的比重为 2.07%。在预算收入中，俄罗斯税务局征收 15.9 万亿卢布（约合 2079.5 亿美元），海关总署征收 7.2 万亿卢布（约合 941.7 亿美元），其他机构征收 2.2 万亿卢布（约合 287.7 亿美元）。2022 年上半年，俄罗斯财政收入同比保持增长，其中国内消费税大幅下降，自然资源税和外贸税收收入大幅上升；财政支出同比也有所增加，主要源自国防、农业渔业、交通运输、建筑和基础设施等的支出大幅增加。2022 年第一季度，得益于丰厚的能源出口收入，俄罗斯财政盈余大幅增加；第二季度，随着军事和产业补贴支出的大幅增加，俄罗斯财政盈余大幅减少（见表 4）。另据 EIU 月度数据，相较于 2021 年，2022 年 7~8 月俄罗斯中央预算收入大幅下降，1~8 月中央预算支出大幅上升，6~8 月中央预算余额由正转负（见图 5）。

表 4　俄罗斯财政收支结构

单位：十亿卢布　，%

指标	2021 年					2022 年	
	第一季度	第二季度	第三季度	第四季度	全年合计	第一季度	第二季度
政府收入	5300	5966	6658	7362	25286	7163	6854
国内消费税	112	−4	−125	−258	−275	−375	−904
自然资源税	1383	2022	2282	2611	8298	2887	3833
外贸税收	570	722	933	1339	3564	1064	1000
政府支出	5013	5478	5808	8463	24762	5860	6783
政府债务	239	267	275	303	1084	338	352
国防	904	619	537	1514	3574	922	1307
农业渔业	32	63	81	140	316	64	152
交通运输	40	57	104	317	518	57	100
基础设施	113	221	350	503	1187	156	327
住房设施	184	71	104	235	594	224	109
盈余	287	488	850	−1101	524	1303	71
盈余 /GDP	1.39	2.18	3.55	−4.17	2.07	6.10	0.33

注：财政收支细项仅保留变化较大科目。

资料来源：CEIC 数据库。

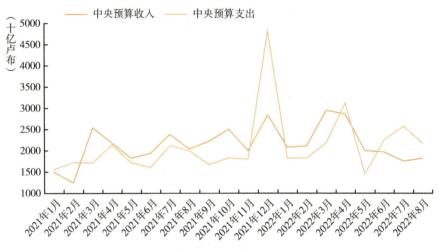

图 5　俄罗斯分月度财政收支情况

资料来源：经济学人智库。

二　美西方对俄罗斯的制裁措施

乌克兰危机爆发后，美西方国家对俄罗斯实行全面制裁。制裁具有三个特点：一是制裁涉及俄罗斯经济所有关键领域，涵盖金融、能源、黑色冶金、采矿、电子、运输、工程等关键部门，科技行业方面半导体产品、电信、汽车、民航、服务器和网络设备以及相关零配件供应被限制。二是精准打击俄罗斯高技术制造业。长期以来，俄罗斯高科技和工业设备领域依赖欧盟、美国及其盟国。西方企业撤出俄罗斯市场、禁止俄罗斯进口高科技产品，导致其机械制造产业急剧萎缩。三是致力于对俄罗斯经济结构长期转型进行持续遏制。美西方的金融封锁、投资禁令、技术产品进口受限、能源禁运等关键领域限制愈发严厉，对俄罗斯经济长远发展会造成深远的负面影响（见图 6、表 5 和表 6）。

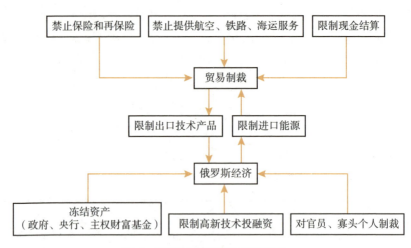

图6 对俄经济制裁的主要方式

表5 美国从2022年2月以来对俄罗斯实施的重大经济制裁		
时间	明细	领域
2月22日	财政部宣布对俄罗斯主要银行（VEB和Promsvyazbank）的制裁以及对俄罗斯主权债务的额外限制	金融
2月24日	财政部宣布对更多俄罗斯银行实施制裁，将与俄罗斯有关的债务和股权限制扩大到主要国有企业和私营公司	金融
2月24日	商务部工业与安全局（BIS）宣布扩大出口管制，严格限制俄罗斯获得维持其侵略性军事能力所需的许多技术和物品。限制措施主要针对俄罗斯国防、航空航天和海事部门，包括半导体、计算机、电信、信息安全设备、激光器和传感器	贸易、科技
3月1日	运输部及联邦航空管理局发布命令，阻止俄罗斯飞机和航空公司进入和使用美国所有国内领空	运输
3月8日	禁止俄罗斯原油和某些石油产品、液化天然气、煤炭的进口，禁止对俄罗斯能源行业开展新投资	能源
3月11日	撤销与俄罗斯的永久正常贸易关系，禁止向俄罗斯出口奢侈品，禁止从俄罗斯经济的几个标志性部门进口商品，包括海鲜、烈酒/伏特加和非工业钻石	贸易
3月24日	财政部对数十家俄罗斯国防公司、328名俄罗斯国家杜马成员以及俄罗斯最大金融机构俄联邦储蓄银行的负责人实施了制裁	国防、金融
3月31日	财政部宣布对俄罗斯技术部门实施额外制裁，以防止逃避多边制裁和采购关键的西方技术	科技

时间	明细	领域
4月6日	财政部对俄罗斯最大的国有银行——俄联邦储蓄银行和俄罗斯最大的私人银行阿尔法银行实施了全面封锁制裁	金融
4月6日	禁止在俄罗斯进行新投资，并在俄罗斯提供某些服务	投资
4月7日	财政部对俄罗斯国有企业和全球最大的钻石开采公司阿尔罗萨（Alrosa）实施了全面封锁制裁	实体
4月21日	禁止俄罗斯附属船只（悬挂旗帜、拥有或经营）进入美国港口	运输
5月8日	财政部宣布对俄罗斯领先的金融部门高管、国防和媒体实体进行新的特别指定国民（SDN）指定，并禁止向位于俄罗斯的任何人提供美国会计、信托和公司组建以及管理咨询服务	金融、国防
6月2日	财政部宣布对俄罗斯政府官员、普京同事和相关金融支持网络代表进行新的特别指定国民（SDN）指定	金融
6月28日	财政部宣布对包括Rostec国营公司在内的70个对俄罗斯国防工业基地至关重要的俄罗斯实体进行新的特别指定国民（SDN）指定，并宣布禁止向美国进口原产于俄罗斯的黄金	国防

资料来源：美国国际贸易管理局官网，俄罗斯—制裁框架（trade.gov）。

表6　欧盟从2022年2月以来对俄罗斯实施的重大经济制裁		
时间	明细	领域
2月23日	第一轮制裁。限制与顿涅茨克州和卢甘斯克州非政府控制区的经济关系。限制俄罗斯进入欧盟的资本和金融市场	金融
2月24日	对俄罗斯实施进一步制裁，包括金融部门、能源和运输部门、两用货物、出口管制和出口融资、签证政策、对俄罗斯个人的额外制裁、新的上市标准	金融、能源、运输、投资
2月25日	第二轮制裁。冻结俄罗斯总统和外交部长的资产。经济制裁涉及金融、能源、运输和技术部门以及签证政策	金融、能源、运输、科技
2月28日	第三轮制裁。禁止与俄罗斯中央银行进行交易，禁止俄罗斯航空公司飞越欧盟领空和进入欧盟机场	金融、运输
3月2日	第三轮制裁。将奥特克里提银行、诺维康银行、普罗姆斯维亚兹银行、俄罗斯银行、苏维埃银行、维内舍康农银行（VEB）和VTB银行踢出SWIFT系统。禁止投资、参与或以其他方式为俄罗斯直接投资基金共同资助的未来项目做出贡献。禁止向俄罗斯境内的任何自然人或法人或实体出售、供应、转让或出口欧元	金融、投资
3月15日	第四轮制裁。禁止与某些国有企业的所有交易，禁止向任何俄罗斯个人或实体提供信用评级服务，禁止对俄罗斯能源部门的新投资。对两用货物以及可能有助于俄罗斯提高国防和安全部门技术水平的货物和技术实行更严格的出口限制。对铁、钢和奢侈品实行贸易限制	实体、金融、投资、能源、国防、科技

		续表
时间	明细	领域
4月8日	第五轮制裁。禁止：从俄罗斯进口煤炭和其他固体化石燃料；所有俄罗斯船只进入欧盟港口；俄罗斯和白俄罗斯道路运输运营商进入欧盟；进口其他商品，如木材、水泥、海鲜和酒类；向俄罗斯出口喷气燃料和其他商品；存款到加密钱包；欧盟还对 217 名个人和 18 个实体实施了制裁。对四家主要俄罗斯银行实施全面交易禁令	能源、运输、金融
6月3日	第六轮制裁。禁止从俄罗斯进口原油和精炼石油产品，但例外情况有限；在 2022 年底前停止进口精炼石油产品。SWIFT 禁止另外三家俄罗斯银行和一家白俄罗斯银行	能源、金融、通信
7月21日	禁止购买、进口或转让原产于俄罗斯的黄金，包括珠宝；加强对两用货物的出口管制；扩展现有端口访问禁令范围；澄清现有措施，例如在公共采购、航空和司法领域的措施；制裁俄联邦储蓄银行；新措施并不针对俄罗斯的食品、谷物或化肥出口	金融、运输、贸易
7月26日	将经济制裁延长至 2023 年 1 月 31 日。制裁涵盖金融、能源、科技、两用货物、工业、运输、奢侈品等领域	金融、能源、科技、运输

资料来源：欧盟理事会官网, Timeline – EU Restrictive Measures Against Russia over Ukraine-Consilium (europa.eu)。

能源是美西方制裁俄罗斯的核心领域。美国和加拿大因自身能源丰富，率先宣布禁止进口俄罗斯能源。2022 年 3 月，美国宣布禁止进口俄罗斯石油、天然气和煤炭，但现有合同执行截止日期为 2022 年 4 月 22 日；加拿大随后宣布禁止进口俄罗斯石油；英国也决定在 2022 年底前停止购买俄罗斯石油产品。与煤炭、石油和天然气的可替代性由高到低的状况相匹配，欧洲对俄罗斯的天然气进口依赖度最高，对俄罗斯石油的依赖度居中，对煤炭的依赖度最低。为尽量减少能源制裁对其自身能源供应安全的冲击，欧盟对俄罗斯能源进口的大幅缩减或禁止措施大体上可分成三步：一是 4 月决定禁止从俄罗斯进口煤炭，宽限期为 4 个月，即从 2022 年 8 月起禁止俄罗斯煤炭进口；二是 5 月底就禁止进口俄罗斯石油达成协议，同意立即禁止进口 75% 的俄罗斯石油，同时暂时豁免以管道方式进口的俄罗斯石油（主要流向匈牙利、捷克、斯洛伐克），并将于 12 月 5 日禁止进口俄罗斯原油，2023 年 2 月 5 日禁止进口俄罗斯成品油；三是计划于 2022 年底前将俄罗斯天然气进口量减少 75%，并在 2030 年之前停止从俄罗斯购买天然气。

三　俄罗斯的应对措施

面对美西方的严厉制裁，俄罗斯政府及时调整货币政策和财政政策，通过社会领域、实体经济和关键企业的系统性反危机支持工具形成一系列稳经济的反制政策"组合拳"。

俄罗斯采取的主要应对措施包括：第一，稳定金融市场。俄罗斯央行上调基准利率，限制资本跨境流动，要求出口商出售大部分外汇收入，强制要求用卢布结算天然气贸易。这些措施使抑制通货膨胀、稳定卢布汇率成为可能。第二，推行"平行进口"机制[①]。为尽量减少俄罗斯消费者因美西方国家企业撤出而遭受的利益损失，俄罗斯工贸部自 5 月起启动"平行进口"机制，并批准一份包含 50 多种"平行进口"产品的清单。俄罗斯总统普京 6 月签署法案，规定对"平行进口"商品中体现的专有知识活动成果及品牌标志的利用不构成侵权。第三，推出税收、金融政策支持刺激国内实体经济。向 IT 公司提供税收优惠，为中小企业下调贷款利率，有针对性地支持建筑、冶金等行业。第四，在出口和外资领域实施特殊经济措施。要求禁止特定种类食品和原料出口，对外国企业强化管控，包括将部分外国企业资产收归国有，禁止"不友好"国家和地区企业未经许可出售俄罗斯金融、燃料能源等战略行业的资产等，限制资金流向"不友好"国家，禁止外国投资者抛售俄罗斯股票。第五，向受制裁部门提供补贴。航空业将获得高达 1100 亿卢布的补贴；专门生产汽车的公司获得高达 3000 亿卢布的预算资金支持；补贴俄罗斯钢铁制造商，补贴金额高达出口产品运输成本的 80%。

---

① "平行进口"是指一国的进口商未经享有知识产权的权利人的授权，将由权利人自己或经权利人同意在其他国家或地区已合法投放至市场的产品，进口至该国的行为，即进口"水货"非"假货"。世界贸易组织（WTO）将平行进口界定为未经过知识产权权利人的同意，将国外合法生产的产品进口到国内。

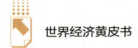

俄罗斯的应对措施取得了一定成效，具体如下：第一，俄罗斯央行采取的资本管制和反危机措施起到关键作用。俄罗斯经济之所以能够顶住制裁的冲击，是因为俄罗斯央行稳定卢布汇率的政策和原料价格起了作用。资本管制和兑换非友好国家货币的禁令阻止了卢布崩溃。俄罗斯央行在减缓危机影响方面发挥了重要作用，关键利率大幅升至20%帮助抑制了通胀预期、阻止了卢布贬值，而随后的关键利率下调支持了实体经济、建筑业和银行业发展。第二，俄罗斯通过加强进口替代和增加与友好国家的贸易来克服困难，经济表现出一定程度的韧性。俄罗斯经济的主要支撑因素是大宗商品部门。俄罗斯能源出口虽然减少，但下降幅度小于美西方国家的预期值。大宗商品价格高涨帮助俄方在实际出口量有所下降的情形下获得了更多的货币收入。俄罗斯经济还得益于从哈萨克斯坦、其他欧亚经济联盟国家和友好国家的进口，其中包括必要的零配件和消费品。此外，俄罗斯在开拓非西方市场方面取得了一定的成效。第三，俄罗斯经济主要特点是自然资源、农业资源禀赋丰富，石油、天然气、农产品等成为俄罗斯应对美西方的"王牌"。一方面，尽管西方对俄罗斯能源限制措施日趋严厉，但能源价格上涨对俄罗斯有利，俄罗斯原材料开采行业特别是油气盈利能力提升，出口收入增加为经济发展积累了充足的外汇资金。另一方面，俄罗斯利用天然气等对欧施压、分化欧洲，取得了一定效果。同时，俄罗斯积极拓展粮食和农产品新的出口方向，并借助粮食援助争取非洲国家的支持，以打破西方的围堵。俄罗斯还积极推动能源、天然气、煤炭等向亚太、中东、拉美国家出口，打破西方的经济封锁。第四，俄罗斯的经济结构转型为其应对美西方制裁提供了一定的基础。2014年以来，俄罗斯政府在外部压力下持续推进经济结构调整，重点推行进口替代、优化营商环境和劳动力市场改革等举措，推动了俄罗斯经济的复苏和转型，为应对本轮美西方制裁提供了一定的经济基础。

四　美西方制裁对俄罗斯经济的影响

美西方制裁后俄罗斯经济萎缩但具有一定的韧性。实体经济部门受制裁影响供应链一度断裂，金融信息系统、股票市场、银行体系、保险市场受到了一系列冲击，公共财政未来可能吃紧。

美西方制裁导致俄罗斯供应链断裂。美西方禁止向俄出口高科技产品、航空零部件、石油工业设备和电脑芯片，导致俄罗斯供应链中断。750多家国际公司缩减了在俄罗斯境内或与俄罗斯之间的业务。因无法迅速更换进口部件，以及被禁止向国外供应产品和服务，俄罗斯非能源部门的经济活动下降。俄罗斯机械工程行业受零部件短缺影响严重，2022年6月，俄罗斯14家汽车装配厂仅有2家仍在运营。

除采掘业等个别行业外，绝大多数行业产值大幅下降。2022年上半年，俄罗斯绝大多数行业产量下降，仅采掘业等少数行业的产量上升。其中，机动车辆、拖车和半拖车的产量同比下降62.2%；烟草产品产量下降32.3%；金属产品加工业产量下降16.9%；木材加工和软木制品产量下降14.6%；计算机及其组件、计算机外围设备、电子和光学产品产量下降12.0%；纺织产品产量下降7.9%，服装产量下降5.1%；化学工业产量下降7.7%；冶金产量下降6.4%。产量实现增长的仅为采掘业、药品生产、采掘业服务部门，分别增长20.1%、16.5%、8.1%。另据俄交通统计数据，上半年货物周转率下降了0.6%，客运量增长了4.3%，航空客运量下降了9%，欧盟方向的领空封闭迫使俄罗斯将航空客运转向欧亚和国内。

俄罗斯金融系统稳定遭到制裁的严重冲击，体现在：一是央行外汇资产被冻结和一些大型银行被踢出SWIFT系统导致俄罗斯银行挤兑、资本外逃，卢布在不到两周的时间内贬值60%。俄罗斯迅速实施资本管制，将利率提高1倍，并向银行提供紧急流动性支持。这些行动遏制了资本外逃，金融系统趋于稳定，卢布实现反弹。随后，俄罗斯央行小幅降低了利率，并略微放松了资本管制。二是俄罗斯股票价格大幅下跌，资本市场一度瘫痪。莫斯科证交所指数从1月底的3482高点跌至2月底的2443点，跌幅达30.0%。为抑制股市波动，俄罗斯政府曾关闭股市一个月。因俄罗斯资本市场难以满足日益增长的融资需求，部分公司债券市场已转向中国香港联交所。三是俄罗斯商业银行面临着芯片断供困境。由于VISA和万事达卡退出市场，银行需要重新发行 MIR 卡，但市场上没有所需数量的卡芯片。目前，花旗银行、兴业银行、汇丰银行和其他西方银行集团已经宣布离开俄罗斯市场。四是俄罗斯再保险能力受到严重制约。在英国劳埃德保险公司和几家美国再保险公司因制裁而拒绝与俄罗斯合作后，俄罗斯国家再保险公司提供再保险服务的能力不足，仅能提供承接零售风险投保业务，不足以承接航空、核和军事风险投保。

俄罗斯财政实现盈余，但未来财政风险将明显上升。2022 年上半年，得益于能源出口规模较稳定且能源价格高涨，俄罗斯继续获得了大量的经常项目盈余和财政盈余，其财政盈余达 1.37 万亿卢布。不过，俄罗斯上半年的财政盈余主要来自第一季度（1.3 万亿卢布），第二季度的财政盈余仅 710 亿卢布。这表明，能源出口放缓和巨大的战争开支逐步加大俄罗斯财政压力。另根据俄罗斯联邦预算，2022 年预计收入为 25.02 万亿卢布，支出为 23.69 万亿卢布，盈余为 1.33 万亿卢布。这一预算计划考虑了短期战争和高油气价格因素。不过，随着欧洲对俄罗斯石油产品进口禁令生效、大幅削减天然气进口，俄罗斯的能源出口收入可能会大幅下降，而补贴受制裁影响的企业和居民将导致其财政支出增加，从而俄罗斯的财政盈余状况将难以持续下去。

能源价格高涨为俄罗斯经济提供了重要的缓冲。高能源价格和进口急剧收缩导致俄罗斯经常账户盈余创历史新高。国际金融研究所（IIF）估计，2022 年俄罗斯经常账户盈余可能超过 2500 亿美元，从而能部分补充被冻结的约 3000 亿美元的俄罗斯央行资产。俄罗斯可利用石油和天然气贸易补贴因制裁而陷入危机的工业。这种交叉补贴在 2022 年可能达到俄罗斯 GDP 的 10%。据俄罗斯海关总署的预测，俄罗斯能源、冶金和化工产品 2022 年的出口以实物计约与上年持平，由于这些商品价格大幅上涨，按价值计出口增长 50%。另据俄罗斯粮食铁路运营商 Rusagrotrans 的报告，2021~2022 农业年度俄罗斯小麦出口量有望达 3330 万吨，占全球的 16.5%，继续保持全球第一大小麦出口国地位，超出欧盟 280 万吨。

俄罗斯经济增速在下跌后出现企稳迹象，显现出一定程度的抗制裁能力。俄罗斯能源资源丰富，地大物博，经济开放度不高，且长期经受西方的制裁，从而俄罗斯经济显示出一定的韧性。俄罗斯经济发展部数据显示，2022 年 1~7 月经济同比下降 1.1%，其中，6 月、7 月的经济分别下降 4.9%、4.3%。7 月，俄罗斯经济有所回暖，主要由采矿业、农业、建筑业增长恢复所驱动。俄罗斯经发部预测，2022 年美元兑卢布年均汇率为 1∶76.7，其中年末汇率将为 1∶76；通胀将可能进一步放缓，在 2022 年 4 月达到 17.8% 的峰值之后，2022 年底将降至 12.4%。另据俄罗斯统计局数据，4 月俄罗斯失业率为 4%，7 月跌至 3.9%，创历史新低。

五　俄罗斯经济前景分析

俄罗斯经济发展前景在根本上取决于其在应对美西方制裁上所呈现出来的韧性。关于俄罗斯的经济前景，IMF、世界银行和俄罗斯国内机构作了预测，基本认同未来两年俄罗斯经济将出现衰退，但俄罗斯经济在经受美西方制裁冲击的韧性上要强于预期。

国际货币基金组织（IMF）在 2022 年 10 月发布的《世界经济展望》中再次调高了对俄罗斯经济的预期，将 2022 年的经济增速预测值从 4 月的 -6% 调整为 -3.4%，将 2023 年的经济增速由 -3.5% 调升为 -2.3%，但在 2024 年不会出现明显反弹。IMF 认为，得益于油气价格居高不下，以及俄罗斯对发展中国家的能源出口保持稳定，加之俄罗斯应对制裁而出台的一系列稳经济政策措施发挥了作用，国内需求也表现出一定的韧性，俄罗斯经济比预期更好地经受住了美西方全面制裁的冲击。

世界银行也认为，俄罗斯经济实际表现强于预期，居高不下的油气在一定程度上缓解了美西方制裁的冲击。据世界银行 2022 年 10 月发布的《全球经济展望》，俄罗斯 2022 年经济增速预期将下跌 4.5%，明显优于 6 月的预测值（萎缩 8.9%）。另据世界银行的《欧洲和中亚地区更新版经济预测》，俄罗斯经济 2023 年将下滑 3.6%，但 2024 年将会实现 1.6% 的正增长。

俄罗斯国内机构对俄罗斯经济发展的预期较乐观。据俄罗斯经济发展部的预测，俄罗斯经济 2022 年将下降 2.9%，2023 年将下跌 0.8%，2024 年将摆脱衰退并借助内需实现正增长。另据俄罗斯央行的预测，俄罗斯经济 2022

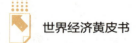

年将下滑 4%~6%，而 2023 年下跌幅度可能收窄至 1%~4%；俄罗斯的通胀率 2023 年将为 5%~7%，2024 年将返回到 4% 的目标区间。

综合国际机构和俄罗斯国内机构的预测，我们预计俄罗斯经济增速 2022 年将下降 4% 左右，2023 年继续萎缩至 3% 左右。我们的两个判断理由是：一方面，俄罗斯资源丰富，内部保持经济基本运转的工农业体系相对完备，制裁对俄罗斯普通民众的基本生活影响有限。俄罗斯在短期内之所以能经受住美西方的全面制裁措施，主要得益于其自然资源禀赋得天独厚、国际大商品价格居高不下、政府和央行应对制裁措施较为得力、长期经受西方制裁且对制裁作了充足的准备。能源和粮食是俄罗斯出口创汇和财政收入的主要来源。欧洲禁止进口石油产品和大幅削减天然气进口对俄罗斯能源出口形成沉重打击，但俄罗斯开拓发展中国家市场的力度会显著加大，在一定程度上会弥补其在欧洲市场的损失。俄罗斯粮食生产潜力巨大，而粮食不在美西方制裁之列，其粮食出口预计有一定的增长空间。另一方面，在西方技术、金融和市场封锁的情形下，俄罗斯经济将长期依赖大宗商品，经济增长动能匮乏。长期来看，西方制裁对俄罗斯经济发展伤害很大，俄罗斯能否做到以外部制裁促国内经济结构转型，是其未来能否实现经济增长的关键。在美欧制裁长期化背景下，预期俄罗斯经济将走上一条经济主权优先、有限开放、有限市场竞争与政府深度介入资源配置相结合的发展道路。

俄罗斯未来发展有双重隐忧：一是西方金融封锁、投资禁令、技术产品进口受限、能源等关键领域限制愈发严厉，损害俄罗斯经济长远发展动力。二是俄罗斯产业结构较为单一，制造业体量虽在但产业链不完整，能源资源型行业占比较高，经济结构转型困难，经济增长缺乏动力。

参考文献

林屾、王永中：《俄罗斯经济：复苏和通胀》，载张宇燕主编《2022 年世界经济形势分析与预测》，社会科学文献出版社，2022。

刘恺:《"制裁海啸"下，俄罗斯经济的韧性与隐忧》,《环球》2022 年第 18 期。

徐坡岭:《美欧制裁压力下俄罗斯经济的韧性、根源及未来方向》,《俄罗斯学刊》2022 年第 4 期。

BP, "BP Statistical Review of World Energy," 71st Edition, 2022.

International Monetary Fund (IMF), "Countering the Cost of Living Crisis," World Economic Outlook, October 2022.

OECD, "Paying the Price of War," Interim Report, OECD Economic Outlook, September 2022.

Shapran, Natalia, Igor Britchenko, Mykola Haponiuk, Vitaliy Shapran, "The Impact of the Sanctions on the Economy of the Russian Federation," VUZF Review, Vol.7,2022.

World Bank, "Europe and Central Asia Economic Update," Fall 2022.

World Bank, "Global Economic Prospects," October 2022.

McWilliams, B., G. Sgaravatti, G. Zachmann, "European Natural Gas Imports, Bruegel Datasets," https://www.bruegel.org/publications/datasets/european-natural-gas-imports/, October 2021.

Jeanrenaud, L., G. McWilliams, B., G. Zachmann, "Russian Crude Oil Tracker," https://www.bruegel.org/dataset/russian-crude-oil-tracker,2022.

Y.8
拉美经济：低位复苏

熊爱宗*

摘　要： 拉美和加勒比地区在经历了 2021 年经济大幅反弹之后，2022 年经济有望继续保持复苏，经济增长预计为 2.7%。2023 年拉美和加勒比地区将面临更为复杂的国内外环境。从外部来看，全球经济增速预计将进一步放缓，拉美和加勒比地区的外部需求减弱，流入该地区的外资以及侨汇收入将会减少。同时全球金融环境趋紧、地缘政治紧张局势加剧，拉美和加勒比地区金融风险上升。从内部来看，国内通胀压力持续加大，各国货币政策同步收紧，而财政压力的加大也使得各国政府财政刺激力度减弱。乌克兰危机造成全球地缘政治风险上升，能源危机、粮食危机、全球供应链中断风险等因素也将不可避免地对拉美和加勒比地区造成冲击。2023 年拉美和加勒比地区经济增速将会有所放缓，复苏进程仍面临多重挑战。

关键词： 拉美地区　经济形势　乌克兰危机

2021 年拉美和加勒比地区经济增长 6.5%，扭转了 2020 年经济大幅衰退趋势，比我们在 2022 年度世界经济黄皮书中的预测高出 0.6 个百分点，这主要是受全球经济强劲复苏、疫情限制措施放松、国内需求大幅好转等因素的推动。2022 年，拉美和加勒比地区经济虽可能继续保持增长，但经济增速预

---

* 熊爱宗，中国社会科学院世界经济与政治研究所全球治理研究室副研究员，研究方向：国际金融、新兴市场。

计将大幅回落。全球经济增速放缓、发达经济体货币紧缩等将造成外部环境挑战增多，而国内通胀压力上升、政府债务负担加重也将进一步限制各国刺激经济增长的政策空间。与此同时，乌克兰危机加剧全球地缘政治风险，推动大宗商品价格上升，在为拉美和加勒比地区大宗商品出口国带来发展机遇的同时，也为整个地区带来风险与挑战。

一　2021年至2022年上半年经济情况

（一）经济大幅反弹

据联合国拉美和加勒比经济委员会（Economic Commission for Latin America and Caribbean，ECLAC）统计，拉美和加勒比地区在经过2020年的经济大幅衰退之后，2021年经济增长达到6.5%，恢复到疫情前的水平。其中，南美洲地区经济增长6.9%，中美洲和墨西哥地区经济增长5.7%，加勒比地区经济增长4%。2021年经济大幅增长主要得益于疫情限制措施逐步放松，国内需求大幅好转。2022年第一季度拉美和加勒比地区经济低位复苏，同比增长2.3%。其中，私人消费所驱动的国内需求增长仍是推动经济增长的主要动力，同比增长达到4.6%。2022年下半年至2023年，拉美和加勒比地区经济面临的不确定性因素增多。全球经济增速放缓、发达经济体货币政策收紧、乌克兰危机引发的地缘政治风险上升以及国内通胀压力加大、内外债负担加重、政府政策空间不足等都将使拉美和加勒比地区经济复苏面临挑战。ECLAC预计2022年拉美与加勒比地区经济增长2.7%，2023年经济增速可能会进一步走低。

（二）通胀压力居高不下

从2021年开始，大部分拉美和加勒比地区国家的通货膨胀率不断上升，2021年12月该地区[①]平均通货膨胀率达到6.6%，2022年6月上升至8.4%，

[①]　不包括阿根廷、古巴、海地、苏里南、委内瑞拉。

其中 13 个国家的通胀率超过 10%，20 个国家的通胀率是 2021 年 6 月的两倍。需求回升、供给中断及大宗商品价格上升共同推动了地区通胀率的上升。特别是乌克兰危机爆发后，国际大宗商品价格急剧上升成为推动该地区通胀率走高的重要因素。不过即使排除食品和能源，拉美和加勒比地区的核心通胀率在 2022 年 6 月仍高达 7.1%。分国家来看，委内瑞拉、阿根廷、苏里南、古巴等仍是该地区通胀率最高的国家。委内瑞拉通胀率自 2021 年下半年以来已出现大幅下降，2021 年 12 月下降至 1000% 以下，2022 年 5 月降至 200% 以下，但 2022 年 8 月仍然高达 114%。阿根廷通胀率一直在高位盘整，进入 2022 年后更是不断上升，2022 年 8 月阿根廷通胀率达到 78.5%，相比 2022 年 1 月上升 27.8 个百分点。随着拉美和加勒比地区经济复苏放缓以及货币政策的收紧，驱动通胀上升的国内因素逐步减弱，但乌克兰危机、美元走强等输入型通胀因素仍在，未来该地区通胀率仍可能处于高位。

（三）就业市场缓慢复苏

随着经济的恢复，2021 年拉美和加勒比地区的就业状况有所改善，特别是 2021 年第四季度该地区就业人数同比增长 6.8%，成为自 1952 年有记录以来历史上第二高的增长水平。[①] 从 2021 年第二季度开始拉美和加勒比地区失业率不断走低，2021 年第四季度该地区平均失业率为 7.7%，相比 2020 年同期下降 2.4 个百分点，但仍高于疫情前水平。该地区劳动参与率也有所好转，2021 年第四季度达到 62.6%，相比 2020 年第四季度上升 2.4 个百分点。不过进入 2022 年，受经济增速放缓、高通胀及乌克兰危机等因素影响，拉美和加勒比地区的劳动力市场改善受挫。2022 年第一季度，该地区平均失业率上升至 7.9%，劳动参与率下降至 62.1%。与此同时，受高通胀影响，该地区多数国家劳动者的实际收入有所下降。如 2022 年第一季度相比 2019 年第四季度，秘鲁人均劳动收入下降了 16.2%，巴拉圭下降了 9.9%，巴西下

---

① ECLAC / ILO, "Real Wages During the Pandemic: Trends and Challenges," Employment Situation in Latin America and the Caribbean, No. 26 (LC/TS.2022/71), Santiago, 2022.

降了 8.8%。[①] 劳动者收入水平的下降将会抑制国内需求，进而影响经济复苏进程。

（四）货币贬值压力加大

受高通胀、高债务以及政治动荡等因素影响，2021 年拉美和加勒比地区部分经济体货币出现不同程度的贬值。相比 2020 年 12 月，2021 年 12 月阿根廷比索对美元贬值 18.4%，智利比索对美元贬值 13.5%，哥伦比亚比索对美元贬值 12.6%，秘鲁新索尔对美元贬值 10.8%。进入 2022 年，叠加美联储加息、地缘政治风险上升等因素，部分经济体货币贬值幅度加大。如相比 2022 年 1 月，2022 年 8 月阿根廷比索对美元进一步贬值 23%，智利比索和哥伦比亚比索对美元贬值也分别达到 9.1% 和 7.5%。不过，本国基准利率大幅上升、大宗商品价格上涨等因素推动该地区部分国家货币对美元出现升值。相比 2021 年 1 月，2022 年 4 月巴西雷亚尔对美元升值达到 16.3%，此后虽有所贬值，但相比 2022 年 1 月，2022 年 8 月雷亚尔对美元升值仍达到 7.6%。乌拉圭比索在 2022 年对美元也经历了大幅升值，相比 2022 年 1 月，2022 年 8 月升值达到 10%。此外，墨西哥比索、巴拉圭比索、秘鲁新索尔等在 2022 年对美元也出现一定升值。

（五）外部环境有所好转

受外部需求和内部经济增长形势好转影响，2021 年拉美和加勒比地区货物出口增长 28%，进口增长 37%，扭转了 2020 年的负增长态势，不过，受进口大幅增长影响，货物贸易顺差占 GDP 的比例在 2021 年下降至 0.4%。与此同时，服务贸易仍维持较大幅度的逆差。2021 年该地区经常账户逆差占 GDP 的比例进一步扩大至 1.5%。据 ECLAC 预计，2022 年，拉美和加勒比地区货物出口增长 22%，进口增长 23%；服务贸易出口增长 25%，进口增长 21%；

---

① Maurizio R., "Weak Growth and the Global Crisis are Holding Back the Recovery of the Employment in Latin America and the Caribbean," International Labour Organization, Labour Overview Series Latin America and the Caribbean 2022, September 2022.

经常账户逆差占 GDP 之比为 1.4%。2021 年，拉美和加勒比地区吸引的外资出现反弹。据联合国贸发会议的统计，2021 年拉美和加勒比地区吸引外国直接投资达到 1340 亿美元，相比 2020 年增长 56%。[1]2022 年上半年，受高利率、大宗商品价格持续高涨等因素影响，流入拉美国家的外国直接投资出现大幅增加。2022 年第一季度，哥伦比亚、巴西、阿根廷等国的外资流入量甚至达到近年来同期最高水平。[2]2021 年拉美和加勒比地区的侨汇收入大幅增长 26%，为过去 20 年的最高纪录，侨汇收入的增长对该地区经济的恢复做出了重要贡献。[3] 不过考虑到 2022 年全球经济增长形势，无论是外资流入还是侨汇收入都可能出现下降。

（六）货币政策持续收紧

从 2021 年下半年开始，绝大多数拉美和加勒比地区国家都通过加息来应对日益加大的通胀压力。进入 2022 年，受美联储加息影响，拉美国家更是加快收紧货币政策。从 2021 年下半年至 2022 年 8 月，巴西、墨西哥、巴拉圭、秘鲁、智利等国加息次数都在 10 次以上。其中，巴西 2021 年 3 月至 2022 年 9 月累计加息 12 次，基准利率从 2% 提升至 13.75%；智利 2021 年 7 月至 2022 年 9 月将基准利率从 0.5% 提升至 10.75%；巴拉圭 2021 年 8 月至 2022 年 9 月将基准利率从 0.75% 提升至 8.25%；墨西哥 2021 年 6 月至 2022 年 10 月也累计加息 11 次共计 525 个基点。2022 年 1 月，阿根廷央行将 7 天期流动性票据（LELIQ）利率从 38% 提升到 40%，成为拉美和加勒比地区本轮加息较晚的国家，随后在高涨的通胀压力之下，每月连续加息，至 2022 年 9 月将利率提升至 69.5%，加息幅度居拉美国家之首。持续收紧的货币政策有利于抑制通胀以及稳定本币汇率，但也可能拖累本地区经济增长。

---

[1] UNCTAD, "World Investment Report 2022: International Tax Reforms and Sustainable Investment," New York and Geneva: United Nations, 2022.

[2] EIU, "FDI Inflows to Latin America Spike," https://www.eiu.com/n/fdi-inflows-to-latin-america-spike, August 10, 2022.

[3] Harris J., Maldonado R., "Remittances to Latin America and the Caribbean in 2021: Migrant Efforts During the Covid-19 Crisis," Inter-American Development Bank Blogs, July 12, 2022.

（七）财政压力依然存在

在经济增长的推动下，2021 年拉美和加勒比地区政府收支状况有所好转。2021 年拉美地区（16 国）中央政府收入占 GDP 的比例从 2020 年的 17.7% 回升至 19.2%，而加勒比地区中央政府收入占 GDP 的比例也从 2020 年的 24.9% 上升至 2021 年的 27.8%。与此同时，拉美和加勒比地区政府疫情相关补贴和转移支付也有所降低。2021 年拉美地区（16 国）中央政府支出占 GDP 的比例从 2020 年的 24.6% 降至 23.4%。由于 2022 年经济复苏的疲弱，预计拉美和加勒比地区政府收入状况将会有所恶化，不过由于疫情防控常态化，政府支出也可能会有所下降，从而使得政府财政状况整体或将有所好转。2022 年 3 月拉美地区（16 国）的公共债务占 GDP 的比例为 52.1%，相比 2021 年底降低 1.3 个百分点，而同期加勒比地区的公共债务占 GDP 的比例也从 88.1% 降至 84.1%。分国家来看，巴巴多斯、苏里南、伯利兹等国家的中央政府债务占 GDP 之比仍在 100% 以上，阿根廷、巴西等国政府债务占 GDP 之比也接近或超过 80%，政府债务的压力依然十分巨大。

二　主要国家经济形势

拉丁美洲和加勒比地区主要国家包括巴西、墨西哥、阿根廷、委内瑞拉、智利和秘鲁等国。本部分主要对巴西、墨西哥、阿根廷和委内瑞拉的经济形势进行简要分析。

（一）巴西

2021 年巴西经济增长 4.6%，在 2020 年经济大幅衰退 3.9% 之后出现大幅反弹，并创下 2011 年以来的新高，这使得巴西的经济总量超过疫情大流行之前的水平。2022 年巴西经济低位复苏，第一季度经济同比增长 1.7%，环比增长 1.1%；第二季度同比增长 3.2%，环比增长 1.2%。2022 年上半年巴西经济同比增长 2.5%，总体增速仍处于较低水平。

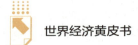

伴随经济的逐步恢复，巴西就业形势也有所好转。从 2021 年第二季度开始，巴西失业率逐步下降，2022 年 7 月已经降至 9.1%，相比 2021 年 3 月下降了 5.8 个百分点，为 2015 年 12 月以来的最低水平。2022 年 7 月巴西就业人口达到 9870 万人，为 2012 年以来的最高纪录。巴西失业人口在 2021 年 3 月之后也不断下降，2022 年 7 月失业人口首次降至千万以下。

不过，巴西仍面临较大的通胀压力。2021 年巴西通货膨胀率急剧上升，并在 2022 年 4 月达到 12.1% 的峰值，此后逐步下降，2022 年 8 月已下降至 8.7%，但仍高于巴西央行的通胀目标上限。巴西通胀率的下降部分来自央行货币政策的大幅收紧。伴随基准利率的升高，巴西基础货币（M1）供应同比增速自 2022 年 5 月开始陷入负增长，2022 年 8 月更是达到 -7.6%，广义货币（M2）同比增速在 2021 年 11 月也降至 6.76% 的低点，此后有所回升，2022 年 6 月为 13.75%，总体低于 2020 年至 2021 年初的水平。此外，2022 年 6 月，巴西通过了关于削减燃油和电力流转税的法案，这使得巴西燃料和电力价格出现下降，在一定程度上也缓解了通胀压力。

除通胀外，巴西经济仍面临一系列挑战。从内部来看，为应对通胀所实施的高利率政策将会抑制国内投资，从而对国内需求造成负面冲击。与此同时，巴西诸多经济刺激措施将于 2022 年底结束，但国内经济增长动力依然不足。从外部来看，全球经济放缓、美联储持续加息、乌克兰危机等不确定因素也将对巴西经济带来负向溢出效应。预计巴西经济 2022 年增长 2.8%，2023 年下降至 1.0%。

（二）墨西哥

2021 年墨西哥经济增长 5%，虽扭转了此前的经济萎缩态势，但仍未恢复到疫情前的水平。从 2021 年下半年开始墨西哥经济增速逐步回落，呈现缓慢增长态势。2022 年第一季度墨西哥经济同比增长 1.9%，环比增长 1.1%；第二季度经济同比增长 1.9%，环比增长 0.9%；上半年经济同比增长 1.9%。

墨西哥劳动力市场逐步改善。随着经济的复苏，墨西哥失业率在 2021 年 12 月降至 3.5%，相比 2020 年 6 月 5.5% 的高点下降 2 个百分点。2022 年 1~2 月，墨西哥失业率有所反弹，不过 2022 年 3 月重新下降至 3%，基本恢复到疫情前的水平。从 2022 年第二季度开始，墨西哥失业率再次出现上升，2022 年 7 月升至 3.4%，不过，相比 2021 年 7 月，墨西哥失业率仍下降了近 1 个百分点。墨西哥劳动参与率也有所回升，2022 年 7 月达到 60%，相比 2022 年 1 月上升 1.7 个百分点。

墨西哥通货膨胀率在 2021 年底达到 7.4% 的相对高位之后，2022 年 1 月曾下降至 7.1%，但此后再次出现快速上升，2022 年 7 月突破 8%，2022 年 8 月达到 8.7%，为 2001 年以来的最高值。其核心通胀率也从 2021 年初的不足 4% 上升到 2022 年 8 月的 8.1%。墨西哥央行自 2021 年 6 月开始收紧货币政策，最初以 25 个基点的幅度小幅加息，从 2021 年 12 月开始加息幅度扩大至 50 个基点，2022 年 6 月开始加息幅度进一步扩大至 75 个基点，2022 年 10 月墨西哥基准利率已经升至 9.25%，相比 2021 年年中提高了 525 个基点。

墨西哥政策总体保持紧缩将限制经济恢复。在货币政策紧缩的同时，墨西哥财政政策也更为审慎。2022 年 9 月，墨西哥财政部长向墨西哥众议院提交了《2023 年财政支出预算法案》，新预算将 2023 年政府基本赤字规模占 GDP 的比例设定在 0.2%，同时将债务规模稳定在 GDP 的 49.4%。墨西哥总统洛佩斯也表示，2023 年政府财政预算不会增加税收，同时将保障增进国民社会福利，为达此目标，需对政府开支进行削减。政府对财政纪律的强调意味着经济刺激力度减弱。预计 2022 年墨西哥经济增长 2.1%，2023 年下降至 1.2%。

（三）阿根廷

2021 年阿根廷经济增长 10.3%，结束了连续三年的衰退，并创下自 2014 年以来最大经济增幅。2021 年第二季度阿根廷经济同比增长 18.1% 之后，经济增速逐步放缓，2021 年第三季度和第四季度先后回落至 11.8% 和 8.9%。2022 年第一季度阿根廷经济同比增速进一步下降至 6%，第二季度回升至 6.9%，上半年同比增长 6.5%。

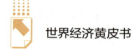

阿根廷失业率继续下降,2022年第二季度失业率降至6.9%,相比2021年同期下降2.7个百分点,且低于疫情前的水平。失业人口下降至90万人,相比2021年同期下降30.8%。与此同时,阿根廷劳动参与率也不断上升,2022年第二季度达到47.9%,相比2021年第二季度上升2个百分点,并超过疫情前的水平。阿根廷通胀率仍维持在高位且呈不断上升趋势。2022年8月阿根廷通货膨胀率达到78.5%,创1991年以来最高水平,前8个月累计通胀率也达到56.4%。为遏制通胀,2022年9月阿根廷央行已将基准利率提升至75%,2022年前9个月该国已累计加息4700个基点。

阿根廷经济面临较大的风险。尽管阿根廷央行大幅加息,但受美联储加息、国内通胀高企、国内债务危机影响,阿根廷比索继续对美元保持大幅贬值。相比2022年1月初,2022年9月底阿根廷比索对美元贬值30%。阿根廷外债压力有所上升。2022年第二季度末,阿根廷外债规模为2748.37亿美元,虽然较第一季度减少5.67亿美元,但是相比2021年底仍上升了70亿美元,其中短期外币负债从2021年底的701.1亿美元上升到2022年第二季度末的770.2亿美元。受国际货币基金组织特别提款权分配、黄金持有量上升等因素的影响,2022年第一季度末阿根廷国际储备曾突破430亿美元,不过从2022年第三季度开始阿根廷国际储备流失加速,9月底下滑至360亿美元左右。2022年3月,国际货币基金组织批准了一项针对阿根廷的中期贷款安排(EFF),在30个月内向阿根廷提供319.14亿特别提款权(约合450亿美元)的贷款支持,以帮助该国增强债务可持续性,解决最紧迫的经济挑战。预计2022年阿根廷经济增长4.0%,2023年下降至2.0%。

(四)委内瑞拉

2021年委内瑞拉经济萎缩幅度收窄。据ECLAC统计,2021年委内瑞拉经济萎缩3%,虽连续八年出现衰退,但相比2020年衰退幅度大幅下降。2022年委内瑞拉经济有望进一步好转。2022年8月,委内瑞拉央行行长表示,2021年第三季度和第四季度委内瑞拉经济同比增长分别为14.7%和19.1%,2022年第一季度经济同比增长为17.0%,第二季度经济同比增长预计为 18.7%。[1]

委内瑞拉石油生产与出口状况有所好转。根据石油输出国组织（OPEC）的统计，2021 年委内瑞拉原油产量升至平均每天 63.6 万桶，相比 2020 年增加 11.8%。从 2021 年第三季度开始，委内瑞拉原油产量升至每天 60 万桶以上，2021 年第四季度达到每天 81.7 万桶，进入 2022 年后产量有所下降，但基本维持在每天 70 万桶以上。2021 年委内瑞拉石油出口量仍在下降，2021 年原油出口量相比 2020 年下降 8% 至每天 45 万桶。2022 年，乌克兰危机引发全球能源危机，美国对委内瑞拉的石油出口有所放松，2022 年 4 月和 8 月，委内瑞拉的原油和相关燃料出口每天均超过 70 万桶，石油出口收入也大幅增加，这也有利于推动委内瑞拉经济复苏。

委内瑞拉仍面临较为严重的通货膨胀和货币贬值压力。委内瑞拉初步抑制住了恶性通货膨胀。2021 年 12 月，委内瑞拉通货膨胀率降至 1000% 以下，2022 年 5 月降至 200% 以下，2022 年 8 月降至 114.1%，但总体仍处于高位。通货膨胀率的下降部分来自委内瑞拉政府支出下降，部分来自委内瑞拉货币供给增速下降。委内瑞拉玻利瓦尔仍在快速贬值。相比 2021 年 10 月，2022 年 8 月玻利瓦尔对美元贬值高达 44.5%。2021 年 9 月委内瑞拉国际储备从此前的 61.8 亿美元上升至 112.2 亿美元，但随着外汇市场的干预，2022 年 8 月降至 101.9 亿美元。与此同时，委内瑞拉从国际货币基金组织等外部获得融资支持的渠道依然受限，这些都使委内瑞拉经济发展面临不确定性。预计 2022 年和 2023 年委内瑞拉经济恢复正增长，但经济复苏仍面临多重挑战。

三　乌克兰危机对拉美经济的影响

乌克兰危机从多方面对世界经济带来影响，其中大宗商品是一个重要的影响渠道。乌克兰危机推动全球大宗商品价格飙升，这为拉美和加勒比地区

---

[1]　TeleSUR, "Venezuelan Economy to Grow 18.7% Second Quarter: Central Bank," https://www.telesurenglish.net/news/Venezuelan-Economy-To-Grow-18.7-Second-Quarter-Central-Bank-20220823-0018.html, August 23, 2022.

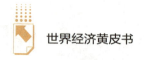

的大宗商品出口国带来机遇，但也为本地区一些国家带来负面冲击。

乌克兰危机导致国际大宗商品价格上升，改善了相关国家的贸易条件，同时导致乌克兰和俄罗斯以及周边国家的大宗商品供给缺位，刺激了拉美相关国家的大宗商品出口。2022 年 1~8 月，巴西玉米出口量同比增长 79.4%，出口金额同比增长 150.2%；大豆虽出口量相比 2021 年同期有所下降，但出口金额同比增长 22.7%。在粮食价格上涨的背景下，阿根廷也接连放松粮食出口配额，并出台优惠措施，在刺激粮食出口的同时帮助阿根廷充实外汇储备。2022 年 1~8 月，阿根廷初级产品出口金额同比增长了 15.4%，主要来自贸易条件的改善。在国际油价大幅上涨的背景下，2022 年 6 月，委内瑞拉两年来首次向欧洲出口原油，石油出口收入的增加有力地推动了该国的经济复苏。哥伦比亚、玻利维亚、厄瓜多尔等能源产品净出口国也从乌克兰危机造成的大宗商品价格上涨过程中受益。

但大宗商品价格上升也给拉美和加勒比地区的一些国家带来负面影响。尽管拉美和加勒比地区有多个粮食出口大国，但是仍有不少国家特别是加勒比地区国家的粮食进口依赖度依然较高。部分国家的粮食进口高度依赖俄罗斯和乌克兰。据统计，2013~2019 年尼加拉瓜有近 80% 的小麦进口来自俄罗斯和乌克兰，委内瑞拉这一比例为 37%，海地为 13%，墨西哥为 5%。[1] 尽管其他国家不直接从乌克兰和俄罗斯进口粮食，但粮食价格的上升也会加剧那些粮食进口国的进口成本，从而危及本地区粮食安全。与此同时，俄乌两国还是重要的化肥出口国，乌克兰危机造成全球化肥短缺，这也将限制拉美和加勒比地区的农业生产。拉美和加勒比地区是仅次于大洋洲的化肥自给率世界第二低的地区。2019 年，拉美和加勒比国家平均从俄罗斯进口的化肥比例为 15%，其中秘鲁、厄瓜多尔、苏里南等国从俄罗斯进口化肥的比例均超过 30%，巴西从俄罗斯进口化肥的比例也超过 20%。化肥短缺以及价格上涨将抑制农民种植粮食意愿，从而影响该地区农业生产和粮食安全。

---

[1] Rondinone G., De Salvo, C. Salazar l., Muñoz G., "How the War between Russia and Ukraine Might Affect Your Dinner in Latin America and the Caribbean," Inter-American Development Bank Blogs, April 29, 2022.

乌克兰危机进一步加剧了本地区的通胀压力。食品和能源在拉美和加勒比地区国家的消费篮子中约占 40% 的预算份额，因此，食品和能源价格上涨是推升拉美和加勒比地区通货膨胀的重要因素，例如 2021 年哥斯达黎加 90%的通胀来自食品和能源价格上涨，巴拉圭为 75%，巴西为 66%，哥伦比亚为 60%。[①] 从 2020 年开始，拉美和加勒比地区的食品价格就出现上涨，进入2022 年这一趋势更为明显。2022 年 6 月，拉美和加勒比地区的食品通胀率已经高达 11.9%。即使是粮食生产大国巴西，也受到食品价格上涨的影响。从2022 年 3 月开始，巴西食品和饮料价格同比增长就超过 10%，2022 年 7 月达到 14.7%。能源价格的上涨也使得一些国家的通货膨胀率屡创新高。

乌克兰危机还进一步恶化了本地区的贸易收支。受全球能源价格上升影响，阿根廷能源进口大幅增长。2022 年 5 月，阿根廷燃料和能源进口总额达到 16 亿美元，2022 年 7 月超过 20 亿美元，这使得阿根廷从 2022 年 6 月起连续出现贸易逆差。墨西哥虽是石油大国，但也保持较大的石油进口规模。2022 年 6~8 月，墨西哥石油进口同比增长分别为 96.2%、63.8% 和 49.5%。受其影响，2022 年 1~8 月，墨西哥贸易逆差达到 244.02 亿美元，相比 2021 年同期扩大 282.9%。

四　拉美地区经济形势展望

受全球经济强劲复苏、疫情限制措施放松、国内需求大幅好转等因素的推动，拉美和加勒比地区 2021 年经济增速出现反弹。2022 年拉美和加勒比地区经济有望继续保持复苏态势，但是未来也面临着一些不确定性因素。一是全球经济增长进一步放缓。多个国际组织预计，2023 年全球经济增速将低于2022 年，世界主要经济体甚至将出现经济衰退，这将恶化拉美和加勒比地区外部环境。二是发达经济体货币政策持续收紧，全球融资成本日益升高，部分拉美和加勒比国家债务风险日益上升，并可能引发债务危机，从而推升本

[①]　Jaramillo C., O'Brien R., "Inflation, A Rising Threat to the Poor and Vulnerable in Latin America and the Caribbean," World Bank Blogs, April 18, 2022.

地区金融稳定风险。三是在国内日益高涨的通胀压力之下，拉美各国持续加息，这将制约国内需求扩张。与此同时，多国疫情刺激措施将逐步在 2022 年底结束，但考虑到政府财政压力，各国也更强调财政纪律而非财政刺激，政府拉动经济增长的动力不足。四是乌克兰危机造成全球地缘政治风险上升，能源危机、粮食危机、全球供应链中断风险等因素也将不可避免地对拉美经济造成冲击。2023 年拉美和加勒比地区经济增速或将进一步放缓，经济前景不容乐观。

参考文献

ECLAC，"Repercussions in Latin America and the Caribbean of the War in Ukraine: How Should the Region Face This New Crisis?" Santiago, 6 June, 2022a.

ECLAC，"Economic Survey of Latin America and the Caribbean," 2022 (LC/PUB.2022/9-P/-*), Santiago, 2022b.

ECLAC / ILO，"Real Wages During the Pandemic: Trends and Challenges," Employment Situation in Latin America and the Caribbean, No. 26 (LC/TS.2022/71), Santiago, 2022.

EIU，"The Outlook for Latin America amid the Ukraine War: Can the Region Grow Faster?" The Economist Intelligence Unit Limited, 2022.

Harris J., Maldonado R., "Remittances to Latin America and the Caribbean in 2021: Migrant Efforts During the Covid-19 Crisis," Inter-American Development Bank Blogs, July 12, 2022.

Jaramillo C., O'Brien R., "Inflation, A Rising Threat to the Poor and Vulnerable in Latin America and the Caribbean," World Bank Blogs, April 18, 2022.

Maurizio R., "Weak Growth and the Global Crisis are Holding Back the Recovery of the Employment in Latin America and the Caribbean," International Labour Organization, Labour Overview Series Latin America and the Caribbean 2022, September, 2022.

UNCTAD, "World Investment Report 2022: International Tax Reforms and Sustainable Investment," New York and Geneva: United Nations, 2022.

Rondinone G., De Salvo C., Salazar l., Muñoz G., "How the War between Russia and Ukraine Might Affect Your Dinner in Latin America and the Caribbean," Inter-American Development Bank Blogs, April 29, 2022.

Y.9
西亚非洲经济：分化扩大

孙靓莹[*]

摘　要： 乌克兰危机、高油价、高粮价及美联储加息导致区域内国家经济增速分化、差异巨大。石油出口国因为油价持续高位将实现较高的经济增速，财政收支和国际收支情况也将进一步改善。石油进口国以及食品支出占比高的中低收入国家经济情况将进一步恶化。我们预计 2022 年西亚北非地区的经济增速为 5.0%，撒哈拉以南非洲地区的经济增速为 3.7%。国际社会应当共同合作，避免西亚非洲国家间出现差距持续扩大的情况。

关键词： 西亚北非　撒哈拉以南非洲地区　乌克兰危机　通货膨胀　债务风险

2021 年，西亚北非地区经济增长 5.8%，比我们在 2022 年度世界经济黄皮书中预测的增速快 0.6 个百分点。这主要是由该地区石油输出国经济提速以及各国侨汇收入逐步恢复推动。该地区主要国家失业率依旧高于新冠肺炎疫情前的水平。2021 年，西亚北非地区的通货膨胀水平上升明显，达到 14.8%。相比之下，2020 年该地区的通货膨胀率为 11.1%。撒哈拉以南非洲地区 2021 年的经济增速为 4.5%，通货膨胀率为 11.0%，但非石油出口国家债务风险恶化。在疫情尚未结束、乌克兰危机持续、美联储将继续加息的大背景下，通

---

[*] 孙靓莹，中国社会科学院世界经济与政治研究所助理研究员，主要研究方向为国际发展、联合国可持续发展议程和债务可持续性。

货膨胀、债务危机等问题成为西亚非洲经济面临的重要风险。可以预见，西亚非洲经济会持续恢复，但国家间分化也会更加明显。

一　西亚非洲经济形势回顾：2021~2022 年

2021 年，西亚非洲地区经济恢复明显。根据国际货币基金组织（IMF）所公布的数据[①]，2021 年，西亚非洲经济出现了较为明显的复苏，尤其是 2021 年下半年需求快速恢复推动经济增长达到了超预期水平。受新冠肺炎疫情、乌克兰危机、美联储加息、通货膨胀等因素的影响，预计 2022 年该地区的经济增长可能放缓，西亚北非地区的经济增速为 5.0%，撒哈拉以南非洲地区的经济增速为 3.7%。由于通货膨胀、全球利率上升对非石油出口国、低收入国家的负面影响较大，该地区的高收入国家与中低收入国家间的差距可能进一步扩大。

图 1　2016~2023 年西亚非洲地区经济增长率

注：2022~2023 年为预测值。

资料来源：IMF, World Economic Outlook, April 2022。

[①] 没有特别说明的情况下，本文数据来自 IMF 世界经济展望数据库（World Economcis Outlook Database），https://www.imf.org/en/Publications/WEO/weo-database/2022/April，2022 年 8 月 15 日下载。

2022 年乌克兰危机是影响全球经济走势的最重要因素之一。俄罗斯和乌克兰是世界小麦主要出口国，俄罗斯更是全球主要石油、天然气和金属出口国，危机加剧了燃料和食品价格上涨，进一步恶化了西亚非洲和撒哈拉以南非洲的通货膨胀。其中，西亚非洲临近乌克兰地区的石油进口国以及撒哈拉以南非洲地区进口食品消费占比较高的国家受到的影响尤为严重。预计 2022 年西亚北非地区石油出口国通货膨胀率为 10.5%，石油进口国通胀率为 22.6%（见图 2），撒哈拉以南非洲地区的石油出口国通货膨胀率为 12.6%。

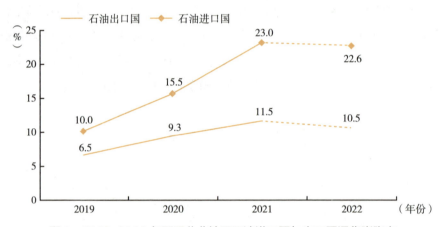

图 2　2019~2022 年西亚北非地区石油进口国与出口国通货膨胀率

注：2022 年为预测值。

资料来源：IMF, World Economic Outlook, April 2022。

此外，极端天气情况导致的粮食减产进一步加剧了撒哈拉以南非洲的粮食短缺和通货膨胀问题。根据紧急灾难数据库（EM-DAT）数据，[①] 2022 年撒哈拉以南非洲地区造成食品短缺及饥荒的干旱有 6 次，而 2021 年有 4 次。持续的食品短缺以及通货膨胀严重是西亚非洲低收入国家保持社会稳定与经济增长的重要威胁。

_____

① 资料来源：https://public.emdat.be/，2022 年 8 月 22 日下载。

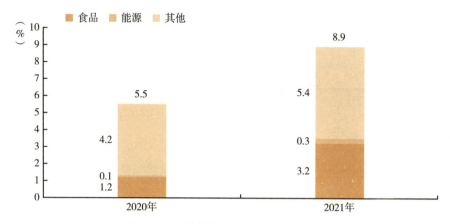

图3 西亚北非地区通货膨胀组成变化

注：图中去除了海湾合作委员会成员国。

资料来源：IMF, World Economic Outlook, April 2022。

2022年3月以来，美联储为了应对通货膨胀而连续快速加息，对西亚非洲地区产生较大影响。西亚北非地区的资本流动与国际金融风险高度相关，发达国家加息将使得西亚北非地区出现明显的资本外流。预计美联储加息将导致西亚北非地区资本流入减少60亿~310亿美元。主权债务收益率上升对于债务风险本身就较高的撒哈拉以南非洲地区造成的影响较大。

随着通货膨胀上升以及地区内部国家经济状况不断分化，西亚北非的货币政策出现了较为明显的分野。在固定汇率以及低通胀率的国家，例如沙特阿拉伯和科威特，其实际利率仍保持负值，而突尼斯的实际利率已经超过5%。阿联酋、科威特、巴林等国还在实行针对新冠肺炎疫情的宏观金融刺激政策，而伊朗、伊拉克、摩洛哥、沙特阿拉伯已经退出了上述政策。

西亚北非地区的财政政策也因通货膨胀、美联储加息及食品价格上升而出现了明显分化。石油出口国由于油价持续高位，财政收入得到保证，财政政策空间较大。对比之下，该地区的石油进口国以及低收入国家的财政状况进一步恶化。2022年，预计西亚北非地区石油出口国的广义政府财政盈余占GDP比重将达到2.8%，石油进口国的广义政策财政赤字占比为6.3%。美联储加息将进一步增加石油进口国的财政成本。

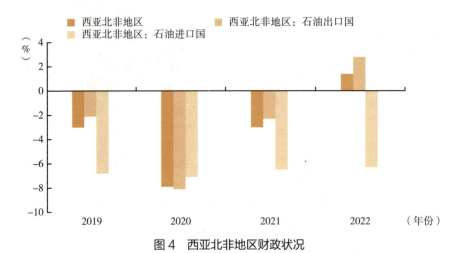

图 4　西亚北非地区财政状况

注：图中为政府财政占 GDP 比重，正值为盈余，负值为赤字，2022 年为预测值。

资料来源：IMF, World Economic Outlook, April 2022。

　　撒哈拉以南非洲国家的货币政策同样出现明显分化。自 2021 年开始，安哥拉、加纳、莱索托、莫桑比克、南非、赞比亚和津巴布韦等八国为了应对通货膨胀提高了利率水平。2022 年 3 月 21 日，加纳银行为了应对高企的通货膨胀率将基准利率提高了 250 个基点，约为 17%。这是加纳近 20 年以来幅度最大的一次加息。同时，刚果民主共和国、利比里亚、塞舌尔、南苏丹和乌干达则下调了利率。由于本次通货膨胀主要是供给冲击，加之撒哈拉以南非洲国家普遍货币政策传导渠道不够通畅等问题的存在，提高利率对于降低通货膨胀率的帮助可能不如预期明显。

　　撒哈拉以南非洲国家的财政政策与西亚北非类似，石油出口国的财政状况得到了较为明显的恢复。2021 年，撒哈拉以南非洲地区的石油出口国财政赤字占 GDP 的 4.1%，预期到 2022 年这一数字会下降到 3.4%。石油进口国 2021 年的财政赤字占 GDP 比重为 5.9%，预期到 2022 年为 5.4%。撒哈拉以南地区的中等收入国家财政情况将在不同程度上受制于粮食价格上涨，并出现进一步恶化。受旅游业恢复缓慢的影响，以旅游业为主的国家经济恢复较慢。

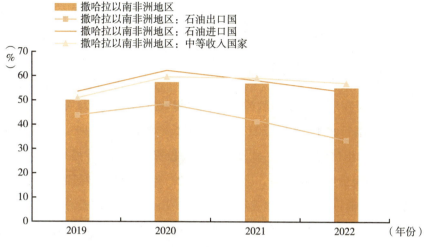

图 5　撒哈拉以南非洲地区政府债务占 GDP 比重

注：2022 年为预测值。

资料来源：IMF, World Economic Outlook, April 2022。

2022 年以来，撒哈拉以南非洲地区的债务可持续问题非常突出。在疫情后，该地区国家为了应对疫情和稳定经济已经累积了大量债务。乌克兰危机、食品价格上涨以及美联储加息，使得这些国家支付外债的成本更高。撒哈拉以南非洲国家银行持有的政府债务占比平均已经接近 20%，一旦出现债务危机，将通过银行资产负债表影响整个金融系统。虽然撒哈拉以南非洲国家在 2021 年获得来自 IMF 的价值 230 亿美元的特别提款权（SDR），又在 2021 年底之前获得了 IMF 基于灾难遏制和救济信托（Catastrophe Containment and Relief Trust，CCRT）的两年债务减免[1]，但此举对降低上述国家整体债务水平作用不大。预计未来短期内，上述地区国家的主权债务风险将会进一步上升。

---

[1]　获得 CCRT 的国家包括贝宁、布基纳法索等 21 国。具体可见 https://www.imf.org/en/Publications/Policy-Papers/Issues/2021/12/17/Catastrophe-Containment-and-Relief-Trust-Fifth-Tranche-of-Debt-Service-Relief-in-The-511094。

二 西亚非洲主要国家经济形势回顾

（一）埃及：出口带动经济反弹

埃及政府在应对疫情和刺激经济上取得较大成效。2021 年埃及维持了 3.3% 的经济增长水平，预期 2022 年经济增长率可以达到 5.9%。得益于宽松的货币政策和出口刺激措施，埃及获得外商投资能力进一步提高，整体经济在 2022 年呈现良好发展态势。出口成为 2022 年埃及经济增长的主要拉动力量，埃及镑贬值以及对欧液化天然气（LNG）出口增长使埃及总体出口增长。尽管乌克兰危机的冲击还将持续，但埃及服务业出口（主要是旅游业）预计将有所恢复。此外，苏伊士运河在确保全球供应链稳定性和可持续性方面发挥了重要作用，运河在 2021/2022 财年收入达 70 亿美元，高于上一财年的 58 亿美元，也创下运河财年收入的历史最高纪录。[1]

财政政策方面，巨额财政预算赤字仍将持续。鉴于美联储加息带来的全球货币紧缩，债务可持续性是一个亟须解决的问题。目前埃及官方对 2022/2023 财年的预算赤字预测为 GDP 的 6.1%，但该预期是基于对全球小麦和燃料价格较低的假设，会低估补贴支出，实际预算赤字还将更高。利率上升以及疫情的反复将拖累国内需求复苏，阻碍税收增长。预计埃及 2022 年赤字占 GDP 之比为 7%。随着埃及收紧货币政策和现有优惠 IMF 债务的再融资，利息支出将增加。对此，埃及正计划通过适度降低公共部门薪资，增加财政盈余，部分抵消高额债务利息的支出。鉴于大量政府支持的住房和交通项目正在进行中，财政中的资本支出仍将持续增加。短期内，埃及政府正试图通过税收系统数字化和行政效率提升来增加税收收入。随着基本盈余扩大和国有资产私有化，预计埃及公共债务将在 2021/2022 年底降低到 GDP 的 90.4%。

货币政策方面，埃及央行在 2022 年初将利率上调至 11.25%。2022 年通货膨胀压力增大主要是受全球燃料和小麦价格上涨、与疫情相关的全球供应

---

[1] 《埃苏伊士运河创下最高年收入纪录》，中国驻阿拉伯埃及共和国大使馆经济商务处，2022 年 7 月 7 日。

链中断以及 3 月货币贬值的影响。2021 年埃及通货膨胀率为 5.2%，预期 2022 年通胀率为 12.9%。为此，埃及央行可能会调高利率以应对通胀，到 2022 年底前将政策利率再上调 50 个基点。

2022 年埃及的经常账户赤字将扩大至 GDP 的 6%，为六年来最高。这主要是由于全球石油和食品价格增长过快以及旅游业出口的持续疲软。未来，由于可以稳定使用火车运输天然气，并且欧洲能源价格持续高位，埃及对欧液化天然气出口量将稳步增加、经常账户赤字在未来可能稳步缩小。

在疫情防控方面，埃及于 2022 年 6 月取消了所有有关疫情的入境限制措施，入境埃及不再需要提供新冠肺炎疫苗接种证明或 48 小时内核酸检测阴性证明，不再在埃及各入境口岸开展快速核酸检测等。①

（二）伊朗：经济衰退可能存在转机

能源价格上涨将使伊朗经济改善，但伴随高位油价在未来可能的波动乃至回落，伊朗经济整体面改善的可能性不大。2021 年，伊朗实际经济增速为 4.7%，预期 2022 年增速为 3.2%。美国对伊朗的持续制裁限制了其石油出口，制约了国家公共财政能力改善，并隔绝了伊朗获得外部融资的机会，严重影响到经济活力。预计伊朗石油产量在 2022 年将温和增长。通胀高企、公共财政紧缩、外汇获取受限和外国投资低迷等因素都限制伊朗经济增长。

财政政策方面，全球油价高企将增加伊朗财政收入。此外，伊朗取消关键进口商品的汇率补贴将使预算支出减少，从而进一步缩小预算赤字。2021 年预算赤字占 GDP 的比例为 5.0%，预计 2022 年预算赤字占 GDP 的比例约为 4.8%。但由于美国对伊朗的持续制裁，在没有放松对石油部门封锁以及油价在未来可能下跌的情况下，预计财政赤字将在 2022/2023 财年后再次增加。疲软的经济增长将进一步影响税收收入，而财政支出的压力将仍然很大。伊朗政府的融资选择仍将受到限制。预计伊朗除了向国内银行出售债券和国有企业股份

---

① 《埃及取消所有有关新冠肺炎的入境限制措施》，中国驻阿拉伯埃及共和国大使馆经济商务处，2022 年 6 月 19 日。

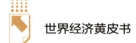

外，还可能定期将赤字货币化，而这又将增加通胀压力和国内债务压力。

货币政策方面，受持续制裁影响，伊朗央行外汇储备增幅有限。2018 年以来冻结在海外账户中的超过 1000 亿美元的准备金也无法自由支配，这意味着伊朗土曼的贬值压力依旧较大。预计利率政策将更多地受到经济增长和社会因素的影响。因此，尽管实际利率为负，但短期内利率仍不会上升。

伊朗 2021 年通胀率为 43.4%，预期到 2022 年通胀率为 44.7%。商品价格上涨加剧了通货膨胀，乌克兰危机也是其重要原因之一。预计国际大宗商品价格将从 2023 年开始回落，全球供应链中断也将有所缓解，在此基础上，通货膨胀或有一定程度的缓解。

2022 年，伊朗石油出口量已经从 2021 年每天平均 65 万桶上升到每天超 100 万桶，在当前国际局势下，伊朗石油出口量将维持在该水平，很难有更大幅度的提升。尽管如此，高油价仍然有利于出口收入增加，抵消因进口食品价格提升而增加的额外支出，消除粮食价格上升对进口基本食品的影响。预计 2022 年经常账户盈余将增至 287 亿美元。

伊朗前五大出口目的地依次为中国、阿联酋、伊拉克、土耳其和印度；前五大进口来源国依次为阿联酋、中国、土耳其、印度和俄罗斯。[1]2022 年上半年，伊朗对华非油出口达 40.81 亿美元，同比增长 31%。同期，中伊双边贸易总额为 82.63 亿美元，同比增长 23%。伊朗主要向中国出口食品和农产品，自中国进口产品以机械、工业原材料、医疗设备、纺织物和汽车零部件为主。[2]

（三）沙特阿拉伯：全球能源价格高企带动经济发展

2022 年全球能源价格高企和石油产量稳步上升推动了沙特经济增长。2021 年沙特经济增速为 3.2%，预计 2022 年经济增速为 7.6%。目前，沙特经济以石油贸易为主，长期多元计划"2023 愿景"将为本地和外国公司提供大

---

[1] 《伊历 1401 年 4 月伊朗非油贸易额环比增长 24%》，中国驻伊朗伊斯兰共和国大使馆经济商务处，2022 年 8 月 9 日。

[2] 《2022 年上半年伊朗对华非油出口同比增长 31%》，中国驻伊朗伊斯兰共和国大使馆经济商务处，2022 年 7 月 27 日。

量投资机会。沙特政府利用公共投资基金（PIF，主权财富工具）进行基础设施建设投资，并鼓励私营部门对制造业、旅游业、采矿业和可再生能源进行投资，每年总投入额约1500亿里亚尔（400亿美元，约占GDP的5%）。鉴于沙特严重依赖粮食进口，乌克兰危机将刺激沙特努力提高国内粮食产量。未来服务业将进一步推动经济增长，特别是宗教和非宗教旅游业，但新冠肺炎疫情反复有可能带来负面影响。

财政政策方面，由于沙特石油收入激增，预计2022年财政盈余占GDP比重将达到11%，为近十年来最高。石油收入将受到价格上升和产量增加的推动而进一步增加，非石油收入也将受到经济快速增长的推动而增加。然而，由于石油收入激增为医疗、教育和国防等优先领域的支出提供了额外的自由度，2022年名义支出可能不会下降，甚至可能导致补贴支出不断增加。同时，通过PIF进行的"预算外"资本支出将继续快速增长。

货币政策方面，里亚尔与美元挂钩意味着沙特央行利率政策将继续跟随美国利率走势。2020年初，沙特央行的政策利率跌至历史低点的1%，这一情况一直持续到2022年3月下旬，目前已升值2.25%。尽管由于乌克兰危机，粮食供应短缺，全球食品和其他大宗商品价格面临上涨压力，但整体经济面尚好，预计2022年平均通货膨胀率为2.5%，较2021年的3.1%有所放缓。

沙特经济在经历疫情衰退后正在强劲复苏，有利于克服乌克兰危机和发达经济体货币政策紧缩周期带来的风险。2022年，预计沙特经常账户盈余将增加至GDP的17.4%。[①]2022年，沙特新项目建设也在不断推进中。沙特西海岸的红海项目吸引了大量外国投资，至少有10家主要的国际酒店集团宣布计划建造度假设施，最终将覆盖面积约10000平方英里。沙特Neom新城计划也在推进中，该计划将在沙特西北部建造一个工商业新城。

---

① 《国际货币基金组织预计沙特2022年经济增长7.6%》，中国驻沙特阿拉伯王国大使馆经济商务处，2022年7月1日。

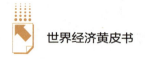

（四）尼日利亚：等待重建经济秩序

尼日利亚 2021 年经济增长 3.6%，预期 2022 年将放缓为 2.9%。通货膨胀高企、国内货币紧缩、电力短缺以及国内需求疲软均在不同程度上阻碍了该国经济增长，这将加剧尼日利亚政局的不稳定。当前，尼日利亚石油出口饱受产油区种族武装冲突的困扰，未能达到充分产能状态。

财政政策方面，2022 年尼日利亚财政赤字将扩大至数十年来的最高水平。2022~2026 年联邦政府财政仍将处于赤字状态。在尼日利亚，原油收入约占政府收入的一半。即使 2022~2026 年全球平均油价保持在 87.4 美元/桶的高位，但该国石油产量低仍然使得石油出口收入难以扭转财政赤字。由于全球燃料价格上涨导致国内汽油补贴支出激增，2022 年预算赤字仍将维持在高位。预计 2022 年尼日利亚的预算赤字占 GDP 比例为 5.5%——这是自 20 世纪 90 年代以来的最大赤字。随着利率攀升，偿债成本提高，尼日利亚下届政府的财政问题将更为严峻。根据尼日利亚 2023~2035 年中期支出框架和财政战略文件，预计到 2025 年，尼日利亚联邦政府偿债成本将达到 10.4 万亿奈拉，为 2022 年的偿债预算的 2.82 倍。IMF 驻尼日利亚代表阿里艾森认为，如果政府未能采取适当措施来改善收支状况，到 2026 年，债务偿还可能会消耗掉联邦政府 100% 的财政收入。尼日利亚经济峰会小组和西非开放社会倡议的一份报告警告说，尼日利亚发生债务危机的可能性将对公共和私人投资以及该国其他部门产生不利影响。世界银行最近表示，尼日利亚债务脆弱且成本高昂。[①]

货币政策方面，政府目标、手段与执行效果存在分歧。央行无法将通胀率控制在 9% 的目标上限以下。通货膨胀率上升已促使央行在 2022 年 5 月将基准利率上调 150 个基点至 13%，预计年内将再上调 100 个基点。预计尼日利亚将通过提高利率以应对通胀压力。但是与通胀相比，央行更关注产出缺口，因此无法采取足够积极的行动将通货膨胀率降至目标水平。尼日利亚央行计划直接通过贷款计划将资金引导至农业和制造业等需要信贷的行业，并

[①] 《尼日利亚联邦政府债务偿还将达 10.4 万亿奈拉》，中国驻尼日利亚联邦共和国大使馆经济商务处，2022 年 8 月 15 日。

保持固定投资增长。然而，农业和制造业存在根深蒂固的问题，包括电力短缺、不稳定、缺乏正式的土地所有权和进口限制，这些反过来又限制了贷款发挥出预期作用。

由于乌克兰危机，燃料和小麦价格上涨，预计尼日利亚 2022 年通胀率（即使按照尼日利亚标准）将保持在 17.3% 的高位，仅比 2021 年略有上升。由于原油产量下降，对 2022 年经常账户盈余的预测已从 GDP 的 2.1% 下调至 GDP 的 1.1%。尼日利亚是非洲大陆自贸区（AfCFTA）的签署国，但政府对区域贸易的态度在短期内将是主张保护主义。

（五）南非：骚乱与恢复

南非 2021 年经济增长 4.9%，但受极端天气事件、乌克兰危机及有记录以来最严重停电的影响，预计 2022 年，南非实际经济增速将降低至 1.9%，增速下降一方面是全球经济增速同步放缓的反映，另一方面也是受到国内政策不确定性的影响。2022 年，南非政策不确定性达到 2016 年以来最高水平，2022 年第二季度政策不确定性指数升至 60.9（50 是政策不确定性分水岭，高于 50 表明政策不确定性增加）。除了受到全球经济不确定性影响外，南非政策不确定性加剧了对国内政策稳定性的担忧。西北大学商学院教授雷蒙德·帕森斯表示，除了 Eskom 电力供应下降影响南非经济活动之外，食品和燃料价格上涨、夸纳省洪灾造成经济损失，以及利率上调导致借贷成本上升也加剧了南非国内经济不确定性。[①]

南非财政状况改善，主要由两方面因素推动。首先，南非在 2021 年 8 月重新调整 GDP 核算基准。新的计算方法中居民最终消费值增加，这使得名义 GDP 因此上调 10%，预算赤字和公共债务相对规模下降。其次，南非税务部门重组增加了政府收入，2021/2022 财年的临时综合预算赤字从 2020/2021 财年占 GDP 的 9.8% 下降至 5.1%。但是，预期到 2022/2023 财年，由于社会福利支出增加、洪灾后重建和临时削减燃油税，预算赤字又将进一步扩大至

---

① 《南非政策不确定性达到自 2016 年以来最高水平》，中国驻南非共和国大使馆经济商务处，2022 年 7 月 5 日。

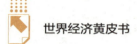

GDP 的 6.2%。目前南非政府正尽力采取措施降低陷入债务困境的风险。

货币政策方面，南非储备银行（SARB，中央银行）在 2020 年 5 月提高了基准回购利率水平至 4.75%，以应对全球货币紧缩和更高的通胀，这是六年以来最大的向上调整幅度。自 2021 年 11 月以来，加息累计涨幅达到 125 个基点，与 SARB 在疫情大流行期间的宽松立场形成鲜明对比。为应对全球利率上升，SARB 将继续收紧货币政策，以保持与重要市场的正利率差。尽管南非的浮动汇率制度和独立的中央银行意味着其通胀风险低于许多新兴市场，但 2022 年 5 月的消费者通胀价格同比跃升至 6.5%，五年多来首次突破 SARB 设定的 3%~6% 目标区间的上限。预计南非央行将在未来继续加息，2022 年通货膨胀率可能达到 6.3%。

南非 2021 年经常账户盈余占 GDP 的比例为 3.7%，预计 2022 年经常账户将恢复小额赤字。由于油价飙升以及食品和化肥价格上涨，2022 年南非进口贸易额上升。出口贸易额则因矿物价格上涨而有所提高。但出口产量受基础设施、交通运力等因素掣肘，短期内难有较大幅度的增长。南非 2022 年第一季度出口稳定、进口攀升，商品贸易顺差降至 2020 年中旬以来的最低水平。预计 2022 年南非商品贸易顺差持续下降，加上无形贸易逆差，经常项目顺差将减至仅 0.9%，预示着顺差即将转逆差。

2022 年 7 月 15 日，南非完全接种疫苗的人数达到 2020 万，相当于成年人口的 50.8%，比例仍然较低。由于接种疫苗的犹豫不决与奥密克戎变异毒株影响的减弱，推进疫苗接种的步伐正在放缓，这在长期不利于南非经济的健康可持续发展。

三 西亚非洲地区经济展望

2022 年，乌克兰危机、通货膨胀、美联储加息成为从疫情中逐渐恢复的西亚非洲地区面临的重大挑战，最明显的一个趋势是区域内国家间差距进一步扩大。预期 2022 年西亚北非地区的经济增速为 5.0%，撒哈拉以南非洲地区的经济增速为 3.7%。乌克兰危机持续、潜在的气候风险以及全球金融市场紧缩将对该地区的中低收入国家造成更大的负面影响。西亚非洲地区面临的考验主要是以下两个方面。

首先，乌克兰危机加剧导致燃料价格持续高位，粮食价格迅速上涨，与气候风险叠加，使得西亚非洲地区的粮食安全问题突出。石油出口国由于油价上涨，经济状况和财政收支都会得到改善，但是石油进口国会由于粮食价格上涨，面临更严重的通货膨胀，经济增长则会减缓。

其次，美联储加息导致的主权债务利率上涨使撒哈拉以南非洲地区中低收入国家的债务风险更加突出。在疫情后，撒哈拉以南非洲国家因应对疫情以及刺激经济而积累了一定债务，加息会使得这些国家的债务更难偿付。自2021年10月以来，该地区处于中度或高度债务风险中，处于高度风险的国家比例从52.6%增长到60.5%。为了应对不断上升的债务可持续性风险，该地区的一些国家实施了紧缩经济措施；然而，这些行动并不足以降低债务水平。该地区国家的债务问题需要国际社会共同努力应对。

参考文献

EIU, "Country Report," August 2022.

IMF, "Regional Economic Outlook Update: Sub-Saharan Africa," April 2022.

IMF, "Regional Economic Outlook Update: Middle East and Central Asia," April 2022.

IMF, "World Economic Outlook," April 2022.

World Bank, "Africa's Pulse: An Analysis of Issues Shaping Africa's Economic Future," No.25, April 2022.

Y.10
中国经济：夯实经济复苏进程

张斌　徐奇渊[*]

摘　要： 乌克兰危机和美联储加息使得 2022 年中国经济面临的外部环境更
具挑战性。国内经济面临疫情和房地产市场深度下行的双重冲击，
需求收缩、供给冲击、预期转弱三重压力进一步强化。为应对内
外挑战、夯实经济复苏基础，中国需要继续实行扩张性宏观经济
政策。要注重提高政策工具的规范性：货币政策应更侧重于利率
工具，财政政策果断提高政府显性赤字规模，避免此前过度依赖地
方融资平台投资扩张带来的不良影响。为保障经济社会平稳运行，
本文还尝试提出了支持房地产市场健康发展的一揽子建议。

关键词： 中国经济　总需求　房地产　宏观经济政策

2022 年以来，中国经济面临的外部和内部挑战更加严峻。乌克兰危机大
幅推升了能源和部分大宗商品价格，美联储加息和由此带来的全球金融条件
收紧给全球经济复苏带来新的压力。国内经济同时面临疫情冲击和房地产深
度下行压力，需求收缩、供给冲击和预期转弱三重压力仍在继续。为应对这
些压力，夯实中国经济复苏基础，中国需要进一步加大货币、财政的逆周期
政策力度，尽快稳住房地产市场。

---

*　张斌，中国社会科学院世界经济与政治研究所研究员，研究方向：宏观经济、国际金
融；徐奇渊，中国社会科学院世界经济与政治研究所研究员，研究方向：宏观经济、国际
金融。

一　外部经济环境挑战更加严峻

2022 年以来，外部经济复苏进程大幅放缓，全球制造业 PMI 指数持续下降。世界银行[①]和国际货币基金组织[②]都大幅下调了 2022 年的经济增长水平。国际货币基金组织在最新一期《世界经济展望》中下调 2022 年全球经济增长预期至 3.2%[③]，下调 2023 年全球经济增长预期至 2.7%，较 4 月预测分别下调 0.4 个和 0.9 个百分点。如果不考虑 2008 年全球金融危机和 2020 年新冠肺炎疫情，2023 年经济增长表现将是 2001 年以来最为疲弱的。外部经济下行的压力来自多个方面：一是 2022 年初以来的乌克兰危机显著增加了我国外部形势的不确定性。粮食和能源等大宗商品市场面临巨大的供给冲击，推高了大宗商品价格水平，加剧了全球金融市场的动荡，对部分行业和区域的供应链也形成了冲击。二是随着部分发达和新兴市场经济体的通胀快速上行，货币当局不得不大幅收紧货币条件给经济降温，财政支出扩张也难以为继。三是全球金融市场波动幅度更大，资本市场承压，风险偏好下降，对支出增长造成压力。

美联储加息带动美元指数强势上涨，众多货币面临资本流出和货币贬值压力。欧元、英镑、澳元等非美货币不断贬至低位。一向被视为避险货币的日元汇率也急剧下跌至 24 年以来的低点。韩元、菲律宾比索等亚洲多国货币承压。人民币也面临一定程度的贬值压力。2022 年 9 月 23 日，美元兑人民币中间价达到 6.99，人民币对美元汇率已较年初贬值 9.6%。8 月人民币实际有效汇率指数也较年初贬值 3.0%，同期美元指数升值幅度达到 17.7%。相较而

①　"Stagflation Risk Rises Amid Sharp Slowdown in Growth," https://www.worldbank.org/en/publication/global-economic-prospects.

②　"United States:2022 Article IV Consultation-Press Release, Staff Report, and Statement by the Executive Director for the United States," https://www.imf.org/en/Publications/CR/Issues/2022/07/12/United-States-2022-Article-IV-Consultation-Press-Release-Staff-Report-and-Statement-by-the-520659.

③　"Countering the Cost-of-Living Crisis," https://www.imf.org/zh/Publications/WEO/Issues/2022/10/11/world-economic-outlook-october-2022#Projections.

言，人民币汇率贬值并不突出，甚至在主要货币中，相对于欧元、日元、英镑来说，人民币表现明显偏好。

尽管外部经济景气程度不断走弱，我国出口还是取得了亮眼的成绩。1~8月，我国出口累计同比增速 13.5%。虽然出口增速较上年有所放缓，但是在 2022 年的全球经济大环境下能取得这样的成绩也实属不易。出口保持增长主要得益于以下原因：一是尽管面临疫情冲击，但是出口行业仍然保持了正常的生产经营；二是我国低通胀、国外高通胀，国内商品的竞争优势得到进一步提升；三是部分欧洲国家受到乌克兰危机冲击，生产供应和出口受到影响，中国出口在一定程度上补上了缺口。

二 国内宏观经济面临三重压力

自 2022 年初开始，新冠奥密克戎变异毒株的高传染性不断突破疫情防控体系，全国绝大部分省份都受到了疫情影响，特别是上海、深圳、广州、成都、天津等超大城市接连出现较大幅度的新增病例，经济活动频繁受到干扰。房地产市场仍在深度下滑。大量房地产企业陷入流动性危机、难以按时交工、销售下降、投资和购地下降、开发贷款和住房抵押贷款下降等现象相互强化，不仅房地产行业自身遭遇前所未有的困境，全社会新增信贷和总需求也深受其累（见专栏）。疫情和房地产双重冲击下，经济活跃程度显著降低，需求收缩、供给冲击、预期转弱这三重压力进一步强化。

预期方面，一是企业中长期投资意愿较低迷。1~8 月企（事）业单位中长期人民币贷款累计增加 7.3 万亿元，同比少增 3340 亿元；中长期新增贷款占企（事）业单位全部新增贷款的比例为 58.1%，较 2020 年和 2021 年同期分别低 6.2 个和 22.3 个百分点。这时，商业银行倾向于通过为企业提供更多的票据融资来实现信贷投放总规模增长，1~8 月企（事）业单位新增票据融资占全部新增贷款的比重为 20.6%，较 2020 年和 2021 年同期分别提高了 13.3 个和 13.4 个百分点。二是居民部门整体预期不稳、风险偏好转弱，居民信贷走低。1~8 月居民人民币贷款累计新增 2.76 万亿元，新增规模不足上年的一半，同比少增 2.8 万亿元。

需求方面，一是居民消费走弱。由于收入预期受损、消费场景受限等，1~8 月社零同比增速仍低位运行（0.5%），较疫情前 2019 年同期水平（8.2%）尚有很大差距；社零中，餐饮收入累计同比下降 5%，增速仍未转正。二是房地产投资持续走弱与房地产销售的深度遇冷相互印证，1~8 月两者累计同比增速分别为 -7.4%、-27.9%。三是制造业投资在第一季度以后整体下行，月累计同比增速 4~7 月持续下降至 9.9%，8 月略回升至 10%，但仍较第一季度末低 5.6 个百分点。四是基建投资在稳增长政策支持下支撑经济增长，1~8 月的基建投资当月增速除了 4 月因疫情扰动开工有较大幅度下降外，其余月份均保持着韧性，5~8 月连续提升到 15.4%。基建的支撑效应很大程度来源于 2022 年专项债的加快发行，但随着上半年地方政府专项债新增额度已基本用尽、地方政府土地出让收入因房地产市场深度下行而大幅减少（1~8 月累计同比下降 28.5%），2022 年剩余月份的基建能否维持韧性存在较大的不确定性。

供给方面，部分地区的人流、物流受限，特别是跨区域流动遇阻、产业链循环面临阻碍，运输成本显著抬升，线上消费也受到抑制。我国物流运输以公路运输为主，按货运量口径占比超 70%。而公路运输受疫情影响较大，尤其是面临较多的跨区协调障碍。在此背景下，集成度高、产业链长、生产网络空间分布广的制造行业面临更大挑战。在工业三大门类中，1~8 月规模以上制造业增加值累计同比增速 2.7%，较采矿业、电力热力燃气和水的生产供应业分别低了 6.0 个和 3.3 个百分点。此外，受制于物流不畅，1~8 月实物商品网上零售额累计同比增速创下有统计数据以来的同期最低值（5.8%），较 2019~2021 年同期分别下降 15.0 个、10.0 个和 10.1 个百分点。

三重压力强化加大就业压力。城镇调查失业率、本地和外地户籍就业人员调查失业率、16~24 岁人口失业率均在历史高位。就业缺口收敛缓慢，青年群体就业形势严峻。随着一系列稳就业政策措施落地显效，第三季度就业形势有所好转，平均调查失业率为 5.4%，比第二季度下降 0.4 个百分点。9 月以来，受多地疫情散发影响，调查失业率有所上升。城镇调查失业率升至

5.5%，显著高于上年同期的 4.9%；31 个大城市调查失业率升至 5.8%，较 8
月增加 0.4 个百分点。青年群体就业形势严峻，16~24 岁人口的第三季度调
查失业率均值为 18.8%，较第二季度均值再上 0.2 个百分点，显著高于疫情
前 2018~2019 年第三季度均值 12.9%，同样高于疫情后 2020~2021 年第三季
度均值 15.8%。根据教育部统计，2022 年中国高校毕业生总规模达到 1076
万人，首次突破千万大关，随着高校毕业生进入劳动力市场，年轻群体就业
压力更大。

疫情多点散发和封控措施使得具有劳动力密集型特征的消费性服务业受
到较大影响，仍面临较大压力，导致其用人需求存在不确定性、吸纳就业能
力下降，加剧当前市场的就业压力。服务业 PMI 从业人员分项指标保持低位，
9 月指标为 46.6，明显低于同期制造业 PMI 从业人员指标 49.0，服务业 PMI
从业人员指标仍处于收缩区间，两者之间的差距扩大。第三季度，农村外出
务工人员就业人数为 18270 万人，同比减少 0.2%；农村外出务工人员收入同
比增长为 3.0%，低于上年同期两年平均增速 6.2%。

反映总需求水平变化的核心 CPI 水平偏低。为了排除疫情造成的基数扰
动，我们将价格指标的环比数据做连乘处理，最终求得相对于 2019 年 12 月
的累计涨幅。过去 33 个月里，PPI 累计增长 9.3%。在高基数效应推动下，
PPI 同比增速从 2021 年底的 10.3% 持续回落至 2022 年 9 月的 0.9%。PPI 环比
下降主要受生产资料价格拖累，国际大宗商品价格走弱，导致国内部分原材
料和中间品价格回落。剔除了食品和能源价格的核心 CPI 往往更能真实地反
映通胀压力，过去 30 个月里，核心 CPI 累计上涨了 1.9%，通胀水平偏低。低
通胀和较高的失业压力同时存在，表明我国面临总需求不足的压力。

专栏：房地产与中国的信用创造

21 世纪的第一个十年，以钢铁、能源化工、装备制造为代表的资本密集
型工业企业是我国全社会信用创造的主要推动者。这些行业当时正处于发展
的高峰期，有大量的投资需求，从金融机构获得大量贷款。这些贷款支撑了

全社会信用扩张，支撑了全社会购买力提升。2010 年，不包括融资平台公司的企业信贷扩张占全社会信贷扩张的 57%。

进入 21 世纪的第二个十年以后，资本密集型工业企业跨过了发展高峰期，很多部门甚至面临产能过剩。这些行业投资需求大幅回落，信贷需求业也随之大幅回落。个人住房抵押贷款和地方政府融资平台替代工业企业，成为支撑全社会信用扩张的主导力量。2010~2020 年，个人住房抵押贷款在全社会新增信贷中的占比从 17% 上升到 24%，政府和平台在全社会新增信贷中的占比从 26% 上升到 49%。2020 年不包含融资平台公司的企业新增信贷占比下降到了 26%。

房地产成为最近十年全社会信用扩张的中枢部门。无论是个人住房抵押贷款，还是地方平台公司贷款，背后都离不开房地产部门的支撑。一方面，房地产销售与个人住房抵押贷款紧密联系在一起；另一方面，房地产企业的购置土地支出与地方政府的卖地收入、平台公司融资紧密联系在一起。缺少了房地产市场的快速发展，基于个人住房抵押贷款、平台公司和相关基建投资的信贷扩张都难以为继，市场内生的全社会信用扩张也丧失了支撑，对总需求构成极大挑战。

三　加强政策应对，夯实经济复苏的基础

（一）减少对地方政府平台公司的依赖，更多依靠规范的货币、财政工具

中国的总需求管理政策分为三类。一是货币政策，包括基于数量手段和基于价格手段两类货币政策工具。二是财政政策。中国的财政收入和支出有广义和狭义的区分。狭义的财政收支是指公共财政收支。广义的财政收支[①]包括四本账：全国公共财政收支、全国政府性基金收支、全国国有资本经营收支和社会保险基金收支。三是地方政府、国有企业和金融体系相互配合下的

[①]　对于政府广义财政收支的范围有多种定义，有些定义中把地方政府平台和国有企业的部分收支也纳入其中。这里采取的是官方定义，不包括地方政府平台和国有企业的收支。

投资扩张。地方政府是基础设施投资的主要推动者，基础设施投资超过90%来自地方政府项目，中央政府项目不超过10%。

以上三类政策中，过去应对总需求不足局面的主要政策工具不是标准化的货币和财政政策，而是第三类地方政府、国有企业和金融体系相互配合下的投资扩张。无论是2008年全球金融危机以后的4万亿元刺激方案还是后续的刺激总需求政策，发挥主要作用的都是第三类政策。相较而言，我国对货币政策的运用一直较为谨慎。21世纪的第二个十年与第一个十年相比，尽管政策利率小幅下降，但是下降幅度小于通货膨胀率的下降幅度。从事后真实利率角度看，无论是用政策利率或者是诸如DR007、国债利率等市场利率减去反映全面通胀率的GDP缩减因子，真实利率都呈现出台阶式上升，不同真实利率口径下的上升幅度在2个百分点左右。我国对财政政策工具的使用也较为谨慎。2010~2020年我国平均公共财政赤字率为3.2%，其中2015年之前在1%~2%之间波动，2015年之后提升到3%以上。2012~2020年我国四本账加总的广义财政赤字率平均为2.8%，与公共财政赤字率变化轨迹一样也是2015年保持在较低水平，之后上升。

我们在总结4万亿元刺激政策经验的时候要看到两个方面：一方面是面对需求不足，确实必须要采取刺激政策；另一方面较少使用规范的货币和财政政策工具，过度使用地方政府、国有企业和金融体系相互配合下的投资扩张。这种政策框架有其阶段性的背景，这类刺激经济方式见效也很快，但缺陷也非常突出，包括来自商业金融体系的融资成本高、融资期限结构与投资项目不匹配、地方政府在预算软约束条件下会过度运用此类政策工具、投资项目的区域分配与人口和产业流向不一致等。这些缺陷不可避免地会造成部门地区的过度举债、投资项目设计不合理，并会在金融系统形成大量的地方政府隐性债务和坏账，进而威胁金融体系稳定。

通过更多依靠规范的利率政策和财政政策工具，减少对地方政府平台公司的过度依赖，可以形成更好的总需求管理政策组合。利率政策主要通过降低债务成本、提高资产估值、强化私人部门资产负债表等渠道来实现信用扩

张、提高投资和消费支出水平。财政政策通过增加支出和减少政府税收收入，提高投资和消费支出水平。财政举债依托于政府信用，债务融资成本较低且容易实现资产与负债的期限结构匹配。通过以上两种政策工具替代地方政府平台公司的债务扩张，从政策工具本身来看更透明、更具有计划性和可控性，从效果来看包括以下优点：一是更充分地让私人部门扩张需求；二是大幅降低债务利息成本；三是不会对金融机构资产负债表带来隐患，有利于规范金融体系建设；四是减少盲目投资，提升投资效率。

（二）货币政策

我国对利率政策工具的使用一直存在较多疑虑，有必要对这些疑虑开展逐一分析。对降低利率的主要质疑包括以下几点：一是担心宽松货币政策会带来资产价格上涨，特别是房地产价格上涨。二是利率政策对实体经济部门作用不大。三是不希望像发达经济体那样把货币政策用到极致，希望保持正常的货币政策工具操作空间。四是美国加息，中国降息，中美利差扩大会威胁到人民币汇率稳定。

针对利率政策刺激资产价格上涨的担心，资产价格上涨本身并非一定不利于实体经济部门，资产价格通过财富作用支持消费，通过估值效应支持投资，这些都是对总需求扩张的支持。需要担心的是，资产价格上涨过程中过多地作用于杠杆并形成资产价格泡沫。针对这种情况，合理的应对措施是通过宏观审慎政策手段遏制资产价格泡沫，也可以通过税收政策遏制房地产价格的过度上涨。

针对利率政策不发挥作用的担心，从发达国家的实践来看不成立，美国和欧元区在实施宽松货币政策之后都逐渐实现了就业和经济增长目标，日本安倍政府期间的宽松货币政策虽然没有最终实现 2% 的通胀目标但是也赢得了日本 20 世纪 80 年代末以来最长一轮的经济景气周期。中国政府、企业和居民部门合计债务超过 300 万亿元，1 个百分点的利率下降可以为企业和居民节省债务利息支出近万亿元，这还不包括利率下降带来的资产价格估值上升对私人部门资产负债表的改善。

　　针对保留利率政策空间的担心，首先应该看到货币政策是手段而不是目标，目标是宏观经济稳定。在未能实现目标的情况下，不应吝惜于政策工具的使用，特别是像利率政策这样便于灵活调整且调动市场自发力量的政策工具。欧美日等国家的货币政策实践表明，有了量化宽松、前瞻性指引等工具的帮助，利率政策的空间比过去想象的大，我国还远未到担心利率政策空间的时候。

　　针对利率和汇率两难的担心，二者并不矛盾，通过以我为主的利率政策搞好国内经济，对跨境资本流动和人民币汇率的管理是根本保障。国内诸多对短期资本流动的研究发现，我国资本流动对利率和利差并不敏感，有时候利率变化甚至与资本流动的预期方向相反。我国的跨境资本流动有以下几个特征：一是我国资本流动的主体是企业，尤其是有外贸外资背景的企业；在当前管道式开放的资本项目管理政策下，金融机构和家庭对资本流动的影响处于次要地位。有真实贸易和投资背景的企业在做本币或外币的币种选择时，要考虑的因素非常多，利差只是其中一个因素，还有其他更重要的因素，尤其是汇率预期和国内经济基本面。二是汇率形成机制的选择至关重要，做好了能成为资本流动稳定器，做不好就成为放大器。过去中国短期资本流动大进大出，排首位的原因是市场供求不能充分反映到汇率变化上来，持续的单边升值或者贬值预期驱动短期资本大幅净流出或者大幅净流入。我国实施更有弹性的汇率制度以来，短期资本流动相对平稳。这个历史经验的政策启示是尽可能地不要为了维护汇率干预外汇市场，不能轻易再使用逆周期因子，这会造成市场单边预期，驱动更大的短期资本流动压力。三是经济基本面对稳定资本流动和人民币汇率至关重要。中国的资本流动与 PMI 高度相关，相关系数高于利差和美元指数。这背后的原因在于，国内经济景气程度越高，企业对人民币的需求越大，对人民币的支撑越强。这些政策启示是无论降低利率还是财政扩张，如果能显著提高中国经济景气程度，对人民币汇率都是支撑。当前环境下，降息虽然会放大利差，但能够强化企业、居民和政府的资产负债表，提升信贷需求，提升经济景气程度，这对人民币汇率会形成更坚实的支撑。

（三）财政政策

对财政政策的主要担心：一是把政府扩大赤字率看作是寅吃卯粮，有悖于个人和家庭生活中的传统美德标准，扩大财政赤字面临较大的舆论压力；二是担心公共部门债务风险，一些低收入经济体和新兴市场经济体经常大幅扩张财政赤字，并用货币赤字化的方式为财政支出融资，由此带来了重大的宏观经济风险。三是过度财政支出可能会挤占民间投资，不利于经济效率提升和中长期的经济增长。

针对第一种观点，这是一种适用于传统社会家庭的朴素价值观，并不适用于现代国家层面的宏观经济管理。在需求不足环境下，政府举债扩大支出不仅债务增加，支出水平和收入水平也会提高，创造更多就业机会、保障企业运营，避免经济陷入通缩—债务真实成本上升—产出下降的恶性循环。适度的财政扩张下，无论是对当前还是未来的实体经济都有好处。就中国目前情况而言，与通过地方政府主导的国有企业和金融体系相互配合下的投资扩张相比，通过政府公共债务支持基础设施投资建设所需的债务利息成本更低。

针对第二种观点，众多新兴市场经济体在需求大于供给且供给缺乏弹性的环境下，依然采取公共部门债务过度扩张的措施，加剧供求压力并带来严重通胀，严重危害金融稳定和宏观经济稳定；同时也应该看到以日本为代表的发达国家持续面临需求不足局面，公共部门债务扩张并不会加剧通胀，也不会威胁到财政和金融市场稳定。

日本公共部门债务率从20世纪70年代的11%上升到近年来的200%以上，除了第一次石油危机期间以外的其他时间并没有出现严重的通胀，也没有威胁到日元和日本国债信用。日本学者认为其中的原因在于私人部门储蓄意愿强于投资意愿，总需求不足，政府举债扩张支出并没有过度提高总支出水平，也因而没有带来通胀。债务率和赤字率不能成为反映公共部门债务可持续性的指标，应该注重实际利率与增长率之间（$r-g$）的动态发展。就我国情况而言，真实利率显著低于经济增速，公共财政在合理安排融资工具确保较低融

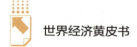

资利率的情况下，公共债务率是可以处于收敛路径内的。

针对第三种观点，总需求不足环境下财政支出通过扩大总需求，对民间投资有正面溢出效应；需求充足环境下过度财政支出则产生挤出效应。局部地区存在地方政府主导投资项目占用银行信贷资源，不利于民营企业信贷的情况。通过改变地方政府建设项目的融资渠道则可以改变这种局面。

如果上述对财政政策工具使用的各种担心很难打消，现实中可以考虑替代方案。基础设施建设中具有较好收益率回报的项目可以采用专项债融资，近年来专项债发行规模快速扩张能够对接这类项目。水利、环境和公共设施建设项目占据了全部基础设施建设投资项目的一半且随着中国城市发展该占比有望进一步上升，这些投资项目普遍缺乏现金流回报，接下来需要重点解决这部分建设项目的融资问题。无论是通过政策性金融机构融资或者是新品种的债券市场融资，这些建设项目都需要由国家信用支持其债务融资。

（四）房地产政策

稳不住房地产，就很难稳住当前的宏观经济。当前在房地产市场发展进程中存在的突出问题主要有两个：一是都市圈房价过高，以农民工为主体的大量劳动力在大城市工作但难以负担都市圈的高房价。二是房地产的高销售和高盈利一去不复返，房地产企业盈利难以覆盖巨额沉淀资产带来的利息负担，大量房地产企业在未来相当长时间内面临资产负债表缩表压力。大量房地产企业债务违约不仅给金融市场带来冲击，更重要的是与此相关的住房抵押贷款、房地产行业上下游关联企业贷款、由卖地收入支撑的地方政府平台贷款都会受到严重冲击，这将影响到当前的全社会信贷扩张，引发需求收缩和宏观经济不稳定。

普遍性的房价上涨不再是未来房地产市场的主要压力。随着房地产发展环境的变化，全国房价趋势性上涨压力将会大幅缓解，个别大城市可能依然面临住房供不应求和房价上涨压力，大部分城市房价上涨压力将会大幅缓解，部分人口流出城市可能面临房价下行压力。随着房价上涨压力的缓解，再加上对购买住房的高首付比限制，以及其他各种限制购买住房的政策，"房住不炒"得到落实，不再成为房地产行业面临的突出问题。

针对当前和未来房地产市场发展中面临的两个突出问题，需要应对新形势下的系统解决方案。一是面向新市民的都市圈建设方案，二是房地产行业债务重组方案。

1. 面向新市民的都市圈建设方案

面向新市民的都市圈建设方案主要包括两方面内容：一是面向新市民的住房或租赁房供给，不仅是房屋供给，也包括相应的教育、医疗配套资源供给，尤其是中小学教育供给。二是面向新市民的住房购买力支持。建设方案中，无论是建房还是提供教育和医疗服务，都要尽可能地利用新市民和企业的市场自发力量，政府发挥的作用是对开发住宅所需的土地交易、设立学校和医院开绿灯，对低收入群体给予一定的税收优惠和政策支持。考虑到新市民定居对经济增长和税收的贡献，都市圈建设并不会额外增加财政负担。

供给方：①为没有户籍和自有住房、长期在该城市工作的打工者发放"长期工作签证"，以此作为新市民的身份。②允许郊区集体建设用地转为新市民合作建房用地，不占用当地住宅用地指标。③支持为新市民提供众筹合作建房服务，新市民合作建房免税，新市民合作建房在出售时只能卖给别的新市民。④现有开发商持有的工业、商业等缺乏现金流回报的房产可变更用途，改造为新市民住房，可用于出售或者租赁给新市民。⑤鼓励企业为新市民及其家庭成员提供医疗、教育服务，鼓励正规职业医生开设诊所，鼓励开设新市民子弟学校，为新市民教育和医疗服务提供税收优惠和开设场地政策支持。

需求方：设立针对新市民的住房金融互助机构，该类机构应采取股份制公司形式，保持多家竞争的市场格局。机构的资金来源于新市民的低息存款和政府贴息债券；资金用途是针对新市民的低息贷款，贷款额度与新市民的存款时间和数量挂钩。

2. 房地产行业债务重组方案

推进房地产行业债务重组不仅是为了稳定房地产市场，也是当前和未来

173

宏观经济稳定的重要保障。房地产行业债务重组成功的切入点是优化房企资产负债表，关键措施包括：一是确保房地产销售收入不过度下滑，有新的现金流支撑房企偿债能力；二是盘活房企现有的部分沉淀资产，减轻房企存量债务负担。与之相对应的政策主要包括以下两个方面。

一是推动住房抵押贷款利率市场化，缓解居民部门的偿债负担，稳定居民部门的购房需求。按照发达国家的平均水平，住房抵押贷款利率大概要高于同期国债利率1.5%。同样是以银行为主的金融体系，德国和日本的住房抵押贷款利率与同期国债收益率的利差只有1.15%左右。目前，中国住房抵押贷款利率是以5年的LPR利率为基准，2022年第二季度个人住房贷款平均利率是4.62%，同期5年期国债到期收益率均值是2.58%，二者利差2.04个百分点。2022年第二季度，个人住房贷款规模是38.9万亿元。参照发达国家1.5%的平均利差水平，房贷利率有0.55~0.9个百分点的下降空间，对应的居民房贷利息支出每年可减少2100亿~3500亿元。房贷利率下降带来的利息支出减少不仅可以缓解居民部门的偿债负担，改善居民的现金流，同时也可以稳定居民部门的购房需求。从历史数据来看，居民部门的按揭贷款与住房抵押贷款利率有比较明确的负相关性。

二是采取"财政贴息+REITs"模式盘活沉淀资产，在化解房企债务风险的同时增加面向中低收入群体的住房供给。"财政贴息+REITs"模式的核心思路是借助金融市场，通过资产证券化方式把房地产企业的部分沉淀资产转化为具有准公共资产属性的公共住房。这样既能够在一定程度上缓解房地产企业面临的债务压力，同时也能增加地方政府的公共住房供给。最初可以选择部分三线城市试点上述模式，待积累一定经验后，采取项目转化备案制并逐步向全国范围推广，具体来说：第一步，允许房企沉淀资产转变用途，根据存量资产特征可选择做成保障房、长租房、公租房等具有准公共性质的住房产品。第二步，由金融机构收购住房产品。第三步，按照市场化原则实行项目制管理，引入职业经理人，对金融机构收购的住房产品做资产证券化处理（REITs、ABS、MBS）。职业经理人同时负责将住房产品通过出租或者出售的方式提供给享受住房政策保障的个体。第四步，由财政为证券化产品提供贴息。如果项目提供的稳定收益现金流能保持在 2%，财政贴息 2% 可以让该类金融产品具有市场吸引力。

通过推进面向新市民的都市圈建设方案和房地产行业债务重组方案，不仅有助于稳定当前的房地产市场和宏观经济，也有助于解决未来房地产发展的中长期矛盾。

参考文献

陈彦斌、刘哲希、陈小亮：《稳增长与防风险权衡下的宏观政策——宏观政策评价报告 2022》，《经济学动态》2022 年第 1 期。

任英华、丁浩珂、王星：《经济新常态下价格型货币政策的动态有效性研究》，《工业技术经济》2020 年第 7 期。

徐奇渊：《全面理解宏观调控政策空间》，《中国金融》2022 年第 7 期。

张斌、朱鹤、钟益、盛中明、孙子涵：《新市民与新模式：面向未来的房地产市场》，《新金融评论》2022 年第 4 期。

张龙：《货币政策量价工具与宏观经济动态效应——兼论经济不确定性的货币政策调控弱化效应》，《现代经济探讨》2020 年第 9 期。

周明明：《中国经济增长与财政赤字的动态均衡及风险研究》，《统计与信息论坛》2022 年第 2 期。

IMF, "United States:2022 Article IV Consultation-Press Release; Staff Report; and Statement by the Executive Director for the United States," IMF Country Report No.22/220.

World Bank, "Stagflation Risk Rises Amid Sharp Slowdown in Growth," *Global Economic Prospects*，2022 (6).

专 题 篇
Special Reports

Y.11
国际贸易形势回顾与展望：
增速回落　难有起色

苏庆义 *

摘　要： 在 2020 年世界货物贸易因疫情冲击而大幅下滑之后，2021 年世界货物贸易强劲反弹，实际增速达 9.7%，是 2008 年国际金融危机以来的最高增速。由于商品价格尤其是能源价格大幅上涨，2021 年世界货物贸易名义增速明显高于实际增速。世界商务服务出口额为 5.99 万亿美元，增长 17.39%。2022 年上半年世界货物贸易和服务贸易增长都较为平稳。上半年世界货物贸易在受到乌克兰危机冲击的情况下仍实际增长 4.49%。世界贸易组织贸易晴雨指数显

---

* 苏庆义，中国社会科学院世界经济与政治研究所研究员，研究方向为国际贸易。

示，2022 年下半年世界货物贸易增速将放缓，但服务贸易将维持较好的表现。预计 2022 年全年货物贸易实际增速为 3%~4%，2023 年世界贸易难有起色，增速将低于 2022 年，并应警惕乌克兰危机、新冠肺炎疫情、中美关系等不确定性事件带来的影响。

关键词： 贸易形势　服务贸易　乌克兰危机

一　2021 年国际贸易形势回顾

（一）货物贸易

世界货物贸易在经历了 2020 年的大幅下滑之后，2021 年强劲反弹，实际增速（贸易量的增长）达 9.7％（见图 1）。[①]2022 年度世界经济黄皮书中预测 2021 年货物贸易实际增速在 10% 左右，这一预测与实际形势较为一致。2008 年国际金融危机引发世界货物贸易大衰退，下滑幅度达到了 12.7%。2010~2018 年，世界货物贸易各年实际增速均为正，平均增速为 4.2%，但 2019 年世界货物贸易出现十年来的首次负增长。受新冠肺炎疫情冲击等因素的影响，2020 年世界货物贸易再次出现衰退，下降 5.3%。在需求因素、结构性因素和基期因素等综合作用下，2021 年世界货物贸易强劲反弹，增速高达 9.7%，是国际金融危机以来的最高增速。

分区域来看，各区域货物贸易增速均有明显的反弹。其中，中南美和加勒比的反弹力度最大，原因在于其强劲的进口反弹，进口增速高达 25.4%。亚洲的反弹力度次之，出口和进口增速都超过 10%。北美得益于较高的进口增速（12.3%），反弹力度位居第三（见表 1）。欧洲、非洲、中东和独联体国家（CIS）[②] 等区域的货物贸易增速分别为 8.1%、6.45%、4.9% 和 4.8%。从对

[①]　数据来源于世界贸易组织《2021 年世界贸易统计》（World Trade Statistical Review 2021）。另外，如无特别说明，本文增速均指同比增速。

[②]　独联体国家包括亚美尼亚、阿塞拜疆、白俄罗斯、摩尔多瓦、哈萨克斯坦、吉尔吉斯斯坦、塔吉克斯坦、乌兹别克斯坦、俄罗斯。

世界货物贸易的拉动来看，亚洲、北美、欧洲三大主要区域货物贸易同时强力反弹，促成了世界贸易整体反弹。

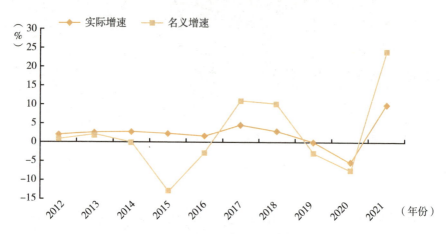

图1　世界货物贸易额的实际和名义增速

注：贸易增速是出口增速和进口增速的平均值，下同。

资料来源：世界贸易组织《2021年世界贸易统计》（World Trade Statistical Review 2021），世界贸易组织2022年10月《贸易统计与展望》（Trade Statistics and Outlook）。

表1　世界代表性地区货物贸易的实际增速

单位：%

区域	出口			进口		
	2019年	2020年	2021年	2019年	2020年	2021年
世界	0.3	−5.0	—	0.0	−5.6	—
北美	0.3	−8.5	6.5	−0.6	−6.1	12.3
中南美和加勒比	−2.2	−4.5	5.6	−2.6	−9.3	25.4
欧洲	0.6	−8.0	7.9	0.3	−7.6	8.3
独联体国家	−0.3	−3.9	0.5	8.5	−4.7	9.1
非洲	−0.5	−8.1	5.2	2.6	−8.8	7.7
中东	−2.5	−8.2	1.4	0.8	−11.3	8.4
亚洲	0.8	0.3	13.3	−0.5	−1.3	11.1

资料来源：世界贸易组织《2021年世界贸易统计》，世界贸易组织2022年10月《贸易统计与展望》。

　　2021年世界货物贸易反弹主要源于需求因素。如往年的报告指出，需求因素和收入弹性是影响世界货物贸易增速的两大原因。需求因素指世界国内生产总值（GDP）增长对国际贸易的拉动，可以由GDP增速的变动来表示。收入弹性指贸易的收入弹性，即一单位经济增长拉动多少单位的国际贸易增长。贸易收入弹性的变动代表了结构性因素对贸易增速的影响。结构性因素包括很多方面，如贸易保护程度、地缘政治风险等，还有经常被忽视的基期效应。可以用如下公式探讨2021年贸易增速提升的原因。假设贸易增速用 t 表示，经济增速用 g 表示，贸易的收入弹性用 e 表示，则：

$$t_{2021} - t_{2020} = g_{2021}e_{2021} - g_{2020}e_{2020} = e_{2020}\,(g_{2021} - g_{2020}) + g_{2021}\,(e_{2021} - e_{2020})$$

$$= e_{2021}\,(g_{2021} - g_{2020}) + g_{2020}\,(e_{2021} - e_{2020})$$

$$= \underbrace{\frac{e_{2020} + e_{2021}}{2}\,(g_{2021} - g_{2020})}_{\text{需求因素贡献}} + \underbrace{\frac{g_{2020} + g_{2021}}{2}\,(e_{2021} - e_{2020})}_{\text{收入弹性贡献}}$$

　　上述公式中，t_{2021} 和 t_{2020} 分别表示2021年、2020年的世界贸易增速，g_{2021} 和 g_{2020} 分别表示2021年、2020年的世界GDP增速，e_{2021} 和 e_{2020} 分别表示2021年、2020年的贸易收入弹性。

　　计算结果表明，需求因素是2021年货物贸易增速提升的最主要原因（见表2）。需求因素导致贸易增速上升14.51个百分点，贡献度高达98.06%；收入弹性导致贸易增速上升0.29个百分点，贡献度仅为1.94%。也就是说，2021年世界货物贸易增速提升主要源于世界经济反弹。世界经济反弹导致需求反弹，从而推升世界贸易。这与2020年世界贸易下滑的原理较为类似。综合来看，2020年和2021年世界贸易的下降和反弹主要源于需求的下降和反弹。

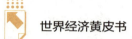
表 2　2021 年贸易增速提升背后的因素分解

贸易增速提升幅度	GDP 增速提升幅度	贸易收入弹性增加	需求因素贡献	收入弹性贡献
15.1	9.1	0.25	14.51（98.06%）	0.29（1.94%）

注：贸易增速提升幅度和 GDP 增速提升幅度是指提升多少个百分点，贸易收入弹性增加则是指增加的绝对值。需求因素贡献是指 GDP 增速对贸易增速提升贡献多少个百分点，括号中分别是需求因素和收入弹性贡献的比重。2020 年和 2021 年世界贸易实际增速分别是 -5.3% 和 9.7%，2020 年和 2021 年贸易收入弹性分别是 1.47 和 1.72。

资料来源：笔者根据世界贸易组织数据以及上述分解公式计算得出。

　　2021 年世界货物贸易额的名义增速（贸易额的增长）是 24%，高于实际增速 14.2 个百分点。这主要源于商品价格尤其是能源价格的上升。贸易额的名义增速主要受三个因素的影响：贸易实际增速、商品价格以及美元汇率。实际增速是支撑名义增速的重要原因，但因为贸易名义增速使用美元标价，美元及世界其他主要货币汇率走势也是影响名义增速的重要原因。根据国际清算银行（BIS）的数据，虽然 2021 年美元兑人民币和欧元的汇率分别贬值 6.54% 和 3.52%，但是美元兑日元汇率升值 2.93%。因此，汇率因素并非是世界货物贸易额名义增速大幅高于实际增速的主要原因。根据荷兰经济政策分析局的数据，2021 年世界贸易总体价格上升 14.2%。其中，能源价格上升 104.05%，其他初级产品价格上升 43.23%。因此，世界货物贸易名义增速大幅高于实际增速的主要原因在于商品价格的上升。

（二）服务贸易

　　2021 年，世界商务服务出口额为 5.99 万亿美元，增长 17.39%，不同于 2020 年的大幅下降（20%）。[①] 与货物贸易类似，服务贸易也在 2021 年强劲

---

① 　限于数据可得性，本报告对服务贸易的分析仅限于商务服务业，并且仅作回顾，不作展望分析。商务服务业实际上是现代服务业，主要为企业提供服务，是高附加值的服务业。根据世界贸易组织《2022 年世界贸易统计》的定义，商务服务业包括运输，旅游，与货物相关的服务业，电信、计算机和信息服务，保险，个人、文化和娱乐服务，其他商业服务，使用知识产权的费用，建筑，金融等。

反弹。从主要经济体的进出口来看，世界主要经济体的商务服务进口和出口均呈现不同程度的增长。从出口来看，中国的出口最为强劲，出口增速高达40.47%；欧盟和印度的出口增速也都超过18%；日本的出口增速最低，仅为3.74%。从进口来看，印度的进口增速最高，美国、中国、英国、欧盟等的进口增速也都超过10%（见表3）。总的来看，日本的服务贸易增速较慢，中国和印度的服务贸易增速较快，美国、欧盟、英国等的服务贸易增速居中，其原因在于，中国和印度的服务贸易竞争力稳步上升，印度的优势本来就是服务业，中国也在致力于提升服务贸易发展水平。

表3　2021年代表性经济体的商务服务进出口增速

单位：%

指标	美国	欧盟	日本	中国	印度	英国	新加坡
出口	9.57	18.71	3.74	40.47	18.45	8.52	9.63
进口	18.75	11.81	5.13	16.04	27.74	15.20	9.69

资料来源：世界贸易组织数据库。

二　2022年国际贸易形势分析

（一）2022年上半年国际贸易形势分析

2022年1~6月，世界货物贸易稳步增长，增速为4.49%。其中，进口增长5.48%，出口增长3.49%。分季度来看，第一季度贸易增长4.63%，第二季度增速略微下降，增长4.35%。分月份来看，1月和2月贸易增长较为平稳，增速均超过5%，3月和4月增速回落，5月和6月贸易形势反弹，增速均回升至5%以上（见表4）。

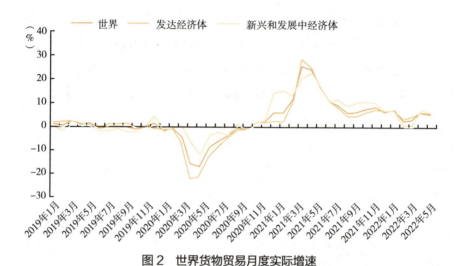

图2 世界货物贸易月度实际增速

资料来源：荷兰经济政策分析局的世界贸易监测数据库。

分地区和国别来看，发达经济体的外贸表现略好于新兴和发展中经济体，其原因在于发达经济体的进口增速明显快于新兴和发展中经济体。2022年1~6月，发达经济体出口和进口分别增长2.38%和7.01%，新兴和发展中经济体的出口和进口分别增长5.57%和2.20%。在发达经济体中，欧元区和美国的出口表现相对较好，增速分别为3.83%和2.63%；日本出口略微下降。发达经济体的进口都保持较好的增长态势，除英国进口增速高达21.77%之外，欧元区和美国的进口增速也都达到或超过8%。新兴和发展中经济体的出口虽然都是正增长，但仍有一定的差异。中国的出口增速为2.04%，低于其他新兴和发展中经济体。非洲和中东出口表现最好，增长11.05%。新兴和发展中经济体的进口表现分化更加明显。在中国和独联体国家进口下降的同时，拉丁美洲进口增长7.48%，亚洲新兴和发展中经济体（中国除外）的进口增速更是高达12.34%。发达经济体较好的进口形势与新兴和发展中经济体较好的出口形势是一枚硬币的两面，其原因在于新兴和发展中经济体的产能恢复相对更好，形成了发达经济体从新兴和发展中经济体进口的局面。新兴和发展中经济体进口表现分化的原因在于各国的消费和需求表现存在差别。

表4 2022年1~6月国际货物贸易形势

单位：%

项目	1~6月	第一季度	第二季度	1月	2月	3月	4月	5月	6月
世界贸易	4.49	4.63	4.35	5.84	6.34	1.81	2.17	5.83	5.05
世界进口	5.48	5.98	5.00	8.19	7.29	2.59	3.12	6.30	5.58
发达经济体	7.01	7.37	6.65	8.86	7.85	5.46	5.54	7.56	6.85
欧元区	8.00	7.68	8.31	9.43	9.40	4.35	7.06	8.23	9.64
美国	8.93	9.68	8.19	7.96	9.27	11.73	8.83	8.76	6.99
英国	21.77	25.89	17.81	30.03	22.12	25.74	17.90	21.82	13.85
日本	2.67	3.81	1.57	3.79	2.90	4.78	-4.17	6.30	2.77
亚洲发达经济体（日本除外）	1.35	2.30	0.42	8.68	2.45	-4.24	-1.90	3.34	-0.12
其他发达经济体	5.66	5.27	6.04	5.90	6.16	3.81	5.71	5.45	6.95
新兴和发展中经济体	2.20	2.97	1.45	6.72	6.08	-3.49	-2.05	3.59	2.84
中国	-5.90	-3.28	-8.50	2.22	2.13	-13.77	-13.33	-4.60	-7.42
亚洲新兴和发展中经济体（中国除外）	12.34	10.64	14.00	12.36	9.95	9.72	8.78	17.81	15.58
独联体国家	-4.88	1.54	-10.81	14.39	7.70	-16.06	-14.51	-10.34	-7.55
拉丁美洲	7.48	6.68	8.26	8.89	11.11	0.84	8.59	7.55	8.66

续表

项目	1~6月	第一季度	第二季度	1月	2月	3月	4月	5月	6月
非洲和中东	2.37	1.72	3.02	1.99	2.25	0.94	2.77	2.26	4.05
世界出口	3.49	3.29	3.69	3.53	5.39	1.02	1.22	5.34	4.53
发达经济体	2.38	2.34	2.41	2.90	4.62	-0.41	1.11	3.34	2.80
欧元区	3.83	3.36	4.31	4.48	5.01	0.66	2.46	5.10	5.36
美国	2.63	1.34	3.90	0.61	4.41	-0.81	2.96	3.39	5.38
英国	1.11	4.43	-1.86	10.84	7.21	-3.43	-2.68	-1.66	-1.20
日本	-0.42	2.21	-3.00	-1.19	5.93	2.11	-4.71	-2.36	-1.94
亚洲发达经济体（日本除外）	1.29	2.50	0.06	5.02	6.03	-3.41	0.18	1.99	-1.98
其他发达经济体	1.58	0.64	2.53	0.00	1.94	-0.01	0.82	3.99	2.79
新兴和发展中经济体	5.57	5.07	6.06	4.71	6.81	3.72	1.44	9.14	7.71
中国	2.04	0.13	3.99	0.25	0.16	-0.02	-5.99	12.06	6.35
亚洲新兴和发展中经济体（中国除外）	8.68	8.59	8.78	6.86	8.27	10.53	7.27	7.90	11.11
独联体国家	4.12	5.81	2.41	16.00	11.37	-9.76	0.13	7.12	-0.01
拉丁美洲	6.72	8.02	5.46	3.12	15.11	6.00	4.61	3.75	8.04
非洲和中东	11.05	10.68	11.40	9.22	11.57	11.29	11.73	11.06	11.43

资料来源：荷兰经济政策分析局的世界贸易监测数据库，https://www.cpb.nl/en/worldtrademonitor。

2022 年上半年商品贸易价格大幅上升，世界出口价格上涨 11.83%。其中，能源价格上涨幅度超过 1 倍（111.01%），初级商品（能源除外）价格上升 16.30%。[①] 因此，2022 年上半年世界货物贸易名义增速明显高于实际增速。

　　2022 年上半年世界货物贸易表现虽然不错，但低于预期。主要冲击事件是乌克兰危机。乌克兰危机在 2 月发生以后，世界货物贸易增速明显下降，从 2 月的6.34% 下降到 3 月的 1.81%、4 月的 2.17%。虽然 5 月和 6 月的贸易增速反弹到 5% 以上，但仍然拖累了上半年世界货物贸易增速。第一，乌克兰危机导致世界经济增速放缓。各大国际组织均在上半年下调了世界经济增速。世界银行在 2022 年 6 月的《全球经济展望》中对世界经济增速的预测相比 1 月下调 1.2 个百分点。国际货币基金组织在 2022 年 4 月的《世界经济展望》中对世界经济增速的预测相比 1 月下调 0.8 个百分点。第二，乌克兰危机导致各国调整经济政策。图 3 表明，2022 年 3 月全球和美国经济政策不确定性都明显上升，随后一直处于高位，并呈现波动性。经济政策不确定性大幅上升并呈现波动性的主要原因在于乌克兰危机引发的一系列连锁反应，如美欧对俄罗斯的经济制裁，经济制裁带动美欧高通胀并促使其调整宏观政策。第三，乌克兰危机冲击全球供应链，导致世界范围的贸易和生产受到影响。

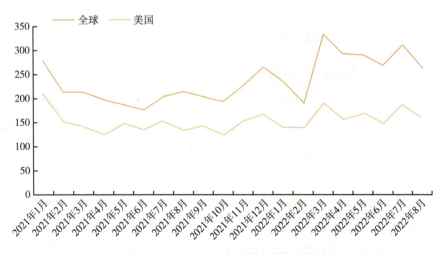

图 3　全球和美国经济政策不确定性指数

资料来源：经济政策不确定性指数数据库，http://policyuncertainty.com/index.html。

---

　　① 荷兰经济政策分析局的世界贸易监测数据库。

2022 年 1~7 月，全球服务贸易形势表现较好（见表 5）。各经济体在第二季度的表现普遍略逊于第一季度。2022 年上半年主要经济体服务出口增速方面，除日本下降 4.29%、英国仅增长 2.14% 之外，美国、中国和印度的出口增速均超过 15%。相比货物贸易，服务贸易在 3 月和 4 月受到乌克兰危机的负面影响较小。可见，乌克兰危机对世界贸易的短期冲击主要表现在货物贸易领域。

表 5　2022 年 1~7 月代表性经济体的服务出口增速

单位：%

区域	上半年平均增速	1 月	2 月	3 月	4 月	5 月	6 月	7 月
美国	15.57	14	16	17	18	15	14	15
日本	−4.29	−3	−1	−3	−7	−4	−2	−10
中国	22.86	50	33	20	11	26	12	8
印度	25.14	25	19	30	25	32	25	20
英国	2.14	8	9	5	5	−4	−5	−3

注：统计的是各经济体的服务总出口。这里统计的是服务出口额增速，即名义增速。不同于货物贸易，限于数据，服务贸易仅统计名义增速。

资料来源：根据世界贸易组织国际贸易统计数据库计算得出。

（二）2022年下半年国际贸易形势预测

2022 年下半年世界货物贸易形势要差于上半年，服务贸易将继续保持上半年的复苏态势。世界贸易组织 2022 年 8 月和 6 月发布的货物贸易晴雨总指数和服务贸易晴雨总指数显示，[①] 最新的货物贸易晴雨总指数是 100.0，虽然指数不算低，但是环比有所下降；服务贸易晴雨总指数是 105.5，所有分项指数均大于 100。这表明，下半年世界货物贸易将环比下降，形势比上半年差，下半年世界货物贸易增速将低于上半年。尤其是因为电子元器件的贸易晴雨指数只有 95.6，电子信息产业的贸易形势不容乐观。下半年世界服务贸易将延续上半年较好的发展态势，甚至好于上半年。尤其是随着各国放开入境限制，民航业增长将反弹。

---

① 原来的世界贸易展望指数（World Trade Outlook Indicator）。

货物贸易	指数值	服务贸易	指数值
		表6　最新的世界贸易展望指数	
货物贸易晴雨总指数	100.0	服务贸易晴雨总指数	105.5
出口订单	100.1	全球服务业 PMI	105.1
国际航空货运	96.9	金融服务	101.7
集装箱港口吞吐量	103.2	ICT 服务	104.2
汽车生产和销售额	99.0	民航	117.1
电子元器件	95.6	集装箱港口吞吐量	101.5
农业原材料	101.0	建筑	101.1

资料来源：世贸组织发布的"Goods Trade Barometer"和"Services Trade Barometer"。

（三）2022年全年国际贸易形势预测

我们在上年度报告中，预测 2022 年世界货物贸易持续复苏，但增速与 2021 年相比将回落，货物贸易实际增速将为 5%~8%。增速回落的预测比较准确，但上年的预测高估了 2022 年的增速，原因在于突然爆发的乌克兰危机对世界货物贸易造成冲击。据世界贸易组织 4 月的预测，2022 年世界贸易实际增速将为 3.0%，相比 2021 年 10 月的预测下调 1.7 个百分点。世界贸易组织 10 月的预测，将 2022 年世界贸易实际增速预测值提升 0.5 个百分点到 3.5%。国际货币基金组织和世界银行对世界贸易增速最新的预测分别是 4.1% 和 4.0%。鉴于上半年贸易增速是 4.49%，预计下半年贸易形势略差于上半年，预计 2022 年世界货物贸易实际增速为 3%~4%。

三　2023 年国际贸易形势展望

总的来看，2023 年世界货物贸易相比 2022 年难有明显起色，增速要低于 2022 年。世界贸易组织 2022 年 10 月的预测表明，2023 年贸易增速为 1.0%，低于 2022 年增速 2.5 个百分点。国际货币基金组织预测 2023 年贸易增速为 2.5%，低于 2022 年 1.8 个百分点；世界银行预测 2023 年贸易增速为 4.3%，高于 2022 年 0.3 个百分点。平均而言，这三大组织预测 2023 年贸易增速为 2.6%，低于 2022 年 1.33 个百分点。基于这些国际组织预测结果，我们认为，2023 年世界贸易形势要差于 2022 年，增速低于 2022 年。分地区和进出口来看，北美、亚洲和独联体国家等的货物贸易表现相对较好（见表 8）。

表 7　三大国际组织对国际贸易形势的预测	
	单位：%
国际组织	2023 年预测值
世贸组织	1.0
国际货币基金组织	2.5
世界银行	4.3
平均值	2.6

注：国际货币基金组织和世界银行的预测是货物和服务贸易，世界贸易组织的预测是货物贸易。

资料来源：笔者根据世界贸易组织、国际货币基金组织、世界银行的预测整理得出。World Trade Organization，"Trade Statistics and Outlook，" 2022 年 10 月；International Monetary Fund，"World Economic Outlook，" 2022 年 10 月；World Bank，"Global Economic Prospects，" 2022 年 6 月。

2022 年世界贸易增速没有大幅提升或大幅下降，因此可以忽视基期因素的作用。做出 2023 年贸易会差于 2022 年的预测，主要是基于无论是从需求因素还是从结构性因素来看 2023 年的情况都与 2022 年类似，或者差于 2022 年。

第一，2023 年世界经济增速要低于 2022 年。虽然世界银行 7 月预测 2023 年的世界经济增速相比 2022 年上升 0.1 个百分点。但世界贸易组织预计 2023 年的经济增速低于 2022 年 0.5 个百分点。国际货币基金组织 10 月预测也认为，2023 年世界经济增速相比 2022 年下降 0.5 个百分点。[①] 尤其是国际货币基金组织认为，2023 年增速 2.7% 的预测，是 2001 年以来除国际金融危机和疫情冲击之外增速最低的年份。因此，从周期性或需求因素来看，2023

---

① World Trade Organization，"Trade Statistics and Outlook，" 2022 年 10 月；International Monetary Fund，"World Economic Outlook，" 2022 年 10 月；World Bank，"Global Economic Prospects，" 2022 年 6 月。

年要差于 2022 年。

第二，结构性因素也是影响贸易增长的重要因素，2022 年结构性因素的影响将延续到 2023 年。乌克兰危机、疫情、中美关系等重要事件继续存在。其中，乌克兰危机短期内难以解决，中美关系缓和也并非一蹴而就的事。世界卫生组织可能在 2023 年宣布疫情大流行结束，从而彻底结束疫情对贸易的冲击，但这一事件仍存在不确定性。一方面，这些结构性因素会影响世界经济形势，从而从需求端影响贸易；另一方面，这些结构性因素本身也会冲击贸易。

当然，做出上述判断不排除 2023 年可能发生的不确定性事件对贸易造成较大的正向或负向影响，从而导致 2023 年贸易形势明显好于或差于 2022 年。三大影响贸易形势的不确定性事件如下：一是乌克兰危机。如果乌克兰危机能够在 2023 年上半年之前解决，就有望破除冲击贸易的因素，正面推动贸易增长。但是，如果乌克兰危机持续恶化，则将成为更大的负面因素。二是疫情。如果 2023 年疫情大流行结束，则这一影响贸易的负面因素将得以消除，反之（尽管可能性很小），则会继续拖累世界贸易。三是中美关系。如果中美关系能够明显缓和，中美经贸关系积极向上，则会成为积极的推动因素；如果中美关系继续恶化，则会成为不利因素。总之，这些事件的走向决定了世界贸易的最终走势。

表 8　分地区和分进出口看 2023 年世界货物贸易实际增速

单位：%

项目	2021 年	2022 年（预测）	2023 年（预测）
世界贸易	9.7	3.5	1.0
出口			
北美	6.5	3.4	1.4
中南美	5.6	1.6	0.3
欧洲	7.9	1.8	0.8
独联体国家	0.5	−5.8	3.3
非洲	5.2	6.0	−1.0
中东	1.4	14.6	−1.5

续表

项目	2021年	2022年（预测）	2023年（预测）
亚洲	13.3	2.9	1.1
进口			
北美	12.3	8.5	0.8
中南美	25.4	5.9	−1.0
欧洲	8.3	5.4	−0.7
独联体国家	9.1	−24.7	9.4
非洲	7.7	7.2	5.7
中东	8.4	11.1	5.7
亚洲	11.1	0.9	2.2

资料来源：世界贸易组织2022年10月发布的《贸易统计与展望》。

四　总结

在度过疫情冲击的2020年之后，2021年世界货物贸易强劲反弹，实际增速为9.7%，是国际金融危机以来的最高增速。2021年贸易增速大幅上升主要源于需求因素，结构性因素的影响相对较小。2021年世界货物贸易名义增速明显高于实际增速，主要源于商品价格尤其是能源价格的大幅上升。2021年世界商务服务也强劲反弹，出口额为5.99万亿美元，上升17.39%。

2022年上半年，世界货物贸易在3~4月受到了乌克兰危机的冲击，但总体表现较为平稳。上半年世界货物贸易额实际增长4.49%，世界服务贸易形势表现得更好。预计2022年下半年世界货物贸易形势要差于上半年，但服务贸易将继续保持较好的增长态势。2022年全年货物贸易实际增速为3%~4%。预计2023年世界货物贸易形势难有起色，其增速要低于2022年。乌克兰危机、疫情、中美关系等事件走势将给世界贸易发展带来较大不确定性。

参考文献

苏庆义:《国际贸易形势回顾与展望：复苏强劲 增速回落》，载张宇燕主编《2022 年世界经济形势分析与预测》，社会科学文献出版社，2022。

International Monetary Fund，"World Economic Outlook，"2022 年 4 月、7 月、10 月。

World Bank，"Global Economic Prospects，"2022 年 6 月。

World Trade Organization，"Trade Statistics and Outlook，"2022 年 4 月、10 月。

World Trade Organization，"Goods Trade Barometer，"2022 年 8 月。

World Trade Organization，"Services Trade Barometer，"2022 年 6 月。

World Trade Organization，"World Trade Statistical Review 2021，"2021 年。

Y.12
国际金融形势回顾与展望：风险显现

高海红　杨子荣*

摘　要： 2022 年国际金融市场剧烈动荡。新冠肺炎疫情的不断反复严重阻碍了全球经济复苏，全球供应链断裂以及乌克兰危机爆发大幅度推升了能源和大宗商品价格。为遏制严重的通货膨胀，美联储持续大幅加息，多数央行也纷纷步入加息周期。全球央行货币政策转向导致国际融资条件收紧，叠加地缘政治风险急剧变化，国际投资者规避风险情绪上升。外汇市场上美元兑欧元等主要货币大幅度升值。新兴市场和发展中经济体深受国际融资成本增加、货币贬值以及资本外流的影响，金融稳定性面临严峻的挑战，一些负债较高的国家更是面临新一轮的债务危机。

关键词： 国际金融风险　国际债券市场　股票市场　外汇市场

在 2022 年度世界经济黄皮书中，我们预判新冠肺炎疫情的影响仍将持续，全球经济复苏的基本面仍较脆弱，国际金融形势面临诸多不确定性；发达国家宽松货币政策可能提前转向，并引导资本回流，新兴市场和发展中国家面临资本外流、汇率贬值和外债风险增加的压力。[①]2022 年全球经济

---

* 高海红，中国社会科学院世界经济与政治研究所研究员，主要研究方向：国际金融；杨子荣，中国社会科学院世界经济与政治研究所副研究员，主要研究方向：国际金融。

① 高海红、杨子荣：《国际金融形势回顾与展望》，载张宇燕主编《2022 年世界经济形势分析与预测》，社会科学文献出版社，2021。

与金融形势的变化，与我们的判断基本一致。本文将首先分析 2021~2022 年的国际金融风险，然后分别阐述全球长期国债市场、国际负债证券市场、全球股票市场和外汇市场的走势及原因，最后展望未来国际金融市场走势。

一　国际金融风险

（一）全球央行掀起史无前例的同步加息潮

2021 年美联储将联邦基金利率维持在 0%~0.25% 的低位以保持对经济复苏的支持。然而进入 2022 年，美国通胀水平继续快速升高，经济增长下行压力加大，美联储在 3 月首度将联邦基金利率提高 25 个基点，将目标区间提至 0.25%~0.50%（见图 1）。美联储随后在 5 月、6 月、7 月和 9 月连续加息，累计加息达 300 个基点，联邦基金利率升至 3.00%~3.25% 的区间。与此同时，美联储于 6 月 1 日开始缩表，6 月、7 月、8 月美联储持有美债余额分别减少 8.9 亿美元、271.7 亿美元和 323.7 亿美元，累计减少 604.3 亿美元，明显低于此前计划减持的上限 900 亿美元。此外，2022 年 8 月美联储持有的 MBS 较 6 月反而增加了 34.4 亿美元。美国 6 月通货膨胀率达到 9.1%，创 40 年来的最高纪录。7 月和 8 月通货膨胀率略低于预期，但仍分别高达 8.5% 和 8.3%。美联储货币政策委员会在 9 月加息的声明中称，美国通胀仍然居高不下，反映出与疫情有关的供需失衡、食品和能源价格上涨以及更广泛的价格压力，美联储坚持通胀回归其 2% 的目标，明确表明继续加息是合适之举。然而，对于如此强度的货币紧缩是否会导致经济"硬着陆"存在分歧。美国财政部前部长萨默斯认为美联储应对通胀的紧缩政策将不可避免地会造成经济下行，最大的可能性是出现滞胀。美联储主席鲍威尔认为，美国劳动力市场改善是经济强劲的信号，美国经济并没有步入衰退。美国现任财政部部长耶伦则认为，美国就业市场表现较好，衰退所表现的经济中出现广泛的疲软并不是事实，因此即使美国经济增速连续两个季度为负也不意味着衰退。

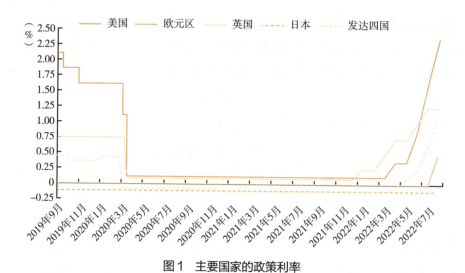

图1 主要国家的政策利率

注：政策利率分别指欧洲中央银行的再融资利率、美联储的联邦基金利率、英格兰银行的银行利率、日本中央银行的基本贴现率。发达四国的数据为澳大利亚、加拿大、瑞典和瑞士各国官方利率的平均值。

资料来源：国际清算银行数据库。

　　除了日本央行保持低息政策不变之外，其他主要发达经济体的中央银行在2022年初也同步采取加息政策。加拿大央行于3月2日首次加息25个基点至0.5%，此后分别于4月、6月、7月和9月连续四次加息，隔夜目标利率上升至3.25%，目的是将年内预期的7.2%的通胀率向2%的目标水平调整，并实现经济的"软着陆"。瑞士央行于6月16日也首次上调政策利率50个基点至-0.25%，这是瑞士央行7年以来的首次加息。英格兰银行业2021年12月16日首次加息15个基点至0.25%，进入2022年后分别在2月、3月、5月、6月和8月连续五次加息，将政策利率提升至1.75%。欧洲央行在3月结束了债券购买计划，并基于加息政策的可能性不断调整政策指南，终于在7月21日将其再融资利率上调50个基点至0.5%，并将存款利率和贷款利率分别上调50个基点至0%和0.75%，这是欧洲央行11年以来的首次加息。9月8日欧洲央行进一步将其再融资利率、边际贷款利率和存款便利利率各提升75个基点至1.25%、1.5%和0.75%，此为欧洲央行1999年以来首次同步上调三大利率75个基点。在乌克兰危机和原油价格高企双重压力下，欧元区进口成本大幅度提高，预计 2022 年通胀率将高达 8.1%。与此同时，欧元兑美元汇率从年初到 7 月中旬下跌了 10%，并于 7 月 13 日跌至 20 年以来的新低。欧洲央行加息举措短期内提振了市场信心。然而与美联储相比，欧洲央行行事相对谨慎，以确保其加息政策的有效性。

与发达市场比较，新兴经济体的加息幅度和频率也"毫不逊色"。新兴经济体平均官方利率从 2022 年 1 月的 3.6% 提高至 6 月的 4.8%。除了中国和土耳其，其他新兴经济体均在 2022 年上半年内提高了官方利率（见图 2）。受美联储加息的影响，叠加国内通胀的压力，巴西、智利、捷克、墨西哥、波兰、罗马尼亚和塞尔维亚等新兴经济体在半年内至少加息 3 次。乌克兰央行大幅度加息 1500 个基点，将其关键利率从 10% 提至 25%，这是乌克兰危机爆发以来乌克兰央行首次调整官方利率。在通货膨胀率高达 64% 的阿根廷，进入 2022 年以后逐月升息，官方基准利率从年初的 40% 升至 7 月的 60%，为三年来的最高水平。

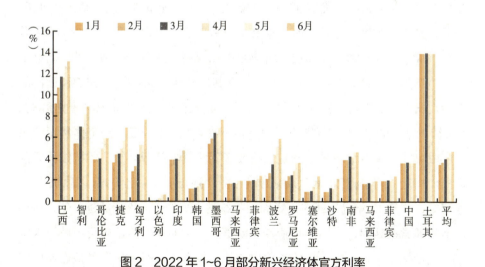

图 2 2022 年 1~6 月部分新兴经济体官方利率

注：新兴经济体平均汇率为巴西、智利、哥伦比亚、捷克、匈牙利、以色列、印度、韩国、墨西哥、马来西亚、菲律宾、波兰、罗马尼亚、塞尔维亚、沙特、南非、马来西亚、菲律宾、中国和土耳其官方利率平均值。

资料来源：国际清算银行数据库。

美联储紧缩政策的未来走势主要取决于其通胀是否得到有效遏制。在8月26日召开的一年一度由堪萨斯联储主办的杰克逊霍尔全球央行年会上,鲍威尔在其简短发言中再次强调当前首要目标就是把通胀拉回到2%,并指出维持物价稳定是美联储的职责所在,是美国经济的基石。美联储在9月议息会议的经济预测(SEP)中预测2022年美国经济增长率为0.2%,预期个人消费支出(PCE)价格同比增加5.4%,而剔除食品和能源价格后的核心PCE为4.5%。点阵图显示,2022年联邦基金目标利率预测中值为4.4%,2023年将进一步升至4.6%。与此同时,欧央行在保持紧缩政策的同时必须在遏制通胀与支持增长之间寻找平衡,即其加息举措是否会有效抑制通胀同时不致对本就十分糟糕的经济增长造成进一步的负面影响。

(二)新兴经济体的金融稳定受到严重冲击

进入2022年,新兴经济体出现货币贬值和资本外流双重压力。美联储加息以及乌克兰危机的不确定性等因素极大提振了美元币值。从年初到9月初,美元名义广义指数升值了7.4%;这其中对新兴经济体的货币升值4.5%。受其影响,除了资源型货币(如巴西雷亚尔)以及俄罗斯卢布特例之外,新兴市场的货币整体贬值。其中,1~8月,土耳其里拉兑美元贬值了34.5%。韩元、菲律宾比索、马来西亚林吉特等货币兑美元的贬值幅度为6%~10%(见图3)。4月初以来,MSCI新兴市场货币的指标下跌4%以上。发达经济体货币政策大幅收紧和乌克兰危机的不确定性引发了国际资本从新兴经济体持续数月的撤离。1~7月,国际投资者从新兴市场债券中抽走了520亿美元。根据摩根大通测算,这是17年以来新兴市场固定收益基金最严重的资金抽逃。新兴市场的债券通常被认为比发达市场债券风险更大,然而在发达市场货币政策大幅度收紧的情况下,新兴市场债券价格走低,投资回报率大幅度降低。与此同时,投资者认为从更为安全的美国国债中获得的回报更具有吸引力,而信用级别较低的新兴市场发行的债券吸引力下降,这一投资偏好的转向导致资金流向从新兴市场的撤离。

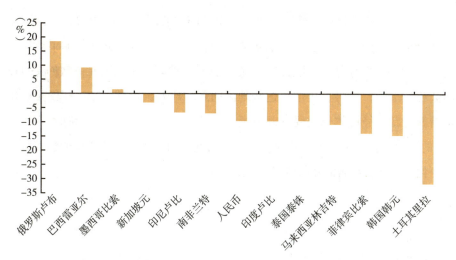

图3　2022年1~8月新兴经济体货币兑美元汇率币值变动

资料来源：万德。

事实上，自年初以来新兴经济体即面临大宗商品成本上升、全球融资条件紧缩以及债务负担加重的三重风险。首先，尽管乌克兰危机引发的全球大宗商品价格冲击使一些大宗商品出口国受益，但包括土耳其在内的能源进口国面临原材料成本上升的冲击。由于大多数大宗商品都是以美元计价，新兴经济体货币对美元的贬值放大了这些成本压力。其次，全球货币紧缩挤压了新兴经济体的货币政策空间。一方面由于资本流动深受息差影响，在外部政策利率大幅度上升的情况下，为了避免货币过度贬值和资本大幅度外流，一些新兴经济体的中央银行需要同步提高利率，这意味着国内利率调整需要考虑国外货币政策的溢出影响，实际上在一定程度上削减了货币政策的自主性。另一方面，在全球产业链断裂和原材料价格上升的同时，全球金融状况的收紧和汇率贬值进一步助长了新兴经济体国内的通胀，为抑制通胀而实施的货币政策紧缩措施实际上会抑制产出。这使得新兴经济体面对刺激增长和抑制通胀之间的政策权衡。最后，美元升值导致新兴经济体债务负担加重。近年来，由于本币主权债券市场不断深化，许多新兴经济体能够定期以本币从国外借款，其结果是新兴经济体外币借款中本币计价借款的比重不断增加。然

197

而，美元计价的借款仍为新兴经济体总借款的主要部分，且2020年以来呈现上升势头，尤其亚太与非洲和中东地区的新兴经济体以美元计价的借款额度更是有较大幅度的增长（见图3）。在美元升值的条件下，美元借款的支付成本会相应上升，这将直接增加这些地区的还款成本。更进一步，即便是以本币借款，新兴经济体仍易受外部融资条件波动的影响。从技术指标看，根据BIS的测算，新兴市场本币相对美元汇率的变化与新兴经济体本币的债券收益率变化之间存在显著的系统性负相关。

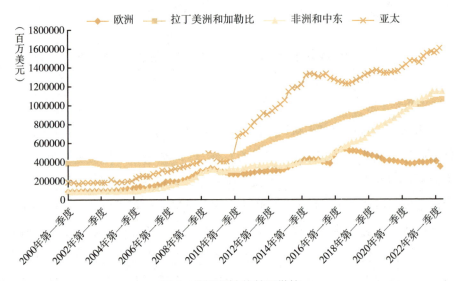

图4　新兴经济体美元借款

资料来源：国际清算银行数据库。

二　全球证券市场走势

2022年全球相关风险开始显现，经济前景愈发黯淡。乌克兰危机助推全球能源和粮食价格上涨；全球通胀风险上升，部分经济体面临显著的滞胀压力；全球金融环境收紧，尤其是美联储持续大幅加息，可能引发新兴市场和发展中经济体的债务危机；新冠肺炎病毒仍在变异，并在局部地区引发更多的防疫封锁措施。这些因素导致各种不确定性风险上升，并对全球证券走势产生重要影响。①

（一）全球长期国债市场

在过去的一年中，主要发达国家长期国债收益率经历了上升、回调、反弹的过程。尤其是 2022 年以来，由于全球通胀加速上行和金融环境收紧，主要发达国家长期国债收益率快速上行。2022 年 6 月以来，由于高通胀引发市场对衰退的担忧，主要发达国家长期国债收益率开始回调。2022 年 8 月以来，在全球央行进一步加息的推动下，主要发达国家长期国债收益率开始反弹（见图 5）。

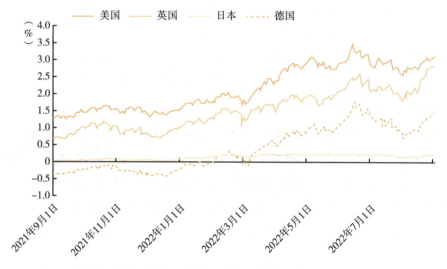

图 5　美国、德国、英国和日本四国 10 年期国债收益率

资料来源：美联储、德国央行、英格兰银行和日本财务省。

主要发达国家国债市场收益率的走势与相对变化表现出以下特征：首先，各国长期国债收益率都经历了上升、回调和反弹的路径。2021 年 9 月至 2022

---

① IMF, "World Economic Outlook Update, July 2022: Gloomy and More Uncertain," July 2022.

年 6 月，美国、英国和德国的长期国债收益率分别上升了 1.67 个百分点、1.59 个百分点和 1.81 个百分点，而由于日本央行继续维持宽松的货币政策立场不变以及日本通胀上行幅度较小，同期日本的长期国债收益率仅上升了 0.21 个百分点。整体来看，尽管经历了回调和反弹，主要发达国家国债市场收益率仍显著上行。2021 年 9 月，美国、英国、日本和德国的长期国债收益率均值分别为 1.38%、0.8%、0.05% 和 -0.3%；2022 年 8 月这四个国家长期国债收益率的均值分别上升至 2.89%、2.34%、0.2% 和 1.08%。其中，德国的长期国债收益率由负转正。值得注意的是，美国 10 年期和 2 年期国债收益率分别在 2022 年 4 月和 7 月两次倒挂，英国 10 年期和 2 年期国债收益率在 2022 年 8 月出现倒挂，这警示着美国和英国的经济可能存在衰退风险。

欧元区国家的长期国债收益率也在走势上保持了高度一致，皆经历了上升、回调和反弹的过程。从时间线来看，2021 年 9 月至 2022 年 6 月，受通胀持续超预期上行的推动，欧元区国家的长期国债收益率持续上行。2022 年 6~8 月，由于经济衰退预期增强，欧元区国家的长期国债收益率开始回落。2022 年 8 月以来，受欧央行强势加息预期的影响，欧元区国家的长期国债收益率明显反弹。整体来看，2021 年 9 月西班牙、意大利、希腊和法国的长期国债收益率均值分别为 0.33%、0.73%、0.8% 和 0.04%，而 2022 年 8 月这四个国家长期国债收益率的均值分别为 2.18 %、3.31%、3.46% 和 1.69%（见图 6）。其中，由于经济基本面相对脆弱，利率上升对希腊和意大利等欧元区外围成员国形成债务违约压力，并使得外围成员国与德国等核心成员国之间的国债利差走阔，欧债危机的风险值得警惕。

（二）国际负债证券市场

2021 年第二季度至 2022 年第一季度，国际负债证券市场表现出两大特征：第一，发展中国家在国际负债证券市场上的份额继续上涨，未清偿余额占比有所增加，但仍远低于发达国家；第二，发达国家与发展中国家的国际负债存在结构性差异，发达国家的国际负债以金融机构和企业为主，而发展中国家的国际负债以政府部门为主。

图6　欧元区部分国家10年期国债收益率

资料来源：西班牙央行、意大利央行、希腊央行和法国央行。

从总量比较来看，2022年第一季度末，发展中国家未清偿余额占国际负债证券市场未清偿总额的14.53%，较2021年第一季度上涨0.55个百分点。从净发行额的变化来看，从2021年第二季度至2022年第一季度，发达国家国际负债证券市场净发行额达11030亿美元，远高于同期发展中国家的1740亿美元（见图7）。

从结构来看，从2021年第二季度至2022年第一季度，发达国家的金融机构、企业和政府部门的国际负债证券市场净发行额分别为5958亿美元、1366亿美元和196亿美元，而发展中国家的金融机构、企业和政府部门的国际负债证券市场净发行额分别达355亿美元、564亿美元和865亿美元。不难看出，发达国家的国际债券发行以金融机构为主，企业次之，政府部门最低，发展中国家由于金融机构和企业的评级与信誉度不足，更多地依赖于主权债务融资（见图8）。

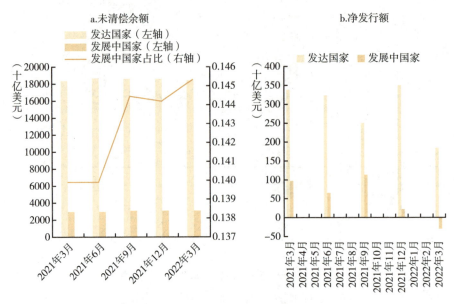

图7　国际负债证券市场的未清偿余额和净发行额

资料来源：国际清算银行数据库。

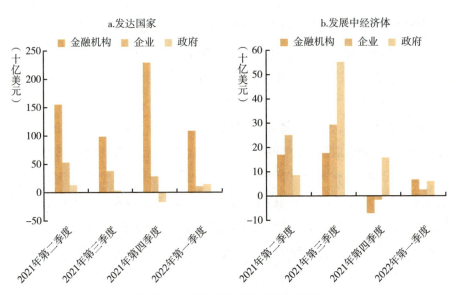

图8　分部门国际负债证券净发行额

资料来源：国际清算银行数据库。

（三）全球股票市场

2022 年全球股票市场呈现两大特征：第一，2022 年全球股市没有延续 2021 年的复苏态势，转而出现较大幅度的回调；第二，与 2021 年发达国家的股市表现远优于新兴市场国家不同，2022 年发达国家与新兴市场国家的股市出现相近幅度的回调。

2022 年全球通胀继续超预期上行，全球金融环境转向收紧，叠加新冠肺炎病毒持续变异和地缘政治动荡加剧，全球经济明显下行，前景趋于黯淡，不确定性成为影响全球股票市场的主色调。整体而言，2022 年 MSCI 全球指数下降 15.6%，MSCI 发达国家指数下降 15.74%，MSCI 新兴市场指数下降 14.48%（见图 9）。

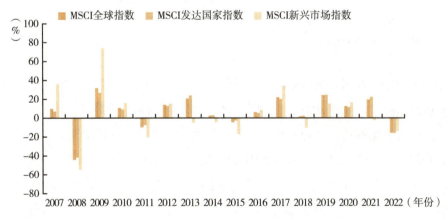

图 9　MSCI 全球国别股指增长率比较

注：2022 年数据截至 2022 年 8 月 30 日。

资料来源：MSCI 数据库。

2022 年 1~8 月，在选定的全球 11 个主要股市中，除了印度和巴西外，其他国家的股市都表现了不同程度的下跌。其中，欧元区和美国的股市出现较大幅度的回调，英国股市较为抗跌（见图 10）。不过，9 月英国政府宣布大规模减税措施，导致市场持续减持英国国债和英国国债收益率快速上行，英国股市也出现了一定幅度的回调。

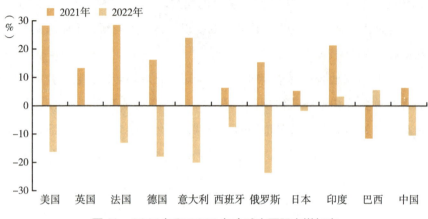

图10　2021年和2022年全球主要股市增长率

注：2022年数据截至2022年8月30日。

资料来源：各国证券交易所。

在巨额的纾困政策和极度宽松的货币政策支持下，美股在2020年3月见底后开始反弹，并在2021年底到达顶部。2022年初期，受美联储加息预期影响，美股开始回调。伴随着乌克兰危机的爆发和美国通胀超预期上行，迫使美联储持续大幅度加息，美股也因此出现更大幅度的回调。其间，当市场预期通胀拐点到来和对美联储加息预期较弱时，美股则快速反弹；当通胀超预期和美联储表现出更为鹰派的加息立场时，美股则继续深度回调。当前美股估值已回归疫情前水平。2022年8月，美国标普500市盈率跌至21.01，低于2019年的均值21.58；标普500席勒市盈率跌至31.16，略高于2019年的均值29.42。如果未来通胀迟迟处于高位，并对美企利润形成明显蚕食，同时美联储被迫继续加息，使得金融环境进一步收紧，美股将进一步回调。①

---

① 杨子荣、肖立晟：《美联储历次加息的背景及影响》，《中国金融》2022年第11期。

由于处于乌克兰危机的前沿，叠加对俄罗斯能源的高度依赖，欧洲经济遭受更为直接的冲击，通胀强势飙升，欧元区国家的股市也出现较大幅度的下跌。英国也面临高通胀和经济衰退压力，且央行也连续加息，但英国股市表现出较强的韧性。

　　由于美元指数上涨、外资流出、国际大宗商品价格上涨等多方面的原因，2022年上半年印度和巴西的股市也出现了一定程度的回调，但7月以来在外资流入的推动下，印度和巴西的股市出现了V型反转。其中，巴西央行自2021年3月首次加息以来，截至2022年8月已累计加息12次，这使得巴西股市在2021年显著贬值，估值相对便宜，因此，2022年巴西股市在更低的估值基础上上涨幅度也相对最大。

三　全球外汇市场走势

　　2022年全球外汇市场表现出三大显著特征：第一，美元指数①步入相对强势周期；第二，美元指数引领各国汇率变化，主要货币兑美元纷纷贬值；第三，人民币兑美元汇率与美元指数走势基本一致，但人民币兑其他货币保持相对强势。

　　2021年6月以来美元指数持续上行，并在2022年加速上行。2022年初至8月底，美元指数升值13.3%，美元指数步入相对强势周期主要由三大因素支撑：第一，美联储领先于欧央行持续大幅加息；第二，乌克兰危机导致全球资金避险情绪上升，美元资本回流美国；第三，乌克兰危机对欧洲经济的破坏力显著强于对美国经济的冲击。短期内，美国劳动力市场依然强劲，叠加通胀高企，助推美联储持续大幅度加息，美元指数获得上涨动能。中期来看，美国经济存在较大衰退风险，美元指数缺乏持续的单边上涨动能，

---

　　① 美元指数（USDX）的计算原则是以全球各主要国家与美国之间的贸易结算量为基础，参照1973年3月10多种主要货币兑美元汇率变化的几何平均加权值来计算，以100点为基准。在1999年1月1日欧元推出后，标的物从10个国家减少为6个国家。

但美元指数的最终走势还取决于美国与主要发达经济体货币政策和经济基本面之间的差异（见图11）。

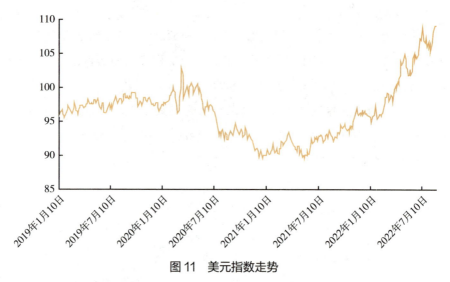

图 11　美元指数走势

注：美元指数选取 1973 年 3 月 =100。

资料来源：美联储。

2022 年日元、欧元和英镑兑美元皆大幅度贬值（见图 12）。2022 年初至 8 月底，日元兑美元贬值 20.5%，英镑兑美元贬值 15.6%，欧元兑美元贬值 13.7%。其中，瑞郎的汇率走势表现出较大的差异性。2022 年初至 5 月 12 日，瑞郎兑美元贬值 9.8%，而 2022 年 5 月 13 日至 8 月底，瑞郎兑美元反弹 2.5%，且波动性加大。这主要是由 2022 年 6 月瑞士央行超预期加息 50 个基点所致，而市场普遍认为瑞士央行会迟至 9 月加息 25 个基点。同作为避险货币的日元，由于日本央行坚定地维持宽松货币政策不变，日元成为主要货币中兑美元贬值幅度最大的货币。[1]

---

① 杨子荣：《日元贬值的原因、应对与启示》，《旗帜》2022 年第 8 期。

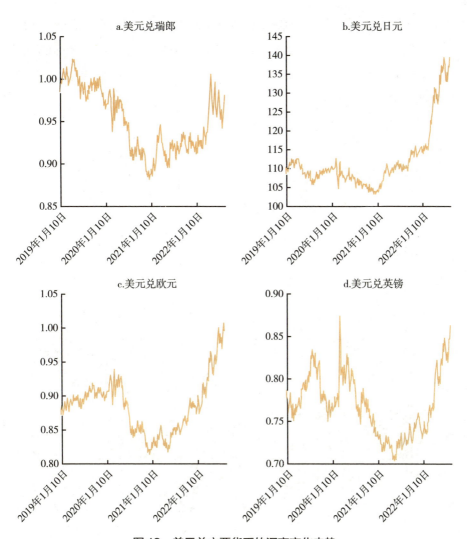

图12　美元兑主要货币的汇率变化走势

资料来源：美联储。

　　2022 年金砖国家货币兑美元走势明显分化（见图 13）。2021 年巴西和南非央行领先于美联储加息，引致 2021 年 12 月至 2022 年 3 月雷亚尔和兰特兑美元升值；2022 年 3 月以来，伴随着美联储加息进程的推进，雷亚尔和兰特兑美元皆快速贬值。此外，由于巴西央行更为激进的加息行为，雷亚尔兑美元的贬值幅度小于兰特，且在 7 月以来出现更大幅度的反弹。尽管 2022 年 5 月以来，印度央行已连续加息 3 次，但由于对石油进口高度依赖和经常项目赤字持续扩大，卢比兑美元持续贬值。2022 年初至 8 月底，卢比兑美元贬值 6.8%。

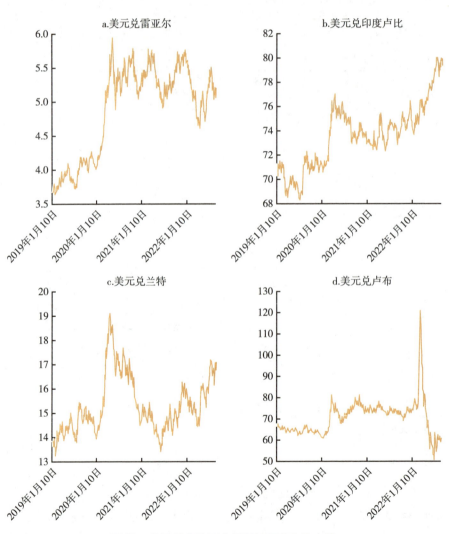

图 13　美元兑金砖国家货币的汇率变化走势

资料来源：美联储。

受乌克兰危机冲击，美元兑卢布走出深度的倒 V 型趋势。2022 年 2 月 24 日，乌克兰危机爆发，西方国家出台一系列针对俄罗斯的制裁措施，截至 3 月 11 日，美元兑卢布汇率上升至 120.4，与危机前相比，卢布兑美元汇率贬值幅度高达 56.8 个百分点。为此，俄罗斯出台多项应对制裁措施，包括加息与资本管制、动用外汇储备、将卢布锚定黄金。此外，在全球能源价格大幅上涨的背景下，欧洲国家短期难以摆脱对俄罗斯的能源依赖，使得俄罗斯的贸易顺差扩大。[①] 这些因素使得卢布兑美元深度反转，截至 2022 年 8 月 31 日，美元兑卢布汇率下跌至 60.4；与乌克兰危机前相比，卢布兑美元反而升值了 21.4%。

2020 年 8 月以来，CFETS 人民币汇率指数持续上扬，并在 2022 年 3 月 11 日的当周达到峰值。在这一阶段，CFETS 人民币汇率指数稳步上行，主要由中国疫情防控形势向好、出口强劲且货币政策率先正常化等因素推动。2022 年 3 月以来，CFETS 人民币汇率指数进入震荡下行趋势，其走势表现出与美元指数走势较强的负相关性。自 2022 年 1 月 1 日起，CFETS 人民币汇率指数货币篮子中的美元权重小幅上升至 19.88%，美元指数的走势对 CFETS 人民币汇率指数具有重要影响。尽管欧元和日元在 CFETS 人民币汇率指数货币篮子中的占比较高，但由于美元指数涨势过于强劲，最终带动 CFETS 人民币汇率指数下行（见图 14）。

2022 年初至 8 月底，人民币兑美元汇率贬值 7.7%，且经历了两次急速贬值。第一次是 2022 年 4 月 20 日至 5 月 13 日，人民币兑美元贬值 6.1%；第二次是 2022 年 8 月 15 日至 8 月底，人民币兑美元贬值 2.2%。三大因素促成了人民币汇率贬值：第一，美联储持续大幅加息，而中国央行维持宽松货币政策，中美利差全方位长时间倒挂，是人民币兑美元贬值的首要原因。第二，乌克兰危机导致全球避险情绪上升，且部分国际资本担忧中国企业在俄罗斯的业务会受到影响。第三，疫情防控压力、房地产调控风险给疲软的经济基本面增加了不确定性，拖累人民币汇率。2022 年 9 月 16 日，人民币兑美元汇

---

① 倪淑慧、杨盼盼：《俄乌冲突之后的卢布走势》，《中国外汇》2022 年第 11 期。

率再次破"7"。如果未来美联储继续超预期加息，人民币兑美元存在进一步贬值风险。

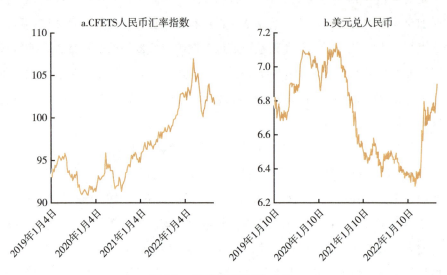

图14   人民币汇率变化走势

资料来源：中国外汇交易中心和中国人民银行。

四   小结与展望

2022年全球笼罩在新冠肺炎疫情、乌克兰危机和高通胀等因素及其带来的诸多不确定性之中，经济前景更为黯淡，相关风险开始显现。为了应对高通胀，全球央行掀起史无前例的同步加息潮。新兴市场经济体同时面临大宗商品成本上升、全球融资环境收紧以及债务负担加重的三重风险。全球长期国债收益率明显上行，部分国家出现短期和长期国债收益率倒挂的现象，警示经济衰退的可能。与此同时，全球股市与汇市巨幅震荡，发达经济体和新兴市场经济体的股市出现相似的大幅度回调，美元指数步入相对强势周期，主要货币兑美元纷纷贬值。

展望 2023 年，全球经济复苏的基本面仍较脆弱，国际金融形势面临诸多的不确定性。第一，全球央行同步加息，叠加多国财政政策收紧，这虽然有助于降低通胀，但也使得金融条件过度收紧，致使全球经济增速进一步放缓，更多经济体经济将陷入衰退，甚至不排除全球衰退的可能性。第二，更多的发展中国家可能陷入债务危机。当前 60% 的低收入国家已经处于或者很可能陷入政府债务困境。伴随全球融资环境进一步收紧和经济增速进一步下行，发展中国家的债务压力也将随之增加，更多的发展中国家可能由债务风险演变为债务危机。第三，全球央行加息终点尚难确定，但可能出现分化。伴随经济下行和需求转弱，部分国家的通胀可能出现明显回落，这些国家的央行可能率先停止加息，甚至转向降息；而另一些国家在持续的通胀压力下，货币政策仍将维持相对紧缩状态。这意味着 2023 年全球央行的货币政策可能出现分化。若主要国家之间缺乏政策协调，国际合作机制功能受限，全球金融市场将面临更为剧烈的震荡。第四，展望中期，如果地缘冲突持续，地缘政治变化将不断诱发国际金融市场的连锁反应，导致国际金融秩序出现剧烈的调整。尤其在跨境支付体系领域，在地缘政治诱发金融风险和扰乱金融安全背景下，很可能出现以不同技术标准为基础的跨境支付网络，这既是国际支付体系多元化的起点，也很可能是国际金融体系大分裂的起点。

参考文献

高海红、杨子荣：《国际金融形势回顾与展望》，载张宇燕主编《2022 年世界经济形势分析与预测》，社会科学文献出版社，2021。

倪淑慧、杨盼盼：《俄乌冲突之后的卢布走势》，《中国外汇》2022 年第 11 期。

杨子荣、肖立晟：《美联储历次加息的背景及影响》，《中国金融》2022 年第 11 期。

杨子荣：《日元贬值的原因、应对与启示》，《旗帜》2022 年第 8 期。

Armstrong Robert and Ethan Wu, "The Great Squeeze," FT July 18,2022.

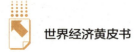

BIS, "Macro-financial Stability Frameworks and External Financial Conditions," Report Submitted to the G20 Finance Ministers and Central Bank Governors , July 2022.

IMF, "World Economic Outlook Update, July 2022: Gloomy and More Uncertain," July 2022.

Y.13
国际直接投资形势回顾与展望：复苏恐难持续

王碧珺 *

摘　要： 在发达经济体经济刺激政策影响下，跨国企业利润激增，企业内部及之间的金融活动和跨境并购活跃，推动 2021 年全球国际直接投资同比增长 64%，恢复至新冠肺炎疫情之前的水平。因为疫情而采取的部分紧急投资政策也趋于结束，但投资监管收紧的趋势仍在继续，涉及限制性的国别投资政策比例再创历史新高，并且主要来自发达经济体。乌克兰危机给逐渐走出疫情影响的国际投资和全球商业环境再度蒙上阴影。发达国家为了应对通胀压力的加息政策将进一步放缓跨境并购活动并抑制国际项目融资增长。地缘政治博弈则增加了全球经济运行的整体成本，跨国企业将不得不在价值观经贸、供应链安全、保持企业竞争力之间艰难寻求平衡。

关键词： 国际直接投资　乌克兰危机　地缘政治博弈

2021 年全球外商直接投资为 1.58 万亿美元，同比大幅上升 64%，远高于温和复苏 10%~15% 的预期，已经恢复到新冠肺炎疫情之前 2019 年的水平（见图 1）。具体而言，2021 年以基础设施为导向的国际项目融资数量增长了 68%，跨境并购数量增长了 43%。但跨国企业对在海外建立新的生产性资产的兴趣仍然疲软，这体现在跨境绿地投资项目数量仅增长了 11%，仍比新冠肺炎疫情之前的 2019 年下降了 20%；全球跨境绿地投资额在 2021 年虽增长了 15% 达到

---

* 王碧珺，中国社会科学院世界经济与政治研究所副研究员，主要研究方向为国际投资。

6590 亿美元，但在发展中国家却停留在有记录以来的最低水平 2590 亿美元。跨境绿地投资的疲软令人担忧，因为新设投资对于经济增长和商业前景而言至关重要。

图 1　全球外商直接投资增长情况

资料来源：笔者根据联合国贸发会议数据库数据整理（https://unctad.org/en/Pages/statistics.aspx）。

一　国际直接投资逐渐走出疫情阴霾

（一）FDI流入

1. 发达经济体大幅增长，体现出经济刺激政策的效果

2021 年流入发达国家的国际直接投资达到 7460 亿美元，是 2020 年的两倍多。这一增长显示出发达国家经济刺激政策的效果，为跨国企业带来了创纪录的留存收益，进而导致跨国公司内部以及之间的大量金融活动和跨境并购数量的激增。在美国，FDI 留存收益达到了创纪录的 2000 亿美元。同时，在有利的长期融资条件和复苏刺激计划的支持下，跨国企业对基础设施领域的投资充满信心。2021 年发达经济体的国际项目融资交易数量增加了 70%，交易价值增加了 149%。

尽管发达经济体更容易出现由资金流动和并购交易导致的 FDI 大幅波动（2021 年的反弹在一定程度上体现了这一特征），但新的生产性项目也出现了上升。2021 年流入发达经济体的跨境绿地投资额增长了 27% 达到 4010 亿美元。其中，两笔最大的交易都是在半导体领域，分别是美国英特尔公司斥资 190 亿美元在德国建立半导体工厂以及韩国三星公司斥资 170 亿美元在美国建立半导体工厂。

美国仍然是全球第一大 FDI 流入目的地。2021 年流入美国的 FDI 翻了一番多，达到 3670 亿美元，仅次于 2015 年和 2016 年，为有记录以来的第三高水平，占全部发达国家 FDI 流入的近一半（49%）。美国 FDI 流入的增长与跨境并购交易的活跃密不可分，在 2021 年全球 18 起超过 100 亿美元的跨境并购交易中，有 9 起发生在美国。

2. 发展中经济体创历史新高，集中在亚洲发展中经济体的高科技领域

2021 年流入发展中经济体的外国直接投资增加了 30% 达到 8370 亿美元，创历史最高水平。这一增长主要来自亚洲 FDI 流入的强劲增长、拉丁美洲和加勒比地区的经济部分复苏以及非洲的经济增长。

亚洲发展中经济体 FDI 流入连续第三年上升，达到 6190 亿美元的历史新高，同比增长了 19%，主要是由东亚（3290 亿美元，同比增长 16%）和东南亚（1750 亿美元，同比增长 44%）推动。亚洲发展中经济体是全球最大的外国直接投资流入地区，占全球 FDI 流入的 40%，占全部发展中经济体 FDI 流入的 74%。流入亚洲发展中经济体的 FDI 高度集中，中国内地、中国香港、新加坡、印度、阿拉伯联合酋长国和印度尼西亚（依序排列）六个经济体占该地区 FDI 流入的 80% 以上。中国内地 FDI 流入同比增长 21%（增速比上年提高了 15 个百分点），达到 1810 亿美元，占全部亚洲发展中经济体 FDI 流入的近 30%。中国内地强劲的 FDI 增长主要来自服务和高科技领域，例如，中国台湾地区的 TSMC 公司宣布在中国内地投资 28 亿美元，以增加汽车中使用的半导体的产量；新加坡普林斯顿数字集团出资 10 亿美元在上海建设数据中心。新加坡的 FDI 流入增长了 32% 至 990 亿美元，其中最大一笔交易是美国 Altimeter Growth 公司与新加坡软件发行商 Grab 340 亿美元的合并，最大的绿

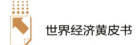
地投资项目是阿拉伯联合酋长国的 GlobalFouldries 公司耗资 40 亿美元在新加坡建造芯片工厂。马来西亚也吸引了芯片制造商，其最大三笔跨境绿地投资项目全都在半导体领域，包括中国太阳能技术公司的 100 亿美元项目、美国英特尔公司的 70 亿美元项目及奥地利 AT＆S 公司的 21 亿美元项目。

拉丁美洲和加勒比地区的 FDI 流入 2021 年增长了 56% 达到 1340 亿美元，但仍比新冠肺炎疫情流行前的 2019 年低约 15%。2021 年该地区 FDI 增长主要得益于采矿业、汽车制造、金融和保险服务以及电力供应等传统行业的强劲外资流入。巴西最大的跨境绿地投资项目是美国 Bravo Motor 公司价值 44 亿美元的电动汽车、电池和零部件生产项目。中国华为公司投资 45 亿美元在墨西哥新设一个云数据中心。

非洲的 FDI 流入从 2020 年的 390 亿美元增至 2021 年的 830 亿美元，增加了 1 倍以上。大部分非洲国家 FDI 流入的增加是由 2021 年下半年南非的一笔公司内部金融交易导致，不包括该交易，非洲的 FDI 增长速度将与其他发展中地区更为一致。在新冠肺炎疫情大流行导致非洲 FDI 流入在 2020 年出现下降后，大多数非洲国家的外国直接投资流入在 2021 年温和增长，总体呈积极态势。但 2021 年外国对非洲的绿地投资仍然低迷，为 390 亿美元，仅较 2020 年 320 亿美元的低点（低于 2019 年的 770 亿美元）略有回升。

（二）FDI流出

2021 年发达经济体对外直接投资（OFDI）达到 1.3 万亿美元，较 2020 年的 4080 亿美元翻了一番多，在全球 OFDI 中的份额上升至 75%。其中，欧洲跨国企业 OFDI 从 2020 年的异常低水平 -210 亿美元（净撤资）反弹至 5520 亿美元，占 2021 年发达经济体 OFDI 同比增量的 64%。通道经济体（Conduit Economies）的国际直接投资大幅波动特征仍然明显。例如，荷兰 OFDI 从 2020 年的 -1910 亿美元回升至 2021 年的 290 亿美元，差额占 2021 年全部欧盟跨国企业对外直接投资增长的 2/3；爱尔兰 OFDI 同期从 -450 亿美元增加到 620 亿美元。同时，德国成为世界第二大对外直接投资来源国，OFDI 增至 1520 亿美元，收益再投资跃升至历史最高水平 660 亿美元。北

表1 2021年全球前二十大FDI参与国（地区）

单位：十亿美元，%

FDI流入					FDI流出				
2021年位次	国家和地区	2020年	2021年	增速	2021年位次	国家和地区	2020年	2021年	增速
1	美国（1）	151	367	143	1	美国（1）	235	403	71
2	中国内地（2）	149	181	21	2	德国（6）	61	152	149
3	中国香港（3）	135	141	4	3	日本（5）	96	147	53
4	新加坡（6）	75	99	32	4	中国内地（2）	154	145	-6
5	加拿大（12）	23	60	161	5	英国（166）	-65	108	266
6	巴西（9）	28	50	79	6	加拿大（6）	47	90	91
7	印度（8）	64	45	-30	7	中国香港（4）	101	87	-14
8	南非（51）	3	41	1267	8	俄罗斯（25）	7	64	814
9	俄罗斯（22）	10	38	280	9	爱尔兰（165）	-45	62	238
10	墨西哥（10）	28	32	14	10	韩国（9）	35	61	74
11	德国（7）	65	31	-52	11	新加坡（10）	32	47	47
12	以色列（11）	24	30	25	12	比利时（18）	11	46	318

续表

FDI 流入					FDI 流出				
2021 年位次	国家和地区	2020 年	2021 年	增速	2021 年位次	国家和地区	2020 年	2021 年	增速
13	英国（16）	18	28	56	13	荷兰（167）	-191	29	115
14	瑞典（14）	19	27	42	14	卢森堡（4）	103	25	-76
15	比利时（20）	12	26	117	15	沙特阿拉伯（26）	5	24	380
16	澳大利亚（17）	17	25	47	16	巴西（163）	-13	23	277
17	波兰（19）	14	25	79	17	阿联酋（14）	19	23	21
18	日本（21）	11	25	127	18	丹麦（17）	11	22	100
19	阿联酋（13）	20	21	5	19	瑞典（11）	24	20	-17
20	印度尼西亚（15）	19	20	5	20	泰国（13）	19	17	-11

注：括号中为 2020 年的排名。

资料来源：笔者根据联合国贸发会议数据库数据整理（https://unctad.org/en/Pages/statistics.aspx）。

美地区 OFDI 达到创纪录的 4930 亿美元，其中美国 OFDI 增加了 72%，达到 4030 亿美元。美国跨国企业对欧盟和英国的直接投资翻了一番，分别达到 1540 亿美元和 790 亿美元，占全部美国 OFDI 的 58%。

来自发展中经济体的跨国企业 OFDI 在 2021 年增长了 18% 达到 4380 亿美元。亚洲发展中经济体仍然是主要的投资来源地，其对外直接投资增长了 4% 达到 3940 亿美元，占 2021 年全球 OFDI 的近 1/4、发展中经济体 OFDI 的 90%。这一增长主要来自沙特阿拉伯（增长 380% 达到 240 亿美元）、新加坡（增长 47% 达到 470 亿美元）和阿拉伯联合酋长国（增长 21% 至 230 亿美元）。该地区最大的两个投资来源地——中国内地和中国香港的 OFDI 则分别下降了 6% 至 1450 亿美元和下降了 14% 至 870 亿美元。尽管亚洲发展中经济体 OFDI 有所增加，但该地区的跨境并购活动在 2021 年减少了 35% 至 450 亿美元，尤其是东亚（主要是中国内地）的跨境并购从 2020 年的 440 亿美元暴跌至 63 亿美元，而东南亚的跨境并购交易增长了 19% 达到 290 亿美元、西亚则从 −13 亿美元增至 77 亿美元。

二 国别投资政策变化：限制性措施比例再创历史新高

2021 年，涉及外商直接投资国别政策变化的国家个数（53 个经济体）和政策数量（109 项）分别比 2020 年的 67 个经济体和 152 项大幅减少了 21% 和 28%，基本恢复到新冠肺炎疫情前的水平（2019 年为 54 个经济体和 107 项）。这标志着因疫情而采取的部分紧急投资政策趋于结束。

然而，投资监管趋紧仍在持续。不包括中性政策，涉及限制性或监管措施的比例从 2020 年有记录以来的历史最大值进一步提升 1 个百分点，再创历史新高达 42%（见图 2）。发达经济体已经成为对外资施行限制性或监管措施的主体。不包括中性政策，79% 的发达国家投资政策变化都是引入或加强投资限制。相较而言，77% 的发展中经济体投资政策变化都是旨在促进和鼓励投资。

2/3 的涉及限制性或监管措施是引入或收紧与关键基础设施、核心技术或其他敏感国内资产的外国所有权有关的国家安全审查，几乎都来自发达经济体。例如，捷克、丹麦和斯洛伐克这三个欧洲国家新引入了外国直接投资审查机制，欧盟也加强了现有外国投资审查制度。这使得全球对外国直接投资进行安全审查的国家已达 36 个，这些国家合计占全球 FDI 流量的 63%、存量的 70%。而在发展中国家，大多数涉及限制性或监管措施的外商直接投资国别政策变化旨在保护国内中小企业、战略性行业以及增加本地含量。例如，印度尼西亚要求非银行支付服务提供商的外商投资企业中，外资股东投票权不超过49%。南非要求私营保安公司必须至少有 51% 的股份由南非公民拥有和控制。

与此同时，涉及自由化或促进措施的国别投资政策也达到了有记录以来的最低比例（58%，同样不含中性政策），绝大部分来自发展中经济体。这突出体现出发展中经济体对外资的渴望与竞争。许多发展中国家通过精简行政程序进一步促进投资便利化，并通过向外国投资者开放更多行业、完善投资激励机制以吸引更多外国投资。例如，中国简化了在深圳特区注册公司所需的文件，印度启用企业一站式审批系统即国家单一窗口系统（National Single-Window System），印度尼西亚放宽了科技初创企业雇佣外国员工的就业许可程序等。

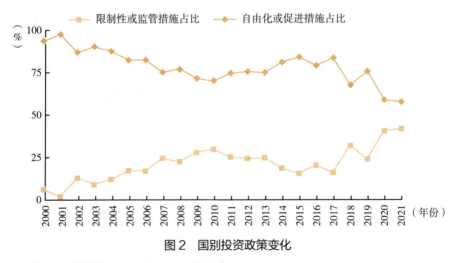

图 2　国别投资政策变化

资料来源：笔者根据 UNCTAD（2022）的数据整理。

三 国际投资协定：坚定迈向扩大国家监管空间的方向

2021 年全球共缔结了 13 个国际投资协定（International Investment Agreements，IIAs），其中双边投资协定（Bilateral Investment Treaties，BITs）6 个，其他国际投资协定（Treaties with Investment Provisions，TIPs）7 个。与此同时，2021 年国际投资协定终止的数量为 86 个，再次超过新达成的国际投资协定数量。其中，75 个为双方同意终止，4 个为单方面终止，4 个为替代（新协定生效），3 个为已经过期而自然终止。在 75 个双方同意终止的 IIAs 中，74 个是基于终止欧盟内部 BITs 的协议。这一背景是，欧盟法院在 2018 年 3 月判决的 Achmea 案中，发现欧盟内部 BITs 中的"投资者—国家仲裁"条款不符合欧盟法律。于是 23 个欧盟成员国在 2020 年 5 月 5 日签署协定终止欧盟成员国之间的 BITs，该协定于 2020 年 8 月 29 日生效。从 1991 年到 2021 年，终止的国际投资协定总数达到 483 个，其中 69% 是在过去十年终止的。全球 IIAs 存量为 3288 个，包括 2861 个 BITs 和 427 个 TIPs。

2021 年新签订的国际投资协定包含许多以改革为导向的条款，旨在保留东道国政府对外资的监管空间，同时促进国际投资发展。尤其是对于投资者—国家争端解决（ISDS）机制，由于存在投资仲裁的合法性、透明度、一致性、难以纠偏等问题，仲裁员遭受独立性与公正性质疑，外国投资者则被指责滥用国籍筹划与挑选条约，该机制备受质疑。2021 年新签订的三个国际投资协定（哥伦比亚—西班牙 BIT、格鲁吉亚—日本 BIT、以色列—韩国 FTA）都对 ISDS 机制的使用进行了限制，例如要求以有限期限的形式提交索赔，澳大利亚—英国 FTA 则未纳入 ISDS 机制。2021 年，至少有 68 起新的 ISDS 案件被启动，5 个国家面临其首个 ISDS 索赔。截至 2021 年底，ISDS 案件总数已达 1190 起，由于某些 ISDS 案件是保密状态，实际的争议数量会更高。东道国的 ISDS 经历对其参与国际投资规则制定有重要影响。研究发现，有更多件 ISDS 经历或者有更多金额 ISDS 索赔的东道国，其更倾向于通过终止投资协定或者对投资协定进行重新谈判的方式来减少其对外国投资者的承诺，进而重获更多的监管空间。全球民粹主义的方兴未艾也加强了这一趋势，进一步扩大了国际投资协定中的国家监管空间，并提示我们需要重视全球投资制度演变背后的政治环境。

2022 年 2 月爆发的乌克兰危机是否会引起相关的 ISDS 索赔？过去，至少有 30 起针对国家的 ISDS 案件是由武装冲突和内乱背景下对投资造成的破坏而引起的。已知的第一起是 1987 年亚洲农产品有限公司（Asian Agricultural Products Ltd., AAPL）在国际投资争端解决中心（ICSID）援引英国—斯里兰卡 BIT（1980）起诉斯里兰卡政府，理由是在斯里兰卡安全部队进行的军事行动中 AAPL 的投资遭到损害。该案的最后结果是认定东道国斯里兰卡政府在导致投资者损失的军事行动中未履行审慎义务，应承担责任。大多数国际投资协定通常在战争或武装冲突导致的直接和间接征收、投资减损的情况下保护涵盖投资，允许外国投资者在东道国违反条约的情况下直接进入国际仲裁程序，以及容忍一定程度上的外国投资者挑选条约①行为。但其中一些国际投资协定仍包括允许各国在紧急情况下避免面临 ISDS 索赔的例外情况。

四　乌克兰危机对国际投资产生了广泛而深远的影响

2022 年 2 月乌克兰危机的爆发给逐渐走出疫情的国际投资和全球商业环境再度蒙上阴影。这场危机是第二次世界大战后欧洲发生的最严重的军事危机，对全球经贸和政治格局都将带来深远的影响。就国际投资而言，首先，乌克兰危机对在俄罗斯和乌克兰的外国投资产生直接影响，包括停止在建项目、取消已宣布的项目、资产价值损失以及外国投资撤出。乌克兰危机爆发后，英国、欧盟、美国、日本等国家和地区相继宣布对俄罗斯进行制裁。来自这些支持制裁的发达国家和地区的跨国企业占俄罗斯 FDI 存量的 2/3 以上（其余大部分来自离岸金融中心），而来自中国和印度的跨国企业在俄罗斯 FDI 存量中的占比不足 1%（尽管它们在俄罗斯 FDI 流量中所占份额相对更大）。

---

① 挑选条约（Treaty Shopping）是指投资者选择对自己更加有利的条约作为依据从而提起仲裁的行为。

其次，乌克兰危机所带来的一系列制裁和反制裁措施还使得 2022 年第一季度新出台的全球国别投资政策激增。27 个国家和欧盟在 2022 年第一季度出台了 75 项影响外国投资的措施，创下季度数据的最高水平。其中 52 项（约占 70%）措施为在乌克兰危机背景下采取的制裁措施，主要包括限制或禁止外国直接投资进出俄罗斯、白俄罗斯、乌克兰部分非政府控制地区的措施，以及俄罗斯为限制跨国商业活动而采取的反制裁措施。

再次，乌克兰危机所带来的更广泛的国际商业活动的中断也对国际直接投资产生了负面影响。这包括针对俄罗斯银行等金融机构的制裁，对投入品、软件、技术的贸易限制，对运输公司的制裁，受制裁对象的旅行禁令和资产冻结等。这些措施限制了企业获得国际金融服务，中断了企业家参与国际商务活动，并对跨国企业的供应链产生重大影响，不利于国际投资活动的开展。

最后，乌克兰危机推动的能源价格上涨对国际直接投资产生的影响也不容忽视。尤其是在欧洲，乌克兰危机带来较大幅度的能源价格上涨和较为强烈的能源不安全感，企业的生产成本上升、利润下降，居民的收入下降、需求萎缩。乌克兰危机对其他发展中国家国际直接投资的影响则取决于其在能源和食品等基本商品供应短缺与价格上涨中的暴露程度，以及随之带来的收入减少、债务压力增加、财政状况收紧、经济和政治不稳定性提高。不论是成本因素还是需求因素抑或是制度因素都对外国直接投资流动有显著的影响。不过，较高的能源和其他商品价格可能会为非洲和拉丁美洲的资源型经济体提供一些抵消性的国际投资增长。

五　国际直接投资前景展望

2022 年全球国际直接投资恐难以延续 2021 年的增长势头，可能会呈现下降趋势，至多持平。然而，乌克兰危机并不是国际直接投资降温的唯一因素。新冠肺炎疫情全球大流行在 2022 年仍未结束。为了应对通胀压力，美欧等主要经济体的利率将显著上升，负面的金融市场情绪将放缓跨境并购活动并抑制国际项目融资增长。迫在眉睫的经济衰退迹象可能会加速外国直接投

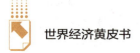
资的下滑。

地缘政治博弈对国际直接投资的影响更加长期和复杂。美国是全球第一大经济体、第一大 FDI 流入地、第一大对外直接投资来源国,其实施的政策对全球经济和国际直接投资会产生不容忽视的重要影响。2022 年 8 月,美国相继推出《2022 年芯片与科学法案》(CHIPS and Science Act of 2022)、《通胀削减法案》(Inflation Reduction Act),企图通过财税手段,实现推动芯片制造业回迁、新能源汽车产业链重构以及削减通胀、推广清洁能源解决方案等目标。美国的这些政策还具有遏制中国的战略企图,例如《2022 年芯片与科学法案》要求接受补助的企业在 10 年期限内不得在对美国安全造成威胁的国家新建或扩大某些半导体的生产能力,《通胀削减法案》对电动汽车消费者税收抵免的前提条件是电池中至少有 40% 的金属原料和矿物(例如锂和钴)要在美国或者与美国签署自由贸易协定的国家开采、提炼。美国更深远的意图是在目前的全球化组织外,另起炉灶,拉拢关键伙伴,打造孤立中国的新体系。例如,美国、日本、韩国和中国台湾地区正在组建"芯片四方联盟"(Chip4)以形成产业壁垒,在供应链上孤立中国大陆。美国这些破坏市场经济平等、开放原则的行为,增加了全球经济运行的整体成本。跨国企业将不得不在价值观经贸、供应链安全、保持企业竞争力之间艰难寻求平衡,重构全球产业布局。

参考文献

倪峰、达巍、冯仲平、张健、庞大鹏、李勇慧、鲁传颖:《俄乌冲突对国际政治格局的影响》,《国际经济评论》2022 年第 3 期。

王碧珺:《中国对外直接投资的理论、战略与政策》,经济管理出版社,2016。

王碧珺:《国际直接投资形势回顾与展望》,载张宇燕主编《2022 年世界经济形势分析与预测》,社会科学文献出版社,2022。

王碧珺、罗靖:《民粹主义、国家监管空间与国际投资协定再谈判》,《世界经济与政治》2022年第1期。

易小准、李晓、盛斌、杨宏伟、曹宝明、徐坡岭:《俄乌冲突对国际经贸格局的影响》,《国际经济评论》2022年第3期。

Liu X. and Zou H., "The Impact of Greenfield FDI and Mergers and Acquisitions on Innovation in Chinese High-tech Industries," *Journal of World Business*, 2008, 43.

Thompson A., Broude T. and Haftel Y. Z., "Once Bitten, Twice Shy? Investment Disputes, State Sovereignty, and Change in Treaty Design," *International Organization*, 2019, 73(4).

UNCTAD, "World Investment Report 2021: Investing in Sustainable Recovery," New York and Geneva: United Nations Conference on Trade and Development, 2021.

UNCTAD, "World Investment Report 2021: International Tax Reforms and Sustainable Investment," New York and Geneva: United Nations Conference on Trade and Development, 2022.

Y.14
国际大宗商品市场形势回顾与展望：冲击与调整

周伊敏　王永中*

摘　要： 受乌克兰危机、疫情、美联储紧缩性货币政策和全球经济放缓的叠加影响，国际大宗商品价格在过去的一年中走出先上涨后回调的行情。2021年8月至2022年3月，前期投资不足和乌克兰危机等供给端因素推动大宗商品价格强劲上涨，涨幅达50%；2022年4~7月，受美联储加息和全球经济放缓预期强化的影响，工业金属、食品价格分别下跌26%、10%。2022年第四季度至2023年，预计大宗商品价格总体上将波动下行，但不存在大幅下跌的基础。其中，能源价格将受俄欧能源脱钩、碳中和行动及极端气候等因素的影响而波动加剧，先在冬季用能高峰阶段有一定的上涨空间，后因经济增速放缓和能源需求疲软而出现回调，原油中枢价格将可能降至每桶90美元左右。能源转型金属价格将因碳中和行动而得到长期支撑，铁矿石价格可能因中国需求温和反弹而趋稳。粮食价格将高位震荡，低收入国家的粮食危机可能会加剧。

关键词： 大宗商品市场　供给　需求　乌克兰危机　价格

一　大宗商品市场总体状况

在过去一年中，大宗商品市场整体呈现先上涨后下跌的走势。2021年8

---

* 周伊敏，中国社会科学院世界经济与政治研究所助理研究员，主要研究方向：统计学；王永中，中国社会科学院世界经济与政治研究所研究员，主要研究方向：经济学。

月至 2022 年 2 月中旬，全球供应链问题引发的供给侧限制和经济活动复苏带动大宗商品需求增长，推动国际大宗商品价格持续上涨。2022 年 2 月下旬乌克兰危机的爆发加剧了疫情以来的供应链风险，并引发能源和粮食价格大幅上涨，进一步强化了商品指数上涨的形势，2022 年 3 月商品价格指数达到疫情以来的最高水平。以 SDR、美元计价的大宗商品价格指数分别由 2021 年 7 月的 160.6、164.5 攀升至 2022 年 3 月的 239.8、238.6，分别上涨了 49.3%、45.0%，其中在 2022 年 2 月和 3 月分别上涨了 19.2% 和 17.6%（见图 1）。不过，处于历史新高的商品价格抑制了全球经济增长，全球需求放缓预期增强，导致食品和金属类大宗商品价格指数在 4 月出现回调，能源价格自 6 月开始下跌。2022 年 4~7 月，食品、工业金属、贵金属和能源转型金属价格指数分别下降了 9.7%、26.1%、12.5% 和 26.7%（见图 2）。能源价格也出现明显的下降，布伦特原油价格由 6 月最高价 122 美元 / 桶下降至 9 月底的 88 美元 / 桶，降幅约 27.9%。

图 1 2020 年 3 月至 2022 年 8 月国际大宗商品价格指数

注：2016 年价格为 100。

资料来源：IMF。

国际大宗商品价格走势与我们上一年度报告的预测基本一致，我们预测到工业金属价格走势的分化，以及美元升值给大宗商品价格带来的下行压力，但低估了能源和粮食价格的上涨，这主要是受乌克兰危机影响。事实上，乌克兰危机对商品市场供需均产生了影响：在供给层面，全球能源、粮食供应链受到巨大冲击，尤其天然气和煤炭价格在冲突爆发当月创下历史新高；在需求层面，欧洲饱受高能源价格影响，通胀居高不下，经济衰退前景强化，同时乌克兰危机也加大了全球经济前景的不确定性，影响了全球大宗商品需求。

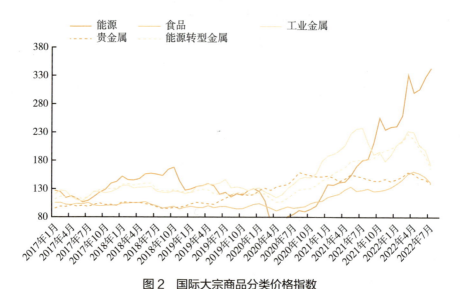

图2　国际大宗商品分类价格指数

注：2016年价格为100。能源转型金属（Energy Transition Metals）主要包括铜、镍、钴和锂四种重要金属。

资料来源：IMF。

综合来看，近期大宗商品价格的回调走势可主要归因于以下因素。

第一，全球流动性紧缩，大宗商品作为抗通胀资产需求下降。2022年以来，美联储已经历了四次加息，分别于3月、5月、6月和7月加息25个、50个、75个、75个基点；欧洲央行7月加息50个基点，并在9月历史性加息75个基点；除美欧外，其他主要央行也在大举加息，加拿大央行在9月宣布加息

75 个基点，同期澳洲联储宣布加息 50 个基点。美联储缩表及美元指数上行趋势明显，减少了用于对冲通胀的商品需求，导致商品价格因市场投资热度消退而下跌。

第二，集装箱货运成本拐点已现，运输供应链不畅问题有所缓解。据航运咨询公司 Drewry 2022 年 9 月发布的数据，全球主要八条东西方货运航线的综合运费为每 40 英尺集装箱 4942 美元，比 2021 年 9 月达到的峰值 10377 美元低 52%，但仍比 5 年平均水平 3692 美元高出 34%，其中，上海到鹿特丹和洛杉矶的集装箱运费指数比上年同期分别下降了 53% 和 66%。中国出口集装箱运价指数显示，2022 年中国出口集装箱运价出现明显的回调趋势，其中 8 月的欧洲航线和地中海航线运价已跌至接近上年同期水平（见图 3）。

图 3　2019 年 1 月至 2022 年 9 月中国出口集装箱运价指数

资料来源：Wind 和上海航运交易所。

第三，经济衰退前景降低大宗商品需求预期。4 月以来，石油、金属和农产品价格均出现大幅回落。这在较大程度上反映了投资者对全球商品需求增速大幅放缓的担忧。为遏制近 40 年来最高的通货膨胀，美西方国家不惜以

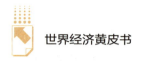

经济衰退为代价，实行严厉的紧缩性货币政策，而发达经济体的经济停滞和全球经济增速下滑显然会抑制大宗商品需求。

二 能源、金属和粮食市场的形势

（一）能源市场

近一年来，受乌克兰危机、碳减排、极端天气频发等因素的影响，全球能源供需严重失衡，能源价格大幅飙升，特别是欧洲天然气和动力煤炭价屡创历史新高。欧洲天然气市场是全球能源危机的"震中"。欧洲对俄罗斯管道天然气的高度依赖、美西方对俄罗斯能源制裁和俄罗斯的反制措施，导致欧洲的天然气供给严重短缺，进而导致天然气和电力价格飙涨。作为天然气发电的最方便的替代能源，动力煤的发电需求大幅上升，而碳中和限制了煤炭投资，导致煤炭价格也升至历史高位。相对于区域化的天然气市场和运输成本高的煤炭，全球化程度高的国际原油市场的供需价格弹性较大，贸易流向调整相对容易，从而原油价格虽出现大幅波动但涨幅较为温和。

1. 原油

作为全球化和金融化程度最高的大宗商品市场，国际原油供给虽受供给因素的制约但需求增速大幅放缓，且美元强劲升值限制了其价格上涨空间。国际原油价格先由 2021 年 8 月的 64 美元 / 桶上涨至 10 月的 82 美元 / 桶。在乌克兰危机爆发之前，受到供需因素的影响，油价总体上呈现波动上行走势。在供给侧，OPEC+ 在增加产量上始终保持克制，再加上飓风艾达引发美国石油产量约 3300 万桶的减产，加剧了石油市场供需紧张状况。在需求侧，中国经济增长放缓降低了市场的需求预期，而欧洲天然气短缺导致公用事业企业的燃料油发电需求上升，因而拉动石油消费。2022 年 2 月下旬乌克兰危机的爆发以及美西方对俄罗斯能源制裁，导致油价在当月跃升至 93 美元 / 桶，6 月突破 115 美元 / 桶。但自 2022 年 7 月以来，油价开始出现向下调整的趋势，其主要原因在于市场对于全球经济增长预期进一步弱化。9 月底，国际油价已降至 88 美元 / 桶的水平。不过，在 OPEC+ 宣布从 11 月起每日减产 200 万桶之后，① 布伦特油价在 10 月初回升至 95 美元 / 桶的水平。

当前，油价依然保持在较高水平，供给因素在其中也发挥着重要作用，主要表现在两个方面：一是前期投资不足限制石油产量增长。美国页岩油产量难以再现爆发式增长。全球油价上涨，美国的钻井和完井活动明显增加，但原油产量并没有出现强劲增长。事实上，根据美国能源署 (EIA) 公布的月度数据，美国原油产量自 2021 年 11 月以来一直在下降，2022 年 2 月原油日产量为 1131 万桶。美国能源署估计，与 2021 年相比，2022 年美国原油产量每天将增加 82 万桶，达到 1200 万桶，但仍将低于新冠肺炎疫情前每天 1291 万桶的水平。尽管在美国石油行业的劳动力短缺、成本上涨以及供应链瓶颈等问题得到缓解后，钻井活动可能会进一步增加（二叠纪盆地的新井钻井许可证数量飙升至历史新高），但受资本开支的限制，其增长的潜力有限。美国页岩油行业在低油价阶段损失较大，因此投资者更倾向于尽快增加石油收益，而不是进一步扩大投资。此外，随着完井数量的增加，已钻探但未完井（DUC）的库存量大幅减少（根据 EIA 发布的钻井生产率报告，2022 年 9 月 DUC 库存量为 4333 口，2020 年同期为 7592 口），这将限制未来一段时间内石油产量的增长。同时，在低碳转型的大背景下，基于对环境风险的担忧，投资者对化石能源领域的进一步投资犹豫不决。同时，由于前期投资不足，一些"欧佩克 +"成员国的产量增长空间有限，甚至部分成员国的产能只能勉强达到配额规定的水平。二是"欧佩克 +"将转向减产。"欧佩克 +"收紧石油供给有三方面可能的原因：第一，"欧佩克 +"声称，鉴于全球经济和石油市场前景的不确定性，减产对于稳定近期全球能源价格是必要的。第二，得益于美国石油行业发展受限，"欧佩克 +"对市场的控制能力进一步增强，回到高油价有利于增加"欧佩克 +"的石油收入。第三，美元强势上涨损害石油生产国实际出口收益，减产有利于抵消该影响。

---

① OPEC+200 万桶 / 天的减产量是以成员国商定的基线产量为依据计算的。目前，OPEC+ 部分成员国的产量低于基线产量，如俄罗斯和伊朗因遭受制裁其石油产量会萎缩、新冠肺炎疫情致使一些产油国开工不足，因此这些国家无须减产。根据 OPEC+ 成员国官员的估计，实际减产规模约为每天 100 万~110 万桶。

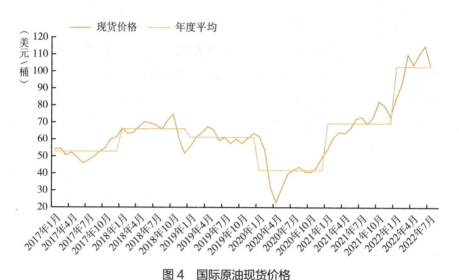

图4 国际原油现货价格

注：原油现货价格为英国布伦特轻质原油、西德克萨斯轻质原油和迪拜原油的现货价格的平均数，三者的权重相等。

资料来源：IMF。

2. 天然气

受乌克兰危机引发的天然气供应短缺的影响，欧洲天然气价格大幅飙升。天然气发电是欧洲电力的主要来源，天然气供应短缺导致欧洲电力价格飙升，投资者对欧洲经济衰退的担忧日益加剧。乌克兰危机对俄罗斯向欧洲出口天然气造成了极为严重的负面冲击。欧盟进口的俄罗斯天然气占欧盟天然气总消费量的36%。一方面受限于欧盟对液化天然气的接收能力，另一方面受限于非俄市场上液化天然气的现货供给能力，欧盟在短时间内不可能弥补俄罗斯天然气断供所形成的缺口。尽管欧盟对市场采取了多项干预措施，包括快速填充天然气库存、设置天然气价格上限以及暂停电力衍生品交易，但天然气和电力价格仍保持在高位。受7月欧洲地区高温以及补库需求强劲的影响，2022年8月欧洲基准TTF天然气期货的交易价格达到340欧元/兆瓦时，为2015~2020年均价的17倍，而上年同期价格仅为75欧元/兆瓦时。天然气价格的持续上涨带动了欧盟批发电价飙升，2022年8月，意大利电价超过543欧元/兆瓦时，创下欧洲地区最高纪录，主要工业国德国的电力也达到469欧元/

兆瓦时。

美国市场天然气价格也出现了大幅上涨。2022 年 8 月，美国天然气价格达到 8.8 美元 / 百万英热单位，是其 2021 年天然气均价的两倍之多。尽管欧洲天然气溢价鼓励了美国天然气出口商增加对欧洲的 LNG 出口，但这并不是美国国内天然气价格变化的主要原因，因为美国 LNG 难以在短期内大幅增加出口量，其增加对欧洲的 LNG 出口是通过出口转向来实现的。根据芝加哥商品交易所数据，2021 年 1~5 月，美国 LNG 有 51% 出口至亚洲市场，而欧洲只占其总出口量的 32%。2022 年同期，有 64% 的 LNG 出口至欧洲，仅 27% 出口至亚洲。[①] 美国天然气价格上涨的主要原因是市场供需失衡：在供给层面，油气企业面临供应链和劳动力短缺问题，扩大生产需要时间，且低碳转型带来的需求不确定性遏制了市场投资，这限制了美国天然气供给的增加；在需求层面，美国经济在 2021 年实现了就业增长，能源需求市场得到提振，叠加夏季的制冷需求飙升，天然气需求进一步上升。此外，低库存也是导致美国天然气价格走高的重要因素。根据美国能源信息署 2022 年 9 月初的统计数据，美国储存的天然气规模比上年同期水平低 7.6%，比 5 年平均水平低 11.5%。

亚洲 LNG 价格也一路攀升，但相较于欧洲天然气市场，价格增长幅度较为温和。全球 LNG 市场紧张局势导致亚洲 LNG 贸易模式发生变化，一方面历史性高价导致亚洲市场对 LNG 的需求下降，另一方面欧洲 LNG 溢价鼓励亚洲 LNG 买家将多余的 LNG 在现货市场上转售。2022 年 1~8 月，亚洲国家的现货 LNG 进口量较 2021 年同期减少了 28%，其中中国、印度、日本进口量分别同比减少 59%、22%、17%。中国 LNG 进口量减少的幅度最大，除了价格因素外，国内经济活动减弱、可再生能源发展加快也是重要的原因。

---

① https://www.cmegroup.com/cn-s/articles/2022/europe-turns-to-us-gas.html.

表1 天然气的价格及价格指数

表1　天然气的价格及价格指数

单位：美元/百万英热单位

项目	年度平均			季度平均			月度平均		
	2019年	2020年	2021年	2021年第四季度	2022年第一季度	2022年第二季度	2022年1~6月	2022年1~7月	2022年1~8月
价格指数	61.1	45.5	130.7	220.5	221.8	251.8	263.2	344.9	453.3
欧洲价格	4.8	3.2	16.1	32.2	32.6	31.6	33.6	51.3	70.0
美国价格	2.6	2.0	3.9	4.7	4.6	7.5	7.7	7.3	8.8
日本价格	10.6	8.3	10.8	14.3	15.6	16.2	15.5	18.9	20.2

注：2010年的天然气价格指数为100。欧洲价格指荷兰的TTF（Title Transfer Facility）天然气价格，美国价格指美国亨利中心的天然气现货价格，日本价格指日本的LNG进口到岸价格。

资料来源：World Bank Commodities Price Data (The Pink Sheet), September 2, 2022。

3. 煤炭

受能源供给短缺的影响，煤炭价格延续了过去一年的上涨趋势。2022年以来，澳大利亚、南非出口的煤炭价格分别上涨了129%、151%。不同品种煤炭价格走势出现分化。焦煤价格自2022年4月起出现下降趋势，其主要原因是中国经济增长放缓，钢铁产量下降，对炼焦煤需求下降。据中国国家统计局公布的数据，2022年1~6月全球生铁和粗钢产量同比分别下降了4.7%和6.5%。2021年底以来，动力煤价格因发电需求上涨而持续攀升，尤其是在欧洲多国为了应对电力短缺而重启燃煤电厂以代替天然气发电，以及俄罗斯煤炭出口受限的情形下，全球煤炭供应紧张局势加剧。此外，碳达峰碳中和目标下煤炭投融资受阻，煤炭供应短缺矛盾加剧。

（二）工业金属

欧洲能源危机和全球经济下行风险增加，导致工业金属价格在经历2022年第一季度的回升后急剧下降。作为工业金属的关键需求方，中国的经济形势会对其价格走势产生较大的影响。中国2022年第一季度实施的财政和货币政策，带动了工业金属价格上涨，但第二季度经济活动减缓又导致工业金属价格逐步下调。从全球基本面来看，全球PMI自2021年5月开始出现波动下行走势，尤其是乌克兰危机爆发和美西方国家的紧缩货币政策，导致全球经济衰退预期加强，工业金属价格出现大幅下跌。

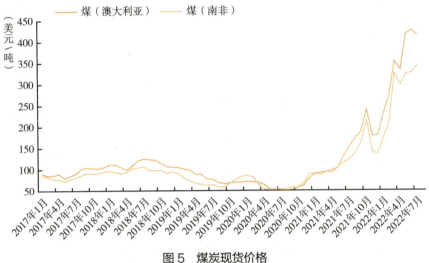

图 5　煤炭现货价格

资料来源：IMF。

　　铜的价格在经历了 2021 年 8 月至 2022 年 3 月的上涨后大幅向下回调，尤其是 6~7 月下调了 1523 美元 / 吨，降幅达到 17%，跌至 2021 年以来的最低水平。铜价下跌主要受两方面因素的影响：一是发达经济体央行收紧货币政策；二是中国经济增速放缓。

　　受中国铁矿石需求下降的影响，铁矿石价格出现了大幅下调，2021 年 8 月至 2021 年 11 月降幅近 58%。中国钢材产量在全球总产量中的占比超过 50%。由于中国房地产投资下滑和建筑业活动收缩，2021 年 6 月以来中国钢材产量持续 6 个月下降（见图 7），其间主要铁矿石生产国澳大利亚出口量稳定，巴西出口量仅略微下降，需求低迷极大地打击了全球铁矿石市场价格。2022 年第一季度，铁矿石价格出现回升，其原因在于：一是疫情导致铁矿石发货量不及预期，澳大利亚和巴西（约占我国铁矿石进口量的 80%）发货量低于历史同期，且乌克兰危机导致运往中国的铁矿石被欧洲小部分分流，导致供给偏紧张。二是中国采取了包括增加基础设施投资在内的措施，支持了

铁矿石需求预期。此后，澳大利亚和巴西铁矿石出货量回升，但4~5月中国
经济放缓导致钢铁需求再现低迷前景。

图6 部分工业金属分类价格

资料来源：IMF。

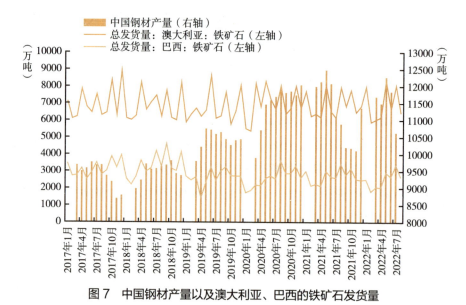

图7 中国钢材产量以及澳大利亚、巴西的铁矿石发货量

资料来源：Wind。

（三）粮食市场

粮食价格大幅上涨主要有五个驱动因素：一是乌克兰危机加剧了封锁乌克兰港口和取消黑海货运航线造成的供应链中断风险。尽管俄罗斯和乌克兰于 7 月 22 日签署谷物协议，为全球谷物市场提供了缓冲，但供应中断的风险仍在。二是种植投入成本飙升。石油价格上升增加了农业机械用油成本。化肥价格高企，世界银行的化肥价格指数在 3 月达上年同月的 2 倍之多，创近 10 年以来的新高。三是俄罗斯和白俄罗斯的化肥出口受阻。俄罗斯是全球排名前三的氮肥、钾肥和磷肥出口国，乌克兰危机引发肥料供应吃紧。白俄罗斯作为重要的钾肥出口国，面临着西方的制裁。四是天然气是化肥的重要原料，天然气价格上升也是导致化肥成本升高的重要原因。五是极端天气持续冲击南美作物生长。巴西、美国、乌克兰等玉米、大豆主产国受到持续高温困扰。

自 2022 年 6 月中旬开始，国际粮价开始从高位回落，但整体仍高于上年同期水平。粮食价格下跌有两方面的原因：一是全球流动性持续收紧，美元走强，国际资本唱空大宗商品市场行情。二是全球粮食市场供需紧张格局有所缓和，前期由高粮价所引发的紧张情绪逐步得到释放。得益于乌克兰黑海港口小麦出口恢复，以及加拿大、美国和俄罗斯小麦生产前景的持续改善，国际小麦价格 6~8 月连续三个月下降。大麦价格下降主要是由中国和土耳其的需求减少预期所致。玉米价格自 5 月开始下跌，但幅度较小，相较于上年仍处于高位。尽管乌克兰恢复出口导致玉米价格下跌，但欧盟和美国因干旱炎热天气而导致产量预期下降，为玉米价格处于高位提供了支撑。大豆价格在 3~5 月短期下降后回归上涨趋势，主要归因于天气因素，大豆的主要种植国家美国、阿根廷和巴西均不同程度地受到干旱天气的影响。巴西国家商品供应公司月报数据估计，巴西 2022 年大豆产量比上年减少近 10%；阿根廷农业部 6 月的报告显示，2022 年大豆产量同比减少 4.3%；美国农业部预测，俄克拉荷马州和得克萨斯州的干旱天气将使其 2022 年产量相较于上年分别减少 1/3 和 1/4。

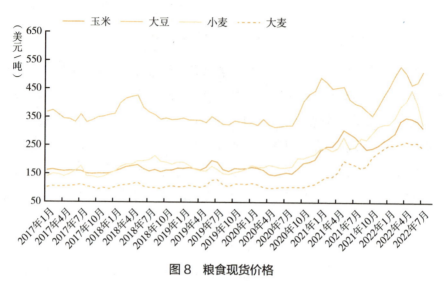

图8 粮食现货价格

资料来源：IMF。

三 中国需求

中国是全球大宗商品最大的需求国。就表2中列出的主要大宗商品的进口贸易而言，中国2021年的进口额高达7609.8亿美元。与2020年相比，2021年不同品种商品进口总额普遍上升，而同时部分商品进口数量却出现下降，主要原因有：一是2021年全球大宗商品价格普遍上涨，导致进口商品的金额增加；二是过高的商品价格抑制中国进口需求，以及行业生产需求发生转变，导致中国对部分商品的进口数量减少。

表2 中国大宗商品进口规模及占全球份额

品种	2021年中国进口额		2021年中国进口额变化（基于2020年进口额的变化率，%）		2017~2020年中国年均进口在全球的占比（%）	
	金额（亿美元）	数量（万吨）	金额	数量	金额	数量
谷物	199.6		114.2		5.7	
稻谷	21.9	492.4	49.9	69.2	6.2	7.9

续表

品种	2021 年中国进口额		2021 年中国进口额变化（基于 2020 年进口额的变化率，%）		2017~2020 年中国年均进口在全球的占比（%）	
	金额（亿美元）	数量（万吨）	金额	数量	金额	数量
玉米	80.2	2835.0	223.4	152.2	4.0	4.9
棉花	105.9		27.9		22.4	
大豆	535.3	9652.0	35.3	−3.8	58.2	64.0
橡胶	38.6	238.5	25.4	3.7	22.9	30.2
原木	0.8	11.8	17.4		24.1	31.4
钢铁	435.7		18.1		7.3	
铁矿石	1826.0		47.6		80.0	
铜及制品	660.9		35.1		27.4	
镍矿石	44.2	4353.0	51.0	10.9	98.6	98.4
铝矿石	51.3	10730.0	2.1	−3.9	81.3	85.4
氧化铝	13.3	332.7	8.6	−12.6	6.1	6.6
铝及制品	124.9		53.3		3.7	
铅矿石	18.6	120.0	9.0	−8.3	34.9	50.8
锌矿石	39.5		52.6		24.6	39.5
煤	270.5	20428.0	64.8	−0.1	14.6	17.6
原油	2581.0	51300.0	44.6	−5.4	23.9	24.5
液化天然气	445.4	7993.0	90.1	18.8	22.4	20.8
管道天然气	116.2	4242.0	15.4	22.9	11.7	11.8
合计	7609.8					

注：表中产品名称均为对应的海关 HS 分类名称的简称。对应的代码分别为谷物 10、稻谷 1006、玉米 1005、棉花 52、大豆 1201、橡胶 4001、原木 4003、钢铁 72、铁矿石 2601、铜及制品 74、镍矿石 2604、铝矿石 2606、氧化铝 281820、铝及制品 76、铅矿石 2607、锌矿石 2608、煤 2701、原油 270900、天然气（液态）271111、天然气（气态）271121。

资料来源：联合国 COMTRADE 数据库和海关总署。

2022 年以来，大宗商品价格上涨和国内经济活动放缓影响了中国对能源和工业金属的需求。2022 年 1~8 月，中国的原油、液化天然气、铁矿石、大豆的进口量分别为 3.3 亿吨、4064 万吨、7.2 亿吨、6134 万吨，依次同比减少

4.7%、21.3%、3.1%、8.6%；进口金额分别达 2396 亿美元、314 亿美元、920亿美元、409 亿美元，分别同比增长 49.9%、40.8%、-31.8%、13.7%。原油和铁矿石是中国 2022 年进口数量和进口金额最大的两种商品（见图 9）。通过比较这两种商品的进口情况可以看出，全球市场对中国铁矿石需求反应较为敏感，表现为中国需求下降的同时铁矿石价格也明显下降，但中国原油需求对全球市场的影响则没有这么明显。这表明中国在全球商品进口份额与中国因素在商品定价中的重要性密切相关。

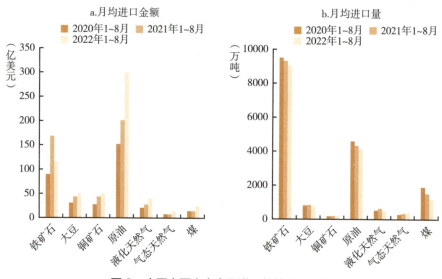

图 9   中国主要大宗商品进口的数量和金额

资料来源：海关总署。

四   货币金融因素

在大宗商品市场金融化趋势日益增强的情形下，货币金融也是影响大宗商品价格走势的一个不可或缺的因素。美元是大宗商品的基础计价货币，美联储的货币政策和美元汇率的变动将不可避免地会对大宗商品价格产生影响。并且，在大宗商品定价权方面，期货市场的重要性远强于现货市场。

（一）货币因素

作为大宗商品的计价货币，美元指数与大宗商品价格之间通常存在反比关系。当美元兑其他主要货币走强时，商品价格趋于下跌，而当美元兑其他主要货币贬值时，商品价格普遍走高。当美联储实行宽松货币政策时，较低的利率和美元指数将支持大宗商品价格上涨；当美联储采取紧缩的货币政策时，较高的美元汇率将对大宗商品的价格上涨具有抑制作用。为控制国内通胀，美联储自 2022 年以来已 4 次加息，美元指数在此期间持续上涨。2022 年 1~5 月，由于市场供给瓶颈突出，美元和大宗商品价格指数罕见地出现了同时上涨的走势。2022 年 5~9 月，货币金融因素增强，大宗商品价格指数与美国联邦基金利率以及美元指数呈现明显的反向走势（见图 10）。

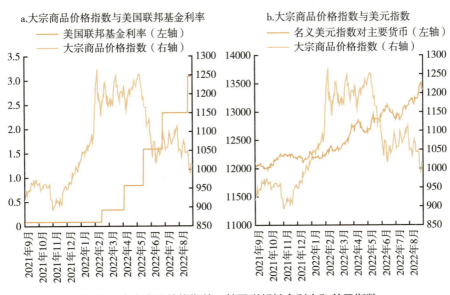

图 10　大宗商品价格指数、美国联邦基金利率和美元指数

资料来源：美联储和道琼斯。

（二）商品期货市场

原油期货是大宗商品期货市场中交易最活跃的商品期货。原油期货市场的

投资者对原油现货价格会产生重要影响。2022年初开始，原油期货和期货持仓量就持续下降，8月的轻质低硫原油期货和期权总持仓比1月减少了70万份，减幅26%。即使是在2022年2~6月油价一路攀升至120美元/桶期间，轻质低硫原油期货和期权总持仓也持续下降（见图11）。这表明原油市场的投资者情绪在迅速降温。投资者退出市场有两方面的因素：一是紧缩的货币政策，促使投资者减少将包括石油在内的大宗商品作为对冲通胀的工具；二是虽然乌克兰危机所带来的供给中断担忧会导致油价飙升，但对经济衰退的预期使投资者更担忧面临原油被抛售的风险。原油衍生品市场持续的低迷情绪，预示油价可能将回落至较低水平。

图11　NYMEX 轻质低硫原油期货和期权总持仓与现货价格

资料来源：美国商品期货交易委员会，Wind。

与原油期货市场活跃度下降一致，原油期货市场看多情绪也明显降温，这意味着市场对于原油价格预期差异增大。根据美国商品期货交易委员会的统计数据，原油期货非商业的多头/空头持仓比率在乌克兰危机爆发后迅速由4.1∶1上涨至4.8∶1，市场看多情绪主要来源于乌克兰危机对俄罗斯石油出口的影响，以及对于夏季出现石油需求高峰的预期。但5月以来，全球经济衰退预期增强，导致原油看空情绪上涨，8月多头／空头持仓比例一度降低至2.6：1。这与WTI原油价格走势成大体的正相关关系。

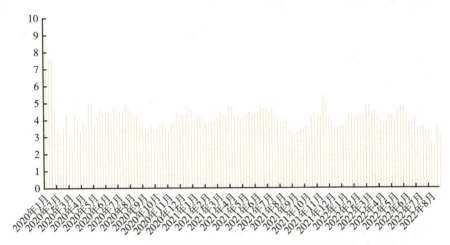

图12　NYMEX轻质低硫原油期货非商业的多头／空头头寸比率

资料来源：美国商品期货交易委员会。

五　国际大宗商品市场趋势展望

　　基于世界银行、IMF、OECD和国际能源署等机构关于世界经济形势与国际大宗商品市场的预测，现从需求、供给和货币等视角，对2022~2023年国际大宗商品市场走势作简要展望。

　　全球大宗商品的需求取决于世界经济形势。根据IMF和世界银行等国际组织的预测，全球经济正在进入增长疲软而通胀加剧的时期，滞胀风险进一步上升。据IMF 2022年10月的《世界经济展望》预测，全球经济增长2022年将放缓至3.2%，随着紧缩货币政策的效果显现，2023年将进一步降至2.7%。IMF认为全球经济面临四个主要风险点：一是货币、财政或金融政策的负面风险急剧上升；二是金融环境恶化增加新兴市场和发展中经济体金融脆弱性和通胀压力；三是劳动力市场恢复状况或者通胀控制效果不及预期；四是乌克兰危机加剧能源危机。在这些风险事件发生的情形下，全球经济 2023 年甚至将下降至 1.1%。另据世界银行 2022 年 6 月的《全球经济展望》，全球经济增长率将从 2021 年的 5.7% 降至 2022 年的 2.9%、2023 年的 3.0%，其中发达经济体增长率由 2021 年的 5.1% 大幅降至 2022 年的 2.6%，2023 年进一步放缓至 2.2%；新兴市场和发展中经济体增长率由 2021 年的 6.6% 下降到 2022 年的 3.4%，2023 年略回升至 4.2%，但仍低于 2011~2019 年 4.8% 的年均增长率。

大宗商品供求还受地缘政治、气候因素、经济增速、前期投资和"双碳"目标的影响。在供给侧，极端气候、乌克兰危机仍在威胁全球供应链的恢复，且由于工业金属和能源商品前期投资不足，供给增速仍受限制。在需求端，全球经济减速趋势增强，或将抑制大宗商品需求，但中国经济企稳向好将有利于带动工业金属等大宗商品需求回升。同时，在全球脱碳转型的大趋势下，对能源转型相关商品的需求仍将继续增长。当前能源市场存在不确定性，化石能源投资不足和新能源不稳定的现状预计会导致能源转型过程中能源价格频繁出现大幅波动。

美元是大宗商品的计价货币，预测大宗商品价格走势需要考虑美元汇率的变化。预计未来一段时间，美元将很可能维持强势地位，主要原因有：一是本轮美联储加息周期尚未结束，美元指数上升期很可能会持续，虽然美元继续升值的空间有限，但美元明显贬值的可能性不大；二是乌克兰危机致使欧洲遭遇天然气危机，而美国凭借页岩油气革命不仅实现能源独立，而且趁机抢占欧洲能源市场，其能源竞争优势得以强化；三是欧洲经济因能源危机而趋于衰退，中国经济增速放缓，部分新兴经济体债务风险上升，资本回流美国。基于此，美元的强势地位将会抑制大宗商品价格上涨。

原油价格总体上呈波动行情，在冬季尚有小幅上涨空间。尽管全球经济下行风险加大不利于原油需求复苏，但 IEA 仍预测世界原油需求 2022 年、2023 年将分别增长至 200 万桶 / 天、210 万桶 / 天。其中，航空煤油需求增长是推动全球原油需求复苏的主要驱动力，创纪录的天然气高价也将会增加中东和欧洲的燃油发电需求。值得指出的是，俄罗斯石油的生产和出口弹性高于预期，其对印度、中国和土耳其的出口增加在一定程度上抵消了对美国、欧洲、日韩的出口下降。但是，欧洲对俄罗斯的原油、石油产品进口禁令将先后于 2022 年底、2023 年 2 月生效，这会迫使俄罗斯针对 140 万桶 / 天的原油、100 万桶 / 天的石油产品寻找新的销售市场，而欧洲也需要寻找替代供应来源，从而预计全球石油市场的分化将会持续，俄罗斯石油供应过剩和非俄罗斯石油供应紧张局面将并存。与沙特在石油产量（增产或减产）上的矛盾公开化，预计会刺激美国采取一些除释放石油战略储备之外的政策，如增加国内产量、加快伊核谈判进程、放松制裁委内瑞拉、威胁启动《反石油生产和出口垄断法案》立法制裁国际石油卡特尔组织 OPEC。总体上看，在 2022 年第四季度至 2023 年期间，国际原油价格将总体上维持波动行情，中枢价格将维持在 90 美元 / 桶左右，而在 2022 年冬季能源供应紧张时期可能会上涨。

全球 LNG 市场供应紧缩问题在未来几年仍将持续存在，价格会居高不下，欧洲的 LNG 价格将持续高于亚洲。随着乌克兰危机激化、北溪一号和二号管线爆炸、欧盟商议对俄罗斯实施新一轮制裁，俄欧之间的冲突预计会加剧，俄罗斯势必会以限制天然气出口为武器反制欧盟，从而欧洲国家在未来几年会持续增加液化气进口以替代俄罗斯管道气。但欧洲国家需要数年时间来增强液化气的运输储存能力和完善再气化基础设施，美国、澳大利亚和中东国家增加对欧洲液化气供应也需要新增投资，从而液化气进口在短期内不可能替代俄罗斯的管道气，欧洲未来数年内会面临液化气短缺问题。欧洲 2022 年冬季的天然气供给形势会尤为严峻。在冬季来临之前，如果天然气需求缩减幅度和天然气储备量低于预期、重启煤电和核电力度不足、出现极端寒冷天气等，那么欧洲可能会经历非常严重的天然气和电力短缺危机。同时，鉴于欧洲的天然气购买力明显强于亚洲国家，全球部分 LNG 贸易会发生转向，亚洲国家会缩减天然气消费，并将部分订单转卖给欧洲买家，欧洲 TTF 天然气现货价格将持续高于亚洲的 JKM 价格。

预计粮食产量下降，粮食价格高位波动，低收入国家的粮食危机加剧。据联合国粮农组织报告《作物前景与粮食形势》的预测，干旱天气和乌克兰危机导致 2022 年谷物产量比上年下降 1.4%。谷物产量的下跌主要由玉米产量的下降驱动。干旱天气导致欧盟和美国的玉米产量下降，其中欧盟的产量较过去 5 年的均值下降 16%，乌克兰的玉米产量可能大幅下降 38%。不过，2022 年全球小麦产量与上年接近，加拿大、美国的小麦生产条件有利，俄罗斯的小麦产量创历史新高，中国小麦收成情况好于预期。印度等南亚国家的雨水分布不均衡、中国长江流域的旱灾，导致 2022 年水稻产量下降 2.1%。非洲、南亚、中亚和加勒比等国家或地区受国内战乱、疫情、极端天气和水土资源禀赋不足等因素的影响，粮食短缺问题严重。乌克兰危机引发的俄乌粮食出口受阻、乌粮食播种面积减少和化肥价格大幅上升，导致国际粮价飞涨。同时，美联储加息和美元升值致使其货币贬值和资本外流，进一步削弱其粮食进口支付能力，恶化了部分国家的粮食危机。

工业金属价格将受到全球经济增长疲软的拖累，能源转型金属价格将继续支撑相关金属价格。由于中国需求减少，主要工业金属价格出现了明显的回落。预计 2023 年在制造业和房地产业回暖的拉动下，中国的工业金属需求将增加，但全球经济衰退前景将拉低 2022 年第四季度的工业金属价格。在脱碳背景下，能源转型金属所面临的长期供需错配问题难以解决，这意味着能源转型金属价格将在未来几年维持在较高水平。

综上所述，2022~2023 年大宗商品价格可能走出波动下行的行情，但不存在大幅下跌的基础。在供给侧，能源和工业金属领域存在前期投资不足的问题，尤其是能源转型金属供给短缺问题凸显，这从供给端为商品价格提供了长期支撑。在需求端，中国经济 2023 年回稳向好预计会在一定程度上支撑工业金属和能源价格。在货币金融层面，2023 年美元维持强势地位将在一定程度上抑制大宗商品价格上涨。由于中国相关政策效果显现需要时间，预计大宗商品价格在 2022 年第四季度会出现分化，能源价格因乌克兰危机引发的欧洲能源短缺而尚存上涨空间，工业金属价格和粮食价格将继续向下调整。预计 2023 年工业金属价格将因中国经济的提振而有所回升。受乌克兰危机和气候因素的不确定性影响，布伦特原油中枢价格 2022 年第四季度将可能维持在 90~100 美元 / 桶的区间，2023 年上半年随着欧洲冬季的结束和全球经济增长的疲软，油价将出现下行趋势，2023 年均价可能降至 90 美元 / 桶左右。

参考文献

王永中、周伊敏：《国际大宗商品市场形势回顾与展望：普涨和调整》，载张宇燕主编《2022 年世界经济形势分析与预测》，社会科学文献出版社，2022。

Food and Agriculture Organization of the United Nations（FAO），"Crop Prospects and Food Situation," Quarterly Global Report, September 2022.

International Energy Agency, "Oil Market Report," September 2022.

International Monetary Fund, "Countering the Cost-of-Living Crisis," World Economic Outlook, October 2022.

OECD, "The Price of War," OECD Economic Outlook, Volume 2022 Issue 1.

World Bank Group, "Commodity Markets Outlook," April 2022.

World Bank Group, "Stagflation Risk Rises Amid Sharp Slowdown in Growth," Global Economic Prospect, June 2022.

热 点 篇
Hot Topics

Y.15
乌克兰危机对全球大宗商品市场的影响

王永中 [*]

摘 要： 俄罗斯既是全球能源超级大国，又是重要的粮食、化肥和金属出口国，而乌克兰是重要的粮食出口国，冲突带来的破坏和美西方国家的制裁严重限制了俄乌两国大宗商品的生产和出口的能力，加剧了全球大宗商品供应失衡状况，导致能源、食品和金属的价格飙涨，特别是欧洲天然气、煤炭和镍价格创历史新高。乌克兰危机导致全球能源流向重整，俄罗斯将基本失去欧洲市场并转向亚洲寻求替代消费市场，而美国高价的 LNG 取代俄罗斯廉价的管道气成为欧洲天然气进口的主要来源。预计乌克兰危机对欧洲能

---

* 王永中，中国社会科学院世界经济与政治研究所研究员。

源安全的边际影响递减，但欧洲将在未来较长期内特别是在冬天供暖季仍然会经常受到能源供应来源不稳定问题的困扰，不过强度会显著弱于乌克兰危机的冲击。受美元大幅升值和债务负担加重等因素的叠加影响，一些对俄乌粮食依赖度高的中东、非洲和亚洲的中低收入国家的粮食进口支付能力被严重削弱，爆发粮食危机的风险显著上升。全球金属市场受影响相对较小，伦交所青山镍期货被逼空事件基本平稳落幕，受潜在的美国禁止进口俄罗斯铝的影响，铝产品市场出现波动的风险较大。

关键词： 乌克兰危机　欧洲天然气危机　能源贸易　粮食危机　镍期货逼空

　　俄罗斯和乌克兰是全球重要的能源、粮食和金属矿产等大宗商品的生产与出口国，乌克兰危机和美西方对俄罗斯的全面制裁，严重限制了俄乌大宗商品生产和出口的能力，加剧了全球大宗商品市场的供应短缺状况，引发价格飙涨。其中，能源价格创 1973 年石油危机以来的最大涨幅；食品和化肥的价格涨幅为史上第三高，仅次于 1974 年和 2008 年；欧洲天然气、煤炭和镍的价格创历史新高。全球能源和粮食市场遭受巨大冲击，欧洲天然气供应短缺危机是全球能源危机的风暴中心。乌克兰危机对全球能源格局将产生深远影响，导致能源贸易流向重整，俄罗斯将基本丧失欧洲市场，被迫转向亚洲寻找新的消费市场，而美国高价的 LNG 将替代俄罗斯廉价的管道气占据欧洲市场。预计欧洲将长期面临能源供应不稳定问题的困扰，特别是冬季供暖的严峻考验，但乌克兰危机对其能源安全的边际影响递减。对俄乌小麦依赖度高的中低收入发展中国家爆发粮食危机的风险显著上升，新冠肺炎疫情、美元升值、债务上升和通货膨胀等因素导致其粮食进口支付能力显著削弱。全球金属市场受影响程度相对较小，但也爆发了伦敦交易所青山镍期货被逼空这一备受资本市场关注的重要事件。不过，随着镍期货价格回落至 2 万美元 / 吨的上方，镍逼空事件已基本宣告

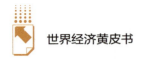

结束。但美国考虑制裁俄罗斯铝和伦交所商议暂停俄罗斯金属交割，将导致铝市场的不确定性风险上升。

一 俄乌在全球大宗商品领域的地位

（一）能源

俄罗斯是能源超级大国，原油日产量约 1130 万桶，是仅次于美国和沙特的全球第三大产油国。俄罗斯还是第一大石油产品出口国、仅次于沙特的第二大原油出口国。2021 年，俄罗斯石油及石油产品日出口量达 785 万桶，其中原油出口 500 万桶，成品油出口 285 万桶。俄罗斯拥有世界上最大的天然气储量，是世界第二大天然气生产国和最大的天然气出口国。2021 年，俄罗斯天然气产量达 7620 亿立方米，出口量 2520 亿立方米。俄罗斯是全球第三大煤炭出口国，年出口约 2.6 亿吨，占全球煤炭出口的比重达 17%。

俄欧在能源领域相互高度依赖，欧洲对俄罗斯管道天然气依赖的脆弱性最高。欧洲是俄罗斯最大的能源出口市场，而俄罗斯是欧洲最大的能源进口来源地，二者相互高度依赖。欧洲的能源资源禀赋差，绝大部分依靠进口，天然气、石油和煤炭的进口依赖度分别高达 90%、97% 和 70%。在天然气、石油和煤炭方面，俄罗斯均为欧洲最大的进口来源地。2021 年，欧洲进口的俄罗斯天然气、原油和煤炭分别占其进口份额的 45%、27%、46%，而俄罗斯出口天然气的 74%、石油的 49% 和煤炭的 32% 均输往欧洲国家。俄罗斯通过北溪 1 号、亚马尔—欧洲、土溪、蓝溪管道向欧洲输送管道天然气。2021 年，俄罗斯向欧洲天然气出口量达 1550 亿立方米，其中管道气 1400 亿立方米，液化天然气 150 亿立方米。值得指出的是，天然气的运输和交付受管道、接收站等基础设施的严重制约，其贸易灵活性程度低于石油和煤炭。石油、煤炭的运输主要依靠海路、陆路等方式，调整贸易目的地较为容易。气态天然气运输主要依赖管道，管道建设周期长达数年，且建成后运输线路便不能改变；液化天然气的运输线路虽可调整，但需要建造专门的船舶和接收站等设施，短期难以实现。乌克兰危机爆发后，欧洲天然气的价格波动幅度远大于国际原油和煤炭。

中俄能源贸易量大，中国是俄罗斯第二大能源出口市场，仅次于欧盟。2021 年，中国从俄罗斯进口的原油达 9600 万吨（159 万桶 / 天），占中国原油进口份额的 15.1%；天然气达 138 亿立方米（其中管道气 76 亿立方米、LNG 62 亿立方米），占天然气进口份额的 8.5%（其中，占管道气进口份额为 14.3%、占 LNG 进口份额为 5.7%）；煤炭约 5000 万吨标准煤，占煤炭进口份额的 22.3%。俄罗斯出口中国的原油、天然气、煤炭分别占其出口总额的 30.2%、5.7%（其中，占管道气进口份额为 3.8%，占 LNG 进口份额为 15.7%）、24.4%。

美国对俄罗斯能源依赖度低，美俄之间能源贸易量一般。美国在页岩气革命后对俄罗斯石油进口需求大幅下降，进口俄罗斯原油主要是与其国内炼化产能匹配。这是美国能率先禁止进口俄罗斯能源产品的根本原因。2021 年，美国从俄罗斯进口原油量为 70 万桶 / 天，约占其进口额的 8%。

（二）粮食

俄罗斯和乌克兰农业生产条件优越，是全球谷物与油料的主要生产和出口国。俄罗斯是陆地面积最大的国家，平原占国土面积的 60%，农业发展潜力巨大。2014 年克里米亚事件以来，美西方国家对俄罗斯的经济制裁刺激其加大农业投资。近年来，俄罗斯农业发展迅速，谷物成为仅次于能源的第二大出口收入来源。乌克兰农业生产条件得天独厚，国土面积的 95% 为平原，2/3 是黑土，且黑土面积占全球的 1/4，为第三大粮食出口国，被誉为"欧洲粮仓"。俄乌的小麦、玉米、大麦、油菜籽、葵花籽油的出口额分别占全球出口总额的 27.4%、16.5%、28.2%、10.3%、80%。2021 年，俄罗斯的小麦出口量达 3200 万吨，占全球小麦出口总额的 16%，为第一大出口国；大麦出口量 450 万吨，占全球出口总额的 13%，是第四大出口国；葵花籽油出口量 365 万吨，占全球出口总额的 30%，为第二大出口国。2021 年，乌克兰玉米出口量 2750 万吨，占全球出口总额的 14%，为第四大出口国；小麦出口量 2000 万吨，占全球出口总额的 10%，是第四大出口国；大麦出口量 580 万吨，占全球出口总额的 17%，是第三大出口国；葵花籽油出口 575 万吨，占全球出

口总额的 47%，为第一大出口国。

俄乌的谷物出口主要输往亚洲、非洲和欧洲的发展中国家，其中亚非发展中国家对俄乌小麦高度依赖，而美国、澳大利亚、欧盟、加拿大等发达国家是重要的粮食生产与出口国，对俄乌谷物不产生依赖。阿根廷、巴西、中国和印度等大型新兴经济体是重要的农产品生产国，对俄乌粮食的依赖度也较低。俄罗斯小麦的前五大出口目的地为土耳其、埃及、阿塞拜疆、尼日利亚和哈萨克斯坦，五国的出口集中度达 57%。乌克兰的玉米主要销往中国、荷兰、埃及、西班牙和土耳其，前五大出口国的集中度为 63%；小麦主要输往埃及、印尼、孟加拉国、巴基斯坦和土耳其前五大目的国，出口集中度为 53%。[1] 目前，全球超过 35% 的人口将小麦作为主食，且有 55 个国家 30% 以上、26 个国家 50% 以上的小麦供应来自俄乌。

俄罗斯在全球化肥供应领域的地位至关重要，是主要的氮肥、钾肥和磷肥供应国。俄罗斯化肥年产量超 5000 万吨，占全球化肥产量的 13%。俄罗斯是最大的氮肥出口国、第二大钾肥出口国和第三大磷肥出口国，占全球氮肥、钾肥和磷肥的出口份额分别达 16%、19% 和 17%。拉美、东欧和中亚等多国对俄罗斯化肥的进口依赖度远超 30%。因乌克兰危机而受到美西方制裁的白俄罗斯则是第三大钾肥供应商，钾肥份额也达到 11%。

（三）金属矿产

俄乌在全球金属矿产领域的资源优势虽不能与能源和粮食相提并论，但也拥有不可忽视的重要地位。俄罗斯是重要的矿产品生产和出口国，钯、锑、钛、镍、黄金等金属的出口份额均超 10%，铜、铝、白银等大宗金属的供给份额均约为 5%。具体来看，俄罗斯的钯、镍、铝、铜产量占全球产量的比例分别为 40%、10%、6%、4%。2021 年，俄罗斯电解铝产量 376 万吨，占全球的 5.8%；电解镍产量约 18.9 万吨，占全球的 23.6%。乌克兰是重要的铁矿石生产国。2021 年，乌克兰铁矿石产量 8100 万吨，占世界铁矿石总产量的 3%。

---

① 《从俄乌局势谈对国际粮食价格的影响》，Mysteel（我的钢铁网），2022 年 3 月 25 日。

二　对全球能源市场价格和能源供应的影响

乌克兰危机对全球能源市场和能源供应的影响主要体现在三方面：一是美西方制裁严重损害了俄罗斯的短期能源出口能力和中长期能源生产能力，导致全球能源供应短缺，能源价格大幅波动；二是俄欧能源脱钩引发欧洲的能源供应危机；三是推动能源贸易流向调整，欧洲更为依赖美国的LNG供应，俄罗斯更为依赖亚洲的消费市场。

乌克兰危机对全球能源市场的影响程度取决于美西方对俄罗斯能源制裁以及俄罗斯反制措施的烈度。目前，美西方对俄罗斯能源领域的制裁措施主要包括禁止或减少进口、商议设置价格上限、禁止设备和技术出口、限制或禁止金融服务、撤资或禁止新投资、制裁港口和航运企业等。影响最为直接的禁止或减少进口能源产品措施有：美国从2022年4月3日起禁止进口俄罗斯石油、天然气和煤炭；加拿大3月宣布禁止进口俄罗斯石油（已三年未进口俄罗斯石油，仅有象征意义）；英国在2022年底前停止购买俄罗斯石油产品；欧盟从2022年8月11日起禁止进口俄罗斯煤炭，从12月5日起禁止进口俄罗斯原油，从2023年2月5日起禁止进口俄罗斯成品油，在2022年底前将俄罗斯天然气进口量减少2/3，并在2030年之前停止从俄罗斯购买天然气。作为俄罗斯能源最大的外销市场，欧盟的能源进口禁令逐步生效显然会对俄罗斯的能源出口收入产生沉重的打击。为反制美西方特别是欧盟的制裁，俄罗斯基于欧洲对其管道天然气高度依赖的特征，要求俄欧天然气贸易采用卢布结算，并声称将停止向赞成限价的国家出口能源产品。

乌克兰危机引发全球能源供应的大幅动荡，能源价格剧烈波动。2月下旬，乌克兰危机爆发引发担忧供应中断的恐慌情绪蔓延，能源价格先全线飙涨，后随着美联储加息和全球经济下行风险增加明显回调。国际原油价格从乌克兰危机前90美元/桶一度飙升至3月上旬的130美元/桶，6月回落至105美元/桶左右。欧洲天然气价格基准——荷兰TTF期货价格3月上旬升至225欧元/兆瓦时（按等热值换算，相当于427美元/桶的油价），5月末6月初后回落至 85 欧元 / 兆瓦时，略高于冲突前的水平（见图 1）。煤炭价格直线飚升，3 月 11 日升至 396 美元 / 吨，3 月底虽回落至 253 美元 / 吨，但旋即呈现 V 型反弹，5 月 20 日达到 436 美元 / 吨（按等热值换算，相当于 85 美元 / 桶的油价）的历史性高点（见图 2），而 2020 年第二季度煤炭价格低至 50 美元 / 吨（按等热值换算，相当于 10 美元 / 桶的油价）。而且，美西方的制裁

图 1　荷兰 TTF 天然气期货价格

资料来源：tradingeconomics.com。

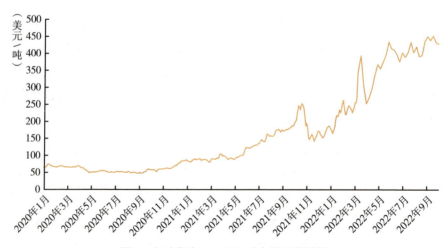

图 2　纽卡斯尔 NEWC 动力煤现货价格

资料来源：Wind 数据库。

致使全球能源商品分化为俄罗斯、非俄罗斯两种类型，俄罗斯能源供应大量过剩，而非俄罗斯能源供应严重短缺，加之俄罗斯原油贸易面临着政治、二级制裁和保险方面的风险，导致俄乌拉尔原油与布伦特原油的价差在 3~5 月约达 30 美元 / 桶，在 6 月收窄至 20 美元 / 桶左右（见图 3）。

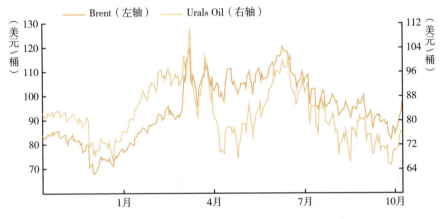

图 3　2022 年俄罗斯乌拉尔原油与布伦特原油的价格

注：因数据获取限制，本图直接制作于数据库。左轴为布伦特原油价格，右轴为乌拉尔原油价格。左、右轴的刻度存在差异但较小，本图能大致反映乌拉尔原油与布伦特原油的价差，但低于实际价差。

资料来源：tradingeconomics.com。

2022 年第三季度，俄罗斯与欧洲在天然气贸易上的冲突加剧，全球能源危机的风暴中心位于欧洲天然气市场，其天然气和电力价格高位震荡，而煤炭因在发电领域与天然气存在良好的替代性以及前期投资不足而出现价格高涨，原油价格则因全球经济放缓、美联储紧缩性货币政策、俄罗斯对欧洲石油出口量下降幅度较小和原油贸易流向调整弹性较强而大幅回调。TTF 天然气价格 8 月下旬升至 339 欧元 / 兆瓦时的最高点（按等热值换算，相当于 587 美元 / 桶的油价），但 10 月中旬震荡回落至 104 欧元 / 兆瓦时左右，比最高点下降了 69.3%，北溪 1、2 号管道的爆炸也未能阻止天然气价格的下跌。欧洲天然气价格暴跌的主要原因有：一是欧盟的强制减少天然气消费政策、欧洲工业天然气消费的大幅下降与欧洲的温暖秋季和暖冬预期，共同抑制其天然气需求；二是欧洲天然气供给较充足，欧洲天然气库容率已突破 92%，且近期液化天然气集中到货，数十艘装载液化气的船只因接收站再气化能力不足而漂流港口；三是欧盟新推出的联合购买天然气、建立新的液化天然气价格基准、对 TTF 天然气交易实施动态价格限制等紧急措施，有助于抑制并稳定欧洲天然气价格。受天然气短缺的驱动，煤炭需求持续稳定增长，燃煤价格在 7 月中旬、9 月初先后突破 430 美元 / 吨、450 美元 / 吨的关口，屡创历史新高。受制于经济放缓和紧缩性货币政策，布伦特原油中枢价格 7~8 月降至 95 美元 / 桶，9 月下旬跌至 85 美元 / 桶，明显低于乌克兰危机前的价位。10 月，OPEC+ 决定从 11 月起将成员国的日产量配额削减 200 万桶（实际日减产量约 110 万桶），导致原油价格短暂冲高，但需求放缓预期将持续推动油价下行。

乌克兰危机将导致全球能源贸易流向重整，能源供应链的运行成本上升。俄罗斯将基本丧失欧洲市场，转而寻找替代的亚洲市场，而欧洲将更为依赖美国昂贵的 LNG 以替代廉价的俄罗斯管道天然气。欧洲从俄罗斯的原油及石油产品日进口量已从乌克兰危机前 340 万桶降至 9 月的 240 万桶，随着欧盟的原油、成品油进口禁令先后在 2022 年 12 月、2023 年 2 月生效，俄罗斯被迫将乌拉尔原油以较大的折扣价销售给亚洲国家。不过，俄罗斯尚有 9% 的石油是通过管道输往欧洲的，这部分石油是不能调整贸易流向的。同时，欧洲炼油厂大多是以处理俄罗斯原油为目标来进行设计制造的，其进口替代需要对炼油设备进行调整，这显然会增加炼油厂的成本。

煤炭贸易流向的调整较为容易，俄罗斯煤炭出口受欧盟和七国集团进口禁令的影响相对较小，但会导致煤炭运输成本显著上升。俄罗斯 1/3 的煤炭出口欧洲、10% 的煤炭出口日本。欧盟和日本可向澳大利亚、哥伦比亚、印度尼西亚、南非和美国寻求替代的煤炭来源，而印度等亚洲国家可能会增加从俄罗斯进口的煤炭。不过，贸易流向调整会增加运输距离，且煤炭的体积大、运费贵，还面临着海洋、陆地运输能力的限制。

相较于原油和煤炭，俄罗斯天然气出口可转向幅度非常有限。俄罗斯70% 的天然气通过管道向欧洲出口，对其他国家的天然气出口能力严重受限。

如果俄罗斯要增加 LNG 出口，就需要增加 LNG 基础设施投资。冲突和制裁显然大幅削弱了俄罗斯能源公司的基建投资能力，而美国、阿尔及利亚仅有较小的天然气剩余产能。从而，欧洲增加 LNG 进口必然会抬高全球能源成本，迫使购买力弱的发展中国家削减 LNG 消费，增加污染水平更高的煤炭消费。由于管道维修、俄罗斯对拒绝用卢布支付天然气进口的欧洲国家断供，俄罗斯对欧洲的管道天然气出口量比上年同期下降了 80%，俄罗斯天然气在欧洲天然气进口中的份额已大幅降至 9%。2022 年上半年，美国出口欧洲的 LNG 出口量已超越上年全年，预计年出口量将达 890 亿立方米。

值得指出的是，与以往的能源危机相比，乌克兰危机对能源商品的影响面更大。以往的能源危机通常表现为石油危机，原油价格上涨幅度远大于煤炭、天然气。在本次能源危机中，煤炭和天然气价格均创历史新高，而原油价格低于 2008 年的峰值水平。按照等热值换算，煤炭与原油的价格大幅拉近，而天然气价格显著高于原油（见图 4）。在化石能源价格均高涨的情形下，很难找到替代的廉价能源。不过，目前的能源强度明显低于 20 世纪 70 年代，GDP 的石油消费强度显著下降，发达国家消费者的能源消费支出占总支出的

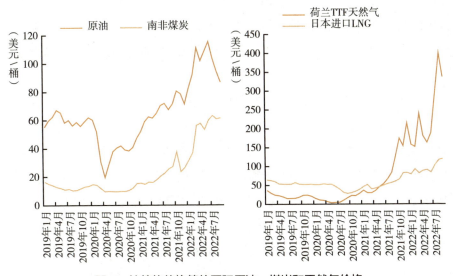

图 4　按等热值换算的国际原油、煤炭和天然气价格

资料来源：World Bank 和笔者的计算。

比例大幅下降，从而消费者在短期内对能源价格上升的敏感度下降。同时，以往的石油危机应对政策侧重于增加能源供应，如石油战略储备、禁止建立新的燃油电站（石油发电改煤炭发电）、增加生物燃料的使用、鼓励可再生能源发展、增加油气投资（美国页岩气革命），而欧美国家在本轮危机中的应对政策是提供燃料补贴、减税以减轻能源价格上涨对消费者价格指数的影响，而不是采取措施来缓解供需失衡，这显然会延缓能源危机化解的进度。

三　对全球粮食市场和粮食供应安全的影响

乌克兰危机对全球粮食市场和粮食安全的影响主要体现在：乌克兰农业生产遭到破坏、俄乌粮食出口受阻、部分国家出于自保考虑禁止粮食出口、能源和化肥价格上涨抬高粮食生产成本。俄罗斯和乌克兰是重要的农产品出口国，两国冲突致使全球谷物和油料市场供需失衡，价格持续攀升。俄罗斯的粮食出口虽不在美西方国家的直接制裁范围内，但会受到船舶和港口被制裁、银行被踢出 SWIFT 系统、禁止提供再保险服务等制裁措施的间接影响。乌克兰农产品的生产和出口则受到战争、港口封锁、运输安全风险上升等因素的破坏性影响。俄乌粮食产量和出口的下降、粮食价格的上涨与美元大幅升值，导致中低收入国家难以承受高涨的粮食进口成本，易爆发粮食危机。

第一，农产品生产受阻，叠加化肥出口限制，导致农产品产量下降，体现在：一是乌克兰的农业生产遭到破坏，农产品的收获、加工和播种受阻。乌克兰危机的主要发生地与乌克兰农业种植带大幅重合。受冲突持续、劳动力不足、种植成本提升等因素影响，乌克兰重点农产品的产量将下降。冬小麦和葵花籽的收获与玉米、春小麦和大麦的播种均面临着被延迟和被耽搁的风险。同时，劳动力、燃料和肥料等投入品的短缺，农业生产设备的破坏，种植的生命安全问题，将对乌克兰 2022~2023 年的农产品特别是小麦的生产产生严重影响。有预测认为，2022~2023 年乌克兰农产品产量可能下降25%~50%。二是乌克兰春播面积可能减半。据乌克兰农业部的预测，乌克兰

2022 年春季粮食播种面积很有可能由冲突前的 1500 万公顷降至 700 万公顷,下降 53%,其中玉米播种面积将由 540 万公顷降至 330 万公顷,减少 39%。三是化肥供应受限导致农业减产。美西方对俄罗斯化肥、白俄罗斯钾肥出口的制裁措施,以及俄罗斯对"不友好"国家的化肥出口限制,使全球的肥料供应和粮食生产受到较大程度的干扰。

第二,港口关闭或被制裁,商业航运停滞,致使农产品出口大幅下滑。黑海港口封锁显著削弱了乌克兰的农产品出口能力。2022 年第二季度,乌克兰需要出口的小麦规模预计达 2000 万吨,相当于全球小麦出口量的 10%。作为乌克兰最大的港口以及黑海地区的重要港口之一,敖德萨港承担了乌克兰每年约 75% 的水路运输量。自 2 月 24 日起,敖德萨港被军方叫停商业航运,导致乌克兰 700 万吨的小麦和 1200 万吨的玉米等待出口交货,仅此一项便使全球谷物供应减少约 2000 万吨。作为海运的替代,乌克兰的部分小麦可通过公路和铁路通道运往匈牙利、波兰、罗马尼亚和斯洛文尼亚,但陆路交通基础设施遭到冲突的破坏且安全风险高,从而乌克兰陆路运输粮食出口能力受到限制。并且,在黑海港口遭遇封锁的情况下,轮船的保险费率大幅上升,增加了乌克兰粮食出口的海运成本。7 月 22 日,俄乌达成粮食出口协议后,乌克兰逐步通过黑海港口向外出口粮食。同时,俄罗斯最大港口——黑海的新罗西斯克港遭遇美西方制裁,其向欧洲的粮食出口基本停止。据美国农业部的估计,2022 年,俄乌小麦出口预计会减少 700 万 ~5200 万吨,其中俄罗斯减少 300 万 ~3200 万吨,乌克兰减少 400 万 ~2000 万吨。不过,受价格快速上涨的驱动,澳大利亚、印度小麦的产量和出口将会显著增加,预计两国出口量会增加 350 万 ~3600 万吨,这将在一定程度上缓解俄乌出口下降对全球小麦供应造成的负面影响。

第三,多国发布粮食出口禁令,导致局部粮食贸易中断。乌克兰危机加剧了全球粮食供应短缺矛盾,多国出于自保颁布了粮食出口禁令或限制粮食出口。乌克兰禁止多种农产品出口直至 2022 年底,包括禁止出口荞麦、糖、盐、牛肉等,仅允许在特定许可下出口小麦、玉米、葵花籽油等,禁止出口所有类型的化肥。俄罗斯在 6 月 30 日前禁止向欧亚经济联盟国家出口谷物,如小麦、黑麦、大麦和玉米等;在 8 月 31 日前禁止向第三国出口糖类,但向欧亚经济联盟国家的糖类出口可凭俄罗斯农业部的许可进行。3月10日，黎巴嫩为保证粮食安全禁止食品出口。3月12日，埃及政府宣布禁止出口植物油、玉米和小麦等三个月；阿尔及利亚禁止出口包括糖和小麦在内的食品。3月13日，最大大豆加工品出口国阿根廷宣布暂停豆油和豆粕出口登记。4月，保加利亚、黎巴嫩、埃及、阿尔及利亚、摩尔多瓦、匈牙利和塞尔维亚等国禁止食物出口。4月28日，为抑制国内的食用油价格上涨，最大棕榈油生产国印尼全面禁止食用油和食用油原材料出口。印度继在年初禁止小麦出口后，又在9月禁止用于畜禽养殖的碎米出口，并对除香米外的大米出口征收20%的关税，以保证国内粮食供应并遏制粮食价格过快上涨。

第四，农产品供应短缺、运输供应链受限和农业生产资料价格上涨，推动国际农产品价格快速上升。在乌克兰危机之前，全球粮食短缺危机已在酝酿中。受新冠肺炎疫情、宽松货币政策、极端天气和运输成本上升等的影响，全球粮食价格指数在2021年已升至2008年的历史高位。在乌克兰危机爆发的两周时间内，芝加哥期货交易所小麦和玉米期货价格分别上涨46.5%和10.5%（见图5）。在乌克兰危机爆发的一个月时间内，大麦价格上涨了33%，化肥平均价格上涨了40%，食用油价格屡创历史新高，部分欧洲国家甚至出现疯抢食用油的现象。

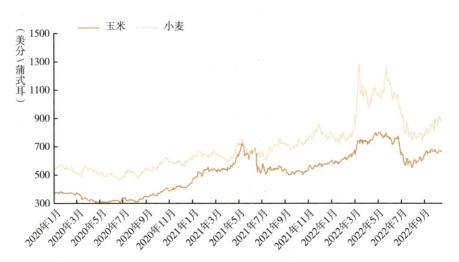

图5 芝加哥期货交易所CBOT小麦、玉米的活跃期货合约的收盘价

资料来源：Wind 数据库。

四　对全球金属矿石市场的影响

乌克兰危机主要以限制俄罗斯金属出口的方式影响了金属矿产品市场。与能源和粮食市场相比，金属矿石市场受乌克兰危机的影响较小，但也出现了大幅的波动。美西方国家对俄罗斯的镍、铝等优势金属矿种的生产和出口采取了制裁措施，如伦敦金属交易所计划停止俄罗斯生产的电解镍的交易、欧盟停止从俄罗斯进口铝产品、美英澳等国家提高了俄罗斯铝产品的进口关税、美国和澳大利亚禁止向俄罗斯出口氧化铝以制约俄罗斯的铝产量，对港口和船舶的制裁限制着金属运输与出口能力，投资者担忧制裁会导致镍、铝的供应中断，其价格在乌克兰危机爆发后飙涨。伦敦金属交易所的镍期货价格在 3 月 7 日突破 5 万美元 / 吨，创历史新高，比上年同期上涨了 2 倍；铝期货价格在 3 月 4 日攀升至 3840 美元 / 吨的高位，比上年同期上涨了 80%。随后，俄罗斯企业出于规避制裁的考虑大量集中出口铝产品、中国与全球的金属需求增速大幅放缓，导致镍、铝的价格大幅回调，其在 9 月的价位低于乌克兰危机爆发前的水平（见图 6）。

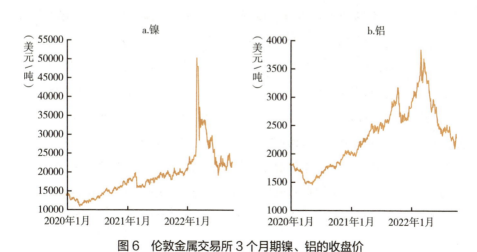

图 6　伦敦金属交易所 3 个月期镍、铝的收盘价

资料来源：Wind 数据库。

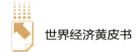

　　在全球金属矿石中，镍受乌克兰危机的影响最大，集中反映在 3 月初伦敦交易所青山镍期货被逼空事件。青山伦镍被逼空事件是中国企业近年来在境外开展套期保值业务遭遇危机的一个最新案例。伦镍被逼空事件主要归因于乌克兰危机加剧供给短缺、伦镍标准交割品代表性弱和伦交所交易制度存在缺陷，如未设涨跌停板、没有大户持仓限额和报告制度。逼空事件因伦交所取消交易、青山应对得当而基本上得到平稳化解。逼空事件的负面教训体现为青山在套期保值风险的识别和管控上存在漏洞。

　　在乌克兰危机前，疫情防控政策放松、经济强劲复苏和电动汽车迅猛发展导致镍的需求大幅增加，库存迅速减少，价格快速攀升。俄罗斯是伦交所标准交割品——电解镍的主要生产和出口国，美西方对俄罗斯的全面制裁使俄罗斯镍产品的出口严重受阻。国际投机者趁机增加库存以囤积资源，并在期货市场上大量买入多单，导致伦镍交易价格出现非正常的暴涨。3 月 7~8 日，伦交所镍期货上演了一场史诗级的逼空风暴，镍价两天累计涨幅达 243%，一度创下 10 万美元 / 吨的历史新高。3 月 9 日是伦镍期货合约的交割日，若青山被迫平仓，可能会造成高达百亿美元的损失。若伦镍价飙涨不受控制，保证金会越来越高，青山等会员企业将难以筹集足够的现金或抵押品来满足追加保证金的要求，会员的经纪商也可能因背负巨额债务而破产，这给镍市场带来了系统性风险。出于维护自身地位和镍市场公平交易秩序的考虑，伦交所罕见暂停镍交易，取消 3 月 8 日的交易成果，允许 3 月 9 日到期的镍期货延期交割。这在客观上为青山走出危机提供了巨大的转机。在交易暂停期间，青山用自产的高冰镍大量置换金属镍板以备交割。3 月 15 日，青山与由期货银行债权人组成的银团达成了一项静默协议。在静默期内，各参团期货银行同意不对青山的持仓进行平仓，或对已有持仓要求增加保证金，而青山应随着异常市场条件的消除，以合理有序的方式减少现有持仓。3 月 16 日，伦镍期货恢复交易，并设置涨跌幅限制。伦镍恢复交易后，镍价持续大幅下跌，7 月中旬触及 2 万美元 / 吨的低位，表明逼仓风波结束。

五　展望

　　鉴于乌克兰危机仍在持续，且美西方国家特别是欧盟对俄罗斯的经济制裁措施还在不断加码，其对全球大宗商品市场的影响将会持续。不过，考虑到全球能源贸易流向已经历了较大幅度调整、欧洲大幅降低了自俄罗斯能源进口规模、俄乌达成了黑海港口粮食外运协议且粮食不在制裁范围内、俄罗斯金属矿种因出口规模较小而不属于重点制裁目标，乌克兰危机对全球大宗商品市场的影响将主要体现在欧洲油气市场和低收入国家的粮食进口支付能力上，且边际影响递减。

　　展望欧洲乃至全球油气市场，风险点主要有以下三个：冬季能源保供、俄罗斯能源商品价格上限、二级制裁。欧洲的能源供应在2022年冬季2023年春季将面临严峻的挑战，若出现极端严寒天气、天然气需求缩减幅度低于预期、天然气储备量不足、重启煤电和核电的力度较小其将很可能经历严重的天然气和电力短缺危机。在欧洲即将对俄罗斯石油产品实行禁运并将大幅削减自俄罗斯天然气进口的情形下，美西方对俄罗斯能源产品实行价格上限存在落实的困难，且俄罗斯即使采取禁止向西方国家出口的反制措施，对全球油气市场的影响可能也有限，因为待到上限政策实施时，俄罗斯与欧盟、日本的油气贸易量将降至较低的水平。美西方对俄罗斯能源实行二级制裁会对全球能源市场产生巨大的冲击。鉴于目前居高不下的通货膨胀、发展中国家的配合程度，预计二级制裁出现的概率低、破坏性大。预计未来数年，俄罗斯油气生产和出口的受限将导致全球天然气供应持续处于短缺状态，加之由碳中和行动引发的化石能源投资意愿低迷，以及波动性的可再生能源比重的上升，全球能源供应的稳定性将明显下降，甚至会频繁出现轻度的供应短缺危机。

　　未来一段时间，预期严重依赖俄乌小麦的亚非发展中国家面临粮食短缺，粮食供应风险上升。受乌克兰危机、国内战乱、新冠肺炎疫情、极端天气和美元升值等因素的共同影响，全球缺粮人口持续上升，危机程度进一步恶化，低收入粮食进口国的谷物产量、粮食库存消费比总体呈下降态势，粮食进口需求上升。粮食风险高的国家集中位于非洲、中亚、南亚和加勒比地区。脆弱的粮食进口国面临以下三重冲击：一是粮价和运输成本上升导致粮食进口成本飙升，贸易逆差大幅上升，而获取的粮食数量却减少；二是美元强劲升值会导致其货币大幅贬值和资本外流，对外支付能力进一步被削弱；三是粮价上涨导致通货膨胀大幅上升，加大政府食品补贴压力和公共债务风险。低收入粮食进口国将陷入粮价上涨、通货膨胀上升、货币贬值、内外债务风险增加、经济衰退的恶性循环，居民的实际收入将因通货膨胀而被严重侵蚀，粮食消费支付能力大幅下降，政府则因内外债高筑而缺乏救助能力，易引发人道主义危机，引发内部冲突和政局动荡。斯里兰卡已因粮食危机、财政破产而引起大规模民众抗议和政局动荡。黎巴嫩、叙利亚、也门的大量居民对粮食供应短缺不满。乍得宣布粮食供应处于紧急状况。埃及、突尼斯、也门、叙利亚、阿尔及利亚、苏丹、黎巴嫩等国对俄乌小麦依赖度均超过50%，其社会和政局动荡的风险加大。

在金属矿产中，预计铝产品市场的不确定性风险大。10月13日，美国政府表示考虑禁止进口俄铝产品，导致伦铝价格上涨7.3%。伦交所也在商讨在一个短暂的过渡期后暂停交割俄生产的所有金属。在欧洲的铝产量因能源短缺而大幅下降，以及全球铝生产受制于高能源成本的情形下，美西方对俄罗斯铝的制裁，势必会显著加剧铝供应短缺，引发铝价格大幅波动。

参考文献

魏蔚、王永中、林屾：《欧亚地缘政治变局下全球和中国粮食安全形势》，《欧亚经济》2022年第4期。

BP, "BP Statistical Review of World Energy," 71st Edition, 2022.

Food and Agriculture Organization of the United Nations（FAO），"Crop Prospects and Food Situation," Quarterly Global Report, September 2022.

International Monetary Fund (IMF), "Countering the Cost of Living Crisis," World Economic Outlook, October 2022.

World Bank, "The Impact of the War in Ukraine on Commodity Markets," Special Focus, Commodity Market Outlook, April 2022.

Y.16
发达经济体货币紧缩对全球经济的影响

栾 稀*

摘 要： 2022 年，主要发达经济体通胀居高不下，美国和欧洲等主要经济体央行加速退出量化宽松、大幅加息，以遏制通胀上升。货币大幅紧缩对供给推动型通胀的抑制作用有待观察，但可能导致主要发达经济体面临经济衰退风险，金融风险也随之上升。发达经济体货币紧缩通过贸易渠道、大宗商品渠道、资本流动渠道溢出至全球其他经济体，导致全球需求下滑、美元升值、融资成本被动上升、资产价格遭受冲击，金融脆弱性较高的经济体可能爆发货币危机或债务危机。值得注意的是，此次欧洲主要经济体在美联储加息期间还遭受了乌克兰危机及能源危机等多重冲击，受到的负面影响要超过上一次加息周期。

关键词： 美联储货币政策 加息 经济衰退 外溢效应

2022 年，因通胀过高，美国和欧洲等主要发达经济体央行均开启货币紧缩进程。本文对此轮发达经济体货币紧缩的原因、现状进行了概括，并对美联储等主要发达经济体央行未来加息缩表趋势进行了预判，分析了发达经济体货币紧缩的外溢渠道及其对全球经济产生的影响，并在上述研究的基础上指出加息可能引发的经济金融风险。

---

* 栾稀，中国社会科学院世界经济与政治研究所助理研究员，主要研究方向为货币政策。

一 高通胀压力下，主要发达经济体货币政策陆续收紧

（一）主要发达经济体面临高通胀风险

2022 年以来，受前期刺激政策、供给瓶颈、劳动力短缺以及乌克兰危机冲击导致能源价格飙升等因素影响，主要发达经济体通胀持续攀升。

美国通胀呈螺旋式上升，各项指标创 40 年新高。截至 2022 年 9 月，美国 CPI 同比已连续 7 个月超过 8%、连续 16 个月超过 5%，核心 CPI 同比已连续 10 个月在 5% 以上，并且居高不下。劳动力市场持续紧张，劳动力报酬不断上升。美国职位空缺数已连续 13 个月高于 1000 万个、空缺率保持 6% 以上的高位，劳动力市场持续供不应求。截至 9 月，美国劳动力日薪的月同比增速已连续 12 个月在 4.5% 以上，且未见明显下滑势头，连续加息下核心 CPI 同比不降反升，美国基本已经出现"工资—通胀"螺旋式上升风险。

欧元区通胀创历史新高，主要来自食品能源涨价。在疫情和乌克兰危机影响下，欧元区遭受供应链扰动、贸易条件恶化、输入型通胀攀升三重供给冲击，截至 2022 年 10 月，欧元区 HICP 同比升至 10.7%，连续 17 个月攀升，通胀创历史新高。其中，能源 HICP 同比连续 6 个月保持在 40% 左右，食品（包括烟酒）HICP 同比上涨超过 10%，核心 HICP 同比也上升至 5%。主要国家均现高通胀，德国、意大利、西班牙通胀在 8% 以上，波罗的海国家通胀高达 20%。

日本也因大宗商品涨价、汇率贬值以及疫情后内需反弹面临高通胀风险。9 月，日本 CPI 同比为 3%，核心 CPI 同比也达到 3%。其中，食品、能源、家庭耐用品 CPI 同比分别上涨 4.6%、16.9%、5.7%，住房价格增长 2.3%，而房租几乎零增长。日元贬值加剧进口品涨价。根据日本央行的数据，8 月日本进口价格指数同比上涨 48%，而出口价格指数仅同比上升 20%。

（二）美欧加速货币紧缩进程

在高通胀压力下，美欧央行陆续退出前期宽松政策，并启动货币紧缩进

程。由于美欧央行在2021年应对通胀的行动较慢，与上一轮货币紧缩相比，2022年美欧货币紧缩节奏明显加快、紧缩程度也有所提高。

美联储的加息缩表进程远快于上一轮货币紧缩时期。根据上一轮退出量宽经验，美联储货币政策正常化进程大致包括释放政策退出信号、削减新增购债规模、提高基准利率以及缩减资产负债表四个阶段。在上一轮紧缩中，美联储遵循"渐进而可预期"（gradual and predictable）的原则：从Taper到加息再到缩表，每一步都很谨慎，且每步之间相差一两年。但此次美联储对通胀形势出现误判、加息进程滞后于市场预期，2022年在高通胀压力下美联储不得不加快紧缩量宽和加息步伐以遏制通胀。

美联储于2022年3月开启此轮加息周期。根据2022年美联储历次议息会议公告和鲍威尔讲话，美联储已经彻底摒弃了"通胀是暂时的"犹豫态度，坚定地把遏制通胀作为首要目标。截至2022年11月，美联储累计加息375bp，联邦基金利率目标区间上调至3.75%~4%。其中，6月、7月、9月、11月，美联储均加息75bp。在2022年8月的杰克逊霍尔全球央行年会上，美联储主席鲍威尔重申并强调了美联储的鹰派立场和遏制通胀的决心，"历史记录强烈告诫不要过早地降息。美联储必须坚持加息直到达成目标"。

此次美联储于6月开始缩表，以收紧流动性、增强对联邦基金利率的控制。5月议息会议中，美联储宣布6月1日开始缩表，每月拟减持475亿美元资产，从9月起，缩表进入第二阶段，美联储每月拟减持950亿美元资产。美联储之所以要在加息不久后就配合缩表，主要是为了降低银行准备金、收紧流动性，以将联邦基金利率控制在目标区间内。这一方面是因为美联储在充足准备金框架下调节流动性以引导利率的利率走廊机制尚不完善，另一方面量价同时调整也是主流央行的常规做法。截至10月中旬，美联储累计减持1800亿美元有价证券（不仅包括国债和MBS），其中减持国债1600亿美元（主要为中长期国债）、减持MBS不足300亿美元，而准备金规模较3月的高点下降了逾8000亿美元，准备金下降速度和幅度远超过有价证券。

表 1 美联储调整资产负债表情况		
扩表阶段	2013~2017 年	2020~2022 年
QE	850 亿美元 / 月	1200 亿美元 / 月
Taper	2014 年 1 月至 2014 年 10 月每个月购买美国国债的规模将从 450 亿美元削减至 400 亿美元，此后每月缩减 100 亿美元	2021 年 11 月至 2022 年 3 月，第一阶段：150 亿美元 / 月，第二阶段：300 亿美元 / 月
缩表阶段	2017~2019 年	2022 年开始
开始时间	2017 年 10 月	2022 年 5 月
初始资产负债表规模（占 GDP 比例）	4.5 万亿美元（占比 23%）	8.9 万亿美元（占比 36%）
缩表节奏	100 亿美元 / 月开始每个季度增加 100 亿美元	最初每月 475 亿美元，其中国债 300 亿美元 / 月、MBS 175 亿美元 / 月 3 个月后每月 950 亿美元，其中国债 600 亿美元 / 月、MBS 350 亿美元 / 月
最大缩表速度	500 亿美元 / 月	950 亿美元 / 月
结束时间	2019 年 9 月	在资产负债表规模略大于其判断的与充足水平相一致时，减缓并停止资产负债表规模的下降
终点资产负债表规模（占 GDP 比例）	3.8 万亿美元（占比 18%）	

资料来源：美联储。

欧央行加速退出量宽、大幅加息，资产负债表已经收缩。从 2022 年 1 月起，欧央行就以每月减少 100 亿欧元的速度减少 PEPP（紧急抗疫购债计划）的净购债规模，从第二季度开始不再净购买，仅维持到期再投资。3 月，欧央行议息会议提出加快退出量化宽松的时间表，以每月减少 100 亿欧元的速度缩减资产购买计划（APP）的购债规模。4~6 月，APP 月度购债规模分别为 400 亿欧元、300 亿欧元、200 亿欧元，第三季度结束资产购买计划。2021 年第一至第四季度，欧央行每季度环比扩表幅度分别为 7%、5%、5%、3.5%，而 2022 年第一至第三季度每季度环比扩表幅度分别降到 1.7%、1.4%、-0.3%。在资产负债表收缩的同时，欧央行也于第三季度开启加息。7 月、9 月、10 月

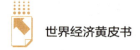

欧央行分别加息 50bp、75bp、75bp，将主要再融资利率、边际借贷利率和存款机制利率分别上调至 2%、2.25% 和 1.50%。其中，75bp 为 2002 年欧元面世以来最大幅度的加息。

（三）预计主要发达经济体继续加息缩表

从加息路径上看，美联储遏制通胀的决心未变但加息节奏可能放缓，欧央行可能加息至 2023 年。在 11 月议息会议声明中，美联储再次强调了遏制通胀的决心，"随着时间推移使通胀率恢复至 2%，持续上调联邦基金利率目标区间是合适的"。但同时也承认政策有一定的滞后性，未来政策考虑因素将增加，"在决定未来的加息幅度时，委员会将考虑此前货币政策的连续收紧，以及货币政策对经济活动、通胀和金融环境的影响的滞后性"。鲍威尔在 11 月议息会议后也表示可能会有"一个时候"放缓加息步伐，"这个时候正在临近，最早可能在下次会议，或在那之后的一次会议"。根据 FOMC 9 月点阵图，大多数 FOMC 票委预计，2022 年底联邦基金目标利率将升至 4.25%~4.5%，并在 2023 年达到峰值 4.5%~4.75%。2022 年底联邦基金目标利率中位数为 4.4%，2023 年目标利率中位数为 4.6%，2024 年目标利率中位数为 3.9%。根据芝加哥商品交易所集团（CME）的"美联储观察"（FedWatch）工具显示，11 月 3 日，美联储在 12 月会议上加息 50 个基点的概率为 51.6%，加息 75 个基点的概率为 43.7%。欧洲 2023 年依然存在较高的通胀风险，欧央行若将遏制通胀作为首要目标，可能在 2023 年需要继续加息。

美联储缩表将继续进行，直至流动性收紧到利率达到目标区间上限。此次美联储并未明确缩表的终点，只表示将在快达到"充足水平"时减缓缩表节奏。从上一轮缩表经验来看，缩表将持续至流动性收紧到联邦基金利率达到甚至超过目标利率上限为止。2017~2019 年的美联储缩表，美联储减持证券约 7350 亿美元，准备金规模减小超过 1 万亿美元，美元流动性骤然收紧，美债隔夜回购利率曾一度冲高至 8% 以上。2019 年 9 月和 10 月，有效联邦基金利率分别突破了 2% 和 1.75% 的政策目标区间上限，美元流动性紧张迹象明显，美联储不得不宣告缩表终结并启动技术性扩表。此次美联储联邦基金目标利率上调较快，实际缩表节奏略微滞后于利率上调，有效联邦基金利率依然明显低于目标利率区间上限。2022 年 9 月，有效联邦基金利率仅 2.56%，远低于 3.25% 的目标利率区间上限。预计未来美联储加息缩表仍将同步进行，准备金下降对美元流动性的影响也将更加明显，直至联邦基金利率接近甚至超过目标利率上限，届时美联储可能停止缩表并开启常规性的国债再投资操作。[①]

图 1　美国联邦基金目标利率和有效联邦基金利率

资料来源：Wind 金融数据库。

二　发达经济体货币紧缩的主要外溢渠道

发达经济体货币紧缩将通过贸易渠道、大宗商品渠道和资本流动渠道对其他经济体产生溢出，溢出程度取决于各国的经济基本面、金融脆弱性以及经济金融制度情况。

---

① 　即持有国债到期后，再买入同等规模的国债，保持资产负债表规模不变或微增，以维持准备金和流动性水平。

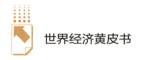

（一）贸易渠道：外需回落

加息导致发达经济体需求回落，影响部分经济体从疫情中的恢复。美国是世界第一大进口国，根据 WTO 的数据，2021 年美国进口额占全球进口总额的 14.1%。美联储政策紧缩对本国消费和投资的抑制作用，也将会减少对进口商品和服务的需求，进而表现为其他国家出口需求下降。当前世界经济面临疫情、地缘政治冲突等多重难题，加息导致全球需求回落，将使得经济下行压力较大的经济体雪上加霜。据国际货币基金组织（IMF）2022 年 10 月《世界经济展望》的预测数据测算，全球 193 个经济体中，88 个 2021 年实际GDP 增速仍未回归疫情前水平，88 个 2022~2027 年平均实际 GDP 增速低于2012~2019 年趋势水平。目前，俄乌局势尚未完全明朗，欧洲和中亚国家经济增长前景仍面临较大不确定性，加息引发的需求回落也将进一步影响此类经济体的经济复苏进程。

（二）大宗商品价格渠道：需求下滑后油价下跌

主导国际大宗商品价格的依然是供需关系。虽然原油期货市场存在一定的投机动机，但美联储加息带来的预期效应有限。美联储宣布加息缩表后，原油期货价格不会立刻掉头向下。这可能是因为影响原油供求的因素较多，美联储货币政策变动并不是最主要的影响因素。

从历史经验看，美联储加息无法迅速遏制原油价格上涨，但加息导致需求下滑后，油价会下跌。美联储紧缩主要是通过抑制需求以遏制大宗商品价格加速上涨。但与理论推演不同，在 1990 年以来的四个美联储加息周期内，油价均是上涨的。在 2015~2018 年美联储加息周期中，布伦特原油价格由 30美元／桶涨至 70 美元／桶以上。但连续加息会导致总需求下滑，进而导致油价下跌，与此同时美联储也会因需求下滑而停止加息。因此，从历史数据看，在加息周期即将结束或已经结束之后，原油价格反而会因前期加息导致的需求下滑而出现明显下跌。

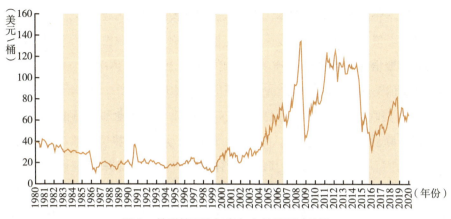

图2　美联储历次加息与布伦特原油价格

资料来源：Wind 金融数据库。

供给冲击推动的大宗商品价格上涨具有可逆性，供给恢复后油价会回归至冲击前水平。从历史上几次石油危机经验来看，供给收缩不会永久性地抬升大宗商品价格，但油价回落也主要取决于供给因素。20世纪70年代两次石油危机和"两伊战争"爆发导致石油供给下滑，布伦特原油价格由10美元/桶飙升至40美元/桶以上。以沙特、科威特为主的石油输出国组织成员国决定提升产量，以弥补伊朗和伊拉克石油出口缺失的份额，油价在美联储加息前已开始下跌。1983年美联储加息之前，布伦特原油价格已由40美元/桶降至30美元/桶。1983~1984年美联储加息期间，布伦特原油价格稳定在30美元/桶左右。加息导致美国失业率上升，1984年9月美联储开启降息周期（直至1988年2月）。尽管降息刺激需求，但由于"两伊战争"接近尾声、石油供给恢复，布伦特原油价格依然回归至石油危机冲击前水平，在10美元/桶至20美元/桶之间波动。

（三）资本流动渠道：汇率贬值、融资收紧、资产价格波动

从历史经验看，美联储货币政策收紧常常是新兴经济体金融风险爆发的导火索。因此，在资本项目开放背景下，美联储货币紧缩后资本流动对其他经济体的影响一直是研究的焦点。发达经济体货币紧缩会导致全球资本流动

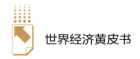

调整，资本将流出新兴经济体、流向以美国为代表的发达经济体，美元升值、其他货币贬值，其他经济体或为稳定汇率跟随货币紧缩、主动抬高本国利率，或因汇率贬值风险而溢价上升、融资成本被动上升。具体而言，美联储紧缩通过资本流动和汇率对其他经济体的溢出主要体现在以下三个方面。

一是美联储紧缩会通过风险承担渠道恶化本地企业和银行的资产负债表，进而降低本地信贷供给。Bruno 和 Shin 认为在大规模资本流动下，美联储量化紧缩导致美元升值、其他经济体货币贬值；受汇率贬值影响，有美元债务敞口的经济体非金融部门资产负债表恶化、风险溢价上升，以及金融部门杠杆率提升，其他经济体信贷供给收缩、融资成本上升、债务风险上升。[1]

二是美联储紧缩会通过影响他国货币政策预期或风险溢价进而影响他国长期利率。在美联储紧缩对其他经济体融资成本的溢出中，除了 Bruno 和 Shin 提出的风险承担渠道外，[2] 还不能忽视美联储紧缩对其他经济体货币政策及其预期的影响。在浮动汇率制度下，美联储紧缩会通过影响其他经济体风险溢价抬高其融资成本。而在固定汇率制度下，根据经典的蒙代尔—弗莱明模型，其他经济体央行为稳定汇率，将跟随美联储紧缩，货币政策收紧将带动融资成本上升。

三是融资成本上升将冲击资产价格，甚至引发金融危机。在美联储货币紧缩通过资本流动溢出的过程中，因资本流出和其他经济体融资成本被动上升，全球资产价格将普遍下跌，部分经济体还可能因货币贬值、利率上升而爆发货币危机或债务危机。历次美联储紧缩进程中，新兴经济体股市的跌幅均大于美国股市的跌幅，而阿根廷、土耳其等高金融脆弱性国家也反复爆发货币危机甚至债务危机。

---

① Bruno V., Shin H.S., "Cross-Border Banking and Global Liquidity," *Review of Economic Studies*, 2015, 82.

② Bruno V., Shin H.S., "Cross-Border Banking and Global Liquidity," *Review of Economic Studies*, 2015, 82.

（四）溢出程度与经济基本面特征和金融脆弱性有关

对于不同类型的经济体来说，发达经济体货币紧缩对其溢出效应必然是不同的，溢出效应与各经济体经济基本面特征和金融脆弱性程度有关。

贸易渠道方面，游离于国际贸易之外的个别经济体必然不会受到欧美需求下滑的影响，而绝大部分融入全球化的经济体都不可避免地要受到美欧需求下滑的影响。目前我国对美国出口规模占我国出口总规模的 17% 左右。从现有实证来看，宏微观数据均可以观察到美联储量化宽松或政策收紧对我国出口贸易的同向影响，即美联储量化宽松会导致我国外贸企业出口贸易增加、紧缩会导致出口贸易下滑。

大宗商品价格渠道方面，大宗商品价格变动将作为输入性通胀传递至全球经济体，主要经济体均将面临几乎同样的大宗商品价格上涨或下跌对成本的影响，进而影响其整体通胀水平。如果发达经济体持续紧缩直至大宗商品价格下跌，那其他经济体也会感受到通胀压力的缓解、工业成本的下降。但对于大宗商品出口国来说，情况恰好相反，大宗商品价格下跌则可能恶化其经济基本面。大宗商品价格上涨有利于改善巴西等大宗商品出口国的经常项目，但加息之后，如果大宗商品价格下跌，其经常项目也会恶化。

资本流动渠道方面，美联储（2018）、国际货币基金组织（2021）的研究均发现，如果美联储紧缩是由于经济过热，那么美联储紧缩对金融脆弱性较高的经济体的汇率和风险溢价的冲击就越大，金融稳定的经济体反而会因美国需求旺盛而受益。汇率是资本流动渠道溢出的中介变量，如果在美联储紧缩进程中，一国的汇率基本面较佳，则能够在保持浮动的情况下不发生持续大幅度的单向贬值进而导致融资环境被动收紧，也能在一定程度上抵御美联储紧缩的冲击。

三 此轮发达经济体紧缩对全球经济已有影响

从目前通胀、增长和资产价格的反应来看，大幅加息对供给推动的通胀

作用有限，反而可能加速主要经济体经济衰退。加息已经导致包括美股在内的全球资产价格大幅回调、信用溢价上升、抵押品价值下降，金融风险也将通过抵押品渠道由金融市场传导至实体经济。

（一）多数经济体开启货币紧缩进程

根据 IMF 的统计，2021 年全球有 66 个小型经济体将货币与美元直接挂钩。此类经济体如果不进行资本管制，将不得不跟随美联储加息，比如中国香港、沙特阿拉伯、新加坡、巴拿马等，但加息会令这些经济体雪上加霜。

除了上述经济体外，此轮美联储紧缩过程中，多数经济体同时面临货币贬值和高通胀威胁，也陆续开启货币紧缩进程，部分经济体甚至早于美联储加息。主要发达经济体中，美国、欧元区、英国、加拿大、瑞士、澳大利亚、韩国央行均在高通胀压力下大幅加息。主要新兴经济体[①]中，金砖国家中的巴西、印度、南非、俄罗斯均因高通胀而多次大幅加息；东盟国家中，马来西亚、印度尼西亚、泰国、菲律宾、越南等核心国家均纷纷加息，新加坡金管局也通过汇率政策收紧货币政策。主要经济体中，未加息的经济体通胀水平均不高[②]且均可以承受较大幅度的汇率波动，如日本、中国等。但也有个别经济体因通胀水平较高且汇率持续贬值而选择大幅降息，如土耳其。

可以看出，与 2015 年美联储加息期间欧洲、日本等主要央行采取按兵不动不同，此轮美联储紧缩源于高通胀，且加息速度明显加快，多数经济体也为了遏制通胀或稳定汇率等陆续开启加息进程，部分经济体（如韩国）甚至提前于美联储开启加息，全球融资环境被动收紧。

（二）高通胀风险犹存

供给因素和地缘政治风险不确定性较大，短期高通胀风险犹存。此轮海

---

① 此次美联储紧缩过程中，多数新兴经济体在货币贬值的同时，也面临高通胀威胁。9 月，印度、俄罗斯、南非、印尼、菲律宾、越南的 CPI 同比也分别高达 7.4%、13.7%、7.8%、6%、6.9%、3.9%。

② 2022 年 8 月，中国 CPI 同比为 2.5%，日本则为 3%。

外高通胀主要源于供给瓶颈、劳动力短缺及乌克兰危机冲击能源价格，此外前期刺激政策也起到了推动作用。目前，发达经济体陆续加息、刺激政策退潮；海运价格降至较低水平、供应链瓶颈有所缓解。但劳动力市场紧张以及能源价格走势仍存在较大不确定性。截至 2022 年 9 月，美国职位空缺率仍在 6% 以上的历史高位，美国劳动力时薪同比增速已连续 12 个月保持在 5% 左右及以上，劳动力成本居高不下。第一季度，美、欧劳动力成本分别同比上涨 4.5%、3.2%，为近 20 年历史较高水平，"工资—通胀"螺旋风险上升。根据 IMF 的测算，未来几年美国、欧元区和英国的通胀率很可能持续超过 3%。欧洲央行预计，2022 年欧元区通胀率为 8.1%，2023 年和 2024 年通胀率将分别为 5.5% 和 2.3%。

从目前情况看，连续加息后，美欧通胀率还处在较高水平。此轮发达经济体货币紧缩可以抑制需求并阻止通胀继续上升的预期形成，但不能解决此轮通胀上升的供给侧因素。能源价格、劳动力价格均由自身市场供求决定，并且问题的核心均在于供不应求推动价格上涨。而发达经济体货币紧缩对能源供给约束、劳动力市场偏紧难以产生直接的影响，这也导致数次加息之后发达经济体通胀水平依然居高不下。同时，地缘政治冲突、新冠肺炎疫情反复、全球供应链问题等黑天鹅事件频发，这也不是发达经济体货币紧缩所能够影响的。2022 年 9 月，在美联储已累计加息 300bp 的情况下，美国通胀依然处于高位，CPI 同比依然在 8% 以上，核心 CPI 同比再度上升，达到 6.6%。因此，虽然主要央行均以遏制通胀为首要目标，不必怀疑其货币紧缩抑制通胀的决心和能力，但也不宜高估其抑制供给推动型通胀的效果。

（三）发达经济体经济衰退迹象显现

1. 欧洲面临经济衰退风险

在能源危机发酵、通胀居高不下的背景下，欧洲经济面临严峻挑战。据 IMF 估算，在基准情形下，俄罗斯天然气从断供到 2023 年 6 月，将拖累欧盟 GDP 增长约 2 个百分点。在天然气优先保障居民供应的情形下，俄罗斯天然

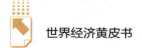

气断供将拖累欧盟 GDP 增长约 3 个百分点。从各类经济领先指标来看，欧元区主要经济体制造业 PMI 指数已经持续数月下行，欧元区、法国、德国制造业 PMI 指数均跌破荣枯值。

此次欧央行加息路径较为陡峭且持续时间可能较长，经济衰退风险进一步上升。近期，多家国际机构纷纷下调了欧洲地区经济增长预期。高盛预计，即使俄罗斯没有完全切断能源供应，2022 年欧洲经济也有可能出现技术性衰退。美银调查显示，约 86% 的受访者认为欧盟经济将在年内陷入衰退。欧盟 7 月发布的欧洲经济夏季展望报告指出，2022 年下半年欧盟经济增速将明显放缓，其原因包括能源价格和粮食价格上涨、全球经济增长疲软、外部需求下降等。根据欧盟统计局数据，2022 年第三季度，欧元区 GDP（不变价）环比增长 0.2%，增速较第二季度下降 0.6 个百分点；同比增速为 2.1%，增速较第二季度下滑 2.2 个百分点。欧洲经济增速明显下滑，欧央行持续加息可能推动欧洲经济加速下滑。

2．美国金融风险上升

美国经济已经连续 2 个季度出现负增长（"技术性衰退"的信号），但由于美国就业、消费等核心数据依然表现较佳，为美联储大幅加息提供了支撑。但即便如此，此轮加息也已经导致美国金融风险上升，最终也会影响企业融资成本和实体经济需求。

一是美股泡沫破灭。疫情以来至 2021 年底，美股主要指数均上涨约 100%，增速快于 2008 年全球金融危机后的量宽时期。美联储加息缩表后，美股将面临利率上升、流动性收紧、盈利恶化的压力，高估值难以持续。20 世纪 70、80 年代滞胀时期，标普 500 市盈率跌至 10 倍以下，主要指数下跌 50% 以上。2022 年以来，美股已明显回调，标普 500 指数已下跌 20% 以上。随着美联储继续加息至 4% 或更高，如果通胀依然高企，居民消费需求将受到影响，美股公司将陷入成本上升、利息上升、需求下滑的困境，美股恐出现更大幅度的暴跌。

二是垃圾债违约风险上升。在货币宽松的支持下，2021 年美国高收益企业债与国债之间的利差一度降至 300 bp，创国际金融危机以来新低。当时由于通胀高企、利率较低，美国垃圾债发行销售规模屡创历史新高，2020~2021年销售规模接近 1 万亿美元。伴随着美联储紧缩预期升温，美国垃圾债信用利差已迅速回升。2022 年 10 月底，美国高收益企业债平均利差达到 4.6%，CCC 级信用利差升至 12% 以上。加息缩表将抬升无风险利率、恶化企业营收、提高信用利差，垃圾债付息难度和融资成本均将大幅上升。垃圾债券主体将面临付息困难和再融资困难，可能出现大规模债务违约。

三是房地产市场调整。2022 年 3 月，美国房价中位数升至 37.5 万美元的历史高点，较 2020 年同期上涨 26.5%，处于历史最高位。美联储加息将打击购房需求，引发房地产市场调整。2022 年 10 月底，美国 30 年期抵押贷款利率已达到 7%。根据路透社调查，当联邦基金利率上升至 1.75%~2%，美国房价将迎来拐点。2022 年 9 月，美国新屋销售量（折年数）环比大幅下跌约 11%。惠誉预计 2023 年房屋建筑商交付量将下降约 20%、2024 年下降 10%，销售的低迷最快在 2022 年底就将传递至美国房价上。2022 年 10 月，全美住宅建筑商协会（NAHB）/ 富国银行住房价格指数环比下跌 17.4%，跌幅远超市场预期。

四是部分金融机构和企业可能面临融资困难和债务危机。美联储紧缩抬高名义利率和风险溢价，并通过资产价格下跌压低抵押品价值，导致贷款供给下降、融资成本上升，部分金融机构和僵尸企业将面临融资困难。2022 年以来，美股大幅下跌，高收益债信用利差明显上升。根据美联储数据，美国上市公司中僵尸企业占比已达 10%，超过一半的美国企业债评级在 BBB 级及以下。加息可能形成"估值下降—风险溢价上升—债务风险上升"以及"抵押品价值下降—贷款供给下降—融资利率上升"的负反馈，导致部分现金流表现较差的公司面临信用风险暴露和流动性危机。如果加息导致经济衰退，美国高收益债公司的流动性危机也将加速转化为偿债能力危机。

（四）美元升值，其他货币普遍贬值、风险溢价上升

美元升值，其他主要经济体货币均贬值。2022 年第一至第三季度，美元

累计升值 16.8%。除盯住美元的小型开放经济体外，其他经济体货币均贬值。截至 2022 年 10 月底，人民币兑美元即期汇率较年内高点累计贬值 15%，贬值幅度小于日元、英镑等传统储备货币。日元、欧元、英镑累计贬值幅度分别高达 30%、13.5%、15.7%。新兴经济体中，东南亚货币也普遍贬值。印度卢比年内累计贬值 11.6%，印尼卢比累计贬值 8.9%，泰铢累计贬值 18.4%。南非、阿根廷、俄罗斯等高风险新兴经济体货币年内分别累计贬值 25%、52%、20%。

未加息经济体期限利差上升，主要经济体较美债的溢价上升。与美债期限利差持续为负相比，未加息的大型经济体国债期限利差均出现了上升。美联储加息导致美元升值、本币贬值，对于有美元负债敞口的经济体来说偿债能力会受到不同程度的影响，隐含风险预期的期限利差也就随之上升。风险程度本来就高的部分新兴经济体风险溢价更加明显。国际金融研究所（Institute of International Finance）资本流动追踪机构称，2 月 24 日乌克兰危机升级引发了新兴市场创纪录的资产外流事件。9 月国际金融协会（IIF）表示，2022 年 1~8 月，除中国以外的新兴市场流出的资本量，与 2013 年美联储减少资产购买期间的资本流出量类似。根据路透社的数据，[①] 截至 2022 年 9 月，部分新兴经济体（埃及、肯尼亚等）主权债务较美债的风险溢价高达 1000bp，创历史新高，这些国家也难以在国际市场获得再融资。受乌克兰危机和能源危机影响，欧洲新兴经济体主权债务较美债溢价也明显上升，接近 700bp，仅次于非洲。但此次巴西等拉丁美洲国家受益于通胀上涨，经常项目改善、国际储备增加，拉美经济体与美债的风险溢价（490bp）仅略高于亚洲新兴经济体（350bp）。

---

① https://www.reuters.com/markets/europe/embattled-emerging-markets-face-fresh-pain-us-rate-hikes-2022-09-27/.

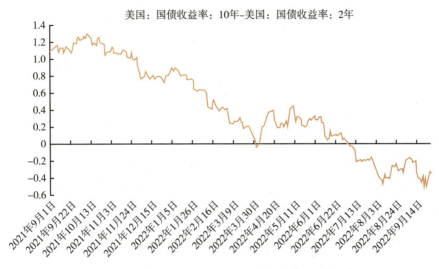

图 3　美国国债收益率期限利差（10 年期 –2 年期）

资料来源：Wind 金融数据库。

图 4　欧元区、日本、中国国债收益率期限利差（10 年期 –2 年期）

资料来源：Wind 金融数据库。

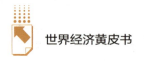
（五）全球资产价格普遍下跌

名义利率抬升，全球主要资产价格均明显下跌。主要央行货币紧缩抬升名义利率，打压风险资产估值。除美元指数以外，各区域股票、债券等主要金融资产价格明显下跌，以原油、铜为代表的大宗商品价格也出现回调。其中，受乌克兰危机、通胀高企和央行加息的多重影响，欧元区资产价格下跌幅度最大，受影响程度超过了新兴市场。截至 2022 年第三季度末，意大利 10 年期国债价格同比下跌 35.1%，季度环比下跌幅度高达 15.8%；欧元区 STOXX 股票指数同比也下跌 34.9%，环比下跌 11.1%；MSCI 新兴市场指数同比下跌 27.9%，环比下跌 11.1%；日经 225 指数同比下跌 26.8%，环比下跌 5.8%；MSCI 发达经济体指数同比下跌 21.7%，环比下跌 3.4%（见图 5）。

四　展望和风险提示

本轮加息将使得世界经济再次进入衰退。目前，美欧经济均已经出现衰退迹象，但通胀依然处于高位。10 月，欧元区制造业 PMI 初值 46.6，美国 10 月 Markit 制造业 PMI 初值 49.9，均为 2020 年 6 月以来的新低；美国 10 月 Markit 服务业 PMI 初值降至 46.6，连续 4 个月萎缩。如果在高通胀压力下，美国和欧洲等主要经济体央行继续加快紧缩节奏、打击需求，将加速经济衰退进程。此外，如果供给约束和劳动力市场紧张局面得不到有效缓解，这次经济衰退可能是滞胀式衰退，届时货币政策空间将进一步收窄。

全球资产价格持续下跌，应警惕通过抵押品机制而引发流动性危机和债务危机。美联储开启加息进程后，全球主要金融市场调整加剧。除美元指数以外，主要经济体股票、债券等金融资产价格均明显下跌。受货币紧缩、高通胀和乌克兰危机等因素冲击，欧元区资产价格下跌幅度最大，受影响程度超过了新兴市场。根据路透社的数据，欧洲新兴经济体主权债与美债的风险溢价已经达到 690bp，高于亚洲和拉丁美洲地区，仅次于非洲。美元继续升值，其他货币均较美元贬值。SDR 篮子货币中，人民币贬值幅度最小，日元

图 5　全球金融市场主要指标变动

注：债券价格的波动体现为价格的波动，而非收益率的变动。数据截至 2022 年 9 月 26 日，变动幅度均按季末值计算。

资料来源：原始数据来源于汤森路透数据库，经笔者计算。

贬值幅度最大。汇率贬值会提高有美元债务敞口的各类主体的风险溢价，进而进一步降低资产估值。金融资产是经济主体用于借贷的主要抵押品。主要央行货币紧缩，全球资产价格普遍大幅下跌，需要警惕资产价格下跌从而通过抵押品机制导致信贷供给能力下降，引发流动性危机甚至债务危机。

此轮美联储加息过程中，欧洲债务风险演进值得关注。在经常项目顺差、充足的外汇储备、汇率弹性提高的情况下，主要新兴经济体抵御美联储加息负面溢出的能力增强。除阿根廷、土耳其等常年处在危机边缘的新兴经济体外，还值得关注的是欧洲金融风险。在高通胀、高债务和加息的多重压力下，欧洲金融风险明显上升。当前欧元区政府债务和财政赤字压力并不弱于2010年欧债危机爆发前夕，且成员间分化依然明显，希腊、意大利等的债务压力相对更大。并且，意大利、法国、奥地利等国家对俄罗斯主权债务风险敞口较大。欧央行加息将使得边缘国家的债务风险更加突出。随着融资成本和风险溢价上升，欧洲边缘国家再融资可能面临压力，欧元大跌、英镑出现闪崩，资本撤出欧洲流向美国和亚洲地区，欧洲爆发货币危机、流动性危机甚至债务危机的可能性上升。

参考文献

张靖佳、孙浦阳、刘澜飚:《量化宽松政策、财富效应与企业出口》,《经济研究》2015 年第 12 期。

Bruno V., Shin H.S., "Cross-Border Banking and Global Liquidity," *Review of Economic Studies*, 2015, 82.

Fleming, J. Marcus, "Domestic Financial Policies under Fixed and Floating Exchange Rates," *IMF Staff Papers*, 1962(9), doi:10.2307/3866091. JSTOR 3866091.

Hoek J., Kamin S.B., Yoldas E., "When is Bad News Good News? U.S. Monetary Policy, Macroeconomic News, and Financial Conditions in Emerging Markets," FRB International Finance Discussion Papers, 2020.

Mundell, Robert A., "Capital Mobility and Stabilization Policy under Fixed and Flexible Exchange Rates," *Canadian Journal of Economics and Political Science*, 1963, 29 (4), doi:10.2307/139336. JSTOR 139336.

Y.17
金融制裁对国际货币体系的影响

熊爱宗　徐奇渊 *

摘　要： 乌克兰危机爆发后，美欧对俄罗斯采取了一系列金融制裁措施。
特别是冻结了俄罗斯外汇储备，将俄罗斯重要银行排除在环球银
行金融电信协会（SWIFT）系统之外，这两项金融制裁措施对俄
罗斯产生了重要影响。同时，金融制裁的频繁使用，尤其是对俄
罗斯这样大国的使用，加剧了新兴市场和发展中国家对美元体系
的不信任，动摇了美元、SWIFT 作为国际货币体系公共产品的逻
辑基础。虽然从现实来看，美元、SWIFT 在国际货币体系中的相
对地位仍然难以动摇，但这并不意味着国际货币体系仍将保持稳
定。一旦持有外汇储备的意愿下降，新兴市场和发展中国家或将
提高汇率波动性的容忍度，或将更多地实施资本流动管理措施。
因此，在未来的去中心化、去全球化过程中，国际货币体系的不
稳定性将呈现出上升趋势。

关键词： 金融制裁　国际货币体系　储备货币　国际金融基础设施

2018 年以来，中美经贸冲突给全球贸易体系带来了巨大冲击。而 2022
年初乌克兰危机爆发以来，美欧等国家对俄罗斯实施了一揽子的金融制裁措

---

* 熊爱宗，中国社会科学院世界经济与政治研究所全球治理研究室副研究员，研究方向：国
际金融、新兴市场；徐奇渊，中国社会科学院世界经济与政治研究所研究员，研究方向：
宏观经济、国际金融。

施。这些制裁措施在对俄罗斯经济与金融体系带来严重冲击的同时，也对当前的国际货币体系带来深远影响。为了观察这种影响，我们需要对金融制裁措施进行分析，本文第一部分会涉及这方面内容。

同时，国际货币体系涉及的要素包括国际储备货币、汇率制度、国际收支调节机制、国际金融基础设施这四个方面。其中，第二部分将会分析金融制裁可能会对国际储备货币的总体需求产生影响，并进而影响到汇率制度和国际收支调节机制的选择。从长期来看，金融制裁甚至可能不仅仅止步于总体需求，而是会影响到国际储备货币体系的结构。第三部分将会关注金融制裁对国际金融基础设施的影响。第四部分是结论与展望，也许我们将会看到，不论是金融制裁对国际储备货币体系的影响，还是对国际金融基础设施的影响，都将呈现出去中心化、去全球化的特征，而汇率体系方面的稳定性将明显下降，伴随而来的将是国际资本流动的去全球化趋势。

一　美欧对俄罗斯实施的金融制裁措施

2014年克里米亚事件之后，美欧就对俄罗斯采取了严厉的金融制裁。乌克兰危机爆发后，美欧对俄罗斯的金融制裁进一步升级，其中部分制裁措施是首次对俄罗斯这样的大国使用。总体来看，金融制裁措施主要涉及以下三个方面。

一是冻结或没收相关实体的资产。美国财政部海外资产控制办公室（OFAC）通过特别指定国民（SDN）清单对相关个人和企业实施资产冻结，并禁止美国公民与被制裁实体进行交易，限制其变现能力。乌克兰危机爆发后，美国财政部将俄罗斯多个国有和私人实体如俄罗斯储蓄银行（Sberbank）、俄罗斯外贸银行（VTB）等列入特别指定国民清单，冻结其在美资产。欧盟、英国等也通过发布制裁清单对俄罗斯相关个人和实体实施资产冻结。更为严重的是，2022年2月28日，美欧等国对俄罗斯央行资产实施冻结，以限制俄罗斯央行使用其国际储备能力，这使得俄罗斯约有3000亿美元资产被冻结，并造成俄罗斯金融市场大幅震荡。

二是限制俄罗斯金融机构进入美元支付体系和 SWIFT 系统。美国在国际支付和清算结算体系中处于核心地位，通过限制甚至切断俄罗斯金融机构与美元支付体系的联系，从而使得俄罗斯无法与外界进行正常的国际经济交易。如在 2022 年 2 月 24 日美国财政部对俄罗斯储蓄银行的制裁中，要求所有美国金融机构在 30 天内关闭任何与俄罗斯储蓄银行有关的代理账户或通汇账户，从而将该行"踢出"美元支付结算体系。① 此外，在美欧的推动下，部分特定俄罗斯银行如俄罗斯外贸银行、俄罗斯国有开发银行、俄罗斯工业通讯银行等被排除在环球银行金融电信协会（SWIFT）系统之外，从而使得这些俄罗斯金融机构的国际贸易和金融交易受到限制。

三是切断被制裁实体的海外融资渠道。美国海外资产控制办公室设有行业制裁识别名单（SSI），一旦某个实体被列入该名单，美国财政部将禁止美国个人或企业向其提供融资支持。如 2022 年 2 月 24 日，美国财政部根据 14024 号行政命令发布指令 3，禁止美国人参与或在美国境内向俄罗斯相关实体提供期限超过 14 天的债务融资或股权融资。2 月 25 日，欧盟也扩展已有金融制裁措施，切断俄罗斯进入欧洲资产市场的融资渠道。此外，美欧还利用自身在国际金融机构中的影响力，阻止国际金融机构向俄罗斯提供贷款或金融援助。2022 年 3 月 11 日，七国集团宣布将阻止俄罗斯通过国际货币基金组织、世界银行等国际金融组织获得融资。

二　金融制裁对国际储备货币体系的影响

在国际货币体系的诸多构成要素中，国际储备货币最为关键。曾经的美元取代英镑、布雷顿森林体系的解体都经历了国际储备货币的剧烈变化。那么这轮对俄罗斯的金融制裁，是否会动摇当前的国际储备货币体系呢？对此争论比较激烈。

---

① U.S. Department of the Treasury, "U.S. Treasury Announces Unprecedented & Expansive Sanctions Against Russia, Imposing Swift and Severe Economic Costs," https://home.treasury.gov/news/press-releases/jy0608, February 24, 2022.

（一）理论界的不同观点

一些观点认为，金融制裁不太可能威胁美元的地位。马库斯·布伦纳梅尔（Markus Brunnermeier）等认为，本轮金融制裁是在乌克兰危机这样一种特殊情态下进行的，这是极其罕见的情况。美国仍致力于维护和保护美元的安全资产属性，况且也不存在美元强有力的替代品。[①] 甚至有观点认为金融制裁可能会进一步强化美元地位。加州大学圣克鲁兹分校教授迈克尔·杜利（Michael Dooley）等认为，储备货币不仅是一种安全资产，同时也是一种确保外国投资者信心的"抵押品"。某些"问题"国家甚至需要将大量资产抵押在美国，从而吸引国际私人资本流入。美国对相关国家实施金融制裁，是对这些国家"错误"行为的惩罚，而这会推动其他"高风险"国家积累更多的美元储备，以维持外国投资者的信心。这一机制将进一步强化美元的国际储备货币地位。[②]

不过，这类观点假设其他国家为"问题"国家，本身隐含着一种道德上的优越感。同时，这类观点也忽视了美元之所以有今天的地位，是以其全球公共产品的属性作为重要基础的。如果其他国家的外汇储备管理者认为美元资产的公共产品属性削弱、持有美元资产的风险上升，那么美元地位确实可能会受到影响。这将是一个预期自我实现的过程（self-fulfilling）。尤其是持有外汇储备的国家，从金额来看以新兴市场和发展中国家为主体。

因此更多观点认为，美国对俄罗斯的储备资产实施冻结打破了国家主权平等和产权保护原则，这将推动其他国家加速远离美元资产，从而削弱美元地位。加州大学伯克利分校教授巴里·艾肯格林（Barry Eichengreen）指出，美国及其盟友冻结俄罗斯外汇储备的决定，引发了一场关于国际货币体系未来的激烈辩论。最近 20 年美元在全球外汇储备中的份额一直呈下降趋势，金

① Brunnermeier, M., James, H. and Landau, J., "Sanctions and the International Monetary System," VoxEU.org, April 5, 2022.
② Dooley, M., Folkerts-Landau, D. and Garber, P., "US Sanctions Reinforce the Dollar's Dominance," NBER Working Paper No. 29943, 2022.

融制裁将会加速国际货币体系多元化。[1] 国际货币基金组织副总裁吉塔·戈皮纳特（Gita Gopinath）也表示，美国对俄罗斯的金融制裁可能会削弱美元的主导地位，并导致国际货币体系碎片化。[2] 实际上，在乌克兰危机爆发之前，有不少学者就指出，美元的"武器化"滥用最终将会威胁美元的全球主导地位。[3]

（二）俄罗斯和新兴市场国家对金融制裁的反应

受制裁国家将会降低美元依赖，这是应对制裁的一个自然反应。这不仅可以降低未来再次受到美国金融制裁的威胁，也可以降低当前金融制裁所带来的负面冲击，如俄罗斯在克里米亚事件之后就逐步减少美元的使用。据俄罗斯央行发布的报告，2021 年 6 月，美元资产占俄罗斯外汇储备和黄金资产的比例降至 16.4%，而 2014 年 6 月美元在俄罗斯外汇储备中的比例则高达 43.4%。在相同时间段，俄罗斯持有的美国证券规模从 1150.4 亿美元下降至 47.1 亿美元。同期，俄罗斯持有的交易对手来自美国或证券发行人居住地在美国的资产占到俄罗斯外汇储备和黄金资产的比例也从 29.7% 大幅下降到 6.6%。[4]

因乌克兰危机美国对俄罗斯实施的大规模金融制裁无疑会进一步加剧俄罗斯"去美元化"趋势。例如，俄罗斯颁布了天然气的卢布结算令，从 2022 年 4 月 1 日起，俄罗斯供应商交付的天然气将要求以卢布支付。再如，俄罗斯与印度进行的大宗商品交易也开始选择以非美元来进行结算。

美国对俄罗斯的制裁也为新兴市场国家敲响了警钟。制裁作为重要的政治事件将会加剧新兴市场经济体对美元体系的不信任，迫使新兴市场经济体重新思考其储备管理框架、外汇储备的货币构成以及可供选择的投资资产，

---

[1] Eichengreen, B., "Ukraine War Accelerates the Stealth Erosion of Dollar Dominance," *Financial Times*, March 28, 2022.

[2] Wheatley, J. and Smith, C., "Russia Sanctions Threaten to Erode Dominance of US Dollar, Says IMF," *Financial Times*, March 31, 2022.

[3] Frankel, J., "How a Weaponized Dollar Could Backfire, Project Syndicate," October 23, 2019.

[4] 资料来源：俄罗斯央行（Bank of Russia）和美国财政部（U.S. Department of the Treasury）。

尤其是需要仔细评估是否需要以及如何实现外汇储备的货币和资产多样化。①除俄罗斯外，近年来不少遭到美国制裁或制裁威胁的国家也开始减持美元资产。如为应对美国的制裁和潜在金融风险，土耳其加快抛售美元资产。2021年6月土耳其持有的美国证券为32.3亿美元，相比2018年6月的295.8亿美元出现大幅下降。传统上，外汇储备的货币选择主要考虑经济动机，如预防性需求、交易性需求、投资性需求等，但现在地缘政治也变成一个不可或缺的考虑因素。艾肯格林等指出，国际储备配置可以分为"水星原则"和"火星原则"，前者主要认为币种选择主要受经济因素影响，后者则认为币种选择主要受地缘政治因素影响。②事实上，这两种因素都在发挥作用。近年来，美国政府越来越依赖于通过金融制裁来实现其外交政策利益和国家安全目标，这将会使越来越多的国家降低美元储备比例。

（三）中期内美元地位牢固，但这并不意味着国际货币体系的稳定

中期内美元作为主导国际货币的地位依然稳固。本轮制裁是欧美日等发达国家联合实施的制裁，这样就减少了从美元向其他储备货币分散化的空间。同时，欧元区国家的金融市场规模、欧元区金融资产的流动性等都不及美国，而人民币距离真正的国际化还有较为遥远的距离。因此，在中期内美元的地位确实难以动摇。

2022年第二季度，美元在全球外汇储备中的占比依然高达59.53%，较排第二位的欧元高了39.76个百分点。2022年5月，国际货币基金组织完成五年一次的特别提款权（SDR）定值审查，决定将美元在SDR货币篮子中的权重上调至43.4%，提升了1.65个百分点，在五种SDR构成货币中提升幅度最大。乌克兰危机爆发后，受避险情绪升温、美联储收紧货币政策等因素影响，美元还出现了大幅升值，这说明美元作为主导国际货币的地位仍是

---

① Ramaswamy, S., "The Threat of Financial Sanctions: What Safeguards Can Central Banks Build?" *China & World Economy*, 2022, 30 (3): 23-41.
② Eichengreen, B., Mehl, A. and Chiṭu, L., "Mars or Mercury? The Geopolitics of International Currency Choice," *Economic Policy*, 2019, 34(98): 315 – 363.

牢固的。

但是美元地位的稳定，并不意味着国际货币体系仍将保持稳定。美欧对俄罗斯外汇储备实施冻结使得各国重新审视外汇储备扮演的角色。金融制裁将削弱部分国家持有外汇储备的动机，对全球储备需求产生重大影响。一方面，主权货币信用受到冲击，黄金以及超主权货币或将重新受到重视。据世界黄金协会统计，在乌克兰危机以及通胀飙升的推动下，2022 年第一季度全球黄金需求同比增长 34%，为 2018 年第四季度以来的最高水平。[1] 世界黄金协会 2022 年 6 月公布的一项针对 57 家央行的黄金需求调查报告显示，42% 的受访者认为美元在全球储备中的比例会降低。[2] 甚至有分析认为，目前国际货币体系正在从基于美元的第二代布雷顿森林体系向基于黄金和其他大宗商品的第三代布雷顿森林体系演进。[3]

另一方面，各国可能通过各种方式来降低对外汇储备的依赖或是加强对外汇储备的替代。例如，增加石油等战略物资储备。同时在减少外汇储备的情况下，新兴市场也可能会进一步增强汇率弹性，以更好地吸收外部冲击。在外汇储备下降但汇率波动加剧、资本流出风险上升的情况下，非储备货币国家也可能会加强对跨境资本流动的管理，这将在一定程度上造成金融全球化的倒退。[4] 与此同时，各国可能会进一步强化区域金融安全网以及双边货币互换网络的建设，以降低对外汇储备的需求。在这些变化中，汇率波动加剧、资本管制倾向加剧，都是国际货币体系去全球化的趋势，而区域金融安全网合作在一定程度上也是国际货币体系去中心化的表现。

三　金融制裁对国际金融基础设施的影响

美欧对俄罗斯采取的另一项重大制裁措施就是将部分俄罗斯金融机构排

---

[1]　World Gold Council, "Gold Demand Trends Q1 2022," April 28, 2022.
[2]　World Gold Council, "2022 Central Bank Gold Reserves Survey," June 2022.
[3]　Pozsar, Z., "Bretton Woods Ⅲ," Credit Suisse, March 7, 2022.
[4]　Brunnermeier, M., James, H. and Landau, J., "Sanctions and the International Monetary System," VoxEU.org, April 5, 2022.

除在 SWIFT 系统之外。SWIFT 系统是跨境支付清算的通信系统，但是其在全球跨境支付中具有重要作用，因此 SWIFT 制裁又常常被称为金融"核武器"制裁，其不仅对俄罗斯相关跨境交易产生重大影响，也会威胁国际金融秩序的稳定。但是同任何其他金融制裁手段一样，越频繁地"武器化"使用这种金融公共产品，越会降低其公共产品的属性，越会提升其替代品出现的可能性。从历史上来看，伊朗、俄罗斯甚至欧洲国家本身都曾受到 SWIFT 制裁的困扰。

（一）伊朗受到SWIFT制裁，欧洲国家也曾受波及

2012 年美欧对伊朗实施金融制裁，将伊朗 4 家重要的银行从 SWIFT 系统中剔除。值得注意的是，在此之前的联合国安理会投票中，这一制裁方案得到了程序上的通过，因此这轮对伊朗的金融制裁在道义上也得到了欧洲国家和 SWIFT 的全力支持。可见，在 10 年前使用 SWIFT 进行金融制裁是需要国际社会认可、需要具有道义基础的。

随后 2015 年 7 月，伊朗与美国、英国、法国、俄罗斯、中国和德国达成伊朗核问题全面协议（JCPOA），根据协议国际社会逐步解除对伊制裁。2016 年 2 月，伊朗银行得以重新进入 SWIFT。然而 2018 年 5 月，特朗普政府单方面宣布退出伊核协议，并再度要求将伊朗踢出 SWIFT 系统。这一次对伊朗的金融制裁是美国政府的单方面行为，在道义上联合国安理会没有通过制裁方案、欧洲国家并不支持，在利益上也不符合在伊朗有经济利益的欧盟国家和 SWIFT 公司的意愿。因此，欧洲国家 SWIFT 的董事会成员以及 SWIFT 均不支持对伊朗再次进行金融制裁。但是，美国的 CHIPS 系统（纽约清算所银行美元同业支付系统）在国际支付清算体系中具有绝对优势地位，事实上 SWIFT 也难以脱离 CHIPS 而独立存在。这就给了美国"挟天子以令诸侯"的潜在可能性。在美国的强迫、威胁之下，最终 SWIFT 只能"两害相权取其轻"，无奈地接受了美国的过分要求。①

---

① 徐奇渊：《为什么中国不可能被整体上踢出 SWIFT？》，《财经》2020 年第 7 期。

为此，2019年1月，英国、法国、德国宣布设立贸易往来支持工具（INSTEX）结算机制，寻求绕过美方制裁，继续与伊朗进行经贸往来。当年12月，比利时、丹麦、芬兰、荷兰、挪威、瑞典六个欧洲国家宣布加入这一机制。2020年3月，法国、德国和英国通过INSTEX完成与伊朗的第一笔转账交易。虽然INSTEX的效果并未达到预期，但其也表明了欧洲对美国单边主义制裁的不满，以及国际金融基础设施多元化发展趋势。

（二）俄罗斯建立SPFS来替代SWIFT

除了伊朗之外，SWIFT还对朝鲜、伊拉克、利比亚等国金融机构实施过制裁。考虑到俄罗斯在全球经济特别是全球能源贸易中的地位，对俄罗斯部分金融机构实施SWIFT制裁的影响要远远大于上述国家。俄罗斯以及以往的制裁例子表明，通过掌握关键性国际金融基础设施，西方国家可以对其他国家的利益造成巨大的损害，甚至欧洲国家也反受其累。

为此，各国也不得不开始思考推动建立自己的国际金融基础设施。俄罗斯在美欧的制裁背景之下，逐步发展自己的类似SWIFT的支付结算信息系统。克里米亚事件发生之后，为应对可能被切断与SWIFT系统连接的风险，俄罗斯央行于2014年底建立金融信息传输系统（SPFS），为国内金融机构提供金融信息传输服务。随后，俄罗斯通过各种措施推动该系统在国际范围内的应用。2019年6月，俄罗斯国家杜马通过一项关于允许外国人接入金融信息传输系统的法案。根据法案，俄罗斯央行可向外国银行、国际组织及其他国家央行提供金融信息传输服务。俄罗斯也逐步加强同印度、中国、土耳其等国的合作，希望该系统扩展至更多非俄罗斯机构。目前已有超过400家俄罗斯和外国实体加入SPFS，2022年6月29日，俄罗斯央行行长埃尔薇拉·纳比乌林娜表示，已有12个国家的70家外国金融机构接入该系统。[①]

---

① Reuters Staff, "Russian C. Bank: 70 Organisations from 12 Countries have Joined Our SWIFT Alternative," https://www.reuters.com/article/ukraine-crisis-russia-swift-idUSL8N2YG2D8, June 29, 2022.

（三）其他新兴市场国家探索建立新的国际金融基础设施

有印度学者建议新兴经济体可以建立一个新的报文体系，该报文体系类似 SWIFT 但只处理新兴市场经济体货币，使用该系统向新兴市场经济体的支付和结算系统传送金融信息，这会产生明显的网络效应。[①] 实际上，金砖国家于 2020 年就建立金砖支付工作组（Payments Taskforce），鼓励金砖国家本币的跨境支付。在 2020 年俄罗斯担任主席国期间，该工作组研究了跨境支付基础设施的发展，以及金砖国家国别支付卡系统的相互连接前景。从国别来看，中国于 2015 年启动人民币跨境支付系统（CIPS），为人民币跨境使用提供了基础保障。自 2015 年上线运行以来，CIPS 境内外介入机构数量增多，系统的网络覆盖面持续扩大。截至 2021 年末，CIPS 系统实际业务覆盖全球 178 个国家和地区的 3600 多家法人银行机构。2022 年 7 月，印度储备银行推出国际贸易的卢比结算机制（International Trade Settlement in India Rupees），从而使进出口企业可以使用本币进行计价、结算。

此外，SWIFT 制裁还刺激了区块链去中心化技术的发展，以及数字货币的使用。私人部门已经开发出基于区块链但不依赖于 SWIFT 的支付体系。2013 年美国瑞波实验室（Ripple Labs）推出瑞波支付网络，该网络利用区域块技术同时提供金融信息传输和清算与结算服务。未来，在国际支付、金融信息传输等方面或将会有更多可供选择的国际金融基础设施出现。国际金融基础设施的多元化可能会因交易规模的降低、系统分割而造成交易成本上升和交易效率下降。但多元化也为各国提供了更多的选择，降低了被制裁风险，从而为各国带来了更高的交易安全性。为促进国际金融基础设施"效率"和"安全"的平衡，国际社会需要强化不同系统之间的对接与协调，避免国际金融体系碎片化。

---

① Ramaswamy, S., "The Threat of Financial Sanctions: What Safeguards can Central Banks Build?" *China & World Economy*, 2022, 30(3): 23-41.

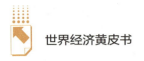

四　总结与未来展望

作为国际储备货币的美元、作为全球银行间报文系统的SWIFT，这些都是全球金融市场公共产品。而公共产品最重要的特点有：第一，非竞争性，一些人从这一产品中受益不会影响其他人从这一产品中受益。第二，非排他性，即公共产品不能为某个人或某些人所专有。而当前美元、SWIFT这些公共产品频繁地被"武器化"，用于对部分国家的金融制裁，这种事实正在冲击着美元、SWIFT作为国际货币体系公共产品的基础。从根本上而言，过去美元、SWIFT之所以成为公共产品，在很大程度上也是基于国与国之间的公共产品非"武器化"使用的互信，如果这种互信受到冲击、产生动摇，则美元、SWIFT继续作为国际货币体系公共产品的角色也会受到影响。

但从现实角度出发，真正能够对美元、SWIFT构成强有力挑战的替代者还没有出现。美元、SWIFT本身也具有较强的网络效应。这种网络效应将进一步强化现有国际货币体系的惯性，并阻碍其发生变革。但这并不意味着国际货币体系会继续保持稳定。一方面，美元在国际储备体系中的地位将继续保持一家独大，国际储备货币的结构将保持相对稳定，SWIFT报文系统也将继续作为全球最重要的报文系统。但另一方面，作为外汇储备持有的主体，新兴市场和发展中国家对外汇储备的总体需求可能出现下降。伴随而来的是，新兴市场国家将不得不放松对汇率波动的容忍度以作为应对，或是增加对跨境资本流动的干预或管理。国际金融基础设施发展也将呈现多元化趋势。

总之，本轮欧美对俄罗斯金融制裁会对国际货币体系产生去中心化、去全球化的影响。但这种影响并不是通过影响国际储备货币的结构来实现的，而是通过影响国际储备货币的总体规模来实现的。在此过程中，美元作为储备货币的相对地位可能不会快速下降，但是储备货币的总体需求及持有意愿下降，这是国际货币体系去中心化、去全球化的另一种表现形式。而且，这也可能带来国际货币体系的稳定性下降（汇率波动性上升）以及交易成本的提高（跨境资本的流动性下降）。

参考文献

Brunnermeier, M., James, H. and Landau, J., "Sanctions and the International Monetary System," VoxEU.org, April 5, 2022.

Dooley, M., Folkerts-Landau, D. and Garber, P., "US Sanctions Reinforce the Dollar's Dominance," NBER Working Paper No. 29943, 2022.

Eichengreen, B., "Ukraine War Accelerates the Stealth Erosion of Dollar Dominance," Financial Times, March 28, 2022.

Eichengreen, B., Mehl, A. and Chiţu, L., "Mars or Mercury? The Geopolitics of International Currency Choice," *Economic Policy*, 2019, 34(98).

Frankel, J., "How a Weaponized Dollar Could Backfire," *Project Syndicate*, October 23, 2019.

Pozsar, Z., "Bretton Woods Ⅲ," Credit Suisse, March 7, 2022.

Ramaswamy, S., "The Threat of Financial Sanctions: What Safeguards can Central Banks Build?" *China & World Economy*, 2022, 30(3).

World Gold Council, "Gold Demand Trends Q1 2022," April 28, 2022.

World Gold Council, "2022 Central Bank Gold Reserves Survey," June 2022.

Y.18
全球主权债务风险与可持续性评估

熊婉婷[*]

摘　要： 2022 年，全球宏观经济金融环境已逐步由新冠肺炎疫情前的"低通胀、低利率"均衡转向"高通胀、高利率"均衡。与此同时，全球经济增长也呈现动能不足和高度不确定性。在这一新环境下，主权债务压力或再度成为影响全球经济和金融稳定的巨大隐患。对以本币债务为主的发达经济体而言，经济下行和货币紧缩将加大政府偿债压力，但出乎意料的高通胀冲击会起到削减债务的作用。下一阶段，这些经济体最值得关注的主权债务脆弱性来源是由资产价格下跌所带来的"银行/影子银行—主权"厄运循环风险。对依赖外债融资的新兴市场和发展中国家而言，陷入主权债务困境的国家数量开始增加。由于这些经济体缺乏应对美联储加息和全球需求下行等负面冲击的有效政策工具，主权债务危机或进一步扩散。面对即将来袭的主权债务危机潮，国际社会应在全球债务治理和宏观政策协调方面开展更深入的合作。

关键词： 主权债务　债务可持续性　债务危机　高通胀　新兴和发展中经济体

---

* 熊婉婷，中国社会科学院世界经济与政治研究所全球宏观研究室助理研究员，研究方向：全球宏观经济、债务问题。

一　引言

新冠肺炎疫情以来，全球宏观经济金融环境已逐步由"低通胀、低利率、宽财政"转向"高通胀、高利率、紧财政"的新局面。2021年以来，主要经济体通胀持续走高。截至2022年8月，美国和欧元区的CPI同比增速均创历史新高，分别升至8.3%和9.1%。IMF预计发达经济体的平均通胀率将从2021年的3.1%升至2022年的3.9%，新兴和发展中经济体将从5.7%升至5.9%。为了缓解通胀压力，各国央行货币政策收紧节奏明显加快。美联储于2022年3月启动加息，6月开始缩表，9月联邦基金利率升至3%~3.25%，预计年底前加息至4%以上。欧央行7月开始加息，9月基准利率升至1.25%，预计年底前加息至2%左右。除美欧央行外，其他央行也先后加息。与此同时，在经历疫情纾困、能源和粮食补贴等扩张性财政政策行动后，越来越多国家的财政空间已开始吃紧并逐步收紧财政政策。随着主要经济体的政策转向，持续多年的低利率局面被打破，国际金融环境开始收紧，全球逐步进入货币和财政政策紧缩阶段（见图1）。

图 1　全球货币政策和财政政策立场变化

注：发达经济体国家样本包括澳大利亚、加拿大、捷克共和国、日本、新西兰、挪威、瑞典、瑞士、英国、美国和欧盟国家。新兴和发展中经济体样本包括巴西、智利、哥伦比亚、墨西哥、秘鲁、印度、印尼、马来西亚、菲律宾、泰国、匈牙利、波兰、罗马尼亚、南非、土耳其、巴基斯坦、克罗地亚、俄罗斯、乌克兰、埃及和加纳。

资料来源：货币政策立场数据来自 IMF Blog。财政政策立场数据来自 Guénette, Justin-Damien et al., "Is a Global Recession Imminent?" World Bank Equitable Growth, Finance, and Institutions Policy Note No. 4, 2022。笔者整理。

受新冠肺炎疫情、乌克兰危机、极端气候等不确定性事件影响，供给侧扰动持续不断，全球经济增长呈现出动能不足和高度不确定性态势，出现全球性衰退乃至系统性危机的风险显著上升。叠加货币和财政政策紧缩影响，整体经济下行压力显著加剧。2022 年 7 月，IMF《世界经济展望报告》再度下调全球经济增速预期，预计 2022 年和 2023 年增速分别降至 3.2% 和 2.9%。9 月，世界银行报告指出，近期同步收紧的财政和货币政策可能相互强化，导致经济下滑，甚至引发全球经济衰退。10 月，联合国《2022 贸易和发展报告》警告称，发达经济体的货币和财政紧缩将把全球经济推向停滞乃至衰退，并造成比 2008 年国际金融危机和 2020 年新冠肺炎疫情更严重的损害。

在新的宏观经济形势下，全球经济复苏和金融稳定将面临巨大挑战。根据 IMF 和世界银行的债务可持续性分析报告，69 个低收入国家中有 38 个国家已陷入债务困境或处于高风险状态，是 2015 年的两倍。新兴市场国家中也有阿根

廷、黎巴嫩、斯里兰卡等多国爆发危机。历史经验表明，每当全球经济周期进
入"经济下行、货币紧缩和强势美元"阶段，经济基本面脆弱且债务高企的国
家就容易出现资产和货币贬值以及资本外流等金融动荡，甚至爆发主权债务危
机、货币危机或银行危机等系统性风险事件（见图2）。甚至有分析认为，本
轮新兴和发展中经济体可能爆发的危机也许会升级为与1980年代拉美债务危
机、2000年东南亚金融危机和2012年欧债危机比肩的系统性风险事件。

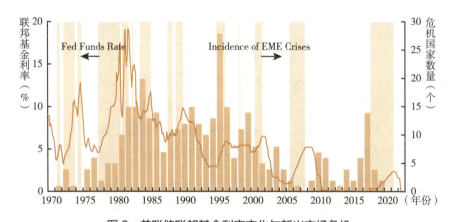

图 2　美联储联邦基金利率变化与新兴市场危机

注：阴影部分表示联邦基金利率上行周期，危机定义参见 Laeven Luc and Fabián Valencia, "Systemic Banking Crises Revisited," IMF Working Paper No. 206, 2018。

资料来源：Jasper Hoek, Steve Kamin, Emre Yoldas, "Are Higher U.S. Interest Rates Always Bad News for Emerging Markets?" *Journal of International Economics*, 2022 (137) 103585，笔者整理。

　　本文试图对全球主权债务风险和可持续性进行初步评估并回答以下问
题：第一，当前全球主权债务风险有多大，与过去历史相比处于一个怎样的
水平？第二，通胀高企和利率攀升等新形势会对全球主权债务风险产生怎样
的影响，在这些新变化下各国将面临怎样的政策挑战？第三，下一阶段哪些
经济体的脆弱性较高？

　　考虑到发达经济体与新兴和发展中经济体债务运行规律的差异，本文将
分别对这两类经济体所面临的主权债务风险进行探讨。一般而言，发达经济
体的主权债务以本币为主，而新兴和发展中经济体则对外币债务和外部债权

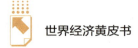

人的依赖度较高。这种债务结构的差异导致两类经济体主权债务风险的来源和应对措施存在较大差异。此外，相比新兴和发展中经济体，发达经济体的经济韧性更强，并且普遍具有更加完备的债务风险管理、防范和应对措施。即使出现债务风险攀升的迹象或导致风险加剧的短期负面冲击，发达经济体往往也能通过各种手段予以化解，因此通常更少出现主权债务危机事件。与此相对，受限于货币错配和制度因素，新兴和发展中经济体往往难以充分化解风险，常因外部负面冲击而被动陷入危机。

本文其余内容安排如下。第二部分从今昔对比的角度出发，试图弄清各国政府2022年的债务负担相对其自身历史经验处于一个怎样的水平，从而对当前全球面临主权债务风险作出初步判断。第三部分分析和对比发达经济体与新兴和发展中经济体主权债务风险的影响因素，并结合当前宏观经济形势的变化探讨下一阶段风险的主要来源和可能的应对措施。第四部分为发达经济体与新兴和发展中经济体分别构建了风险评估指标，并对主要经济体的脆弱性进行了评估。第五部分为结论和政策建议。

二　全球主权债务概况

为了对当前世界经济所面临的主权债务风险有一个直观判断，在此选取政府债务与GDP之比和净利息支付占政府收入之比两个指标分别作为衡量政府债务负担水平和反映主权债务风险变化的核心指标。其中，政府债务与GDP之比也被称为政府杠杆率，主要反映一个经济体的信用风险或违约风险。该指标的取值越大，意味着一个经济体债务存量相对于自身经济体体量的比例越大。该指标的上升意味着债务存量的增长速度超过了经济增速，因此往往更容易出现偿付困难。净利息支付占政府收入之比主要反映政府所面临的流动性风险。该指标越大，意味着政府需要把更多的财政资源用于债务偿还而非其他公共支出，即使此时政府资产仍然能够覆盖其负债，但容易因缺乏流动性而出现短期风险。

图3展示了发达经济体与新兴和发展中经济体核心主权债务风险指标均值的变化趋势。从政府杠杆率指标看，发达经济体与新兴和发展中经济体的

平均值都在 2020 年出现了跳升，但在随后两年逐步下降。这表明，新冠肺炎疫情所带来的偿付风险已有所缓解。对比发达经济体与新兴和发展中经济体的情况可以发现，发达经济体在疫情前已经开始去杠杆，新兴和发展中经济体的杠杆率在近 10 年内快速上升。从净利息支付占政府收入之比来看，发达经济体的流动性风险自 2014 年起就呈现下降趋势，疫情冲击也并未对其造成过多的影响，总体流动性风险处于相对历史低位。新兴和发展中经济体的情况则不容乐观，平均需要将接近 10% 的政府财政收入用于偿还债务，这一数字是发达经济体的近 5 倍。

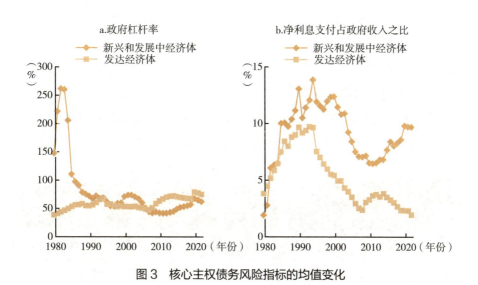

图3　核心主权债务风险指标的均值变化

注：图中指标取值均为直接平均，对发达经济体与新兴和发展中经济体的划分采用 IMF 标准。
资料来源：IMF 全球经济展望数据库 2022 年 4 月版，笔者整理。

进一步，把两个指标的历史取值从小到大排序，可以计算 2022 年取值所处的百分位数，从而判断当前全球 / 各国主权债务负担水平是否处于历史高位。如果 2022 年取值位于历史数据的后 25% 区间，即债务负担指标的当前取值超过了 75% 的历史时期，那么就认为存在高风险；位于前 25% 区间则为低风险，即债务负担指标的当前取值只超过了 25% 的历史时期，其余情况为中等风险。表1显示了发达经济体与新兴和发展中经济体2022年的主权债务负担指标取值与相对历史百分数。结果显示，当前发达经济体的长期信用风险相对较高，但短期流动性风险较低，政府杠杆率的平均值高达74%，数值超过了81%的历史时期，信用风险处于历史高位的国家占比高达67%；净利息支付占财政收入之比的平均值仅为2%，数值仅高于10%的历史时期，流动性风险处于历史高位的国家只有13%。新兴和发展中经济体的情况略有不同，债务负担指标位于中等偏高区间，尤其是反映短期流动性风险的净利息支付占财政收入之比指标快速上升，甚至高于发达经济体；政府杠杆率的平均值为61%，数值高于38%的历史时期，接近一半的国家信用风险处于历史高位；净利息支付占财政收入之比的平均值为10%，数值超过了57%的历史时期，流动性风险处于历史高位的国家达35%。

如果忽略国家类型的差异，对所有经济体取平均则可以发现，当前全球政府杠杆率的平均值为64%，已超过71%的历史时期；净利息支付占财政收入之比的全球平均值为8%，超过了48%的历史时期。因此，可以认为，2022年全球面临的主权债务负担水平仍属于中等水平范畴。

表1　2022年的主权债务负担水平与相对历史位置

单位：%

	国家分类	政府杠杆率	净利息支付占财政收入之比
2022年平均值（历史百分位数）	新兴和发展中经济体	61（38）	10（57）
	发达经济体	74（81）	2（10）
	全球	64（71）	8（48）
2022年债务负担处于历史高位的国家占比	新兴和发展中经济体	51	35
	发达经济体	67	13
	全球	54	31

注：对发达经济体与新兴和发展中经济体的划分采用IMF标准。

资料来源：IMF全球经济展望数据库2022年4月，笔者整理。

三　主权债务风险的影响因素

债务动力学是国际货币基金组织和世界银行等机构分析主权债务风险影响因素的有效工具。本部分从债务动力学公式出发,探讨哪些因素会影响一国所面临的主权债务风险。对发达经济体而言,主权债务以本币为主,主权债务风险主要由内部因素决定,包括经济增速、实际利率、财政余额等。对新兴和发展中经济体而言,外币债务占比较高且很多由非居民持有,因此更容易因外部环境变化而陷入主权债务困境,除了与发达经济体相似的国内因素以外,还会受到美联储加息、汇率变化等外部因素的影响。从管理债务风险的难度来说,新兴和发展中经济体稳定政府杠杆率的工具更少、挑战更大。

(一)发达经济体

发达经济体的政府债务以本币债务为主,因此外债风险较低。在此忽略外债所带来的风险,假设一国公共债务均以本币计价并由本国居民持有,则其政府债务与 GDP 之比的变动轨迹[①] 可表示如下:

$$\Delta d_t = d_t - d_{t-1} = \frac{r_t - g_t}{1 + g_t} \cdot d_{t-1} - b_t + o_t \tag{1}$$

其中,d_t 是第 t 期的政府债务与名义 GDP 之比(也称为"政府杠杆率"),是反映发达经济体主权债务风险变化的核心指标。r_t 为实际利率,实际利率

---

① 对数学推导感兴趣的读者可参见 IMF Fiscal Affairs Department, "A Practical Guide to Public Debt Dynamics, Fiscal Sustainability, and Cyclical Adjustment of Budgetary Aggregates," by Julio Escolano, January 2010, https://www.imf.org/external/pubs/ft/tnm/2010/tnm1002.pdf。

可表示为名义利率 i_t 与通胀率的函数，即 $r_t = \dfrac{1+i_t}{1+\pi_t} - 1$。$g_t$ 为实际 GDP 增速。b_t 是基本财政余额与名义 GDP 之比，o_t 是其他支出或收入流量与名义 GDP 之比，如政府因救助银行体系而产生的支出（加剧债务负担）和国企私有化产生的收入（减少债务负担）等。根据式（1），可把影响发达经济体政府主权债务风险的因素分为四类。

一是历史债务存量水平 d_{t-1}。如果其他条件不变，那么债务存量水平越高，未来政府杠杆率越大，债务风险也越高。大量实证研究表明[1]，初始条件下的历史存量债务水平越高，未来越容易出现债务危机。

二是政府借贷的名义利率 i_t 和通胀率 π_t，二者共同决定实际利率 r_t，实际利率的抬升会增加债务风险。假设其他条件不变，名义利率的增加会加剧债务风险，而通胀率的攀升可以缓解债务风险。名义利率和通胀率对债务风险的最终影响取决于实际利率在二者共同作用下的变动方向。比如，虽然美联储在 2022 年上半年就已经开始加息并导致名义利率上升，但由于出现了超预期的高通胀，实际利率不增反减，政府的实际偿债压力仍在下降。不过，高通胀的债务削减作用也不是万能的。事实上，市场对政府借贷利率的定价一般包含了通货膨胀因素，只有在通胀率超预期升高时才会有削减债务的作用[2]。对发达经济体而言，通过由央行购买国债等金融抑制手段，主权政府在很大程度上可以控制政府以本币借贷的名义利率，但其对实际利率的控制能力受到通胀率变化的限制。

三是实际 GDP 增速 g_t，经济增速的放缓会增加债务风险。换而言之，当经济进入下行周期时面临的主权债务风险将会更高。此外，如果实际经济增速低于实际利率（$r_t - g_t > 0$），债务比率会出现"滚雪球"式的自动增长，政府将不得不增加财政余额或缩小财政赤字才能保持债务比率稳定。反之，如果实际经济增速高于实际利率（$r_t - g_t < 0$），即使政府财政余额保持不变，债务比

① 有关文献综述可参见 Marialuz Moreno Badia, Paulo Medas, Pranav Gupta, Yuan Xiang, "Debt is Not Free," IMF Working Paper, January 2020。

② 对具体数学论证感兴趣的读者可参见 Fukunaga Ichiro, Komatsuzaki Takuji, Matsuoka Hideaki, "Inflation and Public Debt Reversals in Advanced Economies," World Bank Group, Policy Research Working Paper 9129, 2020。

率也会自然下降。

四是政府基本财政余额水平和其他收入或支出流量。如果政府支出越多（比如与新冠肺炎疫情有关的补贴和支出）、收入越少（如实施减税政策），或者必须救助具有系统重要性的私人部门机构（如银行、社保基金或超大型国有企业等），债务风险都会上升。

综上所述，对以本币债务为主的发达经济体政府而言，增加债务风险的因素主要包括经济增速下行、实际利率攀升、财政赤字扩大和因对私人部门救助而产生的意外支出等。削减政府债务风险的手段则包括提高经济增速、降低利率、增加通胀、通过提高税收或降低支出来进行财政调整、公共财产的私有化等。Kose 等指出，提高经济增速和财政调整是处理高负债的正统选项，而增加通胀、金融抑制和债务违约等则是不被鼓励的非正统选项。[1]无论是以直接违约方式，还是通过金融抑制手段压低政府借贷成本，或以通货膨胀的隐性方式来削减债务，虽然在短期有效，但在长期都会产生削弱主权信用的不良后果。此外，在所有发达经济体中，欧元区经济体是一个特例，这些经济体虽然采取共同货币联盟制度但仍保留了相对独立的财政制度，外加差异化的经济表现，导致区域内国家在货币和财政政策协同方面面临额外挑战。尤其对欧元区内的高债务国家而言，政府通过货币政策和金融抑制手段降低政府杠杆率的能力更弱，更容易出现主权债务不可持续的问题。

进一步结合世界经济新形势，对发达经济体近期和下一阶段的主权债务风险变化做出以下判断：第一，高通胀可以削减发达经济体政府实际承担的偿债负担，但随着主要发达经济体央行货币政策进一步收紧，高通胀对主权债务风险的削减作用将会下降。第二，不高于经济增速的低利率环境是发达经济体虽然政府杠杆率较高且长期保持财政赤字但能够维持主权债务可持续性的重要原因。随着主要发达经济体进入经济下行和加息周期，通过货币和财政等宏观政策来稳定杠杆率的难度将大幅增加，政府杠杆率或重新上升。第三，对私人部门的救助往往是导致主权债务风险超预期上升的突发因素，

---

① Kose Ohnsorge，Reinhart，"The Aftermath of Debt Surges," NBER Working Paper, https://www.nber.org/papers/w29266，2021.

由加息引起的金融资产价值的大幅下跌或成为发达经济体陷入主权债务困境的导火索。2022 年以来，随着主要央行的货币政策收紧，国债和股票等金融资产的估值持续下跌，大部分风险资产的收益率也大幅下降，这导致众多金融机构资产和利润缩水。瑞士信贷公司、英国养老基金、德意志银行等机构纷纷陷入亏损或信用危机。如果这些机构破产，不仅会引发系统性金融动荡，而且可能形成"银行—主权"危机相互强化的厄运循环。

（二）新兴和发展中经济体

相比发达经济体，新兴和发展中经济体对外债融资的依赖度较高，因此其主权债务风险更容易受到外部金融环境变化所带来的影响。假设一国政府债务中既有本币债务也有外币债务，则其以本币计价的政府债务与 GDP 之比的变动轨迹可表示如下[①]：

$$\Delta d_t = d_t - d_{t-1}$$

$$= \frac{r_t - g_t}{1 + g_t} d_{t-1}^d + \frac{z_t}{\left(1 + g_t\right)\left(1 + \pi_t^f\right)} d_{t-1}^f + \frac{1}{1 + g_t}\left(\frac{1}{1 + \pi_t^f} - \frac{1}{1 + \pi_t^d}\right) d_{t-1}^f - b_t + o_t \qquad (2)$$

其中，d_{t-1}^d 和 d_{t-1}^f 分别为第 $t-1$ 期的本币债务和外币债务与 GDP 之比。z_t 为实际汇率的贬值幅度，π_t^d 和 π_t^f 分别为国内通胀率和外国通胀率。r_t 为平均实际利率，假设 α 为总债务中的外债占比，则平均实际利率可以写成外币债务实际利率 r_t^f 和本币债务实际利率 r_t^d 的加权平均：$r_t = \alpha r_t^f + (1 - \alpha) r_t^d$。其余变量符号与公式（1）相同。

比较式（1）和式（2）可知，新兴和发展中经济体的主权债务风险同样会受到历史政府杠杆率水平 d_{t-1}、本国实际利率 r_t^d、实际经济增速 g_t 和财政余额水平 p_t 等国内因素的影响，与这些变量的关系也和发达经济体类似。但

[①] 对具体数学推导感兴趣的读者可参见 IMF，"Review of The Debt Sustainability Framework for Market Access Countries," January 2021。

是，由于外币债务和外部债权人的存在，新兴和发展中经济体主权债务风险的影响因素有三大差异。首先，外部实际利率 r_t^f 和实际汇率 z_t 的变化也会影响新兴和发展中经济体的主权债务风险。具体而言，当本币相对外币出现实际汇率贬值（即 $z_t>0$）或外部利率攀升（r_t^f 增加）时，新兴和发展中经济体的主权债务风险会增加。这意味着，一旦美元走强或美联储进入加息周期，就会加剧新兴和发展中经济体所面临的风险。其次，相比发达经济体，新兴和发展中经济体难以通过增加本国通货膨胀来削减主权债务风险。一方面，当本国通胀大于外国通胀时（即 $\pi_t^d-\pi_t^f>0$），与外币债务有关的债务风险就会增加。另一方面，本国通货膨胀率上升还容易引发或加剧资本外逃和汇率贬值。最后，由于部分债务以外币计价，外部通胀率的上升也会起到削减本国政府实际偿债压力的作用。总的来说，外债占比高的政府应对主权债务风险的政策挑战更大，尤其在本国经济下行和美国等外部经济体加息的情况下。如果本国央行跟随美联储加息，那么该国的债务偿还负担会因利率上升而加大。如果加息导致经济增速下降，债务风险会进一步上升。如果本国央行不跟随美联储加息或者为保经济增速而实施货币宽松，那么就可能因与美国的利差缩小而出现资本外流和本币贬值，乃至陷入"本币贬值—通胀失控—资本外流—经济萎缩"等危机事件相互推动的恶性循环。此时即使本国收紧货币政策，往往也难以提振投资者信心，反而会导致经济陷入进一步衰退。因此，在下一阶段，对外债占比较高的新兴和发展中经济体而言，美欧央行加息是最值得关注的外部风险因素。

四　国别层面的脆弱性评估

本部分旨在了解主要经济体的相对脆弱性，从而找到在未来一年内最值得关注的风险国家。考虑到发达经济体与新兴和发展中经济体主权债务类型和风险决定因素的差异，在此采用两套评分体系进行评估。对发达经济体，参考 Mehrotra 和 Sergeyev,[①] 在此以政府稳定杠杆率所需维持的财政余额水平与该国实际财政余额水平之差作为评估各国脆弱性的综合指标。对新兴和发展中经济体,在此主要考察其在美国等外部经济体加息情况下出现主权债务风险的可能性,因此采用 Hoek 等(2021)所提出的综合指标作为识别各国脆弱性的判断标准。[②]

(一)发达经济体

暂不考虑增加通胀等非常规选项,而是以政府稳定自身杠杆率的财政调整成本为基准来综合评估发达经济体政府控制主权债务风险的难度。假设忽略其他收入和支出流(即 $o_t=0$),如果要使政府杠杆率保持不变(即 $d_t=d_{t-1}$),政府需要维持的财政余额水平为:

$$p_t^* = \frac{r_t - g_t}{1 + g_t} \cdot d_{t-1} \tag{3}$$

在上一期财政余额的基础上,政府需要增加的财政余额水平为:

$$\Delta p = p_t^* - p_{t-1} = \frac{r_t - g_t}{1 + g_t} \cdot d_{t-1} - p_{t-1} \tag{4}$$

其中,Δp 就是政府稳定自身杠杆率的财政调整成本,该指标取值越大,意味着政府通过财政政策来稳定杠杆率的难度越大,因此脆弱性越大。

根据各国 2022 年的政府杠杆率和国际货币基金组织对 2023 年各国实际经济增速和经合组织对各国长期利率的预测,可计算出各国 2023 年稳定政府杠杆率的财政调整成本,从而对各个发达经济体的脆弱性进行评估。如表 2 所示,希腊和意大利等南欧国家财政调整成本最大,说明其稳定债务比率的政策难度

---

① Neil R. Mehrotra, Dmitriy Sergeyev, "Debt Sustainability in a Low Interest Rate World," NBER Working Paper, December, 2020.

② Jasper Hoek, Steve Kamin, Emre Yoldas, "Are Higher U.S. Interest Rates Always Bad News for Emerging Markets?" *Journal of International Economics*, 2022 (137) 103585.

越高，因此脆弱性越大。反之，丹麦、挪威等北欧国家的财政调整成本较小，说明其稳定债务比率的政策难度较小，因此脆弱性较小。此外，美国、德国等国的财政调整成本位于中等区间，因此脆弱性也处于中等区间。

表 2 主要发达经济体的财政调整成本					
					单位：%
国家编号	国家	财政调整成本	国家编号	国家	财政调整成本
1	希腊	5.2	16	荷兰	1.1
2	意大利	5.0	17	葡萄牙	1.0
3	拉脱维亚	4.5	18	英国	1.0
4	比利时	4.2	19	斯洛文尼亚	0.8
5	法国	4.2	20	芬兰	0.8
6	新西兰	4.0	21	加拿大	0.6
7	澳大利亚	4.0	22	韩国	0.6
8	冰岛	3.6	23	德国	0.5
9	美国	3.0	24	日本	0.4
10	捷克	2.9	25	瑞士	0.1
11	西班牙	2.7	26	卢森堡	−0.2
12	以色列	1.9	27	瑞典	−0.2
13	立陶宛	1.6	28	爱尔兰	−1.4
14	奥地利	1.3	29	丹麦	−1.5
15	斯洛伐克	1.3	30	挪威	−6.6

注：数据来自国际货币基金组织 2022 年 4 月版和经合组织全球经济展望数据库 2022 年 9 月版，笔者整理。

（二）新兴和发展中经济体

疫情以来，陷入债务危机的新兴和发展中经济体数量不断上升。根据 IMF 和世界银行的债务可持续性分析报告，73 个低收入国家中已有 36 个国家陷入债务困境或面临高风险，是 2015 年的两倍。截至 2022 年 10 月，一些国家已经完成了债务重组，如阿根廷、厄瓜多尔等，而其他国家的债务重组仍在进行中，如黎巴嫩、赞比亚、乍得和斯里兰卡等。下一阶段或有更多的国家陷入债务危机。发展中国家普遍面临复苏乏力和利率攀升挑战。虽然40%的发达经济体在2021年已经恢复至疫情前的经济产出水平,但只有21%的低收入国家实现了相同水平的复苏。平均而言,中低收入国家政府需要把高达14%的财政收入用于偿还外债,是发达经济体的4倍。高昂的债务融资成本严重阻碍了发展中国家的经济复苏进程,并限制了其应对未来冲击的能力。

未来两年内,新兴和发展中经济体将面临两大挑战。一方面,美欧货币政策紧缩节奏加快、美国经济衰退风险攀升,这将对高债务脆弱国家产生多重负面溢出效应,加剧其债务违约风险,并且显著加剧发展中国家所面临的资本外流和货币贬值压力,推高其还款负担和再融资成本。彭博社数据显示,约10%以美元计价的主权债券存在较高违约风险,有19个发展中国家的主权债券的交易价格已达到不良债务水平。另一方面,疫情期间的流动性救助政策已到期。G20的《缓债倡议》已到期。该倡议在2020~2021年为低收入国家提供了129亿美元的缓债援助。随着该倡议的到期,受援国将逐步偿还被延期的债务。2022~2024年,有关国家平均需要将其财政收入的20%或GDP的4%用于偿还外债。

Hoek 等指出,面对美国等外部经济体收紧货币政策的外部冲击,新兴和发展中经济体的脆弱性主要取决于以下三个方面:[1]一是本身的债务负担水平是否过高。债务负担越重,脆弱性越高。在此采用两个指标来刻画一个新兴和发展中经济体的债务负担程度,分别是外债与出口创汇之比和政府债务与GDP之比。这两个指标的取值越大,说明该国偿还债务压力越大。二是自身经济基本面是否脆弱,包括通胀率(过去3年平均)、财政余额与GDP之比、经常账户余额与GDP之比和私人部门杠杆率的增量(过去5年)。其中,私人部门杠杆率反映的则是私人部门需要政府债务救助的可能性。在过去5年内,私人部门杠杆率的涨幅越大,说明私人部门利用债务融资进行生产的效率越低,因此越有可能出现系统性重要企业或金融机构破产等需要政府救助的情况。财政余额和经常账户余额与GDP之比分别反映了一国财政和国际收

---

[1] Jasper Hoek, Steve Kamin, Emre Yoldas, "Are Higher U.S. Interest Rates Always Bad News for Emerging Markets?" *Journal of International Economics*, 2022 (137).

支状况，这两个指标的值越小，说明财政和国际收支失衡情况越严重，脆弱性越大。过去3年的通胀率均值反映了一国货币的稳定性，均值越高意味着其币值越不稳定，脆弱性越大。三是短期现金流，即外汇储备与GDP之比。外汇储备越多，政府应对汇率贬值和资本外流的能力越强，脆弱性越小。

根据上述指标2022年的取值可以对近期宣布国家破产的斯里兰卡和黎巴嫩进行分析。这两个国家不仅政府杠杆率较高（斯里兰卡为105%，黎巴嫩为150%），而且存在比较严重的财政和经常账户"双赤字"问题（斯里兰卡的财政赤字和经常账户赤字与GDP之比分别为12.7%和1.3%，黎巴嫩分别为5.8%和11.4%）。此外，这两个国家的私人部门杠杆率在过去5年内也出现了大幅上涨的情况（斯里兰卡的私人部门杠杆率在过去5年内增加了27个百分点，黎巴嫩增加了344个百分点），说明其信用创造没有带来实体经济的增长，可能存在金融资产泡沫。在这些因素的作用下，这两个经济体对外部冲击的敏感性较强，在经济下行和资本外流时期更容易出现主权债务风险。

五　总结与政策建议

2022年，全球宏观经济金融环境已逐步由疫情前的"低通胀、低利率"均衡转向"高通胀、高利率"均衡。与此同时，受疫情、乌克兰危机、极端气候等不确定性事件影响，供给侧扰动持续不断，全球经济增长也呈现出动能不足和高度不确定性。在这一新环境下，主权债务问题或再度成为影响全球经济金融稳定的巨大隐患。本文认为，2022年全球主权债务负担水平相对历史经验而言，仍处于中等水平范畴。虽然发达经济体的政府杠杆率比新兴和发展中经济体更高，但这些国家所需要承担的利息支付压力显著低于后者。因此，短期看，新兴和发展中经济体更有可能因流动性风险而陷入主权债务困境。

对以本币债务为主的发达经济体而言，出乎意料的高通胀冲击起到了削减债务的作用，下一阶段最主要的主权债务风险来源是经济下行、货币政策紧缩以及资产价格下跌引发的系统性风险。对依赖外币债务和外部融资的新兴和发展中国家而言，美欧等外部经济体所实施的货币紧缩政策将对其主权债务的可持续性带来巨大挑战，这些国家政府利用货币政策和财政政策对冲外部负面冲击的政策空间也极为有限。在未来一段时间内，陷入主权债务困境的新兴和发展中经济体数量或进一步上升。

面对即将来袭的主权债务危机潮，国际社会应加强债务治理合作和宏观政策方面的跨国协调，具体而言，可以展开以下努力。

第一，创新减债理念，强调耐心资本和生产性债务在化解债务危机方面的重要作用。只有债务积累却没有经济增长是爆发债务危机的根本原因。即使债务指标短期出现恶化，但只要能妥善处理流动性危机、促进债务国的长期经济增长，那么就能提高债务的可持续性。在这一理念下，减债行动不应只强调减轻偿债额度，更应强调通过经济增长来提高偿债能力，以及通过保证稳定且可持续的融资支持来降低流动性风险的应对策略。

第二，应提高和扩大在多边框架下开展债务处置的效率和覆盖范围。当前 G20 框架下的多边减债机制是对双边减债机制的重要补充，不仅可以在不同债权人之间分摊减债成本，还可以促进债务人和债权人达成债务重组协议。但是，近期在 G20 框架下的债务谈判整体进展较慢，覆盖的国家范围也十分有限。下一阶段，国际社会应尽快就债务处置规则形成共识和统一规范，加速多边框架下的债务处置进度。

第三，充分利用 SDR 增发契机，通过 SDR 再分配机制为有关债务国提供信用增级，帮助其实现债务置换、补充流动性。拉美债务危机的处置经验表明，布雷迪债券是实现官方债权人与私人部门债权人协调的一种成功模式。该模式的本质是官方债权人以美国国债等安全资产作为担保、为债务人提供信用增级，对私人债权人所持有的债务进行置换。目前 IMF 已增发 6500 亿美元 SDR，可以这些新增流动性为基础，实现类似布雷迪计划的信用增级和债务置换，帮助债务国实现更低成本的再融资或债务重组。

第四，选择性试点、打造债务处置与气候目标相结合的亮点项目。"债务—自然互换""债务—气候互换"等工具的核心是以债务减免为条件来换取债务国在自然保护等可持续发展目标上的投入。这一做法适用于面临脆弱

性挑战或具有生态重要性的债务国，不仅可撬动来自公益机构、国际组织和
ESG 投资者等的多方资金，还有极强的宣传示范效应。2016 年，塞舌尔就与
公益组织大自然保护协会共同合作，通过"海洋保护与债务互换"计划，不
仅完成了 2160 万美元的债务重组，而且建立了 41 万平方公里的海洋保护区。
2021 年，伯利兹也通过类似的债务互换计划实现了 3.64 亿美元的债务重组和
对其境内 30% 海域的保护性资金投入。

参考文献

IMF, "World Economic Outlook," April 2022.

Indermi Gill, "Developing Economies Face a Rough Ride as Global Interest Rates Rise," World Bank Blog, March 2022.

Jasper Hoek, Steve Kamin, Emre Yoldas, "Are Higher U.S. Interest Rates Always Bad News for Emerging Markets?" *Journal of International Economics*, 2022 (137) 103585.

Neil R. Mehrotra, Dmitriy Sergeyev, "Debt Sustainability in a Low Interest Rate World," NBER Working Paper, December 2020.

UNCTAD, "Trade and Development Report," 2022.

World Bank, "Is a Global Recession Imminent?" September 2022.

Y.19
美国推动新经贸规则体系对全球价值链格局的影响

石先进 *

摘　要：本文梳理了新冠肺炎疫情以来，美国从多层次、多领域提出的对
　　　　外合作新规则体系，涉及欧洲、亚太—美洲，既包括宏观的三大
　　　　经济框架，也包括针对具体十大领域的 28 个规则合作框架。它
　　　　们构成了新冠肺炎疫情以来美国重塑全球价值链的新体系，反映
　　　　了美国安全供应链和制造业战略新布局，即从传统的"本土生
　　　　产"+"离岸外包"模式转向"本土生产"+"回岸生产"+"近岸
　　　　外包"+"友岸外包"模式。新体系本质仍是以美国利益为中心，
　　　　破坏了 WTO 基于自由平等非歧视原则的传统经贸规则，其目的
　　　　是将现有价值链格局塑造为以美国供应体系安全为中心的新格局，
　　　　阻碍全球供应链区域内和区域间的融合，推动全球关键价值链朝
　　　　着美国安全观演进。这样的体系有较大可能性沦为政治工具，冲
　　　　击全球供应链稳定，加深发展中国家和发达国家间的鸿沟。

关键词：新经贸规则体系　价值链　供应链

---

* 石先进，中国社会科学院世界经济与政治研究所国际贸易研究室助理研究员，主要研究方
向：全球贸易。

一 美国推动形成新的国际经贸规则体系

新型肺炎疫情以来，美国在多个方面积极推动国际经贸规则重塑，既包括推出系统的、可拓展的宏观框架，也包括一般性的、针对具体领域的合作协议、伙伴关系、合作论坛、联盟等内容。这些内容涉及区域产业链布局、高技术领域、互联网与数字领域、半导体、人工智能、锂电池、基础设施投资、关键矿产、医药、航空等 10 个方面，共 28 项具体的合作规则。基本涉及全球产业链的基础领域，尤其是全球科技进步的基础领域。从具体规则的时间分布看，2020 年有 6 项，2021 年有 13 项，2022 年有 9 项。

类型	时间与规则合作名称	参与者
区域产业链布局	2021 年 9 月 美国—欧盟贸易和技术委员会（TTC）	美国 + 欧盟
	2021 年 10 月 印度—太平洋经济框架（IPEF）	美国 + 亚太：韩国、日本、印度、澳大利亚、新西兰、印度尼西亚、泰国、马来西亚、菲律宾、新加坡、越南、文莱
	2022 年 6 月 美洲经济繁荣伙伴关系（APEP）	美国 + 拉美诸国
高技术领域	2020 年 10 月 共同代码：民主科技政策联盟框架（AFDTP）	美国、澳大利亚、加拿大、欧盟（EU）、法国、德国、意大利、日本、荷兰、韩国、英国
	2021 年 2 月 "科技 12 国（T-12）"论坛	美国、日本、德国、法国、英国、加拿大、荷兰、韩国、芬兰、瑞典、印度、以色列、澳大利亚等国
	2021 年 3 月 "四方峰会"关键和新兴技术工作组（QCETWG）	美国、日本、印度、澳大利亚
	2021 年 4 月 美日竞争力和弹性伙伴关系（CoRe）	美国、日本
互联网与数字领域	2020 年 10 月 Next G 联盟（Next G）	AT&T、贝尔加拿大、Ciena、爱立信、Facebook、微软、诺基亚、高通、三星等 16 家企业，地区为美国、英国、法国、瑞士、荷兰、中国台湾等

表 1　2020 年以来美国主导推动的规则体系

续表

类型	时间与规则合作名称	参与者
	2021 年 4 月 《数字与技术部长级宣言》	美国、日本联手 G7 与欧盟
	2021 年 6 月 美日全球数字互联互通伙伴关系（GDCP）	美国、日本
	2022 年 3 月 跨大西洋数据隐私框架（TADPF）	美国、欧盟
	2022 年 4 月 全球跨境隐私规则论坛（GCBPR）	美国、加拿大、日本、韩国、新加坡及菲律宾、中国台湾、澳大利亚等地区
	2022 年 4 月 互联网未来联盟 (AFI)	美国、欧盟、G7、英国、韩国、澳大利亚、中国台湾等 61 个国家或地区
	2022 年 7 月 数字资产国际参与框架（FIEDA）	美国、英国、法国、德国、日本、意大利和加拿大
半导体	2021 年 5 月 美国半导体联盟 (SIAC)	美国、欧洲、日本、韩国、中国台湾等地区的 127 家企业或科研机构
	2022 年 3 月 芯片四方联盟（Chip4）	美国、韩国、日本、中国台湾等地区
	2022 年 5 月 美马合作备忘录	美国、马来西亚
人工智能	2020 年 6 月 全球人工智能伙伴关系 (GPAI)	澳大利亚、加拿大、法国、德国、印度、意大利、日本、墨西哥、新西兰、韩国、新加坡、斯洛文尼亚、英国、美国和欧盟
	2020 年 9 月 美国与英国人工智能研发合作（CAIRD）	美国、英国
	2020 年 9 月 AI 国防合作伙伴关系（PfD）	美国、澳大利亚、加拿大、丹麦、爱沙尼亚、法国、芬兰、德国、以色列、日本、韩国、挪威、荷兰、新加坡、瑞典、英国
锂电池	2021 年 6 月 美国先进电池联盟（FCAB）	由美国组建，日本、韩国参与投资
	2021 年 10 月 美国锂桥联盟（Li-Bridge）	由美国组建，与欧洲电池联盟（European Battery Alliance）加强合作

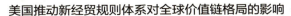

类型	时间与规则合作名称	参与者
基础设施投资	2021年6月 重建更美好世界（B3W）	美国、英国、法国、德国、日本、意大利和加拿大
	2022年6月 全球基础设施和投资伙伴关系（PGII）	美国、英国、法国、德国、日本、意大利和加拿大
关键矿产	2022年6月 矿产安全伙伴关系（MSP）	美国、澳大利亚、加拿大、芬兰、法国、德国、日本、韩国、瑞典、英国、欧盟委员会
医药	2020年7月 医药数据共享联盟（Accumulus）	由辉瑞、强生、罗氏、赛诺菲、武田、礼来、Amgen、Astellas、Bristol Myers Squibb、GSK组成，成员企业向联盟提供资金支持初始应用开发。企业来自美国、瑞士、法国、英国、日本
航空	2021年6月 美—欧大型民用飞机合作框架（US-EUCFLCA）	美国、欧盟
	2021年6月 美—英大型民用飞机合作框架（US-UKCFLCA）	美国、英国

　　宏观规则合作有3项，涵盖欧洲、亚太及拉美。一是美国与欧盟的合作框架，2021年9月成立美国—欧盟贸易和技术委员会（EU-US Trade and Technology Council，TTC）。二是美国与亚太地区的合作框架，2021年10月推出"印度—太平洋经济框架"（Indo-Pacific Economic Framework，IPEF），包括公平和有弹性的贸易、供应链弹性、基础设施、清洁能源和脱碳、税收和反腐败，各方面都具有较强的拓展性。三是美国与拉美地区的合作框架，2022年6月推出"美洲经济繁荣伙伴关系"（Americas Partnership for Economic Prosperity，APEP），拉拢中南美国家参与构建其"友岸外包"（Friend-Shoring）计划。这三个框架揭示了美国实施"友岸外包""近岸外包"等安全供应链的战略布局。

　　具体领域方面，高技术领域有4项、互联网与数字领域有7项、半导体

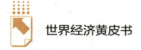

有 3 项、人工智能有 3 项、锂电池有 2 项、基础设施投资有 2 项、关键矿产有 1 项、医药有 1 项、航空有 2 项。

本文后续安排如下：第二部分为分析规则联盟的特征与进展，同时梳理规则联盟存在的问题。第三部分为分析当前全球的价值链格局、规则联盟对全球价值链格局的影响，以及美国新规则联盟对全球供应链格局的影响。

二　新规则体系进展、特征与问题

（一）新规则体系的进展

在三大宏观框架方面，2022 年 9 月欧盟在旧金山开设美国—欧盟贸易和技术委员会（TTC）办事处，进一步推进欧盟与美国的数字外交，该办公室将在华盛顿特区欧盟代表团的授权下开展工作，与布鲁塞尔密切协调，并与欧盟成员国在旧金山湾区的领事馆办公。该办事处将推广欧盟标准和技术、数字政策和法规以及治理模式，加强与美国利益相关者的合作。2022 年 12 月 5 日，美国—欧盟贸易和技术委员会（TTC）举行第三次会议，会议发布联合公报，双方在数字基础设施和连通性、人工智能、量子、电动汽车等新兴技术等多方面开展合作，还特别成立"人才促进增长工作组"，吸引新技术技能工人。2022 年 9 月，"印度—太平洋经济框架"（IPEF）成员组织首轮线下部长级会议召开，标志着 IPEF 正式开启实质性谈判。印度宣布暂时退出四大支柱之一的贸易支柱谈判，但参加了其他三个支柱——供应链、绿色经济和公平经济（包括税收和反腐）。2022 年 6 月，美洲经济繁荣伙伴关系（APEP）举行首次峰会。

在重点领域方面，2022 年 9 月底，"芯片四方联盟"召开首次准备会，会议关于未来开会频率、细节，如日程安排和主题等都没有确定。韩国对加入联盟持谨慎态度。2022 年 9 月，美国召集"矿产安全伙伴关系"（MSP）合作伙伴和主要矿产资源丰富的国家，讨论采矿、加工和回收关键矿产事项、挑战和机遇。MSP 正在布局有前景的关键矿产项目、促进创新、制定 ESG 标准的联合方法，试图将项目运营商和矿产生产国等均纳入。

（二）新规则体系的特征

　　全球有至少 90 个国家或地区参与美国对外经济合作新的规则合作框架。其中 G7、欧盟是核心参与者，其以政府或者企业组织形式，参与高技术和对供应链有决定性影响的体系。其余发达国家以韩国、澳大利亚、新西兰、新加坡、以色列为主。中国台湾地区主要参与与信息技术产业相关的规则联盟：互联网未来联盟、Next G 联盟、全球跨境隐私规则论坛（GCBPR）、美国半导体联盟（SIAC）、芯片四方联盟。发展中国家里，印度参与 IPEF、"四方峰会"关键和新兴技术工作组、全球人工智能伙伴关系、"科技 12 国"论坛，2022 年 9 月 14 日，印度声明暂时退出其中的贸易支柱，但仍然参与该框架下的其余板块。东盟 6 国参与 IPEF，墨西哥参与全球人工智能伙伴关系，智利、阿根廷、秘鲁、哥伦比亚以及非洲部分国家等参与了互联网未来联盟，但拜登欲将所有美洲国家笼络在"美洲经济繁荣伙伴关系"框架下。美国的经济合作新规则联盟以美洲、欧洲及亚太为主，其中美、欧、日、韩、澳等发达国家在核心圈主导高科技领域的发展，印度与太平洋发展中国家处于科技发展的地带，中南美地区则在潜在的"友岸外包"计划内。

　　经梳理发现，美国主导的规则联盟有以下特征。

　　一是聚焦基础性和高科技领域，核心领域排除发展中经济体。这些规则联盟涉及全球关键供应链的基础领域，对全球经济增长和科技发展都能起到牵一发而动全身的作用，高科技核心领域基本上排除所有发展中经济体，通过以联盟的形式，将核心技术限制在 G7、欧盟、韩国等区域范围内。二是分区域建立供应链圈子，分区域实现其地缘意图。通过规则合作，美国在美洲、欧洲和东亚地区建立不同的供应链属性的圈子，保障其核心产品供应链稳定性，覆盖东盟、南亚、欧洲等地区，对中国投资有着明显的竞争关系。三是排除中国的意图明显。规则体系出发点为保障美国供应链安全，以及禁止高技术产品流向中国。例如"矿产安全伙伴关系"是为降低对中国的矿产依赖，芯片四方联盟则是芯片生产垄断，禁止中国获得相关技术和产品。

　　这些规则体系内容反映美国安全供应链和制造业战略的新布局，即从传统的"本土生产"+"离岸外包"模式转向"本土生产"+"回岸生产"+"近岸外包"+"友岸外包"的模式。

（三）新规则体系的问题

第一，美欧在 TTC 存在若干分歧。一是美国强调通过 TTC 限制中国，但欧盟则对外释放"TTC 不针对任何第三国"的信号，声称"中国不是欧盟的敌人"。二是美欧两国在数字领域存在较大分歧。美国强调竞争，支持本国科技企业在全球攻城略地；欧盟则自诩数字治理规则制定方面的"先行者"，强调"数字主权"。欧盟采用反垄断、数字税和隐私保护等举措反击美国的数字科技入侵，曾欲以 TTC 为平台并以《数字市场法案》和《数字服务法案》为蓝本，推动美欧统一监管步调，却遭到美国坚决抵制。美国曾力主在 TTC 会议时通过一份新的跨大西洋数据传输协议，但欧盟认为时机远未成熟。[1]

第二，美国很难通过 IPEF 兑现在亚太地区的承诺，前景不被看好。一是联盟更多体现的是美国利益，难以满足成员国差别化的需求。在已达成 RCEP 的成员中，新加坡、澳大利亚、新西兰和日本既是 CPTPP 成员也是 RCEP 成员，隶属于发达国家阵营，追求的价值观也与美国一致，容易满足 IPEF 四大支柱标准要求，但除此之外的马来西亚、印尼、越南、菲律宾、文莱、泰国等在跨境数据流动和数据本地化存储规则等问题上，联盟的目标与其国内法律法规和市场态度并不相符。二是东亚地区生产网络之间的相互依赖性较大，该地区已有成熟的区域间协调机制与合作机制，在应对地区性金融危机方面有清迈倡议多边化（CMIM）等；在基础设施投资方面有"一带一路"倡议、"澜沧江—湄公河合作"、亚投行等；在贸易合作方面，有中国—东盟自由贸易区、RCEP、双边自由贸易协定等。因此，"东盟 10+3"合作正在逐渐深化，中国与东盟、日韩之间形成了紧密的经贸联系，对比之下 IPEF 相当于空头支票，美国在东亚地区的号召力不足，很难兑现其各类承诺。

第三，美国已与 12 个美洲国家签署双多边自贸协定，在该区域推动合作

---

① 张薇薇:《美欧贸易技术联手背后有角力》,《世界知识》2021 年第 21 期。

可能会面临以下问题：一是"近岸外包"的本质仍然是离岸投资，同样也会造成美国工人失业和收入受损，仍然会遭到来自美国工会的反对。二是拉美国家中经济增长的稳定性较差，金融风险波动较大。美洲地区 33 个国家中，有 58% 的国家通胀率超过美国的水平（美国通胀率平均 7.7%）；①60% 的国家经常账户赤字；②地区平均政府负债率达 76.3%，高于其他各大洲；③70% 的国家外汇储备占外债比例不足 50%，从规模较大的经济体看，墨西哥为 42.6%、阿根廷为 15.5%、哥伦比亚为 37.7%、智利为 16.0%、厄瓜多尔为 12.7%。④三是美国利益与南美洲国家利益也存在分歧，2001 年南美部分国家发起了"美洲玻利瓦尔联盟"（Bolivarian Alliance for the People of Our America，ALBA）。该联盟宗旨就是"实现人民的一体化和拉美国家大联合，抵制和最终取代美国倡议的美洲自由贸易区"。因此，美国推动的国家利益不一定符合所有拉美国家的利益。

第四，芯片四方联盟体现的是美国的利益，但会损害日本和韩国的市场利益。美国本土目前均无最先进半导体设备的本土制造能力，尤其基于 7nm、5nm 和 3nm 器件的设计，其目的是利用中国台湾、韩国、日本的芯片企业，在其本土打造芯片制造产业链。中国在东亚贸易网络中具有重要的地位，也是日本和韩国重要的贸易伙伴。就市场集成电路（HS8542）而言，韩国对中国的出口依赖度为 64.6%，其中中国大陆市场为 42.5%，中国香港市场为 22.1%。日本对中国市场出口依赖度为 35.1%，其中中国大陆市场为 24.8%，中国香港市场为 10.3%。除芯片之外，韩国总出口对中国依赖度为 31.1%，其中中国大陆市场为 25.3%，中国香港市场为 5.8%。日本总出口对中国依赖度为 26.3%，其中中国大陆市场为 21.6%，中国香港市场为 4.7%。因此，芯片

---

① 数据来源于 https://tradingeconomics.com，由各国央行或政府机构提供，各国公布数据的时间参差不齐，数据区间为 7~10 月。

② 数据来源于 https://tradingeconomics.com，由各国央行或政府机构提供，各国公布数据的时间参差不齐，21 个国家为 2022 年 6 月的数据，其他国家为近期的可得数据。

③ 数据来源于 https://tradingeconomics.com，由各国央行或政府机构提供，其他大洲政府债务平均占 GDP 的比例：非洲为 70.5%、亚洲为 63.1%、欧洲为 66.2%、大洋洲为 49.4%。

④ 数据来源于世界银行数据库。

四方联盟的紧密程度有待观察。

第五，"矿产安全伙伴关系"的目的是降低对中国的矿产进口依赖，但很难替代中国的产能。一是中国国内矿产提炼加工技术和配套体系完整，而MSP成员国相对较弱。美国国内还未形成完整的稀土金属加工产业链，还没有形成将稀土精矿分离成稀土氧化物的能力。[1]二是中国是全球第一大关键矿产资源出口国，2021年出口805亿美元，占全球的14.4%，居第二位的德国为432亿美元，美国对中国关键矿产的依赖度为13.8%，排加拿大（21.8%）之后，但美国对中国进口依赖度超过50%的有钕铁硼（73.7%）、铋（69.7%）、稀土（54.1%）、锂（51.9%）4种，这些都是美国高科技发展所需的原材料。

三 新规则体系对全球价值链格局的影响

（一）当前全球价值链格局

中国加入WTO之后，逐渐成为全球供应链的区域中心，中国与发达国家、发展中国家之间均保持着密切的贸易联系，与北美的美国、欧洲的德国一起，构成全球"美国—德国—中国"三中心的全球供应链网络。[2]本研究使用2002年与2021年各国出口数据绘制全球出口贸易的复杂网络，[3]节点表示国家，有向线条表示贸易流，箭头所指向的一端是产品进口国，箭头出发的一端是产品出口国，节点面积越大表示该国出口越多，有向线条越粗表示一国向另一国的出口也越多。

---

[1] Office of Energy Efficiency & Renewable Energy,U.S. Department of Gnercy, "Critical Materials Rare Earths Supply Chain: A Situational White Paper," https://www.energy.gov/sites/prod/files/2020/04/f73/Critical%20Materials%20Supply%20Chain%20White%20Paper%20April%202020.pdf, 2020-04/2022-09-05.

[2] WTO, "Technological Innovation, Supply Chain Trade, and Workers in a globalized World," http://rigvc.uibe.edu.cn/docs/20190517013703293004.pdf, 2019-05-17/2022-10-09.

[3] 由于进口和出口网络是镜像关系，本文从出口角度观察全球经贸格局。

a. 2002 年   b. 2021 年

图 1　2002 年和 2021 年全球出口贸易网络演变

资料来源：WITS（UN COMTRADE）。

  对比发现，中国在全球贸易格局中的地位越来越重要。2002 年全球出口格局分为三大区域，分别是北美、欧洲和亚洲。北美以美国为中心，欧洲以德国为中心，亚洲以日本为中心。北美地区以美国、加拿大、墨西哥为主，美国在该区域内处于中心地位，与墨西哥和加拿大有着大量的贸易往来，墨西哥与加拿大之间贸易流相对较弱，北美地区与亚洲和欧洲之间都有密切的贸易往来，美国是全球三大中心联系的枢纽。欧洲地区德国与法国、英国、比利时、意大利、荷兰有着密切的贸易联系，同时扮演着联络欧洲与北美贸易的中枢角色。亚洲地区以日本为中心，与中国内地、中国香港、韩国的贸易流较强，扮演着联络北美贸易的中枢角色。东盟地区与中国、日本、韩国贸易联系相对较弱。2021 年全球出口格局的三大区域不变，但中国替代日本成为亚洲的贸易中心，并且也加强了与东盟的贸易往来，使亚洲网络与欧洲网络之间也建立起较为密切的联系。

  总体上，美国等发达经济体仍然是供应链中重要的技术和市场，中东地区提供能源、拉美和非洲地区提供原材料，由中国这个最大的"世界工厂"完成制造，形成全球供应链产业链，具体而言，有以下特点：一是农林牧渔产品和能源产品贸易相对分散在除南极洲以外的各大洲。无论是发达国家还是发展中国家，都有较为均匀的出口活跃度，发达国家占据两者兼有的优势，非洲农林牧渔产品贸易活跃度相对较低。二是矿产贸易方面拉美和大洋洲比较活跃，美欧出口贸易也相对较活跃，中国是世界上最大的矿产进口国，主要进口来源地是南美的巴西以及大洋洲的澳大利亚。三是制成品、劳动密集型产品、中间品贸易方面全球主要活跃区域在北美、欧洲和亚洲，其中亚洲的中国处于全球这几类产品贸易中心的首位，是中国劳动力市场、工业体系比较优势的体现。四是高科技产品方面，美国、德国、中国是全球三大出口中心，相对于其余中心而言，中国出口规模更大，尤其是电子信息技术产品出口规模占有绝对优势。

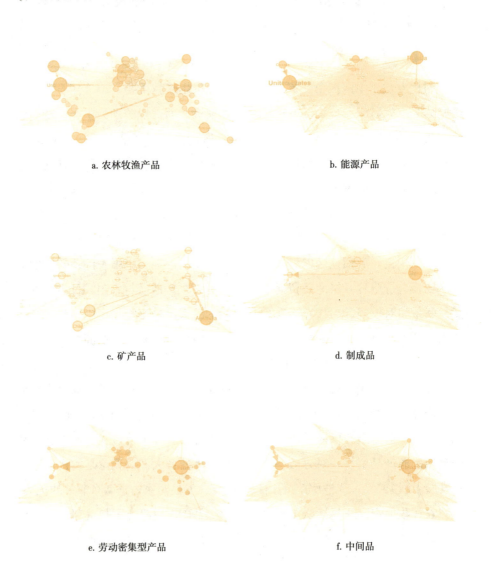

a. 农林牧渔产品　　　　　　　　　b. 能源产品

c. 矿产品　　　　　　　　　　　　d. 制成品

e. 劳动密集型产品　　　　　　　　f. 中间品

g. 高科技产品   h. 电子信息技术产品

图2　2002~2021年全球出口贸易网络演变

注：①能源产品：WITS 中 SIC 下的第 1 类矿产品中的 12.煤和褐煤、13.原油和天然气子类。②矿产品：WITS 中 SIC 下的第 1 类矿产品中的 10.金属矿石和精矿、14.燃料除外的非金属矿物。③制成品：WITS 中 SIC 下的第 2 类制成品和第 3 类未按种类区分的制成品。④劳动密集型产品：SITC3 版本中的第 61 类皮革制品，第 65 类纺织纱线／织物／艺术品，第 82 类家具／陈设，第 83 类旅行用品／手提包等，第 84 类服装，第 85 类鞋，第 893 类其他塑料制品，第 894 类婴儿车／玩具／游戏／运动。⑤中间品：WITS 中 BEC 下的第 111 类用于工业的初级食品，第 121 类主要用于工业的已处理食品，第 2 类未在其他地方制造的工业用品，第 31 类初级燃油和润滑油，第 322 类其他已处理燃油和润滑油，第 42 类资本货物的零配件，第 53 类运输设备的零配件。⑥高科技产品：WITS 中 SIC 下的第 283 类药品，第 351 类发动机引擎，第 357 类办公、计算、会计机器，第 3621 类电动机和发电机，第 366 类通信设备及零件，第 367 类电子元件，第 369 类电气设备，第 372 类飞机与零件，第 376 类宇宙飞船，第 38 类科学专业仪器、光学影像产品、手表钟表等。⑦电子信息技术产品：WITS 中 SIC 下的收音机和电视接收设备、通信设备、电子元件及配件出口。

资料来源：WITS（UN COMTRADE）。

（二）新规则体系对全球价值链格局的影响

1. 将现有格局塑造为满足美国供应体系的新格局

离岸外包（Offshore Outsourcing）成为 20 世纪 80 年代之后制造业的发展趋势，通过跨国投资将制造业安置在市场附近，既可以利用发展中国家相对较低的劳动力资源，又可以利用发展中国家吸引外资的政策红利。但离岸外包的副作用也十分显著，1970 年后美国国内制造业空心化问题逐渐加剧，制造业就业比重从 1970 年的 25% 左右下降到 2022 年的 8.4%，[①] 就业岗位数量下降约 30%。因此，离岸外包模式遭到美国国内的诟病和质疑：一是造成工人失业和收入损失，制造业空心化威胁国内经济稳定，破坏蓝领技术工人的就

---

① 资料来源：https://fred.stlouisfed.org。

业基础，限制国家产业政策的有效性，甚至会影响到国内政党竞选。[①] 二是威胁美国军事霸权。2016 年白宫经济委员会报告《振兴美国制造业》强调，制造业是美国强大的源头，制造业布局对国家和地区的创新能力至关重要，若是美国工业基础受到侵蚀，美国新兴制造业吸引力也会减弱，美国的创新能力和生活水平也会受到威胁。[②]

在美国国内制造业萎靡背景下，"回岸生产"（Reshoring）成为美国重振制造业的政策首选。奥巴马提出"可持续和均衡增长框架"，先后推动《美国制造业振兴法案》、《先进制造业伙伴计划》、智能制造领导联盟等措施组成再工业化战略体系，以提振美国实体制造业竞争力、创造更多就业岗位。特朗普上台后提出美国减税改革，通过保护主义限制国外竞争流入，呼吁全球制造业资本回流美国，振兴其制造业体系。拜登上台后，在疫情和地缘政治双重冲击之下，薄弱的国内制造业进一步暴露了其供应链的脆弱性，拜登启动制造业重振计划也使美国供应链布局变得清晰，即从"本土生产"+"离岸外包"的传统模式转向"本土生产"+"回岸生产"+"近岸外包"+"友岸外包"，后两种外包模式取代原来笼统的"离岸外包"。其中，"近岸外包"可以权衡将生产留在国外和将其转移回国内，允许公司将这两种策略的优势结合起来，将离岸外包优势与回岸优势结合起来。[③] 将贸易政策作为外交和安全政策工具后，"友岸外包"搁置了自由贸易作为内在价值的规则安排，倡导以价值观为

① Karel Williams, John Williams & Colin Haslam, "The Hollowing Out of British Manufacturing and Its Implications for Policy," *Economy and Society*, 2012,19(4); Ingo Geishecker, Maximilian Riedl, Paul Frijters, "Offshoring and Job Loss Fears: An Econometric Analysis of Individual Perceptions," *Labour Economics*, Volume 19, Issue 5, October 2012; Avraham Ebenstein, Ann Harrison,Margaret McMillan,Shannon Phillips, "Estimating the Impact of Trade and Offshoring on American Workers using the Current Population Surveys," *The Review of Economics and Statistics*, 2014, 96 (4).

② National Economic Council, "Revitalizing American Manufacturing, the Obama Administration's Progress in Establishing a Foundation for Manufacturing Leadership," https://www.whitehouse. gov/ sites/whitehouse. gov/files/images/NEC_Manufacturing_Report_October_2016.pdf, 2016-10/2020-09-12, https://www.whitehouse. gov/sites/whitehouse. gov/files/images/NEC_Manufacturing_Report_ October_2016. pdf.

③ Benedetta Piatanesi, Josep-Maria Arauzo-Carod, "Backshoring and Nearshoring: An Overview," *Growth and Change is a Journal of Urban and Regional Policy*, 2019,Volume50, Issue3.

基础的贸易成为美国的选择。①

因此，美国以"近岸＋友岸"的方式替代原来的"离岸"，改变现有的全球价值链格局，将欧洲和亚太地区打造为其"友岸外包"的区域，将拉美地区打造为"友岸＋近岸"制造的区域，将现有贸易"三中心"格局转变为美国"可控"的"回岸＋近岸＋友岸"新格局。

2. 阻碍全球供应链在区域内和区域间的融合

美国三大宏观体系的功能分割意图很明显，即掌握核心高科技，降低对中国供应链的依赖，掌控关键供应链。

与欧洲合作意图是掌控核心高科技，以TTC为推手成立十个关键工作组：技术标准、气候与清洁技术、安全的供应链、ICTS安全性和竞争力、数据治理和技术平台、滥用技术威胁安全和人权、两用物项出口管制合作、投资筛选合作、促进中小企业获取和使用数字技术、全球贸易挑战。TTC将民主价值观泛化到经济各个领域，强化双边贸易和投资以及技术和行业领导地位。如图3所示，欧洲是美国投资版图中首位的投资目的地以及FDI来源国。

图3　美国对外直接投资与在美国FDI对比

资料来源：https://www.bea.gov。

---

① Maihold, Günther, "A New Geopolitics of Supply Chains: The Rise of Friend-shoring," SWP Comment, No. 45/2022, Stiftung Wissenschaft und Politik (SWP), Berlin, 2022.

与亚太地区的合作目的，既是为挽回特朗普退出跨太平洋伙伴关系（TPP）的损失，也是为降低亚太地区对华供应链的依赖。与 TPP 或 CPTPP 相比，IPEF 确定了数字经济、供应链弹性、清洁能源和反腐败措施等内容，在美国国内争议相对较小，更容易达成一致。IPEF 还允许亚洲国家签署个别倡议，无须完全参与所有倡议。这些国家能以自己所能接受的、更大灵活性的方式加入联盟。更重要的是，IPEF 包含大多数 RCEP 成员，以后美国倘若在该框架中推出更具体的贸易方案，谈判成本将会更小且更容易推行。IPEF 将供应链韧性作为其四大支柱之一，参与国家包含 RCEP 成员国中的大多数国家，意图在中国周边打造平行供应链体系，分散中国在东亚地区的产能。如图 3 所示，亚太地区是美国第二位投资来源地，也是重要的投资目的地。

与拉美合作是为实施近岸外包，加强对基础原料的供应链控制，尤其是能源、矿产和农产品等。"美洲经济繁荣伙伴关系"（APEP）基本是 IPEF 的美洲版。美国在中南美地区实施近岸外包优势明显，其生产距离邻近、生产过程灵活、运输成本较低、与总部协调方便等。特朗普的拉丁美洲顾问毛里西奥·克拉韦尔－卡罗内曾表示，希望美国开发金融公司的资金能够用于资助美国公司从中国到西半球的搬迁成本，该提案被称为"回到美洲"。在2021 年美国投资版图中，美国对拉美和其他西半球国家的投资居第二位，超过亚洲和太平洋地区。

美国在三大区域中的任务布置分工明确，打破长期以来全球经济发展规律形成的"美国—德国--中国"三中心格局，使全球供应链变成两大部分：一是以 G7 为中心的发达国家阵营，该阵营垄断全球科技；二是多数发展中国家阵营，包括能源、农产品等原料供应的国家，以及利用资源比较优势承接中低端生产制造的国家，可以保障美国基础资源、安全和廉价的中低端制造品。美国在规则体系中刻意避开非洲、亚洲的部分国家，将阻碍发达国家与发展中国家的价值链融合，也会阻碍区域间的价值链融合，导致发展中国家产业升级步伐更艰难。

3. 推动全球关键价值链符合美国安全观的需求

美国规则体系聚焦高科技领域和关键供应链领域，要么美国害怕失去在这些领域的领先地位,要么美国在这些领域具有脆弱性。在美国害怕失去领先地位的领域,美国与盟友加强垄断并打压第三方。这些领域的核心技术集中在美国、欧盟和日韩手中,通过推动与欧洲的合作框架遏制其他发达国家和发展中国家获取航空技术;通过建立 Chip4 垄断芯片供应,阻止高端芯片制造技术流入中国等发展中国家;通过与 TTC 加强高技术出口限制,在更加广泛的军工和高端科技领域阻止技术外溢。在美国供应链脆弱的领域,美国加强与盟友的联系,保障供应链稳定性。因此,无论是在害怕他国追赶的高端领域还是在害怕他国遏制的脆弱性领域,美国都在推动全球价值链朝着其安全价值的方向发展。

在关键矿产领域,美国通过"矿产安全伙伴关系"来弥补关键矿产脆弱性。美国对中国产品进口依赖度超过 20% 的有 10 种:钕铁硼 73.7%、铋 69.7%、稀土 54.1%、锂 51.9%、钨 36.0%、镁 29.8%、钽 29.3%、锰 28.7%、重晶石 24.8%、锑 24.1%。对俄罗斯进口依赖度比超过 10% 的有 3 种:铬 35.6%、钯 23.9%、钛 17.8%。显然,美国认为其在上述矿产资源供应链方面具有脆弱性。2021 年成员国涉及的关键产品出口规模为 2289 亿美元,占全球的 41.0%,而美国从成员国进口的关键矿产占其总进口的 47.4%。

在矿产中的稀土领域更是如此,2021 年美国全球进口的稀土类产品[1] 共 1.59 亿美元,从中国进口 0.85 亿美元,占 53.5%。如果稀土类产品加上含有稀土产品的金属永磁体[2],美国全球进口价值共 6.67 亿美元,从中国进口 4.60 亿美元,占 68.97%。目前美国国内还未形成完整的稀土金属加工产业链,没有形成将稀土精矿分离成稀土氧化物的能力。[3] 然而,2021 年中国以 4400 万吨的储量位居全球第一,其次分别是越南 2200 万吨、巴西 2100 万吨、俄罗斯 2100 万吨、印度 690 万吨,而美国储量为 180 万吨。

---

① 数据来源于 ITC,名目为稀土金属矿(25309020)、稀土金属(HS280530)、稀土金属化合物(HS2846)

② 金属永磁体和磁化后拟成为永磁体的物品(HS850511)。

③ Office of Energy Efficiency & Renewable Energy,U.S. Department of Gnercy, "Critical Materials Rare Earths Supply Chain: A Situational White Paper," https://www.energy.gov/sites/prod/files/2020/04/f73/Critical%20Materials%20Supply%20Chain%20White%20Paper%20April%202020.pdf, 2020-04/2022-09-05.

a.成员国关键矿产出口的国别结构

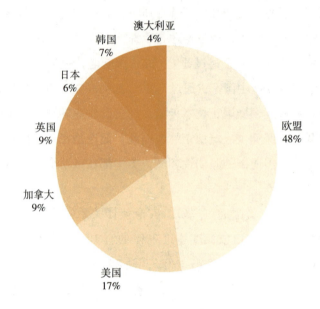

b.美国从成员国的关键矿产进口国别结构

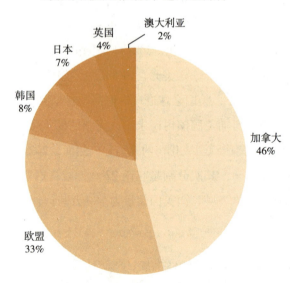

图4 "矿产安全伙伴关系"出口国别结构与美国进口情况

资料来源：国际贸易数据中心（ITC）。

为保障美国关键矿产供给安全，美国通过"矿产安全伙伴关系"加强与盟友的合作，一是从贸易方面减少对非美国盟友的关键矿产依赖，通过美国贸易法来调节外贸行为。二是从投资方面美国也在推进关键矿物供应链转型研究、开发和部署，强化美国的关键矿产供应链和国防工业基础。

4. 规则泛化为政治工具后冲击全球供应链稳定

当前全球经贸规则面临两个方向的分化：一个是在 WTO 规则基础上，如 CPTPP 规则等高标准经贸规则涵盖更多的政策领域，更具可执行性，能够适应当前数字经济发展趋势，基本是基于自由贸易、公平贸易原则。[1] 另一个是基于价值观的贸易体系，在意识形态基础上拉小圈子，建立搞分裂的分工体系和"友岸外包"的框架性贸易规则[2]。疫情后美国提出的诸多对外经济合作新框架本质上都属于后一种，目的是以美国利益为中心，破坏 WTO 基于自由平等非歧视原则的传统经贸规则。

2018 年以来，美国频繁操纵贸易政策作为地缘政治博弈的工具，在疫情对供应链稳定性的冲击下，原来基于保护主义的贸易政策缺乏灵活性，美国也受到贸易壁垒的"自损"，不利于国内供应链的稳定以及盟友的利益。为此，美国将目标从具体的贸易政策层面转向供应链规则和标准层面，将规则泛化为政治工具后更容易冲击全球供应链稳定。

在农林牧渔产品、能源以及矿产品领域，中国对新框架下的盟友国家进口依赖度较高，美国主张的三大宏观框架将影响中国供应链的稳定。根据 WITS 中的 SIC 数据，2021 年中国对美洲农林牧渔产品进口依赖度为 61.49%，其中巴西为 24.9%、美国为 23.7%、加拿大为 4.5%；中国对大洋洲的矿产进口依赖度最高，澳大利亚为 51.1%，对美洲的矿产进口依赖度也较高，为 33.3%，其中巴西为 15.5%、智利为 11.7%。根据 BP 石油公司统计，2020 年中国对美洲能源进口依赖方面，原油为 13.9%，2.2% 来自美国，10.9% 来自

---

① 崔凡：《国际高标准经贸规则的发展趋势与对接内容》，《人民论坛·学术前沿》2022 年第 1 期。

② 章婕妤：《从"近岸外包"到"友岸外包"：美国在拉美打造供应链体系？》，《世界知识》2022 年第 16 期。

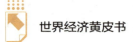

中南美洲；LNG 为 11.5%，11.4% 来自美国；原煤为 10.8%，4.5% 来自加拿大、4.6% 来自美国、1.7% 来自哥伦比亚。对亚太地区的煤依赖度较高，从印尼进口占 49.4%，对澳大利亚 LNG 依赖度较高，进口占 39.8%。此外也有 16.8% 的 LNG 来自东盟，其中印尼为 6.1%、马来西亚为 10.7%。

在高端技术领域，美欧贸易和技术委员会（TTC）通过加强技术沟通与出口管制协调，阻止高端技术向中国等发展中国家出口，加深发达国家与发展中国家的技术鸿沟。随着乌克兰危机加深，美欧通过该工作组实施了较为严格的出口管制措施，共同修改出口管制法律，严重冲击中国参与的全球高技术产品贸易和投资活动，大范围影响中国半导体、车辆制造、精密加工、通信、航空行业等，冲击中国位于第三国和地区的供应链，阻碍中国高科技发展。

四　结论

2020 年以来，全球经济笼罩在保护主义和疫情双重冲击之中，全球价值链的脆弱性日益凸显。2022 年以来，前期刺激政策导致的通胀压力逐渐加大，在疫情、保护主义及新的地缘政治危机三重负面冲击之下，全球价值链紧张度进一步提升。自奥巴马政府以来，美国一直希望巩固其在全球价值链中的地位，但奥巴马政府的工业化战略体系局限于国内措施，并且没有明显的作用。特朗普上台后发起的贸易战，将措施范围从国内转向国际，认为是发展中国家在国际市场中实行的一系列政策措施扭曲了国际市场，导致美国丧失了全球价值链中的优势地位。特朗普发起贸易战和限制外商在美投资产生的影响仍然是小范围的，贸易领域仅限于美国进出口产品，投资领域也限于美国国内。然而，拜登政府上台之后，不仅坚持了以往两届政府的国内措施等，还将范围从产品和投资本身等局部领域拓展至规则层面，推动基于国际经贸规则的结盟，构建涉及宏观和产业层面的国际经贸规则新体系，对全球价值链的影响范围和程度比以往措施更大、更深远，与单纯的保护主义相比，从规则层面实行对发展中国家的隔绝，将使全球南北发展差距进一步拉大。

美国推动新经贸规则体系对全球价值链格局的影响

本文梳理了疫情以来，美国在多层次、多领域提出的对外合作新规则体系，涉及欧洲、亚太和美洲，既包括宏观的三大经济框架，也包括针对具体十大领域的 28 项联盟合作框架规则。新的经贸规则体系反映了美国安全供应链和制造业战略新布局调整，本质上是以美国利益为中心，破坏了 WTO 基于自由平等非歧视原则的传统经贸规则，将现有价值链格局塑造为以美国供应体系安全为中心的新格局，阻碍全球供应链区域内和区域间的融合，推动全球关键价值链朝着美国安全观演进，发展中国家和发达国家间的鸿沟也将会因此加深。

参考文献

Avraham Ebenstein, Ann Harrison, Margaret McMillan, Shannon Phillips, "Estimating the Impact of Trade and Offshoring on American Workers Using the Current Population Surveys," *The Review of Economics and Statistics* 2014 (4).

Benedetta Piatanesi, Josep-Maria Arauzo-Carod, "Backshoring and Nearshoring: An Overview," Growth and Change is a Journal of Urban and Regional Policy, 2019, Volume 50, Issue3.

Ingo Geishecker, Maximilian Riedl, Paul Frijters, "Offshoring and Job Loss Fears: An Econometric Analysis of Individual Perceptions," *Labour Economics*, Volume 19, Issue 5, October 2012.

Karel Williams, John Williams & Colin Haslam, "The Hollowing Out of British Manufacturing and Its Implications for Policy," *Economy, and Society*,1990（4）.

Maihold, Günther, "A New Geopolitics of Supply Chains: The Rise of Friend-shoring, SWP Comment," No. 45/2022, Stiftung Wissenschaft und Politik (SWP), Berlin, 2022.

The White House, "Building Resilient Supply Chains, Revitalizing American Manufacturing, And Fostering Broad-Based Growth 100-Day Reviews Under Executive

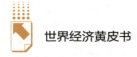
Order 14017," 2021-06.

崔凡:《国际高标准经贸规则的发展趋势与对接内容》,《人民论坛·学术前沿》2022 年第 1 期。

张薇薇:《美欧贸易技术联手背后有角力》,《世界知识》2021 年第 21 期。

章婕妤:《从"近岸外包"到"友岸外包":美国在拉美打造供应链体系?》,《世界知识》2022 年第 6 期。

Y.20
新冠肺炎疫情对全球生产链重塑的影响

李国学[*]

摘　要： 新冠肺炎疫情全球大流行，不仅降低了物流体系效率，改变了人们的生产生活方式，也增加了全球生产链合作的不确定性。空间分离和限制性非关税措施使全球生产链所依赖的物流体系受阻，数字化技术广泛应用也使数字治理和互联网安全方面的问题更加突出，供求失衡下企业机会主义行为和不同国家政策理念差异加剧了全球生产链契约摩擦。在这种情况下，以美国为首的发达国家对全球生产链进行了重塑，确保重要而契约摩擦程度高的产品国内采购，同时在区域经济合作中采用了具有浓厚政治色彩的"近岸外包"和"友岸制造"。新冠肺炎疫情也凸显了全球生产链合作的重要性，如果发达国家抛弃政治偏见，国际社会共同合作进一步完善全球生产链治理机制，各国都将在全球生产链的共建、共享中增进社会福祉。

关键词： 新冠肺炎疫情　全球生产链　不完全契约

---

* 李国学，中国社会科学院世界经济与政治研究所副研究员，主要研究领域为国际直接投资理论与政策、全球生产网络理论与政策、全球创新战略。

在《世界是平的》一书中，托马斯·弗里德曼认为在柏林墙倒塌和 Windows 操作系统建立等十大力量推动下，世界变平了。20 世纪 90 年代以来，在交通、通信技术发展以及贸易投资便利化措施的推动下，全球生产链取代跨国公司成为国际生产的重要组织形式。由于全球化也对民族国家社会和经济带来了一定程度的冲击，逆全球化思潮暗流涌动。① 自 2008 年全球金融危机爆发以来，出于对产业空心化和工作流失的担忧，奥巴马政府就呼吁"制造业回流"，但配套政策相对缺乏，进展缓慢。新冠肺炎疫情全球大流行，彻底打乱了全球生产链正常的运行秩序，也使这种国际生产组织形式的脆弱性逐渐暴露出来，再加上主要发达国家政府强大的政策支持，全球生产链加快了调整的步伐。

一 新冠肺炎疫情对全球生产链的挑战

作为一种国际生产组织形式，全球生产链克服了跨国公司科层体制下国际生产的弊端，但在新冠肺炎疫情冲击下也暴露出脆弱的一面。新冠肺炎疫情不仅降低了要素和商品流动所依赖的物流体系效率，改变了人们生产生活方式，也增加了上下游企业、不同国家间合作的不确定性。

（一）新冠肺炎疫情影响了物流体系效率

在产品内分工条件下，交通和物流是要素和商品流动的重要载体，可以说是全球生产链的"动脉"。虽然产品内分工可以利用不同国家和地区要素禀赋差异来降低生产成本，但生产阶段空间分离也使原材料、零部件和最终品的运输成本增加。作为生产性服务业，物流业是连接各生产阶段的纽带，影响着企业的运输成本和库存成本，生产与物流的无缝对接是全球生产链高效运行的重要保障，也是提高资源配置效率的重要途径。20 世纪 90 年代以

---

① Stiglitz, Joseph E., "Globalization and Its Discontents Revisited: Anti-Globalization in the Era of Trump," WW Norton & Company, 2017.

来，得益于交通和物流技术发展以及贸易投资便利化措施的推进，全球生产链快速地发展起来。然而，新冠肺炎疫情下，国家内部出行限制和地区封锁导致物流网络中断，国际上，为了防控疫情和确保医疗物资与高需求产品供应，各国政府大多同时采取了贸易促进类和限制类非关税措施，前者主要包括税收和关税豁免、加快通关、减少限制数量和简化关键产品进口程序，后者主要包括医疗和战略物资出口禁令和额外的许可证要求，甚至在疫情形势最严峻时，边境封锁导致停航停运。此后，随着新冠肺炎疫情缓和以及医疗物资供应能力提升，新实施的非关税措施数量开始下降。受新冠肺炎疫情冲击，全球生产链所依赖的物流体系不仅效率低下，而且运输价格飙升。以全球超过 80% 的货物贸易所采用的海上运输为例，由于港口码头关闭和运输延误，2020 年，全球港口停靠同比减少了 6.2%，海上贸易量萎缩 3.8%；2019~2021 年全球港口集装箱船舶等待时间增加了约 16%。[①] 随着疫情放缓和全球贸易复苏，货运压力增大导致了运费和附加费飙升。全球集装箱运价指数显示，2020 年 12 月 15 日首次突破 3000，2021 年 9 月 9 日达到了历史最高点 11137，虽然此后疫情得到一定程度的控制后，货运压力得到了缓解，这一指数又大幅下降，但仍维持在 4000 以上，是疫情前的 2 倍多。全球供应链压力指数（Global Supply Chain Pressure Index, GSCPI）的波动从另一角度反映了疫情对物流体系的影响。自 2020 年 2 月开始，在疫情冲击下这一指数急剧上升，2020 年 4 月达到了 3.15；接下来需求萎缩使供应链压力有所缓解，2020 年 10 月一度降至 0.11；此后随着全球贸易增长和大宗商品价格上涨，全球供应链压力再次增大，甚至超过了疫情初期，并在 2021 年 12 月达到历史最高值 4.31，2022 年以来随着供应链调整和航运全面恢复，供应链压力下降，但指数仍远远高于 2020 年 2 月之前。

---

① UNCTAD, "Impact of the COVID-19 Pandemic on Trade and Development: Transitioning to A New Normal," UN, 2020.

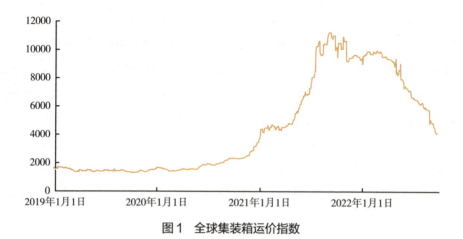

图 1　全球集装箱运价指数

资料来源：笔者根据 CEIC 相关数据绘制。

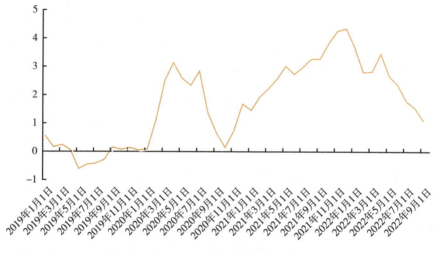

图 2　全球供应链压力指数

资料来源：笔者根据纽约储备银行公布的数据绘制。

　　新冠肺炎疫情冲击下物流体系效率低下和运价上涨进一步推高了全球进口商品价格，尤其是那些价值低、数量大、运输成本低的大宗商品，以及需要不同地点生产、中间品多次转运、供应链较长的产品。联合国贸发会议一项模拟结果显示，2023 年运费持续飙升可能导致全球进口价格上涨 11.9%，全球消费价格相应上涨 1.6%，欠发达国家进口价格和消费价格将分别上涨 9.8% 和 2.4%，内陆发展中国家进口价格和消费价格将分别上涨 3.6% 和 0.6%。[①] 全球贸易也因新冠肺炎疫情而出现较大波动。根据联合国贸发会议数据，在疫情比较严重的 2020 年，全球贸易减少了约 2.5 万亿美元，与 2019 年相比下降了 9%；随着疫情缓解，全球贸易逐渐复苏，2021 年达到 28.5 万亿美元，与 2019 年相比增长了 13%。就不同收入水平国家而言，2020 年，发达国家、发展中国家和欠发达国家进出口贸易均出现了下降，只是下降程度略有差异。其中，欠发达国家进出口贸易分别下降了 11% 和 14%，发展中国家进出口贸易分别下降了 12% 和 10%，发达国家进出口贸易均下降了 10%。随着新冠肺炎疫情防控形势向好，绝大部分国家进出口贸易开始增长，欠发达国家进口和出口贸易分别增长 11% 和 6%，发展中国家进口和出口贸易分别增长 12% 和 15%，发达国家进出口贸易均增长了 9%。[②]

（二）新冠肺炎疫情促进了生产方式转变

如上所述，新冠肺炎疫情下采取的地区封锁、社会隔离和限制性非关税措施阻碍了全球生产链地理一体化。为了减轻地理空间障碍和确保经济活动连续性，全球生产链自动化、信息化、智能化程度不断提高。随着互联网和数字化技术在全球生产链上应用，信息通信技术（ICT）服务、金融、营销、研发和教育等都可以通过网上交付，线上定制、远程设计、协同制造、电子商务等不仅推动制造能力平台化，也促使消费和营销渠道多元化。在新冠肺炎疫情期间，消费者网上购物量剧增，许多中小企业借助网络销售在艰难的环境中生存了下来。据联合国贸发会议统计，在线零售额占全球零售总额的比例从 2019 年的 16% 上升到 2020 年的 19%，且这一水平一直维持到 2021 年。中国、韩国、新加坡、英国、美国、加拿大和澳大利亚等 7 国网上零售额从

① UNCTAD, "Impact of the COVID-19 Pandemic on Trade and Development: Transitioning to A New Normal," UN, 2020.

② UNCTAD, "Impact of the COVID-19 Pandemic on Trade and Development: Transitioning to A New Normal," UN, 2020.

2019 年的 2 万亿美元上升到 2021 年的 2.9 万亿美元。在服务贸易方面，2020 年数字化服务占服务出口总额的比例为 64%，而 2019 年这一比例只有 52%。[①] 在加工制造环节，工业机器人和人工智能应用也越来越广泛。以"世界工厂"中国为例，目前工业机器人应用已覆盖国民经济 60 个行业大类、168 个行业中类。2021 年工业机器人产量达 36.6 万台，比 2015 年增长了 10 倍，制造业机器人密度超过每万人 300 台，比 2012 年增长约 13 倍。[②] 此外，物流系统数字化、海关数据自动化和监管程序数字化便利了港务局、托运人和货运代理之间的数据交换。[③]

随着数字化技术在社会生产、生活和政府管理中的广泛应用，数据本身成为全球生产链的重要生产要素。根据联合国贸发会议数据，随着在线活动增加，2020 年全球互联网带宽增长了 35%，是自 2013 年以来最大的年度增幅，预计全球每月数据流量将从 2020 年的 230 艾字节上升到 2026 年的 780 艾字节。[④] 从生产方式上看，以人工智能、区块链、云计算和大数据为代表的新兴产业成为数字时代全球竞争的关键，以芯片为核心元器件的移动互联网、物联网、超级计算机等新技术的广泛运用对原来的生产结构造成了颠覆性影响。产业链上从客户需求到研发、设计、制造、采购、供应、库存、售后服务、运维等相关的大数据也成为数字经济的一个重要来源，不仅刺激了全球生产链各参与主体技术创新，也为应用场景创新推广中心、解决方案推广平台、新业态培育中心等新业态发展奠定了基础。基于大数据模型的预测在防范和应对风险以及确保供应链连续性方面发挥着重要作用。[⑤]

---

① UNCTAD, "Digital Trade: Opportunities and Actions for Developing Countries," Policy Brief No. 92,2022.

② 《我国稳居全球第一大工业机器人市场》，http://www.gov.cn/xinwen/2022-09/06/content_5708641. htm，2022 年 9 月 6 日。

③ UNCTAD, "Review of Maritime Transport 2021," United Nations Publication, Sales No. E.21. II.D.21, Geneva,2021.

④ UNCTAD, "Digital Economy Report 2021: Cross-Border Data Flows and Development: For Whom the Data Flow," United Nations Publication, Sales No. E.21.II.D.18, Geneva ,2021.

⑤ UNCTAD, "Review of Maritime Transport 2021," United Nations Publication, Sales No. E.21. II.D.21, Geneva,2021.

（三）新冠肺炎疫情凸显全球生产链运行机制脆弱性

在新冠肺炎疫情冲击下，全球生产链的技术和组织特征使其暴露于风险之中。在正常情况下，通过灵活的股权设置，并利用市场力量和"一肘之距"关系，全球生产链克服了跨国公司科层体制下资源配置的弊端，把不同生产环节或不同工序（研发设计、加工制造、品牌营销等）分别配置到最具有生产优势的国家（地区）生产，在降低生产成本的同时还可以对市场变化和技术进步做出快速反应。然而，在面临诸如新冠肺炎疫情之类外部冲击时，那些沉没成本较高、技术和设备专用性较强的生产环节，进入壁垒较高，外部选择较少，并且规模经济要求地理分布集中，调整难度较大。由于全球生产链具有序列性，下游生产任务能否顺利进行以及产品质量高低都严重依赖于上游生产任务执行情况，[①]并且外部冲击所带来的风险和机会主义行为就会在生产链上蔓延。地理分布集中、生产链较长的产业，风险暴露较高；地理分布分散、生产链较短的产业，风险暴露较低；地理集中度和生产链长度介于上述两种情形之间的产业，风险暴露居中。例如，汽车、飞机等生产链风险暴露较高，而采掘业、农业、物流运输等生产链风险暴露则相对较低，食品、饮料、化工、制药、金融服务、商务服务等生产链风险暴露居中。[②]

由于芯片涉及领域较多，芯片生产链在新冠肺炎疫情中受到冲击相对较大，下文以芯片为例探讨新冠肺炎疫情对全球生产链的影响。相对于其他产品来说，芯片的资本和技术密集度都较高，一个新的晶圆工厂初期建造成本需要数十亿美元，运营过程中每一阶段对技术和经验要求都十分苛刻，并且作为基础元件，芯片下游产业链长，应用领域既涉及计算机、汽车、手机、医疗设备等多个传统产业，还延伸到人工智能、区块链、云计算、大数据等新兴产业。由此可见，芯片生产链风险暴露程度较高，这也为新冠肺炎疫情

---

① Antràs, Pol, and Davin Chor, "Organizing the Global Value Chain," *Econometrica*, Vol.81, No. 6 2013.

② UNCTAD, "World Investment Report 2020: International Production beyond the Pandemic," United Nations Publication, Sales No. E.20.II.D.23, Geneva,2020.

冲击下"芯片荒"发生埋下了伏笔。

新冠肺炎疫情导致了全球生产链上芯片供求失衡。在供给方面，居家办公可能影响上游芯片设计企业研发效率；商务交流和物流受限可能引起中游芯片制造企业原材料供应不足或迟滞、产品认定和交付延迟以及新客户开发困难；防疫措施可能导致下游芯片封测企业工人到岗不全、物料运输不畅、资金周转困难。[①]在需求方面，居家办公、网上购物以及政府管理和服务业数字化，增加了对平板、手机、家电和电脑等电子消费品的需求，进而导致芯片需求激增。虽然芯片需求是全球性的，但芯片供给却是高度集中的，全球73%的半导体产能集中在东亚地区，[②]新冠肺炎疫情地区封锁和限制性非关税措施大大降低了物流运输效率，加剧了供求失衡。芯片供求失衡的一个重要表现是订单等待时间延长，2019年底订单等待时间约为12周，而2021年10月订单等待时间达到了将近22周。[③]

在供求失衡情况下，芯片厂商供给结构调整使断链风险进一步传导到了汽车生产链。相对于智能手机、高性能计算平台（个人计算机、平板电脑、游戏机、服务器、基站等）、物联网平台（智能穿戴、智能音箱、智能健康装置、家庭自动化装置、监视系统、智能城市与智能制造等）所需要的中高端芯片而言，汽车所需的中低端芯片利润较低，芯片厂商更多地把生产线分配给电子消费品芯片，每年有超过6400亿枚微芯片为全球智能手机、电脑以及其他电子产品提供中央控制组件。[④]以全球规模最大的半导体制造商台积电为例，2021年报显示，车用电子出货量增长3%，而同年智能型手机、高性能计算平台、物联网平台出货量分别增长了6%、10%、30%。[⑤]台积电2022年

① 周晓阳、汪寿阳：《新冠肺炎疫情对芯片全产业链的影响与对策建议》，http://cn.chinagate.cn/news/2020-02/21/content_75730587.htm，2020年2月21日。
② 蔡翠红：《全球芯片半导体产业的竞争态势与中国机遇》，《人民论坛》2022年第14期。
③ Mitch Leslie, "Pandemic Scrambles the Semiconductor Supply Chain," *Engineering*, Vol.9, No.2,2022.
④ Mitch Leslie, "Pandemic Scrambles the Semiconductor Supply Chain," *Engineering*, Vol.9, No.2,2022.
⑤ TSMC, " 2021 Annual Report ," https://investor.tsmc.com/static/annualReports/2021/english/index.html.

前两季度合并财务报表数据显示，2022 年 1~3 月和 1~6 月，汽车芯片业务营收占比都不足 5%，2021 年同期略高于 4%，而 2022 年同期智能手机和 HPC（高性能计算）占比加起来在营收中超过 80%，2021 年 1~3 月智能手机占比 45% 左右，HPC 占比 35% 左右，但共同占比仍达到了 80%。2021 年和 2022 年同期营收占比差异表明，随着数字化技术广泛应用，智能手机和 HPC（高性能计算）对高端芯片需求较大，利润更高，但就二者而言，HPC（高性能计算）芯片在全球生产链中更受重视。① 彭博社数据显示，没有一家车企进入台积电营收贡献排名前十客户名单。② 芯片厂商产品供给结构调整导致了汽车产业因"缺芯"而停工减产。据 AutoForecast Solutions 2022 年 6 月数据，因芯片短缺，全球汽车市场累计减产量约为 225.8 万辆，全年累计减产量预计超过 300 万辆。③

表1 各平台芯片在台积电营收中占比				
				单位：%
平台	2022 年 1~3 月	2021 年 1~3 月	2022 年 1~6 月	2021 年 1~6 月
智能手机	39.91	45.03	38.78	43.69
高性能计算	41.18	35.28	42.06	36.92
物联网	7.95	8.31	8.16	8.1
汽车	4.83	4.03	4.95	4.22
数码消费电子产品	2.95	4.25	2.9	3.94
其他	3.17	3.1	3.15	3.12
合计	100	100	100	100

资料来源：笔者根据台积电 2022 年前两季度合并财务报表数据计算。

---

① TSMC, "Consolidated Financial Statements for the Three Months Ended March 31, 2022 and 2021 and Independent Auditors' Review Report," https://investor.tsmc.com/sites/ir/financial-report/2022/TSMC%202022Q1%20Consolidated%20Financial%20Statements_E.pdf.

② 汪淼：《台积电 10 大客户名单曝光：苹果占 1/4 营收，英特尔 2023 年有望成第三》，https://www.ithome.com/0/592/576.htm。

③ 《AutoForecast Solutions：缺芯或致 2022 年全球汽车累计减产量超 300 万辆》，http://www.199it.com/archives/1452819.html。

在新冠肺炎疫情和美国对高端芯片出口限制的双重夹击下，不完全契约治理失灵了。一方面，由于全球生产链治理更多地依赖于不完全契约，面对新冠肺炎疫情下的"芯片荒"，即使领导厂商也没有能力对芯片供求实施统一的协调和控制。早在新冠肺炎疫情之前，美国对华为高端芯片出口管制，就使同类企业深感不安，为应对未来可能的不确定性，其开始囤货。新冠肺炎疫情下芯片供求失衡进一步加剧了恐慌，各级工厂以及经销商加大了囤货和超额备货力度。囤货行为使各级工厂以及经销商承担了过高的库存成本和机会成本，没有抢到芯片的企业被迫减产或停产。另一方面，新冠肺炎疫情下数字技术的广泛应用给全球生产链带来了新的问题。随着信息技术和模块化技术在生产中的广泛应用，原来在跨国公司内部进行的资产专用性投资通过外包被分散配置到不同生产阶段的企业进行，资产专用性投资和知识中间产品相关风险再次暴露出来。新冠肺炎疫情下数字化技术在社会生产、生活和政府管理中的应用使数字和数据安全、数据隐私、消费者保护等方面的问题涌现出来，国际社会不仅没有足够的知识和技术来解决上述问题，而且由于民族文化、价值观念、经济体制等方面差异，在数字经济治理方面存在诸多分歧。[①] 于是，新冠肺炎疫情放大了全球生产链上原有的不确定性，机会主义行为使参与企业和国家陷入了"囚徒困境"。

（四）新冠肺炎疫情加剧了国际经济合作制度摩擦

新冠肺炎疫情激化了经济民族主义，疫情应对、贸易投资中的"囚徒困境"给全球生产链运行带来了诸多制度摩擦。由于不存在世界政府，疫情这场全球公共卫生危机，非但没有带来主要国家之间的紧密合作，反而引发了大国之间相互指责、推诿责任。对于采取何种政策对抗疫情，各国因制度差异而存在较大分歧。在新冠肺炎疫情前两年里，相对于发展中国家来说，发达国家出台了比以往更多的监管或限制性贸易和投资政策措施。根据联合国贸发会议数据，2020 年，67 个经济体总共出台了 152 项影响外国投资的政策

---

① OECD, "Digital Transformation in the Age of COVID-19: Building Resilience and Bridging Divides," Digital Economy Outlook 2020 Supplement, Paris,2020.

措施，与 2019 年相比增加了约 42%，引入法规或限制性措施数量增加了 1 倍多，达到 50 项。其中，发展中国家实施的大多数投资措施旨在促进或便利投资，只有少数实施了新的规定或限制，而几乎所有发达国家以及欧盟则引入新的或强化现有外国投资审查制度，使出于国家安全考虑而进行外国直接投资审查的国家总数达到 34 个，相关领域主要涉及关键基础设施、核心技术或其他敏感国内资产。①

二　全球生产链重塑的趋势

面对疫情造成的不利影响，为了维持全球生产链正常运行，以美国为首的发达国家（地区）就全球生产链运行过程中出现的问题尝试性地实施了一系列重塑行动，以确保重要而契约摩擦程度高的产品国内供应，同时在全球生产链合作中强化了不确定性应对的制度设计。

（一）重要而且契约摩擦程度高的生产环节实现国内生产

在新冠肺炎疫情冲击下，空间分离和限制性贸易措施使物流体系不确定性增加，供给短缺引发了机会主义行为，数字化技术广泛应用提升了知识中间产品市场的不完全程度，即全球生产链面临着更大的契约摩擦。对于全球生产链来说，物流体系不确定性增加、企业机会主义行为和知识中间品市场不完全是亟待解决的问题。但是，在不完全契约治理下，领导厂商或高层级供应商缺少类似于跨国公司的命令和控制权。如前所述，新冠肺炎疫情凸显全球生产链运行机制的脆弱性。当诸如新冠肺炎疫情这样不可避免的外部冲击出现时，相关负面影响消减的主要途径是调整企业国际生产模式。在全球空间分离和东道国制度环境不变的情况下，企业国际生产模式调整主要涉及所有权和区位选择。一般来说，企业国际化生产模式主要包括国内一体化、国内外包、国际一体化和国际外包。对于制度比较健全的发达国家来说，本

---

① UNCTAD, "World Investment Report 2021: Investing in Sustainable Recovery," United Nations Publication, Sales No. E.21.II.D.13, Geneva ,2021.

国企业通过在全球范围内收购或兼并其他生产环节，重新回归产业间或产业内分工下跨国公司生产模式，将会丧失全球生产链应对市场和技术快速变化的优势，而国内一体化或国内外包不仅可以降低物流体系不确定性，还可以减少由全球生产链片断化引致的机会主义行为。

如前所述，诸如芯片制造这样的沉没成本较高、技术和设备专用性较强的生产环节，进入壁垒较高，外部选择较少，并且规模经济要求其地理分布集中。由于人工智能和工业机器人应用使劳工成本的重要性下降，国际生产模式调整的主要困难是沉没成本、组织成本以及相关的公共基础设施。为了解决芯片全球生产链运转失灵，欧盟、美国、日本以及其他国家出台了一系列优惠政策以补偿跨国公司重新配置芯片生产链的沉没成本和组织成本。美国的半导体制造业投资促进政策主要有《半导体十年计划》（2020）、《美国创新与竞争法案》（2021）、《2022年美国竞争法案》和《2022年芯片与科学法案》等，欧盟的政策主要有《2030数字罗盘：欧洲数字十年之路》（2021）、《芯片法案》（2022），日本的政策主要有《半导体数字产业战略》（2021），韩国的政策主要有《K-半导体战略》（2021）。

下文以最具代表性的《2022年芯片与科学法案》为例详细说明美国半导体制造的投资促进政策。[1]2022年8月9日，美国总统拜登签署了旨在促进本土半导体生产、尖端技术研发和创新的《2022年芯片与科学法案》。其中，A部分《2022年芯片法案》对国会通过的527亿美元半导体生产紧急补充拨款资助的活动进行了安排：500亿美元是创建有助于美国半导体生产的激励基金，用于实施商务部半导体激励计划和劳动力发展计划，旨在提升国内半导体制造能力；20亿美元是创建美国国防半导体生产激励基金，用于建设微电子社区（Microelectronics Commons），这是一个在岸的国家网络，主要包括基于大学的原型设计、半导体技术从实验室到工厂（lab-to-fab）转化和半导体

---

① 该法案英文名称为"The CHIPS and Science Act of 2022"。其中，CHIPS是"Creating Helpful Incentives to Produce Semiconductors"的缩写，意思是创建有助于半导体生产的激励。由于"创建有助于半导体生产的激励"（CHIPS）表述起来比较复杂，而且CHIPS中的"CHIP"与芯片的英文单词"chip"相同，所以该法案就被简洁地译为《2022年芯片与科学法案》。

劳动力培训等；5亿美元是创建美国国际技术安全和创新半导体生产激励基金，资金将在五年内分配给国务院，由美国国际开发署、进出口银行和美国国际发展金融公司使用，目的是协调外国政府伙伴，支持国际信息、通信技术安全和半导体供应链活动，包括支持安全可信的电信技术、半导体和其他新兴技术的开发和应用；2亿美元是创建美国劳工和教育半导体生产激励基金，主要是向国家科学基金会提供资金，分5年发放，以促进半导体劳动力增长。在创建有助于美国半导体生产的激励基金的500亿美元中，390亿美元用于《2021财政年度国防授权法案》（NDAA）第9902条授权的下一代半导体开发和制造计划，其中20亿美元专用于对汽车、军事和其他关键行业至关重要的传统芯片生产，剩下的370亿美元主要用于先进制程芯片生产；110亿美元用于实施国家半导体技术中心（NSTC）、国家先进包装制造计划和《2021财政年度国防授权法案》第9906条授权的劳动力发展计划。此外，A部分《2022年芯片法案》还列出了实施上述计划的说明。例如，该法案要求激励措施的实施要考虑半导体种类广泛性以及该技术与供应链脆弱性的相关性；禁止联邦激励基金的受援者在对美国国家安全构成威胁的特定国家扩大或建设某些先进半导体的新制造能力；给予半导体制造以及所需专用工具设备制造投资25%的税收抵免等。①

在上述国家政策推动下，主要芯片厂商加快了芯片生产链投资步伐。英特尔2021年宣布在美国投资200亿美元计划，2022年又宣布再追加200亿美元；②2022年台积电宣布将投资120亿美元在美国亚利桑那州建设一座芯片工厂，③2022年英特尔宣布未来10年计划在欧洲投资800亿欧元，涉及整个半

① House Committee on Science, Space and Technology, "CHIPS Act of 2022," https://science.house.gov/chipsandscienceact.
② Intel, "Intel Announces Next US Site with Landmark Investment in Ohio," https://www.intel.com/content/www/us/en/newsroom/news/intel-announces-next-us-site-landmark-investment-ohio.html#gs.fohnig.
③ Reuters, "Taiwan's TSMC Progressing Well with Arizona Chip Plant," https://www.reuters.com/technology/tsmc-making-excellent-progress-with-arizona-chip-plant-state-governor-says-2022-08-31/.

导体生产链，并在德国、爱尔兰、法国和意大利建立研发和设计中心；[①] 2021年三星和 SK 海力士等 153 家企业承诺到 2030 年总计投资超过 4500 亿美元用于半导体研发和生产。[②]

基于离岸外包和本土化生产总成本比较分析，一些发达国家企业选择了制造业回流。以美国为例，根据《2022 年回岸倡议数据报告》，2022 年美国制造业回流企业 1156 家。按产业划分，历史上制造业回流的行业主要有机械、运输设备和家电，而最近几年主要有电池、半导体、个人防护用品、药品和稀土，特别是近年来在半导体产业推动下，太阳能电池板、机器人、无人机持续发展；2022 年按企业数目排名前五位的产业是化学药品、电力设备应用和组件、运输设备、计算机和电子产品、医疗设备，[③] 企业数分别为 324 家、224 家、212 家、182 家和 93 家。按技术水平划分，2022 年高技术和中高技术企业占 60%，2010~2022 年高技术和中高技术企业累计占比 43%。从美国制造业回流和外国投资国别分布来看，2022 年按企业数目排名前五名的是德国、日本、中国、加拿大、韩国，企业数分别为 60 家、46 家、46 家、40 家和 34 家。[④]

（二）国际经济合作中强化了不确定性应对的制度设计

在应对新冠肺炎疫情之类的突发事件方面，全球生产链需要规则趋同并加强监管一致性。一般来说，世界上绝大多数国家或地区也并不总是有能力本土化生产所有产品，或者说在某些生产阶段是没有总成本优势的。例如，对于芯片制造这样重要且契约摩擦程度高的生产领域，只有美国、欧盟、韩国、日本、中国大陆和中国台湾等为数不多的经济体有能力实现本土化生产，国际外包仍然是全球生产链的重要组成部分。但是，如上所述，在出现新冠

---

① 《英特尔公布 800 亿欧元欧洲投资计划》，https://m.gmw.cn/2022-03/17/content_1302849249. htm。

② 蔡翠红：《全球芯片半导体产业的竞争态势与中国机遇》，《人民论坛》2022 年第 14 期。

③ 新能源汽车电池被归类为 NAICS 的电气设备，运输设备主要是汽车。

④ 这个数据也可能低估了来自中国的制造业回流，只有大约 30% 的制造业回流案例报告了国家来源，并且有的公司没有具体说明来自哪个国家，只是简单地标注"亚洲"或"从海外返回"。

肺炎疫情之类突发事件的情况下，空间分离和限制性非关税措施使全球生产链所依赖的交通和物流体系受阻；新冠肺炎疫情期间数字化技术广泛应用也使数字治理和互联网安全方面的问题更加突出，不同国家政策理念差异使全球生产链运行面临更多的制度摩擦。全球生产链稳定运行亟须各参与国家（地区）实施深度经济一体化，加强监管一致性，促进监管合作，建设开放、公平、可预期的营商环境。

面临集体行动难题，全球生产链缩小了协调范围，区域经济合作进一步加强。在应对新冠肺炎疫情这样的突发事件方面，领导厂商对全球生产链没有命令控制权，不同国家政策理念差异和企业机会主义行为使全球生产链处于无序状态。相对于全球生产链调整来说，区域层面的协调就容易得多。2021年以来，区域贸易协定数量快速增长，目前累计生效的区域贸易协定通知达到582个，累计生效的区域贸易协定数量也有355个。事实上，经济合作程度较高的区域受到新冠肺炎疫情冲击也相对较小。根据联合国贸发会议数据，与全球平均贸易水平相比，2020年区域内贸易降幅低于全球平均贸易水平，而2021年的增幅高于全球平均贸易水平；在全球、发达国家和发展中国家三个层面上，2020年深度贸易协定区域内贸易比全球贸易平均水平分别高出4%、5.5%和3.3%，而同期不存在贸易协定或存在浅层贸易协定的区域内贸易均低于全球平均水平。以区域经济合作情况相对较好的东亚为例，2020年东亚区域内贸易超出东亚区域间贸易8%，2021年超出了12%。[①]

与以往不同的是，区域经济合作中充满了浓厚的政治色彩，更加突出了空间临近或制度趋同。在区域层面调整中，全球生产链更加倾向于在地理位置邻近国家外包或在制度相近国家制造，这就是通常所说的"近岸外包"和"友岸制造"。相对于离岸外包来说，虽然"近岸外包"和"友岸制造"不一定要求具有要素成本优势，但具有总拥有成本优势（生产成本＋交易成本），前者可以通过地理临近和深度贸易协定来降低跨境交易的不确定性，后者可以基于彼此信任达成更严格的政策承诺、制定更健全的法律体系和加强监管

---

① UNCTAD, "Impact of the COVID-19 Pandemic on Trade and Development: Transitioning to A New Normal," UN, 2020.

的一致性，降低突发事件带来的冲击，进而降低总成本。以美国为例，对于无法通过自动化降低人工成本的运输设备零部件生产，美国利用《美墨加协定》近岸外包给墨西哥；对于近岸外包没有总成本优势或者与合作伙伴共同依赖的领域，美国则选择了"友岸制造"，前者主要涉及新能源汽车锂电池上游矿产资源，以及军工行业中不可缺少的稀土元素，后者主要表现为美国、日本、中国台湾和韩国所组成的芯片四方联盟。[1]

欧盟也进一步加强了应对生产链突发事件的制度设计。在所有区域经济合作中，欧盟经济一体化程度是最高的。即便如此，在新冠肺炎疫情严重时期，企业和公民也遭遇边境关闭、生产链中断等问题。除了与盟友和伙伴建立更强大、更多样化的替代供应链以外，欧盟加强了应对区域内生产链突发事件的制度设计。为了确保未来发生危机的情况下人员、货物和服务的可获得性和自由流动不受影响，2021年欧盟委员会提出了单一市场应急工具箱。该工具箱旨在确保会员国采取相关应对危机措施时，加强信息共享和协调，提升产品可获得性（例如标准制定和共享、快速合格评估），加强公共采购合作，解决严重的产品短缺问题。此外，欧盟还将出台运输、商品和要素流动应急计划，以及紧急情况下加快确保基本产品供应的国际惯例。[2]

三 结束语

自20世纪90年代取代跨国公司成为主要国际生产组织形式以来，全球生产链在各国贸易投资便利化措施的推进下蓬勃发展，经历了日本"3·11"大地震和新冠肺炎疫情等自然灾害冲击，也曾在2008年全球金融危机、近几年民粹主义和逆全球化等人为因素中受阻。与其他影响因素相比，新冠肺炎疫情破坏性更强、影响范围更广，以一种强制性制度变迁推动全球生产链上

---

[1] 林雪萍：《地缘制造：美国寻求瓦解中国供应链优势的地理再发现》，https://www.bymarx.cn/thought/opinions/2022/10/04/5668.html。

[2] European Commission, "Updating the 2020 New Industrial Strategy: Building a Stronger Single Market for Europe's Recovery," Brussels, 5.5.2021.

分工合作模式的调整。

作为偶然事件，新冠肺炎疫情终将过去，但与之类似的战争、制裁、瘟疫、自然灾害等涉及范围广、破坏性强的突发事件还可能再次发生。如果说运行机制脆弱性是全球生产链的先天不足，那么重大突发事件冲击下企业机会主义行为和各国利益冲突又导致了全球生产链的后天失调。从某种程度上说，新冠肺炎疫情可以看作重大突发事件对全球生产链冲击的一次真实试验，抗疫的经验和教训对国际社会预防和应对类似突发事件对全球生产链的冲击都具有重要的价值。

更重要的是，新冠肺炎疫情下也更易洞察全球生产链运行机制缺陷，为国际社会进一步完善全球生产链治理指明了方向。虽然新冠肺炎疫情下具有浓厚政治色彩的"近岸外包"和"友岸制造"在一定程度上降低了交易成本，但如果各国抛弃政治偏见，加强合作，进一步完善全球生产链治理机制，促进全球生产链与国际组织功能对接与整合，就可以享受比"近岸外包"和"友岸制造"更低的生产成本和交易成本。我们希望，具有浓厚政治色彩的"近岸外包"和"友岸制造"只是全球生产链调整中的一个小插曲，在国际社会共同努力下，全球生产链治理机制将日趋完善，各国也将在全球生产链的共建、共享中增进社会福祉。

Y.21
全球智库重点关注的经济议题

吴立元　常殊昱*

摘　要： 2021~2022年，在多重因素推动下，欧美通胀快速上升并达到40年来的高位，迫使美联储与欧央行紧缩货币政策。2022年爆发的乌克兰危机引发了地缘政治紧张。金融条件收紧与地缘风险上升引发了人们对新兴市场债务风险的担忧。本文的智库热点主要选题于中国社会科学院世界经济与政治研究所全球宏观经济研究室编译的《全球智库半月谈》，选题的时间范围为2021年10月至2022年9月，主要聚焦三个在选题期间被全球智库广泛讨论的热点问题。第一，欧美通胀问题。智库主要关注了推动通胀的主导因素以及采取货币政策控制通胀的难度。第二，乌克兰危机问题。智库主要关注了西方对俄罗斯的制裁以及乌克兰危机对全球经济的影响。第三，新兴市场债务风险问题。智库主要关注了新兴市场债务脆弱性表现与风险以及如何应对新兴市场的债务风险。

关键词： 通货膨胀　货币政策　乌克兰危机　新兴市场债务

2021年，全球经济从疫情冲击中复苏。而2022年通胀飙升与乌克兰危机让经济复苏进程充满曲折与不确定性。在各国央行被迫加息的背景下，新

---

* 吴立元，中国社会科学院世界经济与政治研究所助理研究员，主要研究领域为国际金融、货币政策、财政政策、经济增长；常殊昱，中国社会科学院世界经济与政治研究所助理研究员，主要研究领域为开放宏观、国际金融。

兴市场债务的脆弱性与风险更加凸显。本文回顾了 2021 年 10 月至 2022 年 9 月全球智库重点关注的全球经济热点问题，议题包括欧美通胀形势与货币政策、乌克兰危机及其经济影响、新兴市场债务风险。

一 欧美通胀形势与货币政策应对

（一）通胀的推动因素

关于欧美通胀大幅上升背后的原因，研究者基本上达成共识，即政策刺激、疫情缓解带来的经济复苏、乌克兰危机等带来的供给冲击，但是关于哪方面因素占据主导地位还存在争议。此外，智库还重点关注了欧洲通胀与美国通胀的差异。

能源价格与供应链紧张占据主导地位。Rubinton 和 Isaacson 强调了运输成本对通胀的重要影响。海运是美国供应链的关键部分，也是货物到达美国的主要方式，平均总价值 57% 的进口货物是通过海运到达。海运费用飙升推升了进口价格，成为通胀的重要推升因素之一。[1]Akinci 等对美国通胀的驱动因素进行了评估，特别分析了国家层面不同的通胀指标与若干全球供应侧变量之间的联系，揭示了哪些跨国因素共同推高了通胀。他们主要关注供应链紧张程度与能源价格，用纽约联储发布的全球供应链压力指数（GSCPI）衡量供应链紧张程度，用处理后的石油价格代表能源价格。他们首先分析了 1997~2021 年的历史数据，发现 GSCPI 的变化对美国和欧元区的生产者价格指数（PPI）和消费者价格指数（CPI）产生了重大影响，石油供应因素在推动回归的总体拟合方面发挥了更大的作用。同时，这组全球变量似乎与样本国家的服务业 CPI 指数的变动无关。其次，进一步分析了供应链与能源因素对最近通胀的影响，发现结论依然成立。[2]欧央行执行委员会委员 Isabel

---

① Rubinton H. and Isaacson M., "Inflation and Shipping Costs," https://research.stlouisfed.org/publications/economic-synopses/2022/03/18/inflation-and-shipping-costs, 2022.

② Akinci O., Benigno G., Heymann C. R., Giovanni J., Groen J., Lin L., Noble I. A., "The Global Supply Side of Inflationary Pressures," https://libertystreeteconomics.newyorkfed.org/2022/01/the-global-supply-side-of-inflationary-pressures/2022.

Schnabel 在接受采访时表示，欧洲通胀主要是由能源价格与供应链受阻引起的，采取货币政策控制通胀的作用较为有限。[①]

Shapiro 将个人消费支出指数（PCE）分为供给驱动型和需求驱动型两类。若给定月份非预期的数量变化与非预期的价格变化走向相同，则被归类为需求驱动型；若非预期的数量和价格变化呈相反的方向，则为供给驱动型。分析显示供给和需求都是造成当前高通胀的因素。供给因素可以解释一半左右，而且这种影响还在加大，同时需求因素可以解释三分之一左右，而这种影响最近似乎在减弱。其余则是一些不能被明确分类为供给或需求的因素。供给因素的巨大影响表明在劳动力短缺、生产限制和运输延误问题得以解决前，通胀压力不会完全消退。尽管人们普遍预计 2022 年供给中断将有所缓解，但这一结果仍存在高度不确定性。[②]

政策刺激与需求复苏占据主导地位。该观点强调需求侧因素为推升通胀的主导力量。Jordà 等比较了美国与 OECD 国家的通胀，指出在 2021 年早些时候，美国和其他国家的通胀率走势出现分化。美国核心通胀率从不及 2% 涨到 4% 以上，且持续上升，而 OECD 样本平均通胀率以更温和的方式上涨。他们通过比较不同国家可支配收入在疫情前后的变化发现，在疫情前，美国与其他 OECD 国家可支配收入走势几乎完全相同，而疫情后美国增速则显著高于其他 OECD 国家。他们认为，财政刺激是造成美国通胀快速上升的主要原因。[③] Bolhuis 等强调了住宅价格上涨对推升美国通胀起到关键作用。虽然以私人市场为基础的房价和租金指标出现了创纪录的增长，但在截至 2022 年 1 月的 12 个月里，政府衡量的住宅服务通胀率仅为 4%。在解释了产生这种

---

① Interview with Isabel Schnabel, "Member of the Executive Board of the ECB," https://www.ecb. europa.eu/press/inter/date/2022/html/ecb.in220922~0f586d9078.en.html, conducted by Florian Schmidt on 15 September 2022.

② Shapiro H.A., "How Much Do Supply and Demand Drive Inflation?" https://www.frbsf.org/ economic-research/publications/economic-letter/2022/june/how-much-do-supply-and-demand-drive-inflation/2022.

③ Jordà Ò., Liu C., Nechio F., Fabián A., "Why is U.S. inflation Higher than in Other Countries," https://fedinprint.org/item/fedfel/93890#:~:text=%20Problems%20with%20global%20supply%20 chains%20and%20changes,3%20percentage%20points%20by%20the%20end%20of%20 2021,2022.

差异的原因后，Bolhuis 等估计，如果过去的关系保持不变，CPI 和 PCE 中的与住宅服务相关的通胀可能在 2022 年接近 7%。这些发现意味着，住房将对 2022 年的总体通胀有重大作用，从 PCE 的 1 个百分点到核心 CPI 的 2.6 个百分点不等。预计到 2023 年住宅通货膨胀率将继续上升。[1]

美国与欧洲通胀的差异。美国和欧洲受到了不同的供给冲击。在美国，二手车价格上涨是一个更大的问题，因为其在美国的消费组合中占了更大的比例，但欧洲受到了天然气现货价格更大幅度上涨的冲击。例如，由于乌克兰危机，欧洲的天然气价格几乎是美国的 3 倍。[2]Jraissati 认为，美国通胀与欧洲通胀大不相同。虽然美国和欧元区的通货膨胀率都在 8% 左右，但它们的驱动因素是根本不同的。美国的大部分通胀率是由货币政策驱动的，而欧洲的大部分通胀率是由关键行业的短期波动驱动的。并且，欧洲的通胀还有一部分是美国溢出效应的结果。因此，欧洲治理通胀在短期比美国难度更大，但长期来看，美国通胀治理难度更大。[3]

（二）货币政策应对通胀的难度

截至 2022 年 10 月，美国已经连续五次加息并缩减资产负债表以应对通胀，欧洲央行也开启了加息周期。但是对于控制住通胀的难度，智库研究者的观点有较大不同。乐观派认为，美国能在不引发大幅衰退的情况下控制住通胀，甚至实现"软着陆"。悲观派则认为，美联储必须付出巨大代价才能控制住通胀。

乐观派观点方面，Krugman 认为，2021~2022 年的通胀看起来与 1970~1980 年的通胀截然不同，也更容易解决。他指出，1970~1980 年几乎每个人都预计会出现持续的高通胀，而现在几乎没有人这么认为了。债券市场隐含的通胀

① Bolhuis M.A., Cramer L.J., Summers H.L., "The Coming Rise in Residential Inflation," https://www.nber.org/papers/w29795, 2022.

② Furman J., "Why Did (Almost) No One See the Inflation Coming?" https://link.springer.com/article/10.1007/s10272-022-1034-9, 2022.

③ Jraissati J., "Why America's Inflation is Worse Than Europe's, and What To Do about It," https://www.thepublicdiscourse.com/2022/07/83410, 2022.

预期 ① 显示，通胀率最终将回到较低水平。尽管消费者预计未来一年将出现高通胀，但他们的长期预期仍"固定"在相当温和的水平。专业预测人士预计，2023 年通胀将有所缓和。② 美联储是反通胀乐观派的典型代表。美联储 2022 年 3 月、6 月、9 月的经济预测摘要中均认为其可以在失业率低于 4.5% 的情况下将核心 PCE 通胀降到 2% 左右的目标水平。圣路易斯联储主席 James Bullard 认为，美联储和欧洲央行都有可能在实现"软着陆"的情况下控制通胀。③

悲观派观点方面，Bolhuis 等强调当前 CPI 计算方法与 20 世纪 70 年代相比发生了显著变化，因此基于当前 CPI 数据进行历史比较是不可靠的。1983 年，经过十年的内部辩论，劳工统计局用业主等价租金指数替换过去的房屋所有权成本。通过估算房主在租赁市场上的房屋收益，劳工统计局剔除了住房的投资属性，以分离出自住业主对住宅服务的消费。自 1983 年进行这一改变以来，住房 CPI 指数的波动性小了很多，与租金 CPI 指数的相关性高了很多。利用战后公开的美国劳工部数据，他们重新估计了二战后的标题 CPI（Headline CPI）和核心 CPI，结果发现重新估计出的 CPI 比劳工统计局公布的 CPI 数据更接近二战以来其他高通胀周期④ 的峰值。如果用今天的住房通胀测量方法来衡量，沃尔克时代政策导致的核心 CPI 仅下降了 5 个百分点，而不是官方核心 CPI 统计数据中的 11 个百分点。因此，如今如果要回到 2% 的核心 CPI 通胀率，就需要几乎和沃尔克主席时期一样的紧缩力度。⑤

Blanchard 等提出了一个劳动力市场分析的简单框架，深入分析了美国当前的劳动力市场情况，认为失业和职位空缺是由两种关系决定的。一种是经济活动、失业和职位空缺之间的关系，称为"活动关系"。经济活动越强，职位空缺数量越多，失业人数越少。另一种是总雇用量、失业率和职位空缺

---

① 即用相同期限名义债券利率与实际债券利率之差衡量的通胀预期。

② Krugman P., "How High Inflation Will Come Down?" https://www.nytimes.com/2022/03/24/opinion/inflation-united-states-economy.html 2022-03-24, 2022.

③ Fed's Bullard, "'Relatively Soft Landing' Feasible for Fed, ECB," https://www.reuters.com/markets/europe/feds-bullard-relatively-soft-landing-feasible-fed-ecb-2022-08-02", 2022.

④ 这些周期包括 1949~1954 年、1972~1976 年、1978~1983 年三次高通胀时期。

⑤ Bolhuis M.A., Cramer L.J., Summers H.L., "Past and Present Inflation are More Similar than You Think," 2022.

之间的关系，它反映了劳动力市场上的匹配过程，称为"匹配关系"。总招聘人数取决于公司发布的职位空缺数量、找工作的求职者数量以及两者的匹配效率。这两种关系共同决定了失业率和空缺率及其比率。Blanchard 等估算发现，疫情后劳动力市场的匹配效率明显下降。因此，随着经济的快速复苏，美国劳动力市场呈现出低失业率、高职位空缺率的典型特征。Blanchard 等认为，疫情导致工人在行业和空间上的再分配，匹配效率短期内很难提升，因而随着经济活动的下降，失业率将显著提升。美联储所认为的货币收紧可降低职位空缺率而非大幅提升失业率的想法在理论和经验上都是不切实际的。[1] Barnichon 和 Shapiro 也认为，失业率不能有效衡量当前美国劳动力市场的紧张程度。其研究认为，空缺岗位—失业比与工作转换率是更好地预测未来工资通胀与价格通胀的指标。较高的职位空缺率与工作转换率表明失业率中结构性失业的成分较多，周期性失业的成分较少。这说明当前周期性失业率实际上已经非常低，劳动力市场非常紧张。短期内结构性失业部分难以显著下降，因而货币紧缩更可能意味着失业率上升，美联储控制通胀的实际难度更大。[2]Cascaldi-Garcia 等使用截至 2022 年 3 月的数据构建了美国趋势通胀估计的月度模型，结果显示最近的通胀和通胀预期在长期呈上升趋势。这表明，即使供给冲击消退，通胀也不会自然回到疫情前的低水平状态，控制通胀的难度较大。[3] Jraissati 也认为，美国通胀是过度刺激带来的，其治理难度比欧洲更大。[4]

---

[1] Blanchard O., Domash A., Summers H.L., "Bad news for the Fed from the Beveridge Space," https://www.piie.com/publications/policy-briefs/bad-news-fed-beveridge-space, 2022.

[2] Barnichon R., Shapiro A.H., "What's the Best Measure of Economic Slack?" https://www.frbsf.org/economic-research/publications/economic-letter/2022/february/what-is-best-measure-of-economic-slack/#:~:text=What%E2%80%99s%20the%20Best%20Measure%20of%20Economic%20Slack%3F%201,inflation.%20...%203%20Conclusion%20...%204%20References%20, 2022.

[3] Cascaldi-Garcia D., Loria F., López-Salido D., "Is Trend Inflation at Risk of Becoming Unanchored?" The Role of Inflation Expectations,https://www.federalreserve.gov/econres/notes/feds-notes/is-trend-inflation-at-risk-of-becoming-unanchored-the-role-of-inflation-expectations-20220331.html, 2022.

[4] Jraissati J., "Why America's Inflation is Worse Than Europe's, and What to Do about It," https://www.thepublicdiscourse.com/2022/07/83410，2022.

二 乌克兰危机及其经济影响

乌克兰危机是 2022 年全球无可争议的大事件，其影响还远没有结束。大量智库文章研究了乌克兰危机及其影响，这里介绍两个研究较多的问题，即西方国家对俄罗斯的制裁与乌克兰危机的经济影响。

（一）西方国家对俄罗斯的制裁

大量国际研究机构关注了美西方对俄罗斯的制裁。彼德森国际经济研究所按照时间线详细梳理了西方各国对俄罗斯的各项制裁以及俄罗斯的反制裁。[1] 世界银行报告也按照制裁类型分析了美西方对俄罗斯的制裁。[2] 经济政策研究中心（Centre for Economic Policy Research，CEPR）对美西方对俄罗斯的制裁以及俄罗斯的反制裁进行了研究，重点关注了能源、贸易和产业链方面的制裁。[3] 总体来说，西方对俄罗斯的制裁措施主要可以分为金融制裁、贸易制裁与其他制裁。

1. 金融制裁

金融制裁的重点是限制俄罗斯动用其外汇储备，并阻碍俄罗斯金融机构的国际业务。最重要的是，美国、欧盟和其他国家对俄罗斯联邦中央银行（CBR）实施了封锁制裁。这阻止了俄罗斯当局动用托管在其他国家的外汇储备，以及在美西方国家金融系统中使用外汇储备进行结算。这可能冻结了俄罗斯在 2022 年 2 月中旬持有的 6430 亿美元国际储备中的大约一半，剩余储备的很大一部分是俄罗斯的实物黄金。鉴于七国集团（G7）制裁还包

---

① Bown C.P., "Russia's War on Ukraine: A Sanctions Timeline," https://www.piie.com/sites/default/files/documents/russia-sanction-timeline.xlsx, 2022.

② Guenette J.D., Kenworthy P.G., Wheeler C.M., "Implications of the War in Ukraine for the Global Economy," https://openknowledge.worldbank.org/handle/10986/37372, 2022.

③ Garicano L., Rohner D., Mauro B.W., "Global Economic Consequences of the War in Ukraine," https://cepr.org/events/global-economic-consequences-war-ukraine-sanctions-supply-chains-and-sustainability, 2022.

括限制俄罗斯将所持黄金变现的交易，CBR 在不进入十国集团（G10）货币清算体系的情况下有效地将黄金货币化可能具有挑战性。除了外汇储备与黄金外，剩下的国际储备大部分是以人民币计价的资产。因此，俄罗斯通过外汇干预支持卢布或向国内银行系统提供美元或欧元流动性的能力受到严重限制。与俄罗斯国家财富基金和财政部的交易也同样被阻止。包括俄罗斯第二大银行俄罗斯联邦外贸银行（VTB）在内的 7 家俄罗斯银行已被环球银行金融电信协会（SWIFT）的金融报文系统切断。SWIFT 为金融机构提供了一个国际网络，用于就跨境交易进行沟通，因此这一切断阻碍了俄罗斯的国际外汇交易业务。其他一些知名银行直接受到制裁，其中包括俄罗斯最大的国有商业银行俄罗斯储蓄银行（Sberbank），制裁的严格程度从限制对代理银行网络的访问到彻底阻止与制裁国家实体的所有交易。这些制裁使受制裁银行的许多国际业务无法开展，并且与 SWIFT 相关制裁不同，限制措施直接针对金融机构本身，而不是它们与其他机构的通信方式。美国和英国也实施了对俄罗斯新投资的禁令，这些禁令扩大了对俄罗斯能源部门和其他特定实体投资的禁止范围。总而言之，据估计，俄罗斯银行业多达 3/4 的资产受到不同严重程度的国际制裁。应该指出的是，一些制裁的措施中存在例外，以允许某些类别的交易。例如，美国的制裁规定与购买能源有关的付款可以继续进行，而美国可以在 5 月下旬之前收到偿还俄罗斯债务的款项。俄罗斯持续的石油和天然气销售也意味着，虽然战前的国际储备库存大部分被冻结，且避开受制裁实体的复杂性增加，但俄罗斯机构仍保留建立新储备的能力。

2. 贸易制裁

美国、欧盟和其他国家对俄罗斯颁布了越来越多的出口禁令、进口限制和贸易制裁清单。虽然这些措施的即时影响可能不如金融制裁，但它们对依赖工业和技术进口的经济活动的影响将随着时间的推移而迅速显现并持续下去。对俄罗斯出口的限制主要集中在"两用"技术上，包括半导体，以及与航空、航天、石油和天然气生产相关的商品和服务及奢侈品。"两用"技术是同时具有潜在军事和民用应用价值的技术。对石油和天然气输入的限制旨在阻止俄罗斯采掘业发展，并且该情况还可能会因大型跨国石油和天然气公司自愿退出俄罗斯而进一步加剧。鉴于飞机制造供应链集中在制裁国家，航空限制可能会迅速削弱俄罗斯的商业机队能力。目前在俄罗斯的大部分飞机归制裁国家的出租人所有，制裁要求这些出租人终止与俄罗斯航空公司的合同。① 禁止向俄罗斯出口半导体将削弱俄罗斯制造各种工业和消费技术产品的能力。旨在减少从俄罗斯进口的政策包括一系列不断扩大的关税和进口限制范围，包括未来几个月减少从俄罗斯购买能源的计划。美国禁止进口俄罗斯化石燃料，加拿大禁止进口俄罗斯石油（尽管仅占美国和加拿大能源进口的一小部分），而立陶宛已成为第一个停止购买俄罗斯天然气的欧洲国家。英国已宣布在 2022 年底前逐步停止进口俄罗斯煤炭和石油，而欧盟和日本也在逐步停止进口俄罗斯煤炭。欧盟也在积极考虑对俄罗斯石油进口实施进一步的制裁，而欧盟委员会已批准到 2022 年底在欧盟范围内将俄罗斯天然气进口量减少 2/3。不少西方国家已经组成联盟并采取行动，取消俄罗斯在世界贸易组织中的最惠国地位，为广泛的关税和进口禁令开辟了合法途径。此外，西方联盟对一系列俄罗斯出口产品（例如钢铁、水泥、木材、鱼类和海鲜产品、酒精饮料和非工业用钻石）的进口采取各种禁止措施或增加关税。为了强化对俄罗斯出口的障碍，欧盟还禁止俄罗斯船只进入欧盟港口，并切断来自俄罗斯和白俄罗斯除必要货物外的所有公路货运。此外，美国、欧盟和英国已对俄罗斯航班关闭其领空。同样限制商业航空联系，将通过影响空运这一运输方式进一步阻断俄罗斯的贸易联系。俄罗斯为报复制裁出台了出口禁令，并暂停了对欧亚经济联盟（Eurasian Economic Union）周边国家的粮食出口。俄罗斯政府已禁止向对俄罗斯实施制裁的国家出口 200 多种产品，但禁令不包括关键原材料或能源商品。另外，俄罗斯对欧亚经济联盟的粮食出口实行了限制许可制度，以确保俄罗斯国内的粮食供应。

---

① 俄罗斯总统普京签署了一项法律，要求俄罗斯的航空公司强制用卢布向"不友好国家"的出租人支付租赁和购买飞机的费用（有极特殊情况也可以使用外币支付，但需要提前批准），并将飞机租赁期限延长。俄方表示不打算归还这些飞机，但不会"赖账"而是以卢布当前的汇率对这些厂商进行支付，同时也宣布他们解除合同无效。

3. 其他制裁

其他制裁主要针对一些俄罗斯官员、政治家和商人的财富与活动，内容主要包括大量资产冻结和旅行禁令。当为了对受制裁个人和实体拥有多数股权的公司实施制裁而采取资产冻结措施时，资产冻结可能会产生超出目标个人的影响。除了国家层面实施的正式制裁外，大量跨国公司主动撤出俄罗斯。超过150家跨国公司宣布完全撤资，另有250多家公司暂停运营或进行新投资。除了在短期内经济活动减少外，几乎完全停止外国直接投资还将影响俄罗斯的经济前景。在某些情况下，主动退出可能会对俄罗斯经济的战略部门产生重大影响——例如，壳牌和英国石油等石油巨头的退出。白俄罗斯也因支持俄罗斯而受到制裁。与俄罗斯入侵有关的白俄罗斯实体和个人，包括金融机构和国防公司都受到旅行禁令、资产冻结和出口禁令的影响。虽然没有对俄罗斯的制裁那么广泛，但这些措施建立在先前的制裁基础之上，[①] 并将给白俄罗斯本已脆弱的经济带来压力。

（二）乌克兰危机的经济影响

国际智库从多个角度详细研究了乌克兰危机的经济影响。总体来看，乌克兰危机对全球供应链、大宗商品价格、贸易、通胀与经济增长等都产生了重要影响，并且这些影响还在发酵中。

1. 乌克兰危机最直接的影响表现在贸易与供应链方面

毕马威（KPMG）的研究表明，乌克兰危机严重影响了全球产业链，恶化了通胀，延缓了经济复苏。在乌克兰危机爆发之前，英国、美国和中国的公司报告称，由于疫情缓解，尽管欧元区的供应链约束仍趋紧，但全球产品供应链正在恢复。乌克兰危机将逆转这一趋势。俄罗斯和乌克兰生产了相当大份额的镍、铝和钯等基本金属，这些基本金属供给的延迟可能会冲击工业

---

① 乌克兰危机之前，美西方就与白俄罗斯存在各种错综复杂的矛盾冲突。例如美西方长期干预白俄罗斯内政，试图煽动所谓民主转型。欧洲还指责白俄罗斯总统卢卡申科策划协助中东难民非法越过欧盟边界。同时，白俄罗斯一直支持俄罗斯，例如卢卡申科政府承认克里米亚是俄罗斯领土，等等。由于这些原因，美西方国家对白俄罗斯发动过多轮经济金融制裁，将白俄罗斯大量个人、企业与政府机构列入制裁名单。

生产和更广泛的供应链。从该地区进口的零部件的短缺，特别是对于汽车制造等行业而言，还会导致其他生产的中断。由于乌克兰供应的布线系统短缺，几家德国汽车制造商削减了产量。由于该区域化肥生产在全球占有重要的地位，粮食生产还可能受到影响，进而影响全球粮食供应链。[①] Ruta 构建了一个简单的框架研究乌克兰危机对全球产业链的影响。其结论是，随着几个国家的地缘政治风险增加，新兴市场国家可能会通过调整供应链结构来应对冲击。这将对不同行业和产品产生不同影响。但是，近几十年来支撑国际生产分散的技术和经济因素，使全球价值链不太可能发生逆转，除非政策发生根本性改变。[②] 但是，CEPR 经济学家 Korn 和 Stemmler 通过分析 1995~2014年全球战争冲突对贸易的影响指出，乌克兰危机会持久改变区域乃至产业链。[③]

2. 乌克兰危机对通胀的影响也相当显著

美联储经济学家 Caldara 等研究了乌克兰危机对全球经济活动及通胀的影响。他们首先用基于文本分析的两种衡量标准来量化最近地缘政治风险的上升：一种是以报纸文章为重点，另一种是基于公司收益电话会议（firms' earnings calls）的文字记录。Caldara 等构建了地缘政治风险（The Caldara-Iacoviello Geopolitical Risk，GPR）指数。GPR 指数包含两个组成部分，即地缘政治威胁（GPT）指数和地缘政治行为（GPA）指数，前者反映对地缘政治紧张局势和冲突的范围、持续时间和后果的关切，后者反映战争开始和实际展开等事件。分析显示，GPT 指数 2022 年 1~3 月激增，4~5 月下降，这与人们认为乌克兰危机的极端结果，如更多国家直接参与的可能性较小的观点一致。GPA 指数在乌克兰危机开始后也出现了飙升，目前正在回落，尽

---

① Selfin Y., Tatarkov D., Stelmach M., "Russia and Ukraine Conflict: Economic Implications," https://home.kpmg/xx/en/home/insights/2022/03/russia-and-ukraine-conflict-chief-economist-team.html,2022.

② Ruta M., "How the War in Ukraine May Reshape Globalization," https://new.cepr.org/voxeu/columns/how-war-ukraine-may-reshape-globalisation, 2022.

③ Korn T., Stemmler H., "Russia's War Against Ukraine Might Persistently Shift Global Supply Chains," https://cepr.org/voxeu/columns/russias-war-against-ukraine-might-persistently-shift-global-supply-chains, 2022.

管回落的速度有所放缓。在此基础上,Caldara 等人使用计量经济学模型和最近的数据,就地缘政治风险变动对全球宏观经济的影响提供了经验证据。结果表明,地缘政治风险上升会显著降低经济增速和推升通胀,增加世界各地央行面临的政策权衡复杂性。虽然对经济增速的影响很大,但这些影响似乎还不足以破坏全球经济从疫情大流行中复苏的进程。然而,乌克兰危机中不可预见的事态发展可能导致地缘政治风险进一步变化,并使其经济影响恶化。[①]

3. 乌克兰危机虽然目前只是局部冲突,但依然显著影响了全球经济增长

经济合作与发展组织(OECD)2022 年 6 月的《世界经济展望》指出,世界正在为乌克兰危机付出沉重代价。乌克兰危机前,尽管经济复苏并不均衡,但有望走上强劲复苏的轨道。乌克兰危机加剧了供应链中断,对经济复苏造成了沉重打击。预计 2022 年全球 GDP 增速将大幅放缓至 3% 左右,2023 年将进一步放缓至 2.25%。这远低于其 2021 年 12 月预计的复苏速度。几乎所有经济体的经济增长都将明显弱于预期。由于能源进口和"难民潮",欧洲高度暴露在乌克兰危机的负面影响之下,受影响最严重的许多国家都分布在欧洲。不过,世界各国都受到大宗商品价格上涨的冲击,通胀压力增加,实际收入和支出受到抑制,这进一步抑制了经济复苏。这种经济增长放缓是乌克兰危机的代价,同时表现为居民收入和就业机会的减少。[②]

一些智库研究强调了乌克兰危机对不同国家影响的差异性。在乌克兰危机刚刚爆发时,Roubini 就认为,由于俄罗斯经济规模仅占世界经济的 3%,人们很容易认为乌克兰危机只会对全球经济和金融产生轻微影响。政策制定者和金融分析师需要摒弃这种想法。乌克兰危机带来的经济和金融影响以及由此产生的滞胀冲击对俄罗斯和乌克兰影响最大,其次是欧盟,因为其高度

---

① Caldara D., Conlisk S., Iacoviello M., Penn M., "The Effect of the War in Ukraine on Global Activity and Inflation," https://www.federalreserve.gov/econres/notes/feds-notes/the-effect-of-the-war-in-ukraine-on-global-activity-and-inflation-20220527.html, 2022.

② The Price of War, "OECD Economic Outlook," https://www.oecd-ilibrary.org/sites/ae8c39ec-en/index.html?itemId=/content/publication/ae8c39ec-en, June 2022.

依赖于俄罗斯的天然气。对俄罗斯实施的制裁不仅会伤害俄罗斯经济，还会伤害美国、西方和新兴市场经济。[1] Chepeliev 等指出，乌克兰危机正在扰乱全球基本商品的供应，推高价格，减缓贸易增速并降低收入。在发展中国家里，农业和能源进口大国受到的冲击最为严重。虽然一些大宗商品出口国出口可能会增加，并从不断上涨的全球价格中受益，但它们可能会经历贸易模式的重组，导致与全球价值链的融合度降低。世界各地的消费者情况则更糟，最贫穷的群体受到的不利影响最大。[2]

还有一些研究分析了西方制裁对汇率的影响。Itskhoki 和 Mukhin 研究了制裁对卢布汇率的影响，分析了制裁初期卢布汇率大幅贬值，此后又大幅升值甚至超过乌克兰危机前的水平的现象。西方制裁限制了外国银行交易卢布，俄罗斯的资本管制限制了俄罗斯居民进入外国市场。俄罗斯的外汇供应来自出口收入和政府储备，而当地需求则受到进口支出、俄罗斯企业的外债（其数量相当有限）以及使用外币作为保值手段的影响。均衡汇率既平衡了当地货币的供求关系，又随通胀而调整。乌克兰危机初期，相当大一部分外汇储备被冻结，主要银行和公司被排除在国际借贷市场之外，导致卢布在冲击下大幅贬值。在通胀预期上升和储蓄替代工具供应崩溃的推动下，国内预防性外汇需求大幅增加，进一步强化了这些因素。3 月中旬后，卢布开始升值并回到乌克兰危机前水平。首先，对俄罗斯进口的制裁比对其出口的制裁更严厉，导致相当大规模的经常账户顺差和外汇流入。其次，俄罗斯央行使用了广泛的金融抑制措施限制了国内对外汇的需求，包括严格限制外币存款提取与资本流出，以及对本币兑换成美元和欧元征税 12%。最后，创纪录的大宗商品出口收入使俄罗斯政府获得可观的财政盈余，从而避免了将其财政债务货币

[1] Roubini N., "Russia's War and the Global Economy," https://nourielroubini.com/russias-war-and-the-global-economy/2022.

[2] Chepeliev M., Maliszewska M., Pereira M.F.S., "Agricultural and Energy Importers in the Developing World are Hit Hardest," https://cepr.org/voxeu/columns/agricultural-and-energy-importers-developing-world-are-hit-hardest-ukraine-wars#:~:text=Agricultural%20and%20energy%20importers%20in%20the%20developing%20world,prices%20higher%2C%20slowing%20trade%2C%20and%20driving%20down%20incomes, by the Ukraine War's Economic Fallout, 2022.

化和引发由货币驱动的贬值。未来出口制裁的强化和由国内经济衰退引发的财政问题可能会推升通胀和导致货币贬值。①

三 新兴市场国家债务

疫情深度冲击全球经济后，各国采取了极度宽松的刺激政策，全球杠杆率明显上升。同时，通胀快速攀升，全球增长显著放缓。这一情况与造成拉美主权债务危机的1970~1980年代滞胀相似。20世纪60、70年代，拉美国家累积了大量债务。20世纪80年代初美国和英国等发达国家普遍实施紧缩货币政策以对抗通胀的同时，拉美国家陷入了严重的债务危机。疫情以来，新兴市场债务水平也普遍上升。全球通胀的上升与货币政策的收紧令新兴市场国家债务的脆弱性和风险显著上升。国际智库研究关注了这一问题。

（一）新兴市场债务脆弱性与风险状况

1. 新兴市场债务的基本状况

2022年5月中旬，斯里兰卡成为2022年第一个停止向外国债券持有者偿还债务的新兴市场国家。萨尔瓦多、加纳、突尼斯、埃及、阿根廷等国家也已陷入困境。Kose等指出，新兴市场和发展中经济体(EMDE)的债务处于半个世纪以来的最高水平。当前，90%左右的新兴市场国家债务水平高于2010年，半数新兴市场国家的债务与国内生产总值之比较2010年高出30个百分点以上。从历史上看，较高的债务水平增加了陷入债务困境（ Debt Distress ）②的概率，特别是在新兴市场国家金融市场条件变得不那么有利的时候。③Ha等的研究指出，新兴市场和发展中国家2020年的总债务达到了GDP的207%，创历史新高，其中政府债务占GDP的64%，处于30年来的最高水平，其中

---

① Itskhoki O., Mukhin D., "Sanctions and the Exchange Rate," https://www.nber.org/papers/w30009, 2022.

② 债务困境是指债务人无力偿还债务，没有救助就会违约的情形。

③ Kose M.A., Franziska L., Ohnsorge C., Reinhart M., Rogoff K.S., "The Aftermath of Debt Surges," https://www.nber.org/papers/w29266.

约有一半以外币计价，超过 2/5 的债务由新兴市场经济体的非居民持有。发达经济体要实现通胀目标，就需要大幅加息，而许多新兴市场国家面临高额的债务，以及巨额财政和经常账户赤字，在全球经济增速急剧放缓之际，一些新兴市场经济体就有可能出现金融危机。在那些经常账户赤字巨大、严重依赖外国资本流入的新兴市场国家，以及短期债务占比较高，或以外币计价的政府债务较多，或私人债务水平较高的国家，这些风险尤其严重。[①]根据国际金融协会 (The Institute of International Finance) 的统计，全球债务水平继 2022年第一季度增加超过 2.5 万亿美元后，2022 年第二季度下降了约 5.5 万亿美元至 300 万亿美元。但由于经济增速急剧放缓，新兴市场的债务水平上升较快，上升了约 3.5%，达到 GDP 的 252% 以上。[②]

2. 各类新兴市场债务面临的风险

国际货币基金组织（IMF）的研究表明，新兴市场公共债务显著增加。2021 年底，新兴市场的公共债务占 GDP 比例的中位数为 60%，比国际货币基金组织在疫情前的预期高出 8 个百分点。债务比率的变化不仅反映了净新增借款，还反映了影响债务存量的其他因素，包括货币贬值及实际国内生产总值的下降。同时，私人债务也上升到令人担忧的水平。虽然多方面的疫情救助支持政策和审慎监管规则的放松让许多陷入困境的企业得以生存，以至于最初预期的"破产潮"并未发生，但随着金融状况的收紧，支持政策的退出和监管放松可能会导致破产企业数量激增。[③]Deghi 等重点研究了新兴市场国家银行持有政府债务的风险。根据国际货币基金组织 2022 年 4 月《全球金融稳定报告》的统计，新兴市场国家 2021 年公共债务与国内生产总值的平均比值升至创纪录的 67%。新兴市场银行提供了大量的政府信贷，推动其持有

[①] Ha J., Kose M.A., Ohnsorge F., "From Stagflation to Debt Crises," https://cepr.org/voxeu/columns/stagflation-debt-crises, 2022.

[②] Zawya, "Rising-debt-to-GDP Ratios Pose Growing Risks for Emerging Markets," https://www.zawya.com/en/economy/global/rising-debt-to-gdp-ratios-pose-growing-risks-for-emerging-markets-u41lut72 , 2022.

[③] Gudmundsson T., Klyuev V., Medina L., Nandwa B., Plotnikov D., Schiffrer F., Yang D., "Emerging Markets: Prospects and Challenges," https://www.imf.org/en/Publications/WP/Issues/2022/02/18/Emerging-Markets-Prospects-and-Challenges-513389, 2022.

的政府债务占资产的比例在 2021 年达到创纪录的 17%。在一些经济体，政府债务占银行资产的 1/4。结果是，新兴市场政府严重依赖于银行提供信贷，而这些银行将政府债券作为一种重要投资，它们还可以将其用作从中央银行获得资金的抵押品。[①]Albinet 分析了《暂停偿债计划》（DSSI）[②]涉及国家未来的风险。分析指出，2023 年，5 个主权国家（安哥拉、科特迪瓦、加纳、尼日利亚和巴基斯坦）的对外商业债务本息偿还将超过 10 亿美元，到 2024 年将增至 9 个国家（加上孟加拉国、埃塞俄比亚、肯尼亚和赞比亚）。2023 年或 2024 年将有 6 个国家（埃塞俄比亚、洪都拉斯、肯尼亚、蒙古、尼日利亚、巴基斯坦）面临超过 5 亿美元的欧洲债券本金偿还压力。基本的债务动态模型显示，在 2022 年 4 月 IMF 设定的情景下，债务还本付息风险仍然可控，但风险偏向下行。他们认为，与其说直接风险是由偿债负担驱动，不如说是由宏观经济前景下行风险驱动。[③]

3. 新兴市场脆弱性与风险评价

Canuto 分析了缩减恐慌是否会对新兴市场造成巨大冲击。他分析了 2013 年与 2018 年美联储两次缩减购债对新兴市场的影响。2013 年，南非、巴西、印度、印度尼西亚和土耳其等"脆弱五国"经常账户赤字很高，对外国资本流入的依赖性很强。2018 年 5 月，美联储开始减持资产，但是这一次"脆弱五国"只剩下土耳其和阿根廷两国，它们都因大量外币债务而出现经常账户的高赤字，并极易受到汇率波动的影响。但 Canuto 认为 2022 年的情形与之前不同。当时，"脆弱五国"经常账户赤字平均占 GDP 的 4.4% 左右，而现今仅为 0.4%。此外，近年来流入新兴市场的外部资源远没有 2013 年危机爆发前几年那么大。实际汇率也没有像当时那样被高估。除土耳其外，"脆弱五国"的

[①] Deghi A., Natalucci F., Qureshi M.S., "Emerging-Market Banks' Government Debt Holdings Pose Financial Stability Risks," https://www.imf.org/en/Blogs/Articles/2022/04/18/blog041822-gfsr-ch2-emerging-market-banks-government-debt-holdings-pose-financial-stability-risks，2022.

[②] 根据 G20 建议的重新安排条款，2020 年暂停偿还的债务将于 2022 年开始偿还，2021 年暂停偿还的债务将于 2023 年开始偿还。

[③] Albinet C., "Risks on the Horizon for DSSI Countries," https://findevlab.org/risks-on-the-horizon-for-dssi-countries/, 2022.

外部融资需求总额占外汇储备的比例大幅下降。因此，在本次美联储紧缩背景下，新兴市场风险相对较小。[①] 然而，Bareau 和 Bedford 研究认为，尽管新兴市场债务的估值已进入更具吸引力的领域，但包括中国应对新冠肺炎疫情、美国经济增长放缓和全球通胀在内的基本面问题将构成挑战。[②]

（二）新兴市场债务风险的应对

Mitali Das、Gita Gopinath 和 Şebnem Kalemli-Özcan 分析了旨在限制个人借款人承担风险的政策是否可以降低一个国家在全球资本市场上的风险溢价。他们使用 1996~2020 年实施积极逆周期政策（调整资本流动和借贷）的最新数据集，研究了 56 个采用浮动或管理浮动汇率的新兴和发展中国家的外部借贷成本。结论是，在不利的经济冲击期间，采取先发制人的积极管理政策的国家对外借款的利率溢价要低 30%。其还拥有较小幅度的外债和汇率波动。[③] Harnoys-Vannier 发现，疫情大流行与乌克兰危机使非洲国家面临着债务高企、资金流量下降、经济增长放缓等压力，外加不断增长的融资需求，低信誉度和流动性风险会增加融资成本，并加剧偿付能力问题。他们主张建立非洲流动性和稳定机制（ALSM），以保护非洲主权国家免受重大市场波动影响，避免对风险的误判。该机制包括非洲经委会的流动性和可持续性机制、商品套期保值机制、信用增级机制与债务重组便利化机制等四个具体机制。[④]

Kose 等回顾了过去助力降低债务负担的一系列选择，包括正统选择（促进增长、财政整固、私有化和财富税收）和非正统选择（通货膨胀、金融抑

① Canuto O., "Will Another Taper Tantrum Hit Emerging Markets?" https://www.cmacrodev.com/will-another-taper-tantrum-hit-emerging-markets/, 2022.

② Pierre-Yves B., Giles Bedford G., "Emerging Market Debt Quarterly Strategy," https://am.jpmorgan.com/fi/en/asset-management/per/insights/portfolio-insights/asset-class-views/emerging-markets-debt-strategy/, 2022.

③ Gorman L., "Preemptive Capital Controls and Macroprudential Policies," https://www.nber.org/digest/202203/preemptive-capital-controls-and-macroprudential-policies，2022.

④ Harnoys-Vannier B., "For an African Liquidity and Stability Mechanism," https://findevlab.org/for-an-african-liquidity-and-stability-mechanism/#:~:text=The%20African%20Liquidity%20%26%20Stability%20Mechanism%20would%20need,should%20not%20underestimate%20the%20extent%20of%20solvency%20risks, 2022.

制、债务违约和重组）。可行方案的组合取决于国家的特点和债务类型。然而，所有这些选择都会产生政治、经济和社会成本。有些选择如不大力推行到底，可能前功尽弃，但困难时期的政策逆转现象一直很常见。与削减债务相关的挑战还引发了对全球治理的质疑，包括发达经济体可以在多大程度上扩大其救助网络，以缓冲对新兴市场的预期冲击。①

Goldstein 研究认为，新兴市场国家面临的麻烦会给整个世界经济稳定带来威胁，并提出了以下应对建议：一是在某些情况下，应鼓励新兴市场国家使用资本管制工具。二是建立债务重组机制。三是多边机构应再次向有需要的新兴市场国家提供资金支持，就像其在疫情大流行初期所做的那样。②

四　小结

本文通过对中国社会科学院世界经济与政治研究所编译的《全球智库半月谈》进行回顾，总结了智库和国际组织在三个方面的关注热点，分别为欧美通胀形势及货币政策；西方对俄罗斯制裁与乌克兰危机的经济影响；新兴市场债务风险及应对措施。欧美通胀迫使美欧央行大幅紧缩货币政策，促使全球流动性收缩。乌克兰危机增加了全球地缘政治风险，扰乱了能源供给与供应，更加剧了通胀。通胀、货币紧缩与地缘政治风险显著影响了全球经济复苏进程，加剧了新兴市场债务风险。上述问题既是 2022 年全球智库重点关注的经济议题，也是当前世界经济面临的重大挑战。

---

① Kose M.A., Ohnsorge F.L., Reinhart C.M., Rogoff, K.S., "The Aftermath of Debt Surges," https://www.nber.org/papers/w29266, 2022.

② Goldstein J., "Trouble for Emerging Markets Could Spell Trouble for All," https://www.atlanticcouncil.org/blogs/econographics/trouble-for-emerging-markets-could-spell-trouble-for-all/, 2022.

世界经济统计与预测

Statistics of the World Economy

Y.22
世界经济统计资料

熊婉婷 *

目 录

---

*　熊婉婷，博士，中国社会科学院世界经济与政治研究所全球宏观研究室助理研究员，研究方向：全球宏观经济、债务问题。

说　明

一　统计体例

1. 本部分所称"国家"为纯地理实体概念，而不是国际法所称的政治实

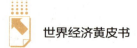

体概念。

2. 除非特别说明，2022 年及以后的数据为估计值或预测值。未来国际组织可能会对预测做出调整，本部分仅报告编制时能获得的最新数据。

3. "1996~2005 年"意为 1996~2005 年的平均值，两年度间的平均值表示法以此类推。"—"表示数据在统计时点无法取得或无实际意义，"0"表示数据远小于其所在表的计量单位。

4. 部分表格受篇幅所限无法列出所有国家和地区，编制时根据研究兴趣有所选择。

二　国际货币基金组织的经济预测

本部分预测数据均来自国际货币基金组织（IMF）的《世界经济展望数据库》（World Economic Outlook Database），预测的假设与方法参见报告原文。数据访问时间是 2022 年 10 月。

三　国家和地区分类

《世界经济展望》将国家和地区分为发达经济体、新兴市场和发展中国家两大类。为了便于分析和提供更合理的集团数据，这种分类随时间变化亦有所改变，分类标准并非一成不变。详见国际货币基金组织网站[①]介绍。

（一）世界经济形势回顾与展望

表 1-1　世界产出简况（2018~2027 年）

单位：%，十亿美元

类别	2018 年	2019 年	2020 年	2021 年	2022 年	2023 年	2027 年
实际 GDP 增长率							
世界	3.6	2.8	-3.0	6.0	3.2	2.7	3.2
发达经济体	2.3	1.7	-4.4	5.2	2.4	1.1	1.7
美国	2.9	2.3	-3.4	5.7	1.6	1.0	1.9

[①]　https://www.imf.org/external/pubs/ft/weo/2021/02/weodata/groups.htm.

续表

类别	2018年	2019年	2020年	2021年	2022年	2023年	2027年
欧元区	1.8	1.6	−6.1	5.2	3.1	0.5	1.5
日本	0.6	−0.4	−4.6	1.7	1.7	1.6	0.4
其他发达经济体*	2.8	2.0	−1.7	5.3	2.8	2.3	2.2
新兴市场和发展中国家	4.6	3.6	−1.9	6.6	3.7	3.7	4.3
亚洲新兴市场和发展中国家	6.4	5.2	−0.6	7.2	4.4	4.9	5.1
欧洲新兴市场和发展中国家	3.4	2.5	−1.7	6.8	0.0	0.6	2.2
拉美与加勒比地区	1.2	0.2	−7.0	6.9	3.5	1.7	2.4
撒哈拉以南	3.3	3.2	−1.6	4.7	3.6	3.7	4.4
人均实际 GDP 增长率**							
发达经济体	1.8	1.3	−4.9	5.1	2.2	0.9	1.4
新兴市场和发展中国家	3.3	2.3	−3.2	5.9	2.7	2.6	3.1
世界名义 GDP							
基于市场汇率	86210	87654	85441	97076	101561	106182	131631
基于购买力平价	129709	135641	132936	146608	161450	171549	210591

注：①"*"指除去美国、欧元区国家和日本以外的发达经济体。②"**"按购买力平价计算。③表中 2022 年及以后为预测值。

资料来源：IMF，World Economic Outlook Database，2022 年 10 月。

表1-2　GDP 不变价增长率回顾与展望：部分国家和地区（2014~2023 年）

单位：%

国家和地区	2014年	2015年	2016年	2017年	2018年	2019年	2020年	2021年	2022年	2023年
阿根廷	−2.5	2.7	−2.1	2.8	−2.6	−2.0	−9.9	10.4	4.0	2.0
澳大利亚	2.6	2.3	2.7	2.4	2.8	2.0	−2.1	4.9	3.8	1.9
巴西	0.5	−3.5	−3.3	1.3	1.8	1.2	−3.9	4.6	2.8	1.0
加拿大	2.9	0.7	1.0	3.0	2.8	1.9	−5.2	4.5	3.3	1.5
中国内地	7.4	7.0	6.9	6.9	6.8	6.0	2.2	8.1	3.2	4.4
埃及	4.3	5.8	5.8	5.4	5.0	5.5	3.5	3.3	6.6	4.4
芬兰	−0.4	0.5	2.8	3.2	1.1	1.2	−2.2	3.0	2.1	0.5
法国	1.0	1.1	1.0	2.4	1.8	1.9	−7.9	6.8	2.5	0.7
德国	2.2	1.5	2.2	2.7	1.0	1.1	−3.7	2.6	1.5	−0.3
希腊	0.5	−0.2	−0.5	1.1	1.7	1.8	−9.0	8.3	5.2	1.8

续表

国家和地区	2014年	2015年	2016年	2017年	2018年	2019年	2020年	2021年	2022年	2023年
中国香港	2.8	2.4	2.2	3.8	2.8	-1.7	-6.5	6.3	-0.9	3.9
冰岛	1.7	4.4	6.3	4.2	4.9	2.4	-6.8	4.4	5.1	2.9
印度	7.4	8.0	8.3	6.8	6.5	3.7	-6.6	8.7	6.8	6.1
印度尼西亚	5.0	4.9	5.0	5.1	5.2	5.0	-2.1	3.7	5.3	5.0
爱尔兰	8.6	24.4	2.0	9.0	8.5	5.4	6.2	13.6	9.0	4.0
意大利	0.0	0.8	1.3	1.7	0.9	0.5	-9.0	6.7	3.2	-0.2
日本	0.3	1.6	0.8	1.7	0.6	-0.4	-4.6	1.7	1.7	1.6
韩国	3.2	2.8	2.9	3.2	2.9	2.2	-0.7	4.1	2.6	2.0
马来西亚	6.0	5.0	4.5	5.8	4.8	4.4	-5.5	3.1	5.4	4.4
墨西哥	2.9	3.3	2.6	2.1	2.2	-0.2	-8.1	4.8	2.1	1.2
新西兰	3.8	3.7	4.0	3.5	3.4	2.9	-2.1	5.6	2.3	1.9
尼日利亚	6.3	2.7	-1.6	0.8	1.9	2.2	-1.8	3.6	3.2	3.0
挪威	2.0	2.0	1.1	2.3	1.1	0.7	-0.7	3.9	3.6	2.6
菲律宾	6.3	6.3	7.1	6.9	6.3	6.1	-9.5	5.7	6.5	5.0
葡萄牙	0.8	1.8	2.0	3.5	2.8	2.7	-8.4	4.9	6.2	0.7
俄罗斯	0.7	-2.0	0.2	1.8	2.8	2.2	-2.7	4.7	-3.4	-2.3
沙特阿拉伯	3.7	4.1	1.7	-0.7	2.5	0.3	-4.1	3.2	7.6	3.7
新加坡	3.9	3.0	3.6	4.7	3.7	1.1	-4.1	7.6	3.0	2.3
南非	1.4	1.3	0.7	1.2	1.5	0.3	-6.3	4.9	2.1	1.1
西班牙	1.4	3.8	3.0	3.0	2.3	2.1	-10.8	5.1	4.3	1.2
瑞典	2.7	4.5	2.1	2.6	2.0	2.0	-2.2	5.1	2.6	-0.1
瑞士	2.3	1.6	2.1	1.4	2.9	1.2	-2.5	4.2	2.2	0.8
中国台湾	4.7	1.5	2.2	3.3	2.8	3.1	3.4	6.6	3.3	2.8
泰国	1.0	3.1	3.4	4.2	4.2	2.2	-6.2	1.5	2.8	3.7
土耳其	4.9	6.1	3.3	7.5	3.0	0.8	1.9	11.4	5.0	3.0

续表

国家和地区	2014年	2015年	2016年	2017年	2018年	2019年	2020年	2021年	2022年	2023年
英国	3.0	2.6	2.3	2.1	1.7	1.7	−9.3	7.4	3.6	0.3
美国	2.3	2.7	1.7	2.3	2.9	2.3	−3.4	5.7	1.6	1.0
越南	6.4	7.0	6.7	6.9	7.2	7.2	2.9	2.6	7.0	6.2

注：表中2022年及以后为预测值。

资料来源：IMF，World Economic Outlook Database，2022年10月。

表1-3 市场汇率计GDP：部分国家和地区（2015~2023年）

单位：亿美元

2021年位次	国家和地区	2015年	2016年	2017年	2018年	2019年	2020年	2021年	2022年	2023年
1	美国	182060	186951	194796	205272	213726	208938	229961	250352	261852
2	中国内地	111135	112269	122653	138418	143406	148626	177446	183212	192440
3	日本	44449	50037	49308	50409	51203	50316	49326	43006	43660
4	德国	33579	34689	36896	39763	38887	38866	42628	40312	41202
5	英国	29572	27330	27013	29045	28804	27589	31876	31985	34795
6	印度	21036	22948	26515	27029	28316	26677	31763	34686	38206
7	法国	24394	24723	25942	27922	27292	26360	29574	27781	28067
8	意大利	18368	18766	19611	20929	20115	18911	21013	19969	19910
9	加拿大	15565	15280	16493	17253	17420	16454	19883	22004	23266
10	韩国	14660	14994	16231	17254	16514	16447	18110	17342	17925
11	俄罗斯	13567	12807	15751	16530	16957	14844	17785	21331	21362
12	澳大利亚	12331	12638	13820	14168	13867	13576	16353	17248	17880
13	巴西	18001	17966	20635	19169	18733	14486	16081	18947	20594
14	伊朗	4083	4580	4868	5162	6515	9712	15899	19737	20442
15	西班牙	11957	12326	13121	14216	13932	12805	14262	13899	14210
16	墨西哥	11719	10785	11589	12224	12690	10898	12977	14245	14764
17	印尼	8607	9321	10155	10427	11195	10622	11873	12894	13887
18	荷兰	7657	7838	8336	9145	9103	9091	10135	9906	10198

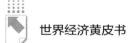

续表

2021年位次	国家和地区	2015年	2016年	2017年	2018年	2019年	2020年	2021年	2022年	2023年
19	沙特阿拉伯	6543	6449	6886	8166	8036	7034	8335	10106	9964
20	土耳其	8641	8693	8589	7797	7595	7201	8175	8535	9416
21	瑞士	6939	6876	6953	7258	7219	7390	7998	8074	8346
22	中国台湾	5345	5431	5907	6092	6114	6693	7747	8287	8590
23	波兰	4775	4723	5266	5874	5972	5998	6791	7163	7539
24	瑞典	5051	5157	5410	5555	5339	5471	6357	6039	6540
25	比利时	4624	4759	5026	5436	5354	5213	5991	5895	5967
26	泰国	4011	4135	4565	5065	5440	4998	5059	5348	5807
27	爱尔兰	2918	2990	3363	3859	3994	4255	5045	5198	5491
28	以色列	3034	3221	3582	3767	4025	4133	4885	5272	5642
29	阿根廷	6425	5568	6439	5244	4518	3891	4867	6307	6438
30	挪威	3858	3688	3984	4370	4049	3622	4822	5047	4864
31	奥地利	3820	3957	4171	4554	4451	4329	4771	4680	4727
32	尼日利亚	4924	4046	3757	4217	4481	4294	4415	5042	5743
33	埃及	3407	3455	2468	2632	3179	3825	4231	4691	4714
34	阿联酋	3581	3570	3856	4222	4172	3589	4198	5039	5190
35	南非	3467	3235	3813	4040	3884	3375	4189	4115	4223

注：表中2022年及以后为预测值。

资料来源：IMF，World Economic Outlook Database，2022年10月。

表1-4 人均GDP：部分国家和地区（2021~2023年）

市场汇率计人均GDP（美元）				购买力平价计人均GDP（国际元）			
2021年位次	国家和地区	2021年	2022年	2023年	2021年位次	国家和地区	2021年	2022年	2032年
1	卢森堡	136701	127673	128819	1	卢森堡	131874	141587	146260
2	爱尔兰	100129	102217	106997	2	新加坡	116486	131426	140280
3	瑞士	92249	92434	94835	3	爱尔兰	113268	131034	139844
4	挪威	89042	92646	88749	4	卡塔尔	104740	113675	123039

				续表

市场汇率计人均 GDP（美元）				购买力平价计人均 GDP（国际元）			
2021 年位次	国家和地区	2021 年	2022 年	2023 年	2021 年位次	国家和地区	2021 年	2022 年	2032 年

2021 年位次	国家和地区	2021 年	2022 年	2023 年	2021 年位次	国家和地区	2021 年	2022 年	2032 年
5	新加坡	72795	79426	84500	5	瑞士	77741	84469	87522
6	冰岛	69422	73981	77961	6	中国澳门	71122	57929	92409
7	美国	69227	75180	78422	7	阿联酋	71077	77272	81753
8	卡塔尔	68622	82887	89416	8	挪威	70796	78128	82496
9	丹麦	68202	65713	66394	9	美国	69227	75180	78422
10	澳大利亚	63464	66408	68023	10	文莱	68417	74196	79409
11	瑞典	60816	56361	60473	11	中国香港	65981	69987	75135
12	荷兰	57997	56298	57629	12	圣马力诺	65432	72070	74970
13	芬兰	53774	50818	51177	13	丹麦	64046	69845	72167
14	奥地利	53332	52062	52316	14	中国台湾	62696	69500	74067
15	以色列	52152	55359	58273	15	荷兰	62685	69715	72364
16	加拿大	52015	56794	59179	16	冰岛	59965	66467	69811
17	比利时	51849	50598	50906	17	奥地利	59759	66680	69399
18	德国	51238	48398	49430	18	瑞典	59587	63877	65459
19	圣马力诺	50196	47700	47484	19	德国	58757	63835	65865
20	中国香港	49865	49700	52132	20	安道尔	58383	65372	67735
40	爱沙尼亚	27962	29344	31216	40	爱沙尼亚	42637	46126	48644
41	捷克	26849	28095	29856	41	西班牙	41838	46551	48594
42	巴林	26136	28692	29076	42	阿鲁巴岛	41745	46309	48714
43	葡萄牙	24296	24910	25486	43	波多黎各	38608	43820	46023
44	沙特阿拉伯	23507	27941	27009	44	波兰	37997	42466	44249
45	立陶宛	23386	24032	25656	45	阿曼	37636	41150	42981

续表

		市场汇率计人均GDP（美元）					购买力平价计人均GDP（国际元）		
2021年位次	国家和地区	2021年	2022年	2023年	2021年位次	国家和地区	2021年	2022年	2032年
46	斯洛伐克	21053	20565	22295	46	匈牙利	37201	42132	44435
47	拉脱维亚	20546	21482	22764	47	葡萄牙	36892	42067	43949
48	希腊	20263	20876	21372	48	斯洛伐克	35463	38620	40546
49	阿曼	18966	23542	23193	49	土耳其	34884	38759	40883
50	伊朗	18739	23034	23619	50	巴哈马群岛	34776	39785	42417
64	中国内地	12562	12970	13629	70	毛里求斯	22278	25372	27698
70	阿根廷	10617	13622	13767	78	中国	19260	21291	23038
100	伯利兹	5638	6096	6381	100	圣卢西亚	14140	16417	17880
120	萨摩亚	4225	4128	4126	120	纳米比亚	9960	10791	11328
180	乍得	697	743	755	180	也门	1997	2136	2237
185	尼日尔	595	561	574	185	利比亚亚	1536	1667	1757

注：表中仅列部分国家和地区，排名时以所展示年份有数据的国家和地区为准。各国家和地区购买力平价（PPP）数据参见 IMF World Economic Outlook Database，IMF 并不直接计算 PPP 数据，而是根据世界银行、OECD、Penn World Tables 等国际组织的原始资料进行计算。表中 2022 年及以后为预测值。

资料来源：IMF，World Economic Outlook Database，2022 年 10 月。

（二）世界通货膨胀、失业的形势回顾与展望

表 2-1 通货膨胀率回顾与展望：部分国家和地区（2017~2027 年）

单位：%

2021年位次	国家和地区	2017年	2018年	2019年	2020年	2021年	2022年	2023年	2027年
1	委内瑞拉	438.1	65374.1	19906.0	2355.2	1588.5	210.0	195.0	–
2	苏丹	32.4	63.3	51.0	163.3	359.1	154.9	76.9	8.1
3	津巴布韦	0.9	10.6	255.3	557.2	98.5	284.9	204.6	10.0
4	苏里南	22.0	6.9	4.4	34.9	59.1	47.6	27.2	5.0

续表

2021 年位次	国家和地区	2017 年	2018 年	2019 年	2020 年	2021 年	2022 年	2023 年	2027 年
5	阿根廷	25.7	34.3	53.5	42.0	48.4	72.4	76.1	32.2
6	也门	30.4	27.6	12.0	23.1	45.7	43.8	17.1	5.0
7	伊朗	9.6	30.2	34.6	36.4	40.1	40.0	40.0	25.0
8	南苏丹	213.0	83.4	49.3	24.0	30.2	17.6	21.7	8.0
9	埃塞俄比亚	10.7	13.8	15.8	20.4	26.8	33.6	28.6	14.4
10	安哥拉	29.8	19.6	17.1	22.3	25.8	21.7	11.8	6.4
12	土耳其	11.1	16.3	15.2	12.3	19.6	73.1	51.2	15.0
31	巴西	3.4	3.7	3.7	3.2	8.3	9.4	4.7	3.0
41	俄罗斯	3.7	2.9	4.5	3.4	6.7	13.8	5.0	4.0
52	墨西哥	6.0	4.9	3.6	3.4	5.7	8.0	6.3	3.0
55	印度	3.6	3.4	4.8	6.2	5.5	6.9	5.1	4.0
56	匈牙利	2.4	2.8	3.4	3.3	5.1	13.9	13.3	3.2
57	波兰	2.0	1.8	2.2	3.4	5.1	13.8	14.3	2.5
62	美国	2.1	2.4	1.8	1.2	4.7	8.1	3.5	2.0
63	立陶宛	3.7	2.5	2.2	1.1	4.6	17.6	8.4	2.3
66	智利	2.2	2.3	2.3	3.0	4.5	11.6	8.7	3.0
68	爱沙尼亚	3.7	3.4	2.3	-0.6	4.5	21.0	9.5	2.4
71	冰岛	1.8	2.7	3.0	2.8	4.5	8.4	6.7	2.5
79	新西兰	1.9	1.6	1.6	1.7	3.9	6.3	3.9	2.1
82	捷克	2.5	2.1	2.8	3.2	3.8	16.3	8.6	2.0
94	挪威	1.9	2.8	2.2	1.3	3.5	4.7	3.8	2.0
95	卢森堡	2.1	2.0	1.7	0.0	3.5	8.4	3.7	2.0
98	加拿大	1.6	2.3	1.9	0.7	3.4	6.9	4.2	2.0
103	拉脱维亚	2.9	2.6	2.7	0.1	3.2	16.5	8.0	2.5
105	比利时	2.2	2.3	1.2	0.4	3.2	9.5	4.9	1.7
106	德国	1.7	1.9	1.4	0.4	3.2	8.5	7.2	2.0

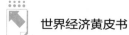

续表

2021年位次	国家和地区	2017年	2018年	2019年	2020年	2021年	2022年	2023年	2027年
107	西班牙	2.0	1.7	0.7	−0.3	3.1	8.8	4.9	1.7
109	沙特阿拉伯	−0.8	2.5	−2.1	3.4	3.1	2.7	2.2	2.0
115	荷兰	1.3	1.6	2.7	1.1	2.8	12.0	8.0	2.0
116	斯洛伐克	1.4	2.5	2.8	2.0	2.8	11.9	10.1	2.0
117	澳大利亚	2.0	1.9	1.6	0.9	2.8	6.5	4.8	2.5
119	奥地利	2.2	2.1	1.5	1.4	2.8	7.7	5.1	2.0
120	瑞典	1.9	2.0	1.7	0.7	2.7	7.2	8.4	2.0
123	英国	2.7	2.5	1.8	0.9	2.6	9.1	9.0	2.0
124	韩国	1.9	1.5	0.4	0.5	2.5	5.5	3.8	2.0
127	爱尔兰	0.3	0.7	0.9	−0.5	2.4	8.4	6.5	2.0
131	新加坡	0.6	0.4	0.6	−0.2	2.3	5.5	3.0	1.5
139	芬兰	0.8	1.2	1.1	0.4	2.1	6.5	3.5	1.8
140	法国	1.2	2.1	1.3	0.5	2.1	5.8	4.6	1.6
145	丹麦	1.1	0.7	0.7	0.3	1.9	7.2	3.8	2.0
146	意大利	1.3	1.2	0.6	−0.1	1.9	8.7	5.2	2.0
147	斯洛文尼亚	1.4	1.7	1.6	−0.1	1.9	8.9	5.1	2.4
158	印尼	3.8	3.3	2.8	2.0	1.6	4.6	5.5	3.0
162	以色列	0.2	0.8	0.8	−0.6	1.5	4.5	3.6	1.9
172	葡萄牙	1.6	1.2	0.3	−0.1	0.9	7.9	4.7	2.0
173	中国	1.6	2.1	2.9	2.4	0.9	2.2	2.2	2.0
178	瑞士	0.5	0.9	0.4	−0.7	0.6	3.1	2.4	1.0
179	希腊	1.1	0.8	0.5	−1.3	0.6	9.2	3.2	1.9
190	日本	0.5	1.0	0.5	0.0	−0.2	2.0	1.4	1.0

注：表中以消费者物价指数衡量通货膨胀率，为年度平均值。按照当年的数值从高到低进行排序，排序仅考虑在当年有相应数据的国家。表中2022年及以后为预测值。

资料来源：IMF，World Economic Outlook Database，2022年10月。

表 2-2　失业率：部分发达经济体（2017~2027 年）

单位：%

国家和地区	2017 年	2018 年	2019 年	2020 年	2021 年	2022 年	2023 年	2027 年
澳大利亚	5.6	5.3	5.2	6.5	5.1	3.6	3.7	4.8
奥地利	5.9	5.2	4.8	5.4	6.2	4.5	4.6	4.3
比利时	7.2	6.0	5.5	5.8	6.3	5.4	5.6	5.5
加拿大	6.4	5.9	5.8	9.6	7.4	5.3	5.9	6.0
塞浦路斯	11.1	8.4	7.1	7.6	7.5	6.7	6.5	5.2
捷克	2.9	2.2	2.0	2.5	2.8	2.5	2.3	2.3
丹麦	5.8	5.1	5.0	5.6	5.1	5.2	5.3	5.0
爱沙尼亚	5.8	5.4	4.4	6.8	6.2	6.6	6.8	4.8
芬兰	8.8	7.4	6.7	7.8	7.6	7.0	7.4	7.1
法国	9.4	9.0	8.4	8.0	7.9	7.5	7.6	7.4
德国	3.6	3.2	3.0	3.6	3.6	2.9	3.4	3.0
希腊	21.5	19.3	17.3	16.4	15.0	12.6	12.2	10.4
中国香港	3.1	2.8	2.9	5.8	5.2	4.5	4.0	2.9
冰岛	3.3	3.1	3.9	6.4	6.0	4.0	4.0	4.0
爱尔兰	6.8	5.8	5.0	5.8	6.3	4.7	4.8	4.8
以色列	4.2	4.0	3.8	4.3	5.0	3.9	3.8	3.7
意大利	11.3	10.6	9.9	9.3	9.5	8.8	9.4	9.0
日本	2.8	2.4	2.4	2.8	2.8	2.6	2.4	2.4
韩国	3.7	3.8	3.8	3.9	3.7	3.0	3.4	3.6
拉脱维亚	8.7	7.4	6.3	8.1	7.6	7.4	7.2	6.5
立陶宛	7.1	6.1	6.3	8.5	7.1	7.3	7.0	6.0
马耳他	4.0	3.7	3.6	4.4	3.5	3.2	3.3	3.5
荷兰	5.9	4.9	4.4	4.9	4.2	3.5	3.9	4.6
新西兰	4.7	4.3	4.1	4.6	3.8	3.4	3.9	4.3
挪威	4.2	3.9	3.7	4.6	4.4	3.9	3.8	3.7
葡萄牙	9.2	7.2	6.7	7.1	6.6	6.1	6.5	6.3
圣马力诺	8.1	8.0	7.7	7.3	6.1	5.9	5.7	5.7
新加坡	2.2	2.1	2.3	3.0	2.7	2.1	2.1	2.1
斯洛伐克	8.1	6.5	5.7	6.6	6.8	6.2	6.2	5.7
斯洛文尼亚	6.6	5.1	4.4	5.0	4.8	4.3	4.3	4.0
西班牙	17.2	15.3	14.1	15.5	14.8	12.7	12.3	12.0
瑞典	6.9	6.5	7.0	8.5	8.8	7.6	7.4	7.2
瑞士	3.1	2.5	2.3	3.2	3.0	2.2	2.4	2.5
英国	4.4	4.1	3.8	4.6	4.5	3.8	4.8	4.2
美国	4.4	3.9	3.7	8.1	5.4	3.7	4.6	4.7

注：表中 2022 年及以后为预测值。

资料来源：IMF，World Economic Outlook Database，2022 年 10 月。

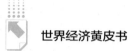 世界经济黄皮书

（三）世界财政形势回顾与展望

表3-1　广义政府财政余额与GDP之比：发达经济体（2015~2027年）									
								单位：%	
国家和地区	2015年	2016年	2017年	2018年	2019年	2020年	2021年	2022年	2023年	2027年
澳大利亚	-2.8	-2.4	-1.7	-1.3	-4.4	-8.8	-6.5	-3.4	-3.0	-0.7
奥地利	-1.0	-1.5	-0.8	0.2	0.6	-8.0	-5.9	-2.7	-1.6	-1.3
比利时	-2.4	-2.4	-0.7	-0.9	-2.0	-9.0	-5.5	-4.7	-4.8	-5.5
加拿大	-0.1	-0.5	-0.1	0.4	0.0	-11.4	-5.0	-2.2	-1.2	-0.5
塞浦路斯	0.2	0.2	2.0	-3.6	1.3	-5.8	-1.7	-0.5	0.9	1.7
捷克	-0.6	0.7	1.5	0.9	0.3	-5.8	-5.9	-4.0	-3.3	-2.3
丹麦	-1.3	-0.1	1.8	0.8	4.1	0.2	2.6	1.2	0.8	-0.1
爱沙尼亚	0.1	-0.4	-0.7	-0.6	0.1	-5.5	-2.3	-2.9	-2.3	-0.1
芬兰	-2.4	-1.7	-0.7	-0.9	-0.9	-5.5	-2.6	-2.1	-1.7	-2.9
法国	-3.6	-3.6	-3.0	-2.3	-3.1	-8.9	-6.4	-5.1	-5.6	-5.0
德国	1.0	1.2	1.3	2.0	1.5	-4.3	-3.7	-3.3	-2.5	-0.5
希腊	-3.0	0.3	0.9	0.8	0.2	-10.9	-8.0	-4.4	-1.9	-0.7
中国香港	0.6	4.4	5.5	2.4	-0.6	-9.2	0.1	-3.8	-0.9	0.7
冰岛	-0.4	12.5	1.0	0.9	-1.5	-8.9	-7.9	-5.4	-3.1	0.4
爱尔兰	-2.0	-0.8	-0.3	0.1	0.4	-5.1	-1.7	0.4	0.5	0.6
以色列	-1.1	-1.7	-1.1	-3.6	-3.9	-10.7	-3.8	0.1	-0.4	-2.6
意大利	-2.6	-2.4	-2.4	-2.2	-1.5	-9.6	-7.2	-5.4	-3.9	-3.0
日本	-3.7	-3.6	-3.1	-2.5	-3.0	-9.0	-6.7	-7.9	-3.6	-2.6
韩国	0.5	1.6	2.2	2.6	0.4	-2.2	0.0	-1.8	0.1	0.2
拉脱维亚	-1.5	-0.4	-0.8	-0.7	-0.4	-3.8	-5.6	-6.0	-2.7	-0.4
立陶宛	-0.2	0.3	0.5	0.6	0.3	-7.3	-1.0	-2.0	-1.7	-1.0
马耳他	-1.0	1.1	3.3	2.1	0.6	-9.5	-7.9	-5.6	-4.6	-2.1
荷兰	-2.1	0.0	1.3	1.4	1.7	-3.7	-2.6	-0.8	-1.3	-2.7
新西兰	0.3	0.9	1.3	1.3	-2.5	-4.0	-4.8	-4.7	-2.2	0.2
挪威	6.0	4.1	5.0	7.9	6.6	-2.8	9.1	20.3	17.8	12.2
葡萄牙	-4.4	-1.9	-3.0	-0.3	0.1	-5.8	-2.8	-1.9	-1.4	-1.2

续表

国家和地区	2015年	2016年	2017年	2018年	2019年	2020年	2021年	2022年	2023年	2027年
圣马力诺	−3.3	−0.2	−3.5	−1.6	−0.1	−37.6	−18.5	−5.2	−4.6	−2.1
新加坡	2.9	3.3	5.2	3.7	3.8	−6.9	−0.2	1.4	1.4	3.5
斯洛伐克	−2.7	−2.6	−1.0	−1.0	−1.3	−5.5	−6.2	−4.0	−4.2	−3.2
斯洛文尼亚	−2.8	−1.9	−0.1	0.7	0.4	−7.9	−5.2	−3.1	−2.8	−1.7
西班牙	−5.3	−4.3	−3.1	−2.6	−3.1	−10.3	−6.9	−4.9	−4.4	−4.3
瑞典	0.0	1.0	1.4	0.8	0.6	−2.8	−0.3	0.1	−0.4	0.3
瑞士	0.5	0.2	1.1	1.3	1.3	−3.0	−0.7	−0.1	0.3	0.4
英国	−4.5	−3.3	−2.4	−2.2	−2.2	−12.8	−8.0	−4.3	−2.3	−1.0
美国	−3.5	−4.4	−4.6	−5.3	−5.5	−14.5	−10.9	−4.0	−5.7	−7.1

注：广义政府财政余额对应的英文统计口径为 General Government Net Lending/Borrowing，等于政府财政收入和财政支出之差。取值为正代表财政盈余，为负代表财政赤字。表中 2022 年及以后为预测值。

资料来源：IMF，World Economic Outlook Database，2022 年 10 月。

表 3-2　广义政府财政余额与 GDP 之比：部分新兴市场和发展中国家（2015~2027 年）										
									单位：%	
国家和地区	2015年	2016年	2017年	2018年	2019年	2020年	2021年	2022年	2023年	2027年
阿根廷	−6.0	−6.7	−6.7	−5.4	−4.4	−8.6	−4.3	−3.5	−3.3	−1.5
孟加拉国	−3.3	−3.2	−4.2	−4.1	−5.4	−4.8	−3.6	−5.1	−5.5	−5.0
玻利维亚	−6.9	−7.2	−7.8	−8.1	−7.2	−12.7	−9.3	−8.5	−7.9	−5.9
巴西	−10.2	−9.0	−7.8	−7.0	−5.9	−13.3	−4.4	−5.8	−7.5	−4.8
智利	−2.1	−2.7	−2.6	−1.5	−2.7	−7.1	−7.5	0.9	−1.2	−0.2
中国	−2.5	−3.4	−3.4	−4.3	−6.1	−9.7	−6.1	−8.9	−7.2	−7.1
埃及	−10.7	−12.0	−9.9	−9.0	−7.6	−7.5	−7.0	−6.2	−7.4	−6.3
印度	−7.2	−7.1	−6.2	−6.4	−7.5	−12.8	−10.0	−9.9	−9.0	−7.3
印尼	−2.6	−2.5	−2.5	−1.8	−2.2	−6.1	−4.6	−3.9	−2.9	−2.5
伊朗	−1.5	−1.8	−1.6	−1.6	−4.5	−5.8	−4.3	−4.2	−6.0	−7.3

世界经济黄皮书

续表

国家和地区	2015年	2016年	2017年	2018年	2019年	2020年	2021年	2022年	2023年	2027年
伊拉克	-12.8	-14.5	-1.5	7.9	0.8	-12.8	-0.8	11.1	9.2	2.3
马来西亚	-2.5	-2.6	-2.4	-2.6	-2.0	-4.6	-5.5	-4.9	-3.8	-3.4
墨西哥	-4.0	-2.8	-1.1	-2.2	-2.3	-4.4	-3.8	-3.8	-4.1	-2.7
蒙古	-5.0	-15.3	-3.7	2.9	1.0	-9.2	-3.1	-0.4	0.4	-3.1
缅甸	-2.8	-3.9	-2.9	-3.4	-3.9	-5.6	-7.8	-7.8	-7.2	-5.9
菲律宾	0.6	-0.4	-0.4	-1.6	-1.7	-5.7	-6.5	-5.4	-4.7	-1.6
罗马尼亚	-1.5	-2.5	-3.0	-2.9	-4.9	-9.8	-6.9	-6.4	-5.3	-4.4
俄罗斯	-3.4	-3.7	-1.5	2.9	1.9	-4.0	0.8	-2.3	-2.1	0.0
南非	-4.4	-3.7	-4.0	-3.7	-4.7	-9.7	-6.0	-4.9	-5.4	-7.5
泰国	0.1	0.6	-0.4	0.1	-0.8	-4.7	-7.0	-5.6	-3.2	-3.5
土耳其	-1.3	-2.3	-2.2	-3.8	-4.8	-5.1	-3.9	-4.2	-5.6	-6.1
乌克兰	-1.2	-2.2	-2.3	-1.9	-1.9	-5.9	-3.3			
阿联酋	-3.3	-2.8	-1.7	1.1	0.4	-5.2	2.1	7.7	4.9	2.7
乌兹别克斯坦	-0.3	0.7	1.1	2.0	-0.3	-3.3	-4.7	-4.0	-2.9	-3.0
委内瑞拉	-8.1	-8.5	-13.3	-30.3	-10.0	-5.0	-4.5			
越南	-5.0	-3.2	-2.0	-1.0	-0.4	-2.9	-3.5	-4.7	-4.7	-3.4

注：广义政府财政余额对应的英文统计口径为 General Government Net Lending/Borrowing，等于政府财政收入和财政支出之差。取值为正代表财政盈余，为负代表财政赤字。表中2022年及以后为预测值。

资料来源：IMF，World Economic Outlook Database，2022年10月。

| | | | | | | | | | | | 表 3-3　广义政府债务与 GDP 之比：部分国家和地区（2015~2027年） |

单位：%

2021年位次	国家和地区	2015年	2016年	2017年	2018年	2019年	2020年	2021年	2022年	2023年	2027年
1	日本	228.4	232.5	231.4	232.3	236.3	259.4	262.5	263.9	261.1	263.4
2	委内瑞拉	129.8	138.4	133.6	174.5	201.4	319.1	240.5	—	—	—

386

续表

2021年位次	国家和地区	2015年	2016年	2017年	2018年	2019年	2020年	2021年	2022年	2023年	2027年
3	希腊	179.1	183.7	183.2	190.7	185.6	212.4	199.4	177.6	169.8	149.9
4	苏丹	93.2	109.9	149.5	186.7	200.3	263.4	182.0	189.5	155.3	110.4
5	厄立特里亚	180.7	167.5	202.5	185.6	187.1	179.7	176.3	164.7	149.6	103.9
6	新加坡	102.2	106.6	107.7	109.4	128.2	152.0	159.9	141.1	140.0	141.8
7	意大利	135.3	134.8	134.2	134.4	134.1	155.3	150.9	147.2	147.1	142.5
8	佛得角	126.6	128.4	127.2	114.6	114.0	145.1	142.3	154.5	149.0	119.1
9	巴巴多斯	147.0	149.5	158.3	126.0	123.2	147.0	135.4	117.9	110.0	83.5
10	不丹	98.6	112.4	111.7	113.4	106.5	130.9	132.4	130.8	127.5	112.3
12	美国	105.2	107.2	106.2	107.5	108.8	134.5	128.1	122.1	122.9	134.9
13	葡萄牙	131.2	131.5	126.1	121.5	116.6	135.2	127.4	114.7	111.2	97.0
17	西班牙	103.3	102.8	101.9	100.5	98.3	120.0	118.6	113.6	112.1	109.6
18	加拿大	91.2	91.8	88.9	88.9	87.2	117.8	112.9	102.2	98.7	88.7
19	法国	95.6	98.0	98.1	97.8	97.4	114.7	112.6	111.8	112.5	118.5
20	比利时	105.2	105.0	102.0	99.8	97.7	112.8	108.4	103.9	105.1	115.1
29	英国	86.0	85.8	85.1	84.5	83.9	102.6	95.3	87.0	79.9	68.0
32	巴西	72.6	78.3	83.6	85.6	87.9	98.7	93.0	88.2	88.9	93.3
41	印度	69.0	68.9	69.7	70.4	75.1	89.2	84.2	83.4	83.8	83.0
44	奥地利	84.4	82.5	78.6	74.0	70.6	83.3	82.9	78.5	77.3	71.6
49	阿根廷	52.6	53.1	57.0	85.2	88.8	102.8	80.9	76.0	69.5	63.8
55	匈牙利	75.8	74.8	72.1	69.1	65.5	79.6	76.8	74.8	73.7	61.2
57	冰岛	97.2	82.4	71.6	63.1	66.2	77.2	74.6	68.2	63.1	48.6
58	斯洛文尼亚	82.6	78.5	74.2	70.3	65.4	79.6	74.4	69.5	66.7	58.8
64	中国	41.5	48.2	51.7	53.8	57.2	68.1	71.5	76.9	84.1	102.8
67	德国	71.9	69.0	64.6	61.3	58.9	68.0	69.6	71.1	68.3	59.7
72	以色列	63.1	61.4	59.7	59.9	58.8	70.7	68.0	61.5	57.6	54.4
77	芬兰	63.6	63.2	61.2	59.8	59.6	69.0	66.2	66.7	67.4	75.1

续表

2021年位次	国家和地区	2015年	2016年	2017年	2018年	2019年	2020年	2021年	2022年	2023年	2027年
85	斯洛伐克	51.8	52.4	51.6	49.6	48.1	59.7	63.1	60.5	57.4	55.4
96	澳大利亚	37.8	40.6	41.2	41.8	46.7	57.2	58.4	56.7	58.6	58.5
100	墨西哥	52.8	56.7	54.0	53.6	53.3	60.1	57.6	56.8	58.7	59.9
104	爱尔兰	76.7	74.3	67.6	63.0	57.2	58.4	55.3	47.0	42.8	31.3
105	波兰	51.3	54.2	50.6	48.8	45.6	57.1	53.8	48.7	45.1	49.9
112	荷兰	64.6	61.9	56.9	52.4	48.5	54.6	52.3	48.3	46.4	48.1
118	韩国	40.8	41.2	40.1	40.0	42.1	48.7	51.3	54.1	54.4	57.7
121	新西兰	34.2	33.4	31.1	28.1	31.8	43.2	50.8	56.6	58.6	51.0
136	拉脱维亚	37.1	40.4	39.0	37.1	36.7	43.3	45.7	46.0	44.6	39.1
139	立陶宛	42.7	39.9	39.3	33.7	35.9	46.6	44.7	42.2	39.5	34.4
141	挪威	34.5	38.1	38.6	39.7	40.9	46.8	43.4	40.3	39.5	37.7
146	瑞士	42.2	40.9	41.8	39.8	39.6	43.3	42.1	40.3	39.1	33.2
147	捷克	39.7	36.6	34.2	32.1	30.0	37.6	42.0	41.5	41.2	42.7
148	土耳其	27.3	27.9	27.9	30.1	32.6	39.7	41.8	37.5	37.7	45.3
150	印尼	27.0	28.0	29.4	30.4	30.6	39.8	41.2	40.9	40.4	39.8
154	瑞典	43.7	42.3	40.7	38.9	34.9	39.2	36.8	33.5	31.2	24.2
155	丹麦	39.8	37.2	35.9	34.0	33.7	42.2	36.6	31.8	32.1	31.4
158	智利	17.4	21.1	23.7	25.8	28.3	32.6	36.3	36.2	36.9	38.5
166	沙特阿拉伯	5.8	13.1	17.2	18.3	22.5	32.4	30.0	24.8	25.1	22.4
172	卢森堡	21.1	19.6	21.8	20.8	22.3	24.8	24.3	25.4	25.8	26.2
178	爱沙尼亚	10.1	10.0	9.1	8.2	8.5	18.6	17.6	18.3	19.4	19.7
180	俄罗斯	15.3	14.8	14.3	13.6	13.7	19.2	17.0	16.2	16.9	12.5

注：表中按照当年的数值从高到低进行排序，排序仅考虑在当年有相应数据的国家。表中2022年及以后为预测值。

资料来源：IMF，World Economic Outlook Database，2022年10月。

（四）世界金融形势回顾与展望

表 4-1 广义货币供应量年增长率：部分国家和地区（2017~2021 年）

单位：%

国家和地区	2017 年	2018 年	2019 年	2020 年	2021 年
阿根廷	29.4	40.5	21.9	63.9	53.3
爱尔兰	4.4	5.1	16	21	8.2
爱沙尼亚	5.8	10.5	9.5	19.4	20.2
奥地利	4.7	7.9	4.4	9.3	4.7
巴西	5.5	10.4	8.7	29	8.1
比利时	3.1	5	5.1	7.9	5.1
冰岛	9	8	3.7	22.5	16.4
丹麦	5.2	3.2	5	10	0.6
俄罗斯联邦	10.5	11	9.7	13.5	13
法国	8.9	5.6	7.5	15.9	6.8
芬兰	5.8	1.8	3.8	14.4	6.3
韩国	5.1	6.7	7.9	9.8	12.9
加拿大	5.8	5.2	7.7	17.8	8.7
捷克共和国	8.6	5.6	7	10.7	7
美国	4.9	3.6	6.7	24.9	12.5
墨西哥	9.5	5	5.8	11.3	10
南非	7.9	3.2	4.8	15	5.1
挪威	6	5.3	4.2	12.1	10.4
欧盟	4.6	4.3	5.8	10.9	7.1
日本	3	2.4	2.1	7.6	3.2
沙特阿拉伯	-0.8	2.2	7.6	9.7	4.9
土耳其	15.7	19.1	26.1	36	53.6
新加坡	4.2	5.1	4.4	10.7	9.7
新西兰	7.3	6.4	4.7	12.2	7.1
匈牙利	9.9	12.5	9.5	21.3	16
以色列	8.4	2	6.3	26	17.5
意大利	4.3	2.7	5.5	11	7.4
印度	43.1	14	12.4	19.4	16.2

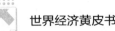
续表

国家和地区	2017 年	2018 年	2019 年	2020 年	2021 年
印度尼西亚	8.3	6.3	6.5	12.5	14
英国	2.8	3.1	1.2	14.7	6.1
智利	4.6	10.7	10.3	4.9	12.2
中国	9	8.1	8.7	10.1	9

资料来源：CEIC 数据库，2022 年 10 月。

表 4-2　汇率：部分国家和地区（2015~2022 年）

单位：本币/美元

币种	2015 年	2016 年	2017 年	2018 年	2019 年	2020 年	2021 年	2022 年
欧元	0.90	0.90	0.89	0.85	0.89	0.88	0.85	0.94
日元	121.04	108.79	112.17	110.42	109.01	106.77	109.75	128.08
英镑	0.65	0.74	0.78	0.75	0.78	0.78	0.73	0.80
阿根廷比索	9.23	14.76	16.56	28.09	48.15	70.54	94.99	119.97
澳大利亚元	1.33	1.35	1.30	1.34	1.44	1.45	1.33	1.41
巴西里尔	3.33	3.49	3.19	3.65	3.94	5.16	5.39	5.13
加拿大元	1.28	1.33	1.30	1.30	1.33	1.34	1.25	1.28
人民币	6.23	6.64	6.76	6.62	6.91	6.90	6.45	6.61
印度卢比	64.15	67.20	65.12	68.39	70.42	74.10	73.92	77.41
韩元	1130.95	1160.77	1131.00	1100.16	1165.36	1180.27	1143.95	1268.03
墨西哥比索	15.85	18.66	18.93	19.24	19.26	21.49	20.27	20.27
俄罗斯卢布	60.94	67.06	58.34	62.67	64.74	72.10	73.65	-
南非兰特	12.76	14.71	13.32	13.23	14.45	16.46	14.78	15.93
土耳其里拉	2.72	3.02	3.65	4.83	5.67	7.01	8.85	15.86

注：2015~2021 年为年内均值，2022 年为前三个季度均值。

资料来源：IMF 国际金融统计，2022 年 10 月。

表 4-3　股票价格指数：全球主要证券交易所（2017~2021 年）						
国家	指标名称	2017 年	2018 年	2019 年	2020 年	2021 年
美国	标准普尔 500 指数	2449	2746	2913	3218	4273
英国	金融时报 100 指数	7380	7363	7276	6276	7003
法国	CAC40 指数	5178	5294	5458	5078	6427
德国	DAX 指数	12435	12270	12109	12339	15210
瑞士	苏黎士市场指数	8915	8904	9748	10143	11681
比利时	BFX 指数	3873	3772	3644	3412	4082
荷兰	AEX 指数	521	543	559	560	737
挪威	OSEAX 指数	811	976	978	922	1205
意大利	ITLMS 指数	23263	23724	23380	21891	27516
西班牙	SMSI 指数	1034	971	922	753	863
瑞典	OMXSPI 指数	570	576	610	675	924
俄罗斯	RTS 指数	1102	1163	1312	1259	1611
以色列	TA-100 指数	1288	1396	1483	1438	1782
日本	日经 225 指数	20209	22311	21697	22705	28837
印度	孟买 Sensex30 指数	30929	35400	38355	37941	53796
菲律宾	马尼拉综合指数	7842	7740	7909	6341	6853
马来西亚	吉隆坡指数	1745	1780	1631	1514	1563
印度尼西亚	雅加达综合指数	5739	6087	6296	5249	6229
韩国	KOSPI 指数	2311	2325	2106	2220	3111
新加坡	海峡时报指数	3235	3318	3220	2711	3110
澳大利亚	普通股指数	5854	6104	6539	6238	7451
新西兰	股市 NZ50 指数	7607	8728	10310	11547	12788
多伦多	加拿大 S&P/TSX 综合指数	15544	15748	16315	16017	19828
墨西哥	MXX 指数	49035	47200	42972	39127	49505
巴西	IBOVESPA 指数	68030	81639	100660	98706	116891
阿根廷	MERV 指数	22676	30355	34330	42381	65378
中国内地	上证综合指数	3250	2943	2920	3128	3540
中国香港	恒生指数	26223	28850	27576	25302	27093
中国台湾	台湾加权指数	10208	10620	10790	12075	16938

资料来源：Wind 数据库，2022 年 10 月。

（五）国际收支形势回顾与展望

表 5-1　国际收支平衡表：部分国家和地区（2017~2021 年）

单位：亿美元

国家	2017 年	2018 年	2019 年	2020 年	2021 年
美国					
经常项目差额	−3610	−4399	−4460	−6197	−8464
货物贸易差额	−7993	−8787	−8573	−9139	−10903
服务贸易差额	2890	3001	2976	2599	2452
主要收入差额	2579	2553	2436	1631	1395
次要收入差额	−1086	−1165	−1298	−1288	−1408
资本项目差额	124	−43	−65	−55	−25
金融项目差额	−3732	−3029	−5655	−6970	−7406
直接投资—资产	4094	−1307	1057	2718	4218
直接投资—负债	3808	2147	3147	1489	4483
证券投资—资产	5407	3819	−115	4064	7191
证券投资—负债	7908	3031	2335	9466	6761
金融衍生品差额	240	−204	−417	−51	−419
其他投资—资产	2135	1736	2083	2560	238
其他投资—负债	3876	1944	2828	5395	8531
储备资产变动	−17	50	47	90	1143
误差与遗漏	−246	1413	−1131	−718	1082
中国					
经常项目差额	1887	241	1029	2488	3173
货物贸易差额	4759	3801	3930	5111	5627
服务贸易差额	−2589	−2922	−2611	−1525	−999
主要收入差额	−165	−614	−392	−1182	−1620

续表

国家	2017 年	2018 年	2019 年	2020 年	2021 年
次要收入差额	−119	−24	103	85	165
资本项目差额	−1	−6	−3	−1	1
金融项目差额	−180	−1538	−266	891	1514
直接投资—资产	1383	1430	1369	1537	1280
直接投资—负债	1661	2354	1872	2531	3340
证券投资—资产	948	535	894	1512	1259
证券投资—负债	1243	1604	1474	2468	1769
金融衍生品差额	−4	62	24	108	−111
其他投资—资产	1008	1418	549	3363	3873
其他投资—负债	1527	1214	−437	911	1575
储备资产变动	915	189	−193	280	1895
误差与遗漏	−2066	−1774	−1292	−1596	−1660
日本					
经常项目差额	2032	1773	1766	1479	1577
货物贸易差额	438	106	14	266	159
服务贸易差额	−62	−92	−100	−342	−384
主要收入差额	1845	1941	1978	1797	2024
次要收入差额	−189	−182	−126	−241	−222
资本项目差额	−25	−19	−38	−19	−38
金融项目差额	1677	1830	2271	1278	1148
直接投资—资产	1738	1602	2583	1462	1664
直接投资—负债	188	253	400	607	286
证券投资—资产	1036	1883	1849	1602	−55
证券投资—负债	1528	953	982	1243	1912

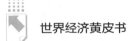

国家	2017 年	2018 年	2019 年	2020 年	2021 年
金融衍生品差额	306	11	34	79	222
其他投资—资产	65	1478	−95	1571	763
其他投资—负债	−13	2176	965	1672	−124
储备资产变动	236	239	247	86	628
误差与遗漏	−329	77	543	−182	−391
德国					
经常项目差额	2885	3170	2944	2742	3138
货物贸易差额	2881	2633	2413	2180	2279
服务贸易差额	−275	−186	−202	31	7
主要收入差额	852	1316	1291	1136	1491
次要收入差额	−572	−593	−558	−605	−639
资本项目差额	−35	9	−10	−69	−16
金融项目差额	3126	2926	2083	2514	3731
直接投资—资产	1458	1959	1566	1386	1937
直接投资—负债	1095	1669	717	1428	737
证券投资—资产	1321	1047	1513	2206	2629
证券投资—负债	−1000	−753	743	1636	−370
金融衍生品差额	127	268	276	1083	721
其他投资—资产	1467	1658	−505	3716	4310
其他投资—负债	1138	1095	−698	2812	5874
储备资产变动	−15	5	−6	−1	375
误差与遗漏	275	−253	−852	−160	610

资料来源：IMF 国际收支统计，2022 年 10 月。

表 5－2　经常项目差额与 GDP 之比：部分国家和地区（2017~2027 年）

单位：%

国家和地区	2017 年	2018 年	2019 年	2020 年	2021 年	2022 年	2023 年	2027 年
阿根廷	−4.8	−5.2	−0.8	0.8	1.4	−0.3	0.6	0.5
澳大利亚	−2.6	−2.2	0.4	2.4	3.1	2.1	0.7	−0.5
巴西	−1.1	−2.7	−3.5	−1.7	−1.7	−1.5	−1.6	−2.0
加拿大	−2.8	−2.4	−2.0	−1.8	0.0	0.5	−0.2	−1.9
中国内地	1.5	0.2	0.7	1.7	1.8	1.8	1.5	0.6
埃及	−5.8	−2.3	−3.4	−2.9	−4.4	−3.6	−3.4	−1.6
芬兰	−0.8	−1.8	−0.3	0.6	0.9	−0.8	−0.2	−0.5
法国	−0.8	−0.8	0.5	−1.8	0.4	−1.3	−1.5	−0.3
德国	7.8	8.0	7.6	7.0	7.4	4.2	5.3	6.1
中国香港	4.6	3.7	5.9	7.0	11.3	8.6	5.9	3.6
冰岛	4.2	4.1	6.5	1.9	−1.6	−2.0	−0.3	0.3
印度	−1.8	−2.1	−0.9	0.9	−1.2	−3.5	−2.9	−2.6
印尼	−1.6	−2.9	−2.7	−0.4	0.3	2.2	1.1	−1.9
意大利	2.6	2.5	3.2	3.7	2.4	−0.2	0.3	2.5
日本	4.1	3.5	3.4	2.9	2.9	1.4	2.2	3.2
韩国	4.6	4.5	3.6	4.6	4.9	3.2	3.5	4.4
马来西亚	2.8	2.2	3.5	4.2	3.8	1.6	2.2	2.0
墨西哥	−1.7	−2.0	−0.3	2.5	−0.4	−1.2	−1.2	−0.9
新西兰	−2.8	−4.2	−2.9	−0.8	−6.0	−7.7	−6.0	−5.3
菲律宾	−0.7	−2.6	−0.8	3.2	−1.8	−4.4	−3.3	−1.8
葡萄牙	1.3	0.6	0.4	−1.0	−1.2	−1.1	−0.4	−0.3
俄罗斯	2.0	7.0	3.9	2.4	6.9	12.2	11.1	3.3
沙特阿拉伯	1.5	8.8	4.8	−3.2	5.3	16.0	12.3	3.5
新加坡	17.3	15.2	14.5	16.8	18.1	12.8	12.5	11.5

续表

国家和地区	2017 年	2018 年	2019 年	2020 年	2021 年	2022 年	2023 年	2027 年
南非	-2.4	-2.9	-2.6	2.0	3.7	1.2	-1.0	-2.0
西班牙	2.8	1.9	2.1	0.8	0.9	-0.2	-0.2	1.5
瑞典	3.0	2.7	5.5	5.9	5.4	3.8	3.5	3.2
瑞士	6.3	6.2	5.5	2.9	9.4	6.2	6.4	7.0
中国台湾	14.1	11.6	10.6	14.2	14.8	14.8	12.7	9.9
土耳其	-4.8	-2.8	0.7	-4.9	-1.7	-5.7	-3.9	-2.6
英国	-3.6	-3.9	-2.7	-2.5	-2.6	-4.8	-4.5	-3.5
美国	-1.9	-2.1	-2.1	-3.0	-3.7	-3.9	-3.1	-2.3
越南	-0.6	1.9	3.7	4.4	-2.0	0.3	1.0	0.6

注：表中 2022 年及以后为预测值。

资料来源：IMF，World Economic Outlook Database，2022 年 10 月。

（六）国际贸易形势回顾

表 6-1　货物贸易进出口：世界部分国家和地区（2018~2021 年）

单位：亿美元

2021 年位次	国家和地区	货物出口				2021 年位次	国家和地区	货物进口			
		2018 年	2019 年	2020 年	2021 年			2018 年	2019 年	2020 年	2021 年
	世界	195493	190142	176484	223281		世界	198188	193375	178786	225866
1	中国内地	24867	24995	25900	33638	1	美国	26142	25674	24069	29353
2	美国	16640	16432	14249	17543	2	中国内地	21357	20784	20660	26886
3	德国	15605	14894	13825	16319	3	德国	12844	12340	11718	14201
4	荷兰	7267	7086	6746	8365	4	日本	7485	7210	6355	7690
5	日本	7381	7056	6413	7560	5	荷兰	6455	6357	5951	7580
6	中国香港	5685	5349	5488	6699	6	法国	6764	6547	5813	7141
7	韩国	6049	5422	5125	6444	7	中国香港	6266	5778	5698	7124
8	意大利	5495	5377	4998	6103	8	英国	6725	6962	6383	6938

续表

2021 年位次	国家和地区	货物出口				2021 年位次	国家和地区	货物进口			
		2018 年	2019 年	2020 年	2021 年			2018 年	2019 年	2020 年	2021 年
	世界	195493	190142	176484	223281		世界	198188	193375	178786	225866
9	法国	5822	5710	4886	5848	9	韩国	5352	5033	4676	6151
10	比利时	4682	4469	4223	5453	10	印度	5145	4861	3732	5729
11	加拿大	4523	4488	3906	5076	11	意大利	5032	4750	4269	5575
12	墨西哥	4507	4606	4172	4948	12	墨西哥	4768	4671	3933	5225
13	俄罗斯	4439	4197	3334	4938	13	比利时	4552	4289	3974	5102
14	英国	4864	4600	3995	4682	14	加拿大	4691	4627	4201	5040
15	新加坡	4130	3908	3625	4574	15	西班牙	3906	3728	3262	4182
16	中国台湾	3359	3306	3472	4477	16	新加坡	3709	3593	3298	4062
17	阿联酋	3880	3894	3353	4252	17	中国台湾	2863	2872	2881	3821
18	印度	3248	3243	2764	3954	18	阿联酋	2447	2884	2470	3475
19	西班牙	3468	3340	3083	3830	19	波兰	2690	2653	2616	3383
20	瑞士	3107	3139	3193	3802	20	越南	2369	2534	2627	3316
21	澳大利亚	2571	2710	2508	3448	21	瑞士	2795	2778	2920	3241
22	波兰	2636	2666	2738	3379	22	俄罗斯	2489	2539	2396	3040
23	越南	2437	2643	2826	3359	23	土耳其	2312	2103	2195	2714
24	马来西亚	2475	2382	2341	2990	24	泰国	2482	2363	2062	2669
25	巴西	2319	2211	2092	2808	25	澳大利亚	2354	2216	2118	2612
26	沙特阿拉伯	2944	2616	1739	2762	26	马来西亚	2176	2050	1899	2380
27	泰国	2530	2463	2316	2720	27	巴西	1928	1932	1663	2347
28	印尼	1801	1677	1633	2299	28	奥地利	1937	1848	1724	2195

资料来源：WTO Statistics Database Online，2022 年 10 月。

表6-2 服务贸易进出口：世界部分国家和地区（2018~2021年）

单位：亿美元

2021年位次	国家和地区	服务出口				2021年位次	国家和地区	服务进口			
		2018年	2019年	2020年	2021年			2018年	2019年	2020年	2021年
	世界	60277	62120	51063	59943		世界	57175	59346	48175	55387
1	美国	8434	8686	7044	7719	1	美国	5424	5696	4420	5249
2	英国	4133	4136	3825	4151	2	中国内地	5207	4970	3775	4381
3	中国内地	2697	2817	2781	3906	3	德国	3732	3739	3094	3793
4	德国	3487	3468	3052	3713	4	爱尔兰	2427	3758	3494	3414
5	爱尔兰	2231	2572	2784	3373	5	法国	2740	2692	2357	2582
6	法国	3021	2957	2540	3023	6	英国	2598	2630	2070	2385
7	荷兰	2582	2740	2223	2452	7	荷兰	2592	2654	2129	2365
8	印度	2043	2141	2025	2399	8	新加坡	2002	2055	2036	2234
9	新加坡	2048	2152	2094	2296	9	日本	2014	2175	1952	2052
10	日本	1894	2050	1581	1640	10	印度	1749	1783	1527	1950
11	卢森堡	1118	1150	1208	1392	11	瑞士	1330	1320	1264	1421
12	比利时	1224	1216	1189	1342	12	比利时	1239	1237	1194	1344
13	瑞士	1356	1310	1147	1328	13	韩国	1315	1289	1049	1256
14	韩国	1029	1030	894	1220	14	意大利	1248	1217	925	1120
15	西班牙	1552	1565	898	1185	15	卢森堡	873	920	963	1104
16	加拿大	1041	1114	928	1026	16	加拿大	1210	1252	969	1037
17	阿联酋	709	893	773	1008	17	丹麦	734	763	718	816
18	意大利	1226	1217	848	1005	18	瑞典	717	747	684	797
19	丹麦	821	833	758	930	19	阿联酋	710	869	605	747
20	波兰	681	702	661	806	20	俄罗斯	934	977	636	747
21	瑞典	731	773	679	785	21	西班牙	822	859	606	726
22	中国香港	1130	1019	668	767	22	奥地利	641	659	557	668
23	以色列	506	555	535	718	23	泰国	547	566	466	652
24	奥地利	752	759	642	694	24	沙特阿拉伯	551	552	385	620

续表

2021年位次	国家和地区	服务出口				2021年位次	国家和地区	服务进口			
		2018年	2019年	2020年	2021年			2018年	2019年	2020年	2021年
	世界	60277	62120	51063	59943		世界	57175	59346	48175	55387
25	土耳其	578	619	351	578	25	中国香港	815	808	548	616
26	俄罗斯	636	618	479	557	26	波兰	430	434	400	492
27	中国台湾	498	515	410	519	27	巴西	691	677	478	487
28	澳大利亚	685	701	489	445	28	挪威	521	525	371	412
29	希腊	437	448	258	412	29	中国台湾	562	563	369	390
30	挪威	433	427	343	402	30	墨西哥	402	397	278	383

资料来源：WTO Statistics Database Online，2022 年 10 月。

表 6-3　原油进出口量：部分国家和地区（2014 年和 2021 年）

单位：千桶/天；%

2021年位次	国家和地区	2014年		2021年		2021年位次	国家和地区	2014年		2021年	
		进口量	占世界比重	进口量	占世界比重			出口量	占世界比重	出口量	占世界比重
	世界	41512	100.0	42738	100.0		世界	40223	100.0	41228	100.0
	OECD	25282	60.9	22760	53.3		OECD	6026	15.0	9766	23.7
1	中国	6178	14.9	10301	24.1	1	沙特阿拉伯	7153	17.8	6227	15.1
2	美国	7344	17.7	6110	14.3	2	俄罗斯	4488	11.2	4510	10.9
3	印度	3791	9.1	4244	9.9	3	伊拉克	2516	6.3	3440	8.3
4	韩国	2477	6.0	2613	6.1	4	加拿大	2276	5.7	3195	7.7
5	日本	3245	7.8	2493	5.8	5	美国	351	0.9	2980	7.2
6	德国	1806	4.4	1645	3.8	6	阿联酋	2497	6.2	2305	5.6
7	意大利	1087	2.6	1145	2.7	7	科威特	1995	5.0	1740	4.2
8	西班牙	1192	2.9	1134	2.7	8	尼日利亚	2120	5.3	1592	3.9

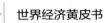

续表

2021年位次	国家和地区	2014年		2021年		2021年位次	国家和地区	2014年		2021年	
		进口量	占世界比重	进口量	占世界比重			出口量	占世界比重	出口量	占世界比重
	世界	41512	100.0	42738	100.0		世界	40223	100.0	41228	100.0
	OECD	25282	60.9	22760	53.3		OECD	6026	15.0	9766	23.7
9	荷兰	959	2.3	1060	2.5	9	挪威	1203	3.0	1563	3.8
10	泰国	806	1.9	863	2.0	10	哈萨克斯坦	1251	3.1	1323	3.2
11	新加坡	786	1.9	793	1.9	11	巴西	517	1.3	1292	3.1
12	英国	940	2.3	727	1.7	12	墨西哥	1220	3.0	1091	2.6
13	法国	1077	2.6	683	1.6	13	利比亚	329	0.8	1091	2.6
14	加拿大	564	1.4	661	1.5	14	安哥拉	1608	4.0	1080	2.6
15	土耳其	353	0.9	634	1.5	15	阿曼	804	2.0	897	2.2
16	比利时	650	1.6	579	1.4	16	伊朗	1109	2.8	763	1.9
17	希腊	420	1.0	461	1.1	17	英国	570	1.4	604	1.5
18	瑞典	378	0.9	364	0.9	18	阿塞拜疆	669	1.7	483	1.2
19	白俄罗斯	454	1.1	342	0.8	19	卡塔尔	595	1.5	458	1.1
20	南非	459	1.1	220	0.5	20	委内瑞拉	1965	4.9	448	1.1
21	印度尼西亚	383	0.9	206	0.5	21	阿尔及利亚	623	1.5	446	1.1
22	澳大利亚	441	1.1	197	0.5	22	哥伦比亚	722	1.8	442	1.1
23	阿联酋	22	0.1	187	0.4	23	厄瓜多尔	422	1.1	349	0.8
24	巴林	211	0.5	183	0.4	24	澳大利亚	244	0.6	254	0.6
25	巴西	333	0.8	166	0.4	25	刚果	261	0.6	251	0.6
26	智利	182	0.4	164	0.4	26	马来西亚	229	0.6	209	0.5
27	埃及	85	0.2	162	0.4	27	加蓬	207	0.5	181	0.4
28	罗马尼亚	138	0.3	140	0.3	28	巴林	0	0.0	152	0.4
29	马来西亚	209	0.5	131	0.3	29	苏丹	168	0.4	138	0.3
30	菲律宾	184	0.4	101	0.2	30	印度尼西亚	256	0.6	117	0.3

续表

2021年位次	国家和地区	2014年 进口量	2014年 占世界比重	2021年 进口量	2021年 占世界比重	2021年位次	国家和地区	2014年 出口量	2014年 占世界比重	2021年 出口量	2021年 占世界比重
	世界	41512	100.0	42738	100.0		世界	40223	100.0	41228	100.0
	OECD	25282	60.9	22760	53.3		OECD	6026	15.0	9766	23.7
31	保加利亚	102	0.2	91	0.2	31	埃及	117	0.3	110	0.3
32	克罗地亚	37	0.1	48	0.1	32	赤道几内亚	197	0.5	93	0.2
33	乌克兰	4	0.0	32	0.1	33	文莱	108	0.3	69	0.2
34	厄瓜多尔	0	0.0	16	0.0	34	越南	173	0.4	68	0.2
35	委内瑞拉	42	0.1	6	0.0	35	特立尼达和多巴哥	34	0.1	59	0.1
36	特立尼达和多巴哥	61	0.1	0	0.0	36	中国	12	0.0	53	0.1

注：数据包括转口数据，每个地区只列出主要的而非全部国家和地区。

资料来源：OPEC Annual Statistical Bulletin 2022，Interactive Version，www.opec.org，2022 年10 月。

（七）国际投资与资本流动回顾

表 7-1　国际投资头寸表：部分国家和地区（2017~2021 年）

单位：亿美元

国家	2017 年	2018 年	2019 年	2020 年	2021 年
美国					
资产	275821	251068	288694	320416	350655
对外直接投资	88939	74174	86922	93667	109706
证券投资	124137	113225	131242	143993	163093
股本证券	91181	78996	94780	106150	120221
债务证券	32956	34229	36462	37842	42872
金融衍生品	15608	14496	17904	25460	19875
其他投资	42639	44683	47482	51024	50858

续表

国家	2017 年	2018 年	2019 年	2020 年	2021 年
储备资产	4497	4491	5144	6273	7123
负债	354128	349026	405224	467490	531897
外来直接投资	88353	83935	104655	118974	148130
证券投资	193983	188442	217636	251719	284801
股本证券	79416	75392	92962	118346	148041
债务证券	114567	113049	124673	133373	136760
金融衍生品	15232	14075	17703	25527	19676
其他投资	56561	62574	65231	71271	79290
中国					
资产	71915	74327	78464	88791	93243
对外直接投资	18450	20015	22366	25807	25819
证券投资	4992	5065	6575	9030	9797
股本证券	3044	2786	3853	6048	6484
债务证券	1948	2279	2722	2982	3313
金融衍生品	59	62	67	206	154
其他投资	16055	17505	17226	20184	23205
储备资产	32359	31680	32229	33565	34269
负债	51263	53252	55468	65923	73410
外来直接投资	27257	28271	27964	32312	36238
证券投资	11775	11628	14526	19558	21554
股本证券	8405	7506	9497	12607	13360
债务证券	3370	4122	5029	6951	8194
金融衍生品	34	60	65	129	103
其他投资	12197	13294	12913	13923	15516
日本					
资产	89757	91853	99927	110416	109431
对外直接投资	15513	16411	18710	19747	20030
证券投资	41063	40688	45361	50718	50639

续表

国家	2017 年	2018 年	2019 年	2020 年	2021 年
股本证券	16760	16318	19049	20766	22148
债务证券	24302	24370	26312	29953	28491
金融衍生品	3001	2900	3143	4313	3135
其他投资	17568	19201	19481	21759	21470
储备资产	12613	12653	13231	13879	14157
负债	60590	61049	67223	76194	73430
外来直接投资	2562	2768	3146	3878	3546
证券投资	33368	31687	36313	41112	41242
股本证券	19472	15907	19238	21199	21329
债务证券	13895	15780	17075	19913	19913
金融衍生品	3009	2770	3052	4087	3074
其他投资	21652	23823	24712	27118	25567
德国					
资产	102416	100521	108237	128618	129449
对外直接投资	23905	24707	26148	29619	30186
证券投资	36544	34367	38677	44993	45865
股本证券	13544	12143	14922	17977	21533
债务证券	23000	22223	23756	27016	24332
金融衍生品	5699	4875	7022	10312	8068
其他投资	34267	34590	34151	41006	42369
储备资产	2001	1982	2238	2688	2960
负债	85078	80377	85392	101819	100621
外来直接投资	17160	17555	18015	20971	20230
证券投资	36170	32004	34945	40041	38250
股本证券	14459	11215	13222	14529	15080
债务证券	21711	20790	21723	25511	23170
金融衍生品	5875	5092	7387	10425	8093
其他投资	25873	25725	25045	30382	34047

资料来源：IMF 国际收支统计，2022 年 10 月。

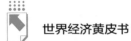

表 7-2 · FDI 流量：部分国家和地区（2019~2021 年）

单位：亿美元

国家和地区	流入量			流出量		
	2019 年	2020 年	2021 年	2019 年	2020 年	2021 年
世界	14806	9631	15823	11239	7805	17076
发达经济体	7645	3192	7457	7368	4082	12692
发展中经济体	7162	6439	8366	3871	3723	4384
澳大利亚	394	167	251	99	99	92
比利时	18	119	256	−34	106	456
巴西	654	283	504	190	−129	231
加拿大	501	232	597	794	465	899
中国	1412	1493	1810	1369	1537	1452
塞浦路斯	344	47	5	345	3	−33
埃及	90	59	51	4	3	4
法国	284	49	142	338	460	−28
德国	527	646	313	1373	606	1517
匈牙利	43	68	55	32	42	29
印度	506	641	447	131	111	155
印度尼西亚	239	186	201	34	44	36
爱尔兰	1494	809	157	321	−450	620
意大利	181	−236	85	198	−19	118
日本	138	107	247	2326	957	1468
韩国	96	88	168	352	348	608
马来西亚	78	32	116	62	24	47
墨西哥	344	279	316	106	27	−7
荷兰	−141	−1054	−811	163	−1914	289
秘鲁	62	−9	59	10	0	2
菲律宾	87	68	105	34	36	24
俄罗斯	321	104	382	220	68	636
沙特	46	54	193	135	49	239
新加坡	1063	754	991	556	318	474
瑞士	−1058	−1627	10	−562	−362	−191
英国	455	182	276	−61	−654	1077
美国	2251	1508	3674	286	2349	4031
越南	161	158	157	5	4	3

资料来源：联合国贸发会数据库。

表 7-3　FDI 存量：部分国家和地区（2019~2021 年）

单位：亿美元

国家和地区	流入存量			流出存量		
	2019 年	2020 年	2021 年	2019 年	2020 年	2021 年
世界	365295	417276	454488	344963	395457	417985
发达经济体	252452	299673	331193	268758	311129	330087
发展中经济体	112843	117602	123295	76205	84328	87898
澳大利亚	7329	7947	7703	5809	6231	6189
比利时	5978	6173	6046	6539	6580	6913
巴西	7050	5953	5928	2476	2779	2962
加拿大	11561	12356	14378	16658	19471	22853
中国	17695	19188	20640	21989	25807	25818
塞浦路斯	4474	4771	4064	4612	4900	4133
埃及	1266	1325	1375	82	85	88
法国	8549	9638	9780	14305	15478	15450
德国	9636	11078	11391	18216	19896	21413
匈牙利	941	1026	1017	323	367	387
印度	4270	4802	5143	1797	1909	2064
印度尼西亚	2353	2406	2593	807	888	956
爱尔兰	12128	13468	13625	11253	12118	12738
意大利	4436	4727	4549	5586	5852	5533
日本	2238	2323	2570	17802	18371	19839
韩国	2417	2649	2633	4560	5009	5515
马来西亚	1681	1707	1874	1218	1284	1346
墨西哥	5678	5456	5788	1756	1895	1853
荷兰	14547	27195	25762	22930	35741	33569
秘鲁	1128	1119	1178	108	104	99
菲律宾	946	1032	1137	580	640	664
俄罗斯	4932	4491	5219	4073	3811	3993
沙特	2364	2418	2611	1239	1288	1515
新加坡	17385	19520	20073	11453	12657	13464
瑞士	14604	14239	13696	15321	16641	15785
英国	20451	22199	26342	19659	21376	21664
美国	93629	108135	136190	75791	82408	98135
越南	1611	1769	1926	111	115	118

资料来源：联合国贸发会数据库。

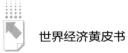

（八）全球大公司排名

表 8-1　2022 年《财富》全球 50 强公司排名

单位：百万美元

2022 年排名	2021 年排名	2020 年排名	公司名称	营业收入	利润	总部所在地
1	1	1	沃尔玛（Walmart）	572754	13673	美国
2	3	9	亚马逊（Amazon.com）	469822	33364	美国
3	2	3	国家电网有限公司（State Grid）	460616.9	7137.8	中国
4	4	4	中国石油天然气集团有限公司（China National Petroleum）	411692.9	9637.5	中国
5	5	2	中国石油化工集团有限公司（Sinopec Group）	401313.5	8316.1	中国
6	14	6	沙特阿美公司（Saudi Aramco）	400399.1	105369.1	沙特阿拉伯
7	6	12	苹果公司（Apple）	365817	94680	美国
8	10	7	大众公司（Volkswagen）	295819.8	18186.6	德国
9	13	18	中国建筑集团有限公司（China State Construction Engineering）	293712.4	4443.8	中国
10	7	13	Cvs Health 公司（Cvs Health）	292111	7910	美国
11	8	15	联合健康集团（Unitedhealth Group）	287597	17285	美国
12	23	11	埃克森美孚（Exxon Mobil）	285640	23040	美国
13	9	10	丰田汽车公司（Toyota Motor）	279337.7	25371.4	日本
14	11	14	伯克希尔－哈撒韦公司（Berkshire Hathaway）	276094	89795	美国
15	19	5	壳牌公司（Shell）	272657	20101	英国
16	12	16	麦克森公司（Mckesson）	263966	1114	美国
17	21	29	Alphabet 公司（ALPHABET）	257637	76033	美国
18	15	19	三星电子（Samsung Electronics）	244334.9	34293.5	韩国

续表

2022 年排名	2021 年排名	2020 年排名	公司名称	营业收入	利润	总部所在地
19	31	27	托克集团（Trafigura Group）	231308.1	3100	新加坡
20	22	26	鸿海精密工业股份有限公司（Hon Hai Precision Industry）	214619.2	4988.3	中国
21	17	23	美源伯根公司（Amerisourcebergen）	213988.8	1539.9	美国
22	20	24	中国工商银行股份有限公司（Industrial & Commercial Bank Of China）	209000.4	54003.1	中国
23	34	17	嘉能可（Glencore）	203751	4974	瑞士
24	25	30	中国建设银行股份有限公司（China Construction Bank）	200434	46898.9	中国
25	16	21	中国平安保险（集团）股份有限公司（Ping An Insurance）	199629.4	15753.9	中国
26	27	33	开市客（Costco Wholesale）	195929	5007	美国
27	52	25	道达尔能源公司（Totalenergies）	184634	16032	法国
28	29	35	中国农业银行股份有限公司（Agricultural Bank Of China）	181411.7	37390.8	中国
29	–	101	Stellantis 集团（STELLANTIS）	176663	16789.1	荷兰
30	28	32	信诺（Cigna）	174078	5365	美国
31	–	–	中国中化控股有限责任公司（Sinochem Holdings）	172260.3	−197.7	中国
32	26	22	美国电话电报公司（At&T）	168864	20081	美国
33	33	47	微软（Microsoft）	168088	61271	美国
34	35	50	中国铁路工程集团有限公司（China Railway Engineering Group）	166452.1	1853.2	中国
35	18	8	英国石油公司（BP）	164195	7565	英国
36	30	37	嘉德诺（Cardinal Health）	162467	611	美国

续表

2022年排名	2021年排名	2020年排名	公司名称	营业收入	利润	总部所在地
37	75	36	雪佛龙（Chevron）	162465	15625	美国
38	24	20	梅赛德斯－奔驰集团（Mercedes-Benz Group）	158306.1	27200.8	德国
39	42	54	中国铁道建筑集团有限公司（China Railway Construction）	158203	1703.8	中国
40	32	45	中国人寿保险（集团）公司（China Life Insurance）	157095.3	3087.1	中国
41	51	42	三菱商事株式会社（Mitsubishi）	153690	8345.8	日本
42	39	43	中国银行股份有限公司（Bank Of China）	152409.3	33573.3	中国
43	41	59	家得宝（Home Depot）	151157	16433	美国
44	72	111	中国宝武钢铁集团有限公司（China Baowu Steel Group）	150730	2994.9	中国
45	36	41	沃博联（Walgreens Boots Alliance）	148579	2542	美国
46	59	102	京东集团股份有限公司（Jd.Com）	147526.2	-551.8	中国
47	38	46	安联保险集团（Allianz）	144516.6	7815.2	德国
48	46	34	安盛（Axa）	144446.8	8623.9	法国
49	81	48	马拉松原油公司（Marathon Petroleum）	141032	9738	美国
50	50	68	Elevance Health 公司（Elevance Health）	138639	6104	美国

注：表中"－"代表未进入 500 强，因此排名未知。

资料来源：财富中文网，http://www.fortunechina.com。

Abstract

After experiencing a relatively strong recovery, the world economy is clearly lacking in growth momentum. By the impact of short-term factors such as the ongoing COVID-19 situation, escalating geopolitical conflicts, tightening macro policy environment and frequent major climatic disasters, the growth rate of the world economy in 2022 has dropped significantly, accompanied by severe inflationary pressure, high debt levels, and increased turbulence in financial markets and prices of primary products. At present, the world economy is operating in a variety of short-term problems and long-term contradictions intertwined. While some short-term unstable, uncertain, insecure factors continue to emerge, some deep-seated contradictions and structural problems are increasingly prominent. Looking ahead, the developments and trends of curbing inflation and achieving a soft landing, The spillover effect of macro policy shifts in the U.S. and EU, large-scale international sanctions and their impacts, debt sustainability in some countries, changes in food and energy supply and demand, the game of the global industrial chain supply chain among big powers deserve attention. In view of the current signs of the world economic development and considering the possible impact of various factors, this report believes that the world economic recovery will face more pressure in 2023, with a higher possibility of further decline in economic growth.

Keywords: World Economy; International Trade; International Invest; International Finance

Contents

I General Report

Abstract: Impacted by the short-term factors of tightening macroeconomic policy, ongoing COVID-19 pandemic, escalating geopolitical conflicts and frequent major climatic disasters, the world economic growth rate declined significantly in 2022, accompanied by the continued soaring in CPI of developed countries, intensification of geopolitical and economic games between major countries, increased turbulence of financial markets, rapid increase of U.S. dollar index and drastic fluctuation of commodity prices. At present, a variety of short-term problems and long-term contradictions of the world economy are intertwining, which not only leads to the emergence of several unstable, uncertain, and insecure short-term factors, but also gradually shows some deep-seated and structural issues. Looking ahead, the trends and developments of curbing inflation and achieving a soft landing, the spillover effects of macro policy shifts in the U.S. and EU, large-scale international sanctions and their impact, the politicization of regional economic and technological mechanisms, and the global food crisis deserve attention. Taking into account the current signs of the world economic development and other factors, this report believes that the world economic recovery will face more pressure in 2023 than 2022, and it is highly likely that the economic growth rate will drop further to 2.5%..

Keywords: World Economy; Monetary Policy; Stagflation Risk; Geopolitical Economy

II　Country / Region Study

Y.2　The U.S. Economy: from Boom to Recession

Yang Zirong / 019

Abstract：After a brief expansion, the U.S. economy fell into a "technical" recession with two quarters of negative growth in the first half of 2022. As the labor market remains strong, a substantial economic recession identified by the NBER has not yet occurred, but the lack of stamina in consumption and consecutive negative growth in investment suggest that the momentum of growth is waning. With the withdrawal of the expansionary fiscal policy, the U.S. fiscal deficit has shrunk significantly, but the cost of interest payment will increase year by year due to interest rate hikes, and the long-term debt burden may not be sustainable. Recently, the US government introduced the "Inflation Reduction Act", which is conducive to promoting the US energy transition and climate response, but its role in controlling inflation is almost negligible. As inflation remains high, and the factors causing inflation are gradually shifting from the supply side to the demand side, the Federal Reserve has been forced to continue to raise interest rates substantially. Driven by rising interest rates, the U.S. dollar index entered a relatively strong cycle, U.S. stocks experienced a significant decline, and the U.S. bond yield curve inverted. High inflation, tight labor market and negative real interest rates have left the Fed with very little room to achieve a "soft" landing for the economy.

Keywords: U.S. Economy; Inflation; Recession

411

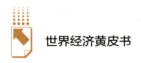
世界经济黄皮书

Y.3 The European Economy: A Grimmer Outlook

Lu Ting, Dong Yan / 043

Abstract: The resurgence of the pandemic has led to renewed strains on the EU economy during the second half of 2021, while most countries across the EU end the year on a weaker note. After that, the pandemic situation improves, and the Russia's war against Ukraine has become the major disruptive factor for European economy since February 24th, 2022. The shortage of natural gas and supply bottlenecks pushed up the inflationary pressure, while hitting the confidence severely both in the production and household sector. The capital expenditure and private consumption contracted as the inflationary pressures weighed on the production costs as well as households' purchasing power. The terms of trade were also worsened and the trade deficit widened in the Euro Area. In order to ensure the timely return of inflation to the medium-term target, the ECB has expedited its normalization of the monetary policy and raised the interest rate consecutively. As the geopolitical conflict continues, higher inflation accompanied with lower economic growth and less favorable financing condition is hard to dissipate in the near term. Therefore, the annual real GDP growth is expected to stand at 3.0%~3.5% in 2022 and drop to 0.3~0.6% in 2023.

Keywords: European Economy; Ukraine Crisis; Energy Crisis; Economic Growth

Y.4 Japanese Economy: Slow recovery under the Increased External Uncertainty

Zhou Xuezhi / 064

Abstract: After the Tokyo Olympics, Japan's epidemic prevention gradually relaxed. In 2022, the Japanese government at all levels did not issue an "Declaration of a State of Emergency", and the Japanese economy showed a stable and slow growth trend. However, with the outbreak of the Russian-Ukrainian conflict and the tightening of the monetary policy of the Federal Reserve of the United States, the external risks have increased again, and Japan's finance, especially the bond market, is facing great pressure. In 2021, the real growth rate of Japan's economy is 1.7%, the total GDP has not returned to pre-epidemic levels. In the first half of 2022, Japan's real economic growth rate was 1.1%, which is still in a slow recovery state. Compared with the smooth recovery of the real economy, Japan's foreign exchange and bond markets have experienced significant fluctuations. The yen fell sharply against the U.S. dollar by 17.9% in the first half of 2022, and the Japanese government bond yield touches 0.25% many times. In the second half of 2022, the yen exchange rate will still face depreciation pressure; it is expected to ease in 2023. There is also a possibility of Yen appreciate in 2023. Even if Yen appreciates, the magnitude will be limited. In 2023, the growth rate of Japanese economy will be lower than in 2022. If there is an outbreak of systemic risk, the growth rate will be lower.

Keywords: Consumption; Investment; International Trade; Exchange Rate; Inflation

Y.5　Asia-Pacific Economy: Recovery with Multiple Challenges

Abstract: Affected by multiple challenges including the Ukraine crisis, the tightening of monetary policy in developed economies and supply chain shocks, the recovery process of the Asia-Pacific economy in 2022 was not smooth, and the overall growth momentum was weaker than the previous year. In 2022, the weighted average economic growth rate of 17 countries in the Asia-Pacific region was expected to be 4.0%-2.4 percentage points lower than in 2021, but higher than the global average.

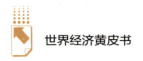
Inflationary pressures rose in the Asia-Pacific region in 2022, however, the headline inflation remained moderate relative to global levels. Affected by the strong US dollar, the currencies of all economies in the Asia-Pacific region have depreciated against the US dollar. Current accounts were diverged due to hikes of commodity prices, with commodity exporters improving and commodity importers deteriorating. As easing policy withdrew, government debt began to adjust. The region's major economies performed well in the first half of 2022, but began to slow down in the second half of 2022. Looking forward to 2023, the Asia-Pacific economy will face further slowdown pressure, but if China's economy recovers further, the Asia-Pacific regional value chain continues to consolidate, and the digital economy continues to flourish, the Asia-Pacific economy will play a more active role in the global economic recovery process.

Keywords: Asia-Pacific Region; Economic Recovery; Inflation; External Shocks

Y.6 India's Economy: Decelerating Recovery

Feng Weijiang / 097

Abstract: The Indian economy remains in the process of recovery driven by endogenous factors in FY 2021-2022, with its GDP set to overtake that of the UK for the first time in 2022 to become the world's fifth largest economy. Inflation in India was significantly higher in the first three quarters of 2022 than in the same period a year earlier, with the consumer price index (CPI) growing at an average of 6.9% year-on-year from January to September, significantly higher than the average of 5.2% in the same period in 2021. The stock market ends its trend upward after a big drop under the epidemic shock and is characterized by a decline in the first half of the year and a rebound and high shocks in the second half of 2022. Unemployment is relatively flat. Fiscal budget spending rises, deficit and debt pressures increase, and monetary policy turns tighter to curb inflation, capital outflows, and currency devaluation risks. India's

GDP will overtake that of the UK for the first time in 2022 and India will replace the UK as the world's fifth largest economy. The supply side and demand side have good support for India's economic growth in the coming year, but the prolongation of the Ukraine crisis, the impact of the Federal Reserve's sharp interest rate hike on the exchange rate, capital flows, commodity prices and financial markets, uncertainty about the direction of the epidemic, and the supply chain security of important products such as chips, are still potential challenges affecting India's economic growth in the coming year. Taking all factors into account, India's real GDP growth rate is expected to be around 6.7% in FY2022-2023 and is expected to be around 6.3% in FY2023-2024.

Keywords: Okraine Crisis; Economy Recover; Tighter Monetery Policy

Y.7　Russian Economy: Sanctions and Countermeasures

Lin Shen, Wang Yongzhong / 113

Abstract: The crisis in Ukraine reversed the strong recovery of the Russian economy, which fell sharply from 4.6% in 2021 to around -1.1% in the first half of 2022. Since the outbreak of the Ukraine crisis, the United States and Western countries have imposed comprehensive sanctions on Russia, involving entities, finance, investment, energy, defense, science and technology, transportation and other fields. Relying on abundant natural resources and high international commodity prices, the Russian government has introduced a series of policies and measures such as stabilizing the financial market, parallel imports, fiscal and tax stimulus, and special controls on export foreign investment, in an effort to stabilize the domestic real economy. Thanks to the relatively high elasticity of the shift in the destination of energy exports, although the Russian economy fell sharply in the first half of 2022, its performance was significantly stronger than expected. The technical, financial and market blockade

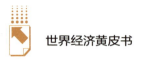

of the United States and the West, as well as the gradual entry into force of the ban on the import of European petroleum products, will seriously damage the long-term growth momentum of the Russian economy. The Russian economy is expected to decline by about 4% in 2022 and may continue to shrink by about 3% in 2023.

Keywords: Russian; Economic Sanctions; Energy Exports

Y.8 Latin American Economy: Weak Recovery

Xiong Aizong / 134

Abstract: Following a substantial rebound in 2021, economic recovery is expected to continue across Latin America and the Caribbean (LAC) in 2022, with economic growth rate projected at 2.7%. With outlook in 2023, LAC will be encountered with more complicated domestic and foreign challenges, however. From the external perspective, further slowdown in the global economic growth is predicted, LAC will not only present the lower external demand, but also witness the shrinking inflow of foreign direct investment and remittances. Moreover, due to the tightening global financial conditions and deteriorating geopolitical tensions, financial risks will escalate in LAC. From the internal perspective, the domestic inflation pressures will continuously aggravate, and monetary policies of various countries in LAC will be tightened synchronously. Meanwhile, the mounting fiscal pressures will also undermine the fiscal stimulus efforts by various governments. The Ukraine crisis has caused a rise in global geopolitical risks, and factors such as the energy crisis, food crisis, and the risk of global supply chain disruptions will inevitably hit Latin America and the Caribbean. Economic growth of LAC will slow down in 2023, whereas multiple challenges will be still posed to recovery process.

Keywords: Latin America; Economic Situation; Ukraine Crisis

Y.9 West Asia and Africa: Bigger Divergence

Sun Jingying / 148

Abstract: The Ukrainian crisis, high oil prices, high food prices and the Fed's interest rate hike have led to significant differences in the economic growth rates of countries in the region. Oil-exporting countries will achieve higher economic growth rates because of continued high oil prices. At the same time, the fiscal balance and balance of payments of oil-exporting countries will further improve. In contrast, the economic situation of oil-importing countries and low- and middle-income countries with a high share of food expenditures will deteriorate. Economic growth in 2022 is expected to be 5.0% in West Asia and North Africa and 3.7% in Sub-Saharan Africa. The international community should work together to avoid a situation where countries divergence continues to widen.

Keywords: West Asia North Africa; Sub-Saharan Africa; Ukraine Crisis; Inflation; Debt Risk

Y.10 China's Economy: Consolidate the Economic Recovery Process

Zhang Bin, Xu Qiyuan / 162

Abstract: In 2022, The external environment of China's economy has become more complicated with the Ukrainian crisis and the Fed's interest rate hikes. At the same time, The domestic economy suffered from the pandemic and a deep downturn of real estate market, which intensified the triple pressures of shrinking demand, disrupted supply and weakening expectations. In order to cope with internal and external challenges and consolidate the process of economic recovery, China should continue to implement expansionary macroeconomic policies. Meanwhile, more attention should be paid to improving the standardization of policy instruments:

417

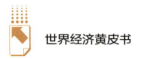
monetary policy should put more weight on interest rate instruments, and fiscal policy should decisively increase the scale of the government's explicit deficit to avoid the drawbacks of excessive reliance on local government financing platforms. In order to build a new model of real estate development and ensure the steady operation of the economy and society, this chapter also proposed a systematic solution to support the healthy development of real estate market.

Keywords: China's Economy; Aggregate Demand; Real Estate; Macroeconomic Policies

III   Special Reports

Y.11   The Growth Rate Fell Back and will Continue to Decline

Su Qingyi / 176

Abstract: After the sharp decline of world goods trade in 2020 due to the impact of the epidemic, the world goods trade rebounded strongly in 2021, with a real growth rate of 9.7%, which was the highest growth rate since the international financial crisis. Due to the sharp rise in commodity prices, especially energy prices, the nominal growth rate of world goods trade in 2021 was significantly higher than the actual growth rate. The world export of business services was 5.99 trillion US dollars, growing by 17.39%. In the first half of 2022, the growth of world trade in goods and services is relatively stable. In the first half of the year, the real growth rate of world goods trade was 4.49% despite the impact of the crisis in Ukraine. Trade barometer reveals that the growth rate of world trade in goods will slow down in the second half of 2022, but the trade in services will maintain a good performance. The real growth rate of goods trade throughout the year will be between 3% and 4%. It is expected that the world trade will hardly improve in 2023, and the growth rate will be lower than 2022. Meanwhile, we should be alert to the impact of uncertain events such as the Ukrainian crisis, epidemic situation, and Sino-US relations.

Keywords: Trade Situation; Service Trade; Ukrainian Crisis

Abstract: In 2022, international financial market continuously experienced turbulence. The recurrence of COVID-19 pandemic continued severely hamper the global economic recovery, while the disruption of global supply chains and the outbreak of the Russian-Ukrainian conflict have substantially raised energy and commodity prices. In order to curb severe inflation, the Federal Reserve has raised interest rates sharply, and many other central banks have followed suit. The tightening of international financing conditions and sharp changes in geopolitical risks have led to an increase in risk aversion in the international financial market. In the foreign exchange market, the US dollar appreciated significantly against the euro and other major currencies. Emerging markets and developing economies have faced severe challenges to their financial stability due to the increase in international financing costs, currency depreciation and capital outflows. Some countries with high debts were in danger of falling into a new round of debt crisis.

Keywords: International Financial Risk; International Securities Market; Equity Market; Foreign Exchange Market

Abstract: Under the influence of the economic stimulus policies of developed

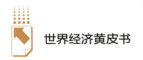

economies, the profits of transnational enterprises soared, and the financial activities and cross-border mergers and acquisitions within and between enterprises were active, which promoted the global international direct investment to increase by 64% year on year in 2021, returning to the level before the COVID-19 epidemic. Some of the emergency investment policies adopted due to the epidemic are also coming to an end, but the trend of tightening investment supervision continues, and the proportion of restrictive investment policies has reached a new historical high, mainly from developed economies. The outbreak of the conflict between Russia and Ukraine has cast a shadow on the international investment and global business environment. The interest rate increase policy of developed countries in response to inflation pressure will further slow down cross-border M&A activities and inhibit the growth of international project financing. Geopolitical games increase the overall cost of global economic operation, and multinational enterprises will have to find a balance between value economy and trade, supply chain security, and maintaining enterprise competitiveness.

Keywords: International Direct Investment; Russia-Ukraine Conflict; Geopolitical Game

Y.14 The Retrospect and Prospect of Global Commodity Market: Shocks and Adjustments

Zhou Yimin, Wang Yongzhong / 226

Abstract: Affected by Russia-Ukraine conflict, the epidemic, and the slowdown of global economy, commodity prices have experienced a downward trend after continuing the upward trend in the past year. Taking the Russian-Ukrainian conflict as the dividing point, commodity prices continued their strong upward trend from August 2021 to March 2022, with an increase of 50% on average. But since then, the prices of non-energy commodities started to fall back. Because of the Fed rate hike and a worsening prospect for the global economy, prices of industrial metals and food fell by 26% and 10% respectively, during April-July 2022. From 2022Q4 to 2023, commodity prices are expected to fluctuate downwards, but there is no room for a sharp drop. Energy prices will be more volatile due to the decoupling of Russian and European energy trade, carbon neutrality actions and extreme climate factors. Oil price may settle higher during periods of peak power demand in winter, and then fall around US $90/ barrel due to the economic slowdown prospect and weak energy demand. Energy transition metals have the potential for long-term growth due to carbon neutrality policies, and iron ore price is expected to stabilize as China's demand to rebound modestly. Food prices will be highly volatile and intensify the food crisis in low-income economies.

Keywords: Commodity Market; Supply; Demand; Russia-Ukraine conflict; Price

IV   Hot Topics

Abstract: Russia is a superpower in energy production and export, an important exporter of grain, fertilizer, and metals, and Ukraine is an important exporter of grain in the world. The destruction of the war and the sanctions of the United States and Western countries on Russia have seriously constrained the capabilities of commodities production and export in Russia and Ukraine, exacerbated the imbalance in the global supply of commodities, and led to soaring prices of energy, food and metals, especially the record high prices of natural gas in Europe, coal and nickel. The Russian-Ukrainian conflict will lead to a realignment of global energy flows, Russia will lose the European market and turn to Asia to find new market, the United States' expensive LNG will replace

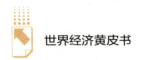
Russia's cheap pipeline gas as the main source of European gas imports. The marginal impact of the Ukraine crisis on Europe's energy security is expected to diminish, but it will continue to be plagued by unstable energy sources for a longer term, especially during the winter heating season, although the intensity will be significantly weaker than the impact of the Ukraine crisis. It expected that the Europe will face energy supply instability problems in the coming years, especially in winter, but the most difficult period for European energy supply has passed, and the marginal impact of the conflict on its energy supply will decrease gradually. Affected by the combination of factors such as the sharp appreciation of the US dollar and the increase in the debt burden, the abilities of some low- and middle-income countries in the Middle East, Africa and Asia with high food dependence on Russia and Ukraine to pay for food imports have been seriously weakened, and the possibility of food crisis has significantly increased. Compared with energy and food market, the global metal market was less affected, and the event of the short squeeze in LSE nickel futures of Qingshan Group has been resolved smoothly, but the aluminum product market is subject to a high risk of volatility due to the potential US import ban of Russian aluminum.

Keywords: Ukrainian Crisis; European Gas Crisis; Energy Trade Shift; Food Crisis; Short Squeeze in Nickel Futures.

Y.16 The Impact of Monetary Tightening in Developed Economies on the World Economy

Luan Xi / 266

Abstract: In 2022, inflation remains high in major developed economies and central banks in major economies such as the Federal Reserve and the ECB accelerate the withdrawal of quantitative easing and sharp interest rate hikes to curb rising inflation. The dampening effect of sharp monetary tightening on supply-driven inflation remains to be seen, but may lead to major developed economies face the risk of recession, financial risk also rose. Monetary tightening in developed economies spills over to other economies around the world through trade, commodity and capital flow channels, leading to a decline in global demand, dollar appreciation, local currency depreciation, a passive rise in domestic financing costs, asset price shocks, and the possibility of a currency crisis or debt crisis in economies with high financial vulnerability. It is worth noting that the major European economies during the Fed and the ECB rate hike also suffered from the Ukrainian crisis, the energy crisis and other multiple shocks, exchange rates and risk premium shocks are far more than the last rate hike. The European economy has been hit harder than the last rate hike cycle.

Keywords: Fed Monetary Policy; Interest Rate Hike; Economic Recession; Spillover Effects

Abstract: After the outbreak of the conflict between Russia and Ukraine, the United States and Europe have adopted a series of financial sanctions against Russia. In particular, the freezing of Russia's foreign exchange reserves and the exclusion of key Russian banks from the Society for Worldwide Interbank Financial Telecommunications (SWIFT) have had important impacts on Russia. Moreover, frequent use of financial sanctions on large countries (especially Russia) has exacerbated the distrust of the US dollar System in emerging markets and developing countries. Logical foundation for the US dollar and SWIFT as public goods of international monetary system has been destabilized to some extent. However, the

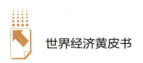

position of the US dollar and SWIFT is still hard to change. This does not mean that the international monetary system will remain the same forever. Once the willingness to hold foreign exchange reserves declines, emerging markets and developing countries will either increase their tolerance of exchange rate volatility or implement more capital flow management measures. Therefore, in the trend of de-globalization in the future, the international monetary system will turn out to be more volatile.

Keywords: Financial Sanctions; International Monetary System; Reserve Currency; International Financial Infrastructure

Y.18   Global Sovereign Debt Risk and Debt Sustainability Analysis

Xiong Wanting / 298

Abstract: In 2022, the global economy has gradually shifted from a "low inflation and low interest rate" condition before the outburst of Covid-19 to a "high inflation and high interest rate" condition. Meanwhile, world economic growth is challenged by a lack of strength and various types of uncertainties. Against this new background, the systemic risk of widespread sovereign debt crises has once again become a hidden danger to global economic and financial stability. For advanced economies whose sovereign debt are predominantly denominated by local currency, the economic downturn and monetary tightening will put pressure on government repayment, but such pressure could be buffered by the debt reduction effect of unexpected high inflation shock. The most worrisome vulnerability for these economies is the risk of a vicious circle of "bank/shadow bank-sovereign" doom loop initiated by falling asset prices. For emerging markets and developing countries that are more reliant on external debt funding, the number of countries in debt distress has already increased. As it is extremely difficult for these economies to effectively offset the negative effect of external monetary tightening and global demand reduction risks, more countries may go into distress. Facing the impending wave of sovereign debt crisis, the international community should enhance cooperation on global debt governance and macroeconomic policy coordination.

Keywords: Sovereign Debt; Debt Sustainability; Debt Crisis; High Inflation; Emerging Market and Developing Economy

Abstract: This article summarizes new rules system of international economic and trade rules proposed by the United States from multiple levels and fields since the COVID-19 outbreak, involving Europe, Asia-Pacific, America, including three macroeconomic frameworks, as well as a total of 28 specific nine fields. These rules and cooperation frameworks constitute a new system for the United States to reshape global value chains, and reflect the new layout of the United States' security supply chain and manufacturing strategy: that is, from the traditional "local production" (Onshoring) + "offshoring" (Offshore outsourcing) mode, turning to the mode of "Onshoring" + "Reshoring" + Near shoring + "Friend shoring", the essence of the new system is based on the "America First", it will destroy the traditional economic and trade rules of the WTO based on the principle of freedom, equality and non-discrimination. The purpose of the United States is to reshape the existing value chain pattern into a new pattern centered on the security of the U.S. supply system and hinder the global supply chain. Intra-regional and inter-regional integration promotes the evolution of key global value chains towards the US security concept. These rules have a high risk of being generalized as political tools , so it also will have impact on the stability of global supply chains and widen the growth gap between developing and

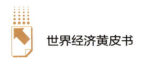
developed countries.

Keywords: Alliance of New Economic and Trade Rules; Value Chain; Supply Chain

Y.20   The Impact of COVID-19 Pandemic on the Reshaping of Global Production Chains

Li Guoxue / 337

Abstract: The outbreak and spread of COVID-19 Pandemic in 2019 has not only reduced the efficiency of logistics systems, changed the way people work and live, but also increased the uncertainty in the global production chains. Spatial separation and restrictive non-tariff measures have hindered the logistics system on which the global production chains depend. With the widespread application of digital technology, global production chains have been exposed to the cybertheft of digitized commercial property. During the COVID-19 pandemic period, opportunistic behaviors of enterprises and dissensions in policies of different countries have aggravated the contract frictions in the global production chains. Under such situations, developed countries led by the United States try to domestically produce important intermediate goods with high contract frictions by reshoring, and regionally source important intermediate goods with medium contract frictions or without cost advantage by nearshoring, friend-shoring or ally-shoring. The COVID-19 pandemic also provides an opportunity to gain insight into the mechanism defects of global production chains. If developed countries abandon their political prejudices and the international community works together to further improve the governance of global production chains, all countries will improve their social welfare in the joint construction and sharing of the global production chains.

Keywords: COVID-19 Pandemic; Global Production Chains; Incomplete Contract

Abstract: From 2021 to 2022, driven by multiple factors, inflation in Europe and the United States has risen rapidly and reached a 40-year high, forcing the Federal Reserve and the European Central Bank to tighten monetary policy. The Ukraine Crisis in 2022 triggered geopolitical tensions. Tighter financial conditions and rising geopolitical risks have raised concerns about debt risks in emerging markets. This paper summarizes three hot issues discussed by global think tanks from October 2021 to September 2022. First, inflation in Europe and the United States. Think tanks mainly study the dominant factors driving inflation and the difficulty of monetary policy in controlling inflation. Second, the crisis in Ukraine. Think tanks mainly focus on Western sanctions against Russia and the impact of the crisis in Ukraine on the global economy. Third, emerging market debt risk. The think tank articles mainly focus on the performance of emerging market debt fragility and risk and how to deal with emerging market debt risk.

Keywords: Inflation, Monetary Policy, Ukraine Crisis, Emerging Market Debt

V   Statistics of the World Economy

皮 书

智库成果出版与传播平台

❖ 皮书定义 ❖

皮书是对中国与世界发展状况和热点问题进行年度监测,以专业的角度、专家的视野和实证研究方法,针对某一领域或区域现状与发展态势展开分析和预测,具备前沿性、原创性、实证性、连续性、时效性等特点的公开出版物,由一系列权威研究报告组成。

❖ 皮书作者 ❖

皮书系列报告作者以国内外一流研究机构、知名高校等重点智库的研究人员为主,多为相关领域一流专家学者,他们的观点代表了当下学界对中国与世界的现实和未来最高水平的解读与分析。截至 2022 年底,皮书研创机构逾千家,报告作者累计超过 10 万人。

❖ 皮书荣誉 ❖

皮书作为中国社会科学院基础理论研究与应用对策研究融合发展的代表性成果,不仅是哲学社会科学工作者服务中国特色社会主义现代化建设的重要成果,更是助力中国特色新型智库建设、构建中国特色哲学社会科学"三大体系"的重要平台。皮书系列先后被列入"十二五""十三五""十四五"时期国家重点出版物出版专项规划项目;2013~2023 年,重点皮书列入中国社会科学院国家哲学社会科学创新工程项目。

皮书网

（网址：www.pishu.cn）

发布皮书研创资讯，传播皮书精彩内容
引领皮书出版潮流，打造皮书服务平台

栏目设置

◆ **关于皮书**

何谓皮书、皮书分类、皮书大事记、
皮书荣誉、皮书出版第一人、皮书编辑部

◆ **最新资讯**

通知公告、新闻动态、媒体聚焦、
网站专题、视频直播、下载专区

◆ **皮书研创**

皮书规范、皮书选题、皮书出版、
皮书研究、研创团队

◆ **皮书评奖评价**

指标体系、皮书评价、皮书评奖

◆ **皮书研究院理事会**

理事会章程、理事单位、个人理事、高级
研究员、理事会秘书处、入会指南

所获荣誉

◆ 2008 年、2011 年、2014 年，皮书网均
在全国新闻出版业网站荣誉评选中获得
"最具商业价值网站"称号；

◆ 2012 年，获得"出版业网站百强"称号。

网库合一

2014年，皮书网与皮书数据库端口合
一，实现资源共享，搭建智库成果融合创
新平台。

皮书网　　　　"皮书说"　　　皮书微博
　　　　　　微信公众号

权威报告·连续出版·独家资源

皮书数据库
ANNUAL REPORT(YEARBOOK)
DATABASE

分析解读当下中国发展变迁的高端智库平台

所获荣誉

- 2020年，入选全国新闻出版深度融合发展创新案例
- 2019年，入选国家新闻出版署数字出版精品遴选推荐计划
- 2016年，入选"十三五"国家重点电子出版物出版规划骨干工程
- 2013年，荣获"中国出版政府奖·网络出版物奖"提名奖
- 连续多年荣获中国数字出版博览会"数字出版·优秀品牌"奖

皮书数据库

"社科数托邦"
微信公众号

成为用户

　　登录网址www.pishu.com.cn访问皮书数据库网站或下载皮书数据库APP，通过手机号码验证或邮箱验证即可成为皮书数据库用户。

用户福利

- 已注册用户购书后可免费获赠100元皮书数据库充值卡。刮开充值卡涂层获取充值密码，登录并进入"会员中心"—"在线充值"—"充值卡充值"，充值成功即可购买和查看数据库内容。
- 用户福利最终解释权归社会科学文献出版社所有。

社会科学文献出版社 皮书系列
SOCIAL SCIENCES ACADEMIC PRESS (CHINA)

卡号：796613859294
密码：

数据库服务热线：400-008-6695
数据库服务QQ：2475522410
数据库服务邮箱：database@ssap.cn
图书销售热线：010-59367070/7028
图书服务QQ：1265056568
图书服务邮箱：duzhe@ssap.cn

S 基本子库
SUB DATABASE

中国社会发展数据库（下设 12 个专题子库）

　　紧扣人口、政治、外交、法律、教育、医疗卫生、资源环境等 12 个社会发展领域的前沿和热点，全面整合专业著作、智库报告、学术资讯、调研数据等类型资源，帮助用户追踪中国社会发展动态、研究社会发展战略与政策、了解社会热点问题、分析社会发展趋势。

中国经济发展数据库（下设 12 专题子库）

　　内容涵盖宏观经济、产业经济、工业经济、农业经济、财政金融、房地产经济、城市经济、商业贸易等 12 个重点经济领域，为把握经济运行态势、洞察经济发展规律、研判经济发展趋势、进行经济调控决策提供参考和依据。

中国行业发展数据库（下设 17 个专题子库）

　　以中国国民经济行业分类为依据，覆盖金融业、旅游业、交通运输业、能源矿产业、制造业等 100 多个行业，跟踪分析国民经济相关行业市场运行状况和政策导向，汇集行业发展前沿资讯，为投资、从业及各种经济决策提供理论支撑和实践指导。

中国区域发展数据库（下设 4 个专题子库）

　　对中国特定区域内的经济、社会、文化等领域现状与发展情况进行深度分析和预测，涉及省级行政区、城市群、城市、农村等不同维度，研究层级至县及县以下行政区，为学者研究地方经济社会宏观态势、经验模式、发展案例提供支撑，为地方政府决策提供参考。

中国文化传媒数据库（下设 18 个专题子库）

　　内容覆盖文化产业、新闻传播、电影娱乐、文学艺术、群众文化、图书情报等 18 个重点研究领域，聚焦文化传媒领域发展前沿、热点话题、行业实践，服务用户的教学科研、文化投资、企业规划等需要。

世界经济与国际关系数据库（下设 6 个专题子库）

　　整合世界经济、国际政治、世界文化与科技、全球性问题、国际组织与国际法、区域研究 6 大领域研究成果，对世界经济形势、国际形势进行连续性深度分析，对年度热点问题进行专题解读，为研判全球发展趋势提供事实和数据支持。

法律声明

"皮书系列"（含蓝皮书、绿皮书、黄皮书）之品牌由社会科学文献出版社最早使用并持续至今，现已被中国图书行业所熟知。"皮书系列"的相关商标已在国家商标管理部门商标局注册，包括但不限于LOGO（ ▧ ）、皮书、Pishu、经济蓝皮书、社会蓝皮书等。"皮书系列"图书的注册商标专用权及封面设计、版式设计的著作权均为社会科学文献出版社所有。未经社会科学文献出版社书面授权许可，任何使用与"皮书系列"图书注册商标、封面设计、版式设计相同或者近似的文字、图形或其组合的行为均系侵权行为。

经作者授权，本书的专有出版权及信息网络传播权等为社会科学文献出版社享有。未经社会科学文献出版社书面授权许可，任何就本书内容的复制、发行或以数字形式进行网络传播的行为均系侵权行为。

社会科学文献出版社将通过法律途径追究上述侵权行为的法律责任，维护自身合法权益。

欢迎社会各界人士对侵犯社会科学文献出版社上述权利的侵权行为进行举报。电话：010-59367121，电子邮箱：fawubu@ssap.cn。

社会科学文献出版社